VBSE KUAZHUANYE ZONGHE SHIXUN

VBSE跨专业综合实训（第二版）

周智雅　成蕴琳　梁秋露　主编

西南财经大学出版社

四川·成都

图书在版编目（CIP）数据

VBSE 跨专业综合实训／周智雅,成蕴琳,梁秋露主编.—2 版.—成都:西南财经大学出版社,2022.11
ISBN 978-7-5504-5481-1

Ⅰ.①V…　Ⅱ.①周…②成…③梁…　Ⅲ.①财务软件—教材　Ⅳ.①F232

中国版本图书馆 CIP 数据核字（2022）第 140688 号

VBSE 跨专业综合实训（第二版）

周智雅　成蕴琳　梁秋露　主编

责任编辑:冯雪

责任校对:王琳

封面设计:墨创文化

责任印制:朱曼丽

出版发行	西南财经大学出版社（四川省成都市光华村街 55 号）
网　　址	http://cbs.swufe.edu.cn
电子邮件	bookcj@swufe.edu.cn
邮政编码	610074
电　　话	028-87353785
照　　排	四川胜翔数码印务设计有限公司
印　　刷	郫县犀浦印刷厂
成品尺寸	210mm×285mm
印　　张	20.75
字　　数	657 千字
版　　次	2022 年 11 月第 2 版
印　　次	2022 年 11 月第 1 次印刷
印　　数	1— 3000 册
书　　号	ISBN 978-7-5504-5481-1
定　　价	49.80 元

▶▶ 第二版前言

习近平总书记在 2022 年人民大学考察中强调，"为谁培养人、培养什么人、怎样培养人"始终是教育的根本问题。要坚持党的领导，坚持马克思主义指导地位，坚持为党和人民事业服务，落实立德树人根本任务，传承红色基因，扎根中国大地办大学，走出一条建设中国特色、世界一流大学的新路。

本书立足于新商科跨专业综合实训教学，在体系结构上较好地贴合了虚拟商业社会环境，为学生更好地进入实践学习提供全方位、多层次、立体化的指引。

本书以虚拟工业园区运营为基础，以制造业为核心，延伸至上下游产业链及外围政务、服务机构，在第一版的基础上，新增了"系统操作培训"，最大限度地还原真实的商业社会运行。为了让学生更好地融入虚拟商业环境，全书共分为六个模块，分别是模块一课程背景，模块二工贸企业，模块三商贸公司，模块四制造企业，模块五物流企业，模块六外围服务机构。每个模块以不同岗位进行划分，以业务发生时间顺序为主要依据，帮助学生构筑起课堂学习与生产实践间的桥梁，使学生能够更加高效、有序地进入虚拟商业环境，在实践中完成各单位、各岗位间的联动与业务往来。

同时，编者为了更好地将新商科、跨专业的教学理念融入本书的内容中，避免过多地阐述理论，全书进行了多维度的资讯扩充，较好地结合社会现实，以及最新的相关法律法规。以此为基础，本书的体系安排具有加强了实践教学，突出了综合实践，联系真实商业运营环境的特点，逻辑结构上更为清晰、明确地为学生学习、教师教学提供参考指引。

本书第一模块由周智雅、黄引毅撰写，第二模块及第三模块由梁秋露撰写，第四模块由张美、赵雪撰写，第五模块由宋龙泽撰写，第六模块由崔琦撰写。全书由周智雅、成蕴琳教授统稿、定稿。由于水平所限，书中难免存在不足之处，欢迎广大读者批评指正。

编者

2022 年 5 月

▶▶ 目录

模块一

课程背景

项目一　VBSE 虚拟商业环境课程介绍

一、项目描述

本环节将向学生简要介绍 VBSE 虚拟商业社会环境的设计架构、课程设置、环节安排以及相关的基本知识。

二、学习目标

通过对本项目的学习，学生应对 VBSE 课程有基础的认识，能够熟悉课程纲要。

三、相关知识

（一）什么是 VBSE

VBSE（virtual business social environment）即虚拟商业社会环境，VBSE 平台正是以此为基础为学生搭建的综合实践教学平台。

该实践教学平台以制造企业为核心，并截取与之相关的典型的上下游企业、制造企业内部的重要环节岗位、生产活动中涉及的相关业务流程，以及需要业务往来的外围组织机构。学生可以通过实践平台身临其境地体验现实商业经营活动各流程环节，了解企业组织架构，学习各部门岗位工作职责，在此基础上培养自身的综合执行能力、综合决策能力和创新能力。VBSE 综合实践教学平台的搭建，为学生步入社会提供了可贵的实操经验。

在 VBSE 虚拟社会环境中，平台将围绕核心制造企业（童车制造商）搭建商业生态系统。该生态系统的完整闭环包括：制造企业——工贸企业（供应商）——商贸公司（经销商）——连锁企业——国际贸易企业——物流企业——招投标企业——行政服务机构。图 1-0-1-1 展示了 VBSE 部分企业模块。

（二）VBSE 课程培养目标

学习本课程后，学生应达到以下要求：

（1）熟悉商业环境中各上下游企业的关系及其组织架构。

（2）熟悉企业内部组织架构及各部门的逻辑关系。

（3）掌握各岗位的工作职责。

图 1-0-1-1　VBSE 部分企业模块

（4）能够独立完成一个或一个以上岗位的相关业务实操，包括但不限于制作对应表格、正确填写相关单据、完成该岗位的日常工作。

（5）能够在自主经营阶段完成相关业务操作，理解各环节之间的逻辑关系。

（6）结合经营实际，做出符合宏观要求的经营决策，有一定的创新能力。

（7）达到理论与实践相结合，能够结合真实企业经营操作进行思考。

项目二　VBSE 部门与岗位设置

一、项目描述

本环节将向学生简要介绍 VBSE 虚拟商业环境中的企业部门及各单位的具体岗位设置。

二、学习目标

通过对本项目的学习，学生应对商业环境中的各经营单位有明确认识，并对各岗位的职责有所了解，为上岗做好准备。

三、相关知识

（一）企业设置

在 VBSE 课程中，系统围绕制造企业—工贸企业（供应商）—商贸公司（经销商）—连锁企业—国际贸易企业—物流企业—招投标企业—行政服务机构建立设计了每个企业部门的具体岗位，如表 1-0-2-1。

表 1-0-2-1　岗位分布

岗位设置			
组织类型	明细岗位		
制造企业（18）	总经理	行政助理	人力资源经理	人力资源助理
	采购经理	采购员	仓储经理	仓管员
	生产计划经理	生产计划员	车间管理员	
	营销经理	销售专员	市场专员	
	财务经理	成本会计	财务会计	出纳
经销商（7）	总经理	采购经理	行政经理	营销经理
	仓储经理	财务经理	出纳	

表1-0-2-1(续)

岗位设置			
组织类型	明细岗位		
工贸企业（4）	总经理	行政经理	财务经理	业务经理
国贸公司	总经理	内陆业务经理	进出口经理	
连锁公司	总经理	仓储经理		
连锁门店	店长			
物流企业（2）	仓储经理	业务经理		
海关	海关专员			
招标代理	仓储经理			
工商银行（1）	银行柜员			
税务局（1）	税务专员			
工商局（1）	工商专员			
人社局*（1）	社保公积金专员			
服务公司（2）	总经理	业务员		
会计师事务所	项目经理	审计师	审计助理	

注：2018年，根据国务院机构改革方案，国家不再保留国家工商行政管理总局、国家质量监督检验检疫总局、国家食品药品监督管理总局，组建国家市场监督管理总局。本书中关于工商局相关内容的介绍是基于VBSE综合实践教学3.1版本来展开的，本书中的人社局也是基于此软件中的单位名称来展开介绍的。

项目三　VBSE课程任务安排

一、项目描述

本环节将向学生说明课程环节设置，介绍每一环节具体任务的推进安排情况。

二、学习目标

通过对本项目的学习，学生将对课程架构有一个整体的把控，清楚课程进度的推进要求，并在学习过程中能够合理安排时间，如期完成学习任务。

三、相关知识

（一）实训环节

实训环节主要分为：实习动员—固定经营—自主经营—实习总结，如图1-0-3-1所示。

PART 01 实习动员　PART 02 固定经营　PART 03 自主经营　PART 04 实习总结

图1-0-3-1　实训环节

（二）课程安排

实验项目1　课程概述

【目的要求】

通过学习，学生能够理解本次实习的意义，明确实习的要求及工作规范，了解实习考核评价指标体系。

【实验内容】

（1）仿真实习开始之前，实习组织者就本次实习的目的、内容、时间安排、组织形式、实习要求、实习考核等内容做统一宣讲。

（2）让学生明确在接下来的一段时间当中，即将开展的是校内多专业综合实训，各位同学将扮演不同的角色，去完成企业的日常经营工作。

实验项目2　团队组建

【目的要求】

要求学生学会制作求职简历；准备竞聘演讲、求职面试；掌握系统注册流程，熟悉系统界面操作，能够完成CEO竞选及企业团队组建。

【实验内容】

（1）系统操作培训；

（2）综合素质测评；

（3）竞聘首席执行官（CEO）；

（4）招聘管理团队；

（5）员工上岗；

（6）发放实训岗位用品；

（7）团队展示。

实验项目3　固定经营——期初建账

【目的要求】

（1）了解企业的岗位划分、职责及岗位间的关联性；

（2）了解企业经营的规则和范围；

（3）了解本企业的历史遗留业务，人员、财务、资产状况，上下游企业状况；

（4）了解企业的内部业务流程及外部业务流程；

（5）在现有资料的基础上，对于相关的资料进行全面的梳理、统计。

【实验内容】

（1）期初建账；

（2）熟悉岗位；

（3）单据核对；

（4）深化学习期初建账的流程。

实验项目4　固定经营——经营准备

【目的要求】

掌握各岗位的业务工作内容；进一步认识供应链模型；完成任务后能进行自我总结与分享；熟悉个税及增值税申报的流程及规范。

【实验内容】

（1）推送2017年1月5日的任务一；对本讲任务中的难点进行讲解（以一家制造企业为例）；学生自主完成本讲任务。

（2）选取本讲若干典型关联业务，帮助学生熟悉供应链业务，系统操作流程。

（3）督促进度较慢的企业及时推进进度（总经理负责督促流程）；深化认识业务流程（每家公司完成1~2项的讲解任务）。

（4）教师讲解增值税的申报流程及缴纳个人所得税的流程。

实验项目5　固定经营——月初业务

【目的要求】

掌握关键岗位月初业务开拓的流程、业务的标准及难点；掌握专用发票填写和支票填制的方法。

【实验内容】

（1）推送 2017 年 1 月 5 日的任务二；对本讲任务中的任务进行讲解（五险一金的计算和缴纳）。

（2）请税务局专员讲解增值税专用发票的填写方法。

（3）督查企业业务流程进度。

（4）推进企业业务流程。

（5）请银行柜员讲解支票的填制方法。

（6）深化学生对业务流程的认识（每家公司完成 1~2 项的讲解任务）。

实验项目 6　固定经营——月末业务

【目的要求】

掌握关键岗位月末业务的流程、完成的标准和难点。

【实验内容】

（1）推送 2017 年 1 月 25 日的任务；学生自行组织管理，完成各项任务。

（2）学生学习月末结账业务流程的工作要点；对于制造企业，学生主要学习成本核算和月末结转业务的工作要点。

实验项目 7　自主经营总结

【目的要求】

正确认识业务流程并能正确操作 VBSE 系统；掌握固定经营阶段的组织管理、业务操作方法；了解自主经营的管理制度、生产销售数据、市场需求数据。

【实验内容】

（1）第二阶段考核；

（2）回顾实习期所有业务及核对所有业务的相关数据；

（3）总结分析各公司的业务情况；

（4）发布各公司的营销计划（通过幻灯片演示文稿软件讲解）；

（5）提交固定经营阶段产生的相关资料以及企业规章制度建设的汇编。

实验项目 8　自主经营——1 月业务

【目的要求】

掌握企业战略计划的制订及发布流程；学会建设数字化计划体系；掌握自主经营月初业务的要点；能够开展企业运营情况讲座，分析总结期初业务发起情况及完成情况。

【实验内容】

（1）帮助制造及商贸公司形成较为完善的数字化计划体系；

（2）学会处理自主经营常见问题（例如，为什么无法发货，供应商是否按期向系统支付货款、客户是否按期向系统发货，如何控制物流费用等）；

（3）基本熟悉自主经营阶段的工作方法、系统操作方法；

（4）督查各企业工作任务发起及完成情况；

（5）督查各企业业务工作任务的进度，确保结账等业务的完成时间。

实验项目 9　自主经营——2 月业务

【目的要求】

掌握购销合同的谈判和签订方法；学会分析、总结自主经营的组织管理、任务发起和完成、工作进度控制及工作质量控制；学会产品发布会和广告方案的策划、展示。

【实验内容】

（1）分析、处理企业在合同签订执行过程中出现的问题；

（2）总结 1 月份的经营情况；

（3）了解工商局对有到期不发货的客户、到期不付款行为的供应商如何进行检查和处罚；

（4）了解税务局对有未申报行为的企业如何进行处罚；

（5）发起 2018 年 2 月 5 日的工作任务；

（6）产品发布会视频及广告方案的设计、制作；

（7）举行新产品发布会、展示广告方案。

实验项目 10　自主经营——3 月、4 月业务

【目的要求】

熟练掌握企业战略计划的制订及发布流程；掌握动态调整自主经营业务的发起、进度督查、完成情况督查、业绩改进的方法，并能够对此进行总结。

【实验内容】

（1）督查各企业工作任务的发起及完成情况；

（2）督查各企业工作任务的进度；

（3）分析、总结各企业经营业绩与任务发起、任务进度督查、任务完成情况之间的关系，探讨提高企业经营业绩的要点与方法。

实验项目 11　总结

【目的要求】

掌握企业组织各岗位开展业务工作总结、组织管理总结的要点与流程；掌握企业经营过程中产生的各项表单、资料的规范和标准，并能够根据上述材料完善自己的实习资料。

【实验内容】

（1）总结企业各岗位内部工作内容、业务流程、完成质量；

（2）总结各企业经营业绩、组织管理情况并向其他组织和指导老师进行展示；

（3）教师总体评价各企业经营管理情况、行业状况；

（4）评价各实习任务的完成情况（自评、互评、教师评）；

（5）设置资料提交的标准。

（三）任务推进

建议学时分布如表 1-0-3-1 所示。

表 1-0-3-1　实验学时分配

项目序号	实验项目名称	实验内容	学时	实验类型（验证性、综合性、设计性、创新性）
项目一	课程认知和团队组建	课程概述、团队组建	6	综合性、创新性
项目二	固定经营	固定经营期初建账 固定经营—经营准备 固定经营—月初经营 固定经营—月末经营 固定经营总结及自主经营准备	20	综合性、设计性
项目三	自主经营	自主经营：1 月业务 自主经营：2 月业务 自主经营：3 月业务	30	综合性、设计性、创新性
项目四	实验总结	实验总结	4	综合性、创新性
总学时合计	60			

项目四　团队组建

一、项目描述

本环节将讲解团队组建的基本规则及基础理论知识，帮助学生完成公司团队组建。

二、学习目标

通过对本项目的学习，学生应掌握人员招聘规则，并根据要求完成团队组建。

三、相关知识

（一）人员招聘

（1）人员招聘的概念。

人员招聘是指为了保证组织的发展，组织根据人力资源规划和对工作岗位数量的分析及岗位要求，吸引那些与组织发展目标要求相一致的，且具有一定素质和能力的应聘者，并将其选拔到组织空缺岗位上的过程。

（2）人员招聘的意义。

①人员招聘是企业识别人才的初始环节。

招聘是企业与人才的初次碰撞。招聘中企业通过吸引应聘者，并从中选择符合企业发展需要、满足工作岗位要求的候选人。

②人员招聘是满足企业对人才需求的必要环节。

企业的发展需要持续不断地补充人才，企业通过招聘的方式将人才揽入企业，提升企业的工作效率，帮助企业得到发展。

③人员招聘是改善企业人才结构的基础环节。

企业在不断发展壮大的同时，其内部的人才结构也会随之进行相应的变化和调整。企业通过招聘使企业内部的人才结构更加合理化，为赢得市场提供强有力的人才保障。

④人员招聘是树立企业良好形象的重要环节。

企业通过用对外发布招聘信息的手段向社会传递企业的使命和愿景。应聘者及竞争对手则可以通过企业的招聘信息，推断出该企业的规模、对人才的偏好及内部的组织结构情况，甚至还能了解该企业的战略布局及未来规划。

（3）人员招聘的流程。

①提出招聘要求。

用人部门提出岗位招聘需求，人力资源部门的招聘负责人和用人部门的主管同时对招聘岗位进行分析，以制订合理的招聘范围来保证招聘工作能够有条不紊地实施。

②招聘计划的制订与审批。

用人部门主管需要向相关部门获得招聘许可。招聘需求被确定后，还需要结合具体岗位的工作分析及单位的总体人力资源规划来制订详细的招聘计划。招聘计划确定后，人力资源部还需要提交给公司董事会及总经理经审批后才能对外发布招聘信息。

③招聘渠道的选择与招聘方法的选择。

招聘渠道分为两种。一种是组织内部招聘；另一种是组织外部招聘。企业结合实际人员状况和空缺岗位所需的任职条件，从中选择合适的招聘渠道。内部招聘可以考虑采取职位公告、雇员推荐的方式；如果是外部招聘，则需明确发布招聘信息的渠道，目前主要有现场招聘会、招聘广告、校园招聘、网络招聘等。

④获取资料，筛选简历。

发布招聘信息后，职位候选人会参与报名，这时人力资源部的招聘负责人及用人部门主管则需要根据岗位专业技术方面的要求共同对职位候选人做出筛选和判断。人力资源部会对应聘人员的资料进行初步的整理分类，然后交给各部门主管，由各部门主管筛选并通知面试人员。

⑤第一轮面试与笔试。

A．面试。面试是应聘者与招聘者之间面对面的信息交流过程。

B．笔试。笔试主要是考察应聘者的业务知识、文字能力和综合分析能力，因此在笔试题目内容的选择不应仅仅局限于该岗位涉及的具体工作内容，考核重点应放在应聘者是否具备该职位所要求的综合能力上。

⑥第二轮评价中心测评。

评价中心是测试应聘者个性、能力等各方面的心理测试方法。这种方法是将测评者置于一个模拟的工作情境中，人力资源部采用多种评价技术，去观察应聘者在这种工作环境中的行为表现。因此，这种方法也被称为情景模拟法。

⑦讨论并初步做出录用决定。

在经过初步筛选、面试、测评等程序后，招聘者在对应聘者的个人信息进行综合分析之后，确定留下来的应聘者并做出录用决策。

⑧确定薪酬等事宜。

在初步决定录用某个候选人之后，招聘者应与该候选人讨论薪酬福利的有关问题，双方在此方面需达成共识。

⑨背景调查及体检。

背景调查是指对应聘者工作有关的一些背景信息进行查证以确定其任职资格。企业一方面可以发现应聘者过去是否有不良记录；另一方面也可以对应聘者诚信与否进行考察。

企业还会要求拟录用人员进行身体健康检查，以保证候选人不会因为健康原因影响工作。

⑩岗前培训。

岗前培训是向聘用的新员工介绍该企业的规章制度、企业文化、业务情况的培训。一方面，岗前培训会增强新员工的荣誉感；另一方面，岗前培训也能帮助他们明确努力的方向。

对体检合格的候选人做出录用决定之后，企业和待入职人员就要分别进行准备了。企业需为待入职人员准备相应的办公场所及办公用品，待入职员工本人则需及时与原单位解除劳动协议的手续，并为到新岗位就职做相应的准备。

（4）人员招聘注意事项。

①信息公开。

将招聘条件等信息向社会进行公布。一是招聘录用工作应在社会的监督下进行，以防不正之风。二是给予人才公平竞争的机会。

②公正平等。

对应聘者应当一视同仁，不得制造各种不平等的限制，努力为应聘者提供平等竞争的平台。

③效率优先。

企业应根据不同岗位的应聘要求灵活选择适当的招聘方式，用尽可能低的成本吸引高素质人才。

④双向选择。

招聘者与应聘者在招聘过程中，双方根据自己的需求进行自由的双向选择。

知识拓展：
　　企业 CEO 的概念及职责

项目五 系统操作培训

本环节将讲解系统操作基本规则，帮助学生完成线上上岗。

通过对本项目的学习，学生应当完成系统上岗，并熟悉操作。

（一）系统登录

（1）登录系统支持方提供平台（如图 1-0-5-1 所示），由于各单位平台设置不同，登录方式略有不同。

图 1-0-5-1 系统登录界面

（2）填写个人信息（如图 1-0-5-2 所示）。

图 1-0-5-2 填写个人信息

（3）进入班级。

刷新界面，选择本次上课的班级，点击"进入班级"，即可成功进入本次课程的班级界面。

（4）业务操作。

进入班级界面后，点击左上角进行每日签到。

如图1-0-5-3所示，在班级界面可以看到代办任务、已办任务、发起任务三个部门。在界面的左边可以查询帮助文件、经营数据、任务进度、已填单据等相关经营信息。

图 1-0-5-3　班级界面

任务流程图功能：该功能中，可以查看到任务的具体的流程图（如图1-0-5-4所示）。其中，已经完成的任务，显示的是绿色，正在进行的任务，显示的是黄色，还没开始的任务，显示的是灰色。

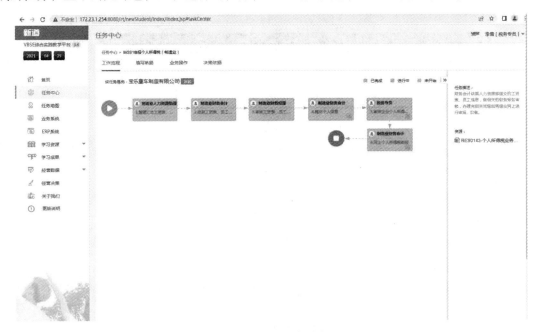

图 1-0-5-4　任务流程

单据填写/业务操作功能：该功能中，在任务流程图的每一步任务当中，右下角都会出现一个图标，如果有"单据填写"图标则需要在单据填写中操作，如果有"业务操作"图标则需要在业务操作中操作。

模块二

工贸企业

任务一　经营规则

项目一　人力资源管理的规则

一、项目描述

人力资源是指在一定时期内，组织中的人所拥有的、能够被企业所用且对价值创造起贡献作用的教育、能力、技能、经验、资源等的总称。熟悉人力资源管理的规则是企业经营的基础。本环节将简要介绍本次实训系统的人力资源规则。

二、学习目标

通过对本项目的学习，学生能够对人力资源规则有基础的认识。

三、相关知识

（一）部门信息

人力资源是企业生产经营活动的基本要素。公司的员工配置、工资标准及核算、员工招聘与培训，要在遵循本规则的前提下，做出科学合理的规划安排，以保证公司的生产经营活动能够协调、有序、高效进行。工贸企业的组织架构图如图 2-1-1-1 所示。

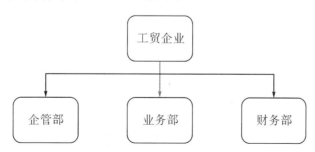

图 2-1-1-1　工贸企业组织结构图

（二）人员信息

在本模块中，工贸企业岗位及人员设置如表 2-1-1-1 所示。

表 2-1-1-1　工贸企业岗位及人员设置

部门	岗位名称	在编人数	直接上级
企管部	总经理	1	—
企管部	行政经理	1	总经理
业务部	业务经理	1	总经理
财务部	财务经理	1	总经理

项目二　企业薪酬规则

一、项目描述

薪酬是指企业对员工给企业所做的贡献（包括实现的绩效，付出的努力、时间、学识、技能、经验和创造）付给的相应的回报和答谢。薪酬不仅是自己的劳动所得，它在一定程度上代表着员工自身的价值、代表企业对员工工作的认同，甚至还代表着员工的个人能力和发展前景。熟悉薪酬规则是企业经营发展的基础。本环节将简要介绍本次实训系统的薪酬规则。

二、学习目标

通过对本项目的学习，学生应对薪酬规则有基础的认识。

三、相关知识

（一）职工薪酬的构成

（1）职工薪酬是指企业为获得职工提供的服务而给予各种形式的报酬以及其他的相关支出。在企业管理全景仿真实训中，职工薪酬主要由以下几个部分构成：

（2）职工工资、奖金（奖金按年度计算，根据企业本年度的经营状况而定）；

（3）医疗保险费、养老保险费、失业保险费、工伤保险费和生育保险费等社会保险费；

（4）住房公积金；

（5）因解除与职工的劳动关系而给予的补偿，即辞退福利。

（二）职工薪酬的计算及发放

企业人员的薪酬组成：

年度总薪酬＝月基本工资×12+年度绩效奖金+企业应缴福利

职工每月实际领取的工资＝月基本工资-缺勤扣款-个人应缴五险一金-个人所得税

缺勤扣款＝缺勤天数×（月基本工资/当月全勤工作日数）

（1）基本工资标准如表 2-1-2-1 所示。

表 2-1-2-1　基本工资标准

人员类别	月基本工资/元
总经理	12 000.00
部门经理	7 500.00
职能主管	5 500.00

（2）年度奖金与绩效如表 2-1-2-2 所示。

表 2-1-2-2　年度奖金与绩效

人员分类	年度绩效奖金/元
总经理	12 000×4
部门经理	7 500×4
职能主管	5 500×4

季度奖金实际发放金额与个人业绩考核评定结果挂钩，业绩考核采取百分制，业绩评定 85 分及以上者发放全额季度绩效奖金，低于 85 分的发放季度绩效奖金的 80%。

注：总经理绩效得分为企业员工得分的平均数。

（3）五险一金。

五险一金缴费基数及比例各地区操作细则不一，本实训中的社会保险、住房公积金规则参照北京市有关政策、规定设计，略做调整。

社保中心行使市人力资源和社会保障局和市住房公积金管理中心的职能。五险一金缴费基数于每年 3 月核定，核定后的职工月工资额即为缴纳基数。五险一金缴费比例如表 2-1-2-3 所示。

表 2-1-2-3　五险一金缴费比例

险种	承担比例	
	单位承担/%	个人承担
养老保险	20	8%
医疗保险	10	2%+3 元
失业保险	1	0.20%
工伤保险	0.30	0
生育保险	0.80	0
住房公积金	10	10%

注：单位养老保险缴费比例为 20%，其中 17% 划入统筹基金，3% 划入个人账户。实训中以员工转正后的基本工资金额数为社会保险和住房公积金的缴费基数。

（4）个人所得税。

个人所得税计算采用 2019 年 1 月 1 日起开始执行的 7 级超额累进税率，如表 2-1-2-4 至表 2-1-2-5 所示。起征点提高至每月 5 000 元。

表 2-1-2-4　个人所得税税率一（综合所得适用）

级数	全年应纳税所得额	税率/%
1	不超过 36 000 元的部分	3
2	超过 36 000 元至 144 000 元的部分	10
3	超过 144 000 元至 300 000 元的部分	20
4	超过 300 000 元至 420 000 元的部分	25
5	超过 420 000 元至 660 000 元的部分	30
6	超过 660 000 元至 960 000 元的部分	35
7	超过 960 000 元的部分	45

注：①本表所称全年应纳税所得额是指居民个人取得综合所得以每一纳税年度收入额减除费用六万元以及专项扣除、专项附加扣除和依法确定的其他扣除后的余额。

②专项附加扣除是指个人所得税法规定的子女教育、继续教育、大病医疗、住房贷款利息、住房租金和赡养老人等六项专项附加扣除，是落实新修订的个人所得税法的配套措施之一。

③非居民个人取得工资、薪金所得，劳务报酬所得，稿酬所得和特许权使用费所得，依照本表按月换算后计算应纳税额。

表 2-1-2-5　个人所得税税率二（经营所得适用）

级数	全年应纳税所得额	税率/%
1	不超过 30 000 元的部分	5
2	超过 30 000 元至 90 000 元的部分	10
3	超过 90 000 元至 300 000 元的部分	20
4	超过 300 000 元至 500 000 元的部分	30
5	超过 500 000 元的部分	35

注：本表所称全年应纳税所得额是指以每一纳税年度的收入总额减除成本、费用以及损失后的余额。

（5）辞退福利。

企业辞退员工需支付辞退福利，辞退福利为三个月的基本工资，辞退当年无绩效奖金。辞退当月的薪酬为：

辞退当月薪酬＝实际工作日数×（月基本工资/当月全勤工作日数）＋辞退福利

（三）考勤规则

每天的实训开始后，学生登录 VBSE 系统点击"签到"按钮进行考勤签到。

VBSE 实训中对实际业务进行了抽象，一个实际工作日完成一个月的工作内容，每月工作任务集中在 3~5 个虚拟工作日。

计算出勤天数时，实训中因病、事休假一个实际工作日的按 3 个工作日计算，休假类型按照实际情况确定。

如：学生 A 因病没有参加当天的课程，则他的实际出勤天数＝当月应出勤天数－3 天，休假类型为病假。其中应出勤天数为当月实际工作日天数。

迟到、早退按照实际情况计算，每次罚款 30 元。考勤扣款从当月工资中扣除。

项目三　采购规则

一、项目描述

在 VBSE 虚拟商业社会中，工贸企业的原材料采购只能从虚拟工贸企业进行采购，不能从其他类型的企业进行采购。

二、学习目标

通过对本项目的学习，学生应对采购规则有基础的认识。

三、相关知识

（一）采购原材料品种

工贸企业可从系统中虚拟供应商选择采购的商品品种及数量。工贸企业采购的商品如表 2-1-3-1 所示。

表 2-1-3-1　商品采购相关信息

商品编码	商品名称	规格	计量单位	商品属性	平均单价/元
B0001	钢管	Φ 外 16/Φ 内 11/L5000（mm）	根	外购	86.28
B0002	镀锌管	Φ 外 16/Φ 内 11/L5000（mm）	根	外购	
B0003	坐垫	HJM500	个	外购	65.16

表2-1-3-1（续）

商品编码	商品名称	规格	计量单位	商品属性	平均单价/元
B0004	记忆太空棉坐垫	HJM0031	个	外购	
B0005	车篷	HJ72×32×40	个	外购	117.62
B0006	车轮	HJΦ外125/Φ内60 mm	个	外购	21.94
B0007	经济型童车包装套件	HJTB100	套	外购	73.48
B0008	数控芯片	MCX3154A	片	外购	
B0009	舒适型童车包装套件	HJTB200	套	外购	
B0010	豪华型童车包装套件	HJTB300	套	外购	

注：钢管、坐垫、车篷、车轮、经济型童车包装套件的采购价格在固定数据阶段按照上表中的采购价格进行采购，采购价格含税；自主经营阶段采购价格由双方协商制订。

此处忽略运输费用核算，在采购过程中，选择需要购买的商品后，需先行支付采购货款，才能办理到货入库业务。

（二）采购原材料流程

（1）每季度初，采购部门根据营销部门的材料净需求，考虑现有原材料库存及原材料市场供求形势，结合采购提前期、安全库存、采购批量等因素，编制采购计划表；

（2）采购部门每月根据企业所需向供应商下达采购订单；

（3）供应商根据订单向企业发货，货物经过一定时间到达企业现场，企业验收入库；

（4）整张订单的所有货物都运达企业后，在次月支付结清该订单的货款及相关运费。

（三）采购运费

原材料从供应商运送至企业会发生相应运费，在固定经营期，系统规则为谁买货谁付运费，在自主经营期，运费可在合同中双方协商约定。

项目四　仓储规则

一、项目描述

仓储就是指企业利用仓库对商品与物品进行储存与保管。企业在经营过程中，仓储部应根据不同的物资特性、种类对商品与物品进行合理有序的存放，并在仓储部设置专员对物资的进出等予以检验，登记相关信息。仓储是产品在生产、流通过程中因订单前置或市场预测前置而对产品、物品的暂时存放，熟悉仓储规则至关重要。本环节中将简要介绍仓储的相关规则。

二、学习目标

通过对本项目的学习，学生应对仓储规则有基础的认识。

三、相关知识

（一）仓库

商贸公司现有一座仓库：用于存放各种采购的商品。该仓库的相关信息如表2-1-4-1所示。

表2-1-4-1　仓库信息

仓库名称	仓库编码	可存放物资
商品库	A库	钢管、镀锌管、坐垫、记忆太空棉坐垫、车篷、车轮、经济型童车、包装套件、数控芯片、舒适型童车包装套件、豪华型童车包装套件

（二）存货清单

行政主管行使仓管职能，负责采购入库、生产出库和保管，成品的完工入库和销售出库。公司的物料和成品清单如表 2-1-4-2 所示。

表 2-1-4-2　物料和成品清单

物料编码	物料名称	规格	单位	来源
B0001	钢管	Φ 外 16/Φ 内 11/L5000（mm）	根	外购
B0002	镀锌管	Φ 外 16/Φ 内 11/L5000（mm）	根	外购
B0003	坐垫	HJM500	个	外购
B0004	记忆太空棉坐垫	HJM0031	个	外购
B0005	车篷	HJ72×32×40	个	外购
B0006	车轮	HJΦ 外 125/Φ 内 60 mm	个	外购
B0007	经济型童车包装套件	HJTB100	套	外购
B0008	数控芯片	MCX3154A	片	外购
B0009	舒适型童车包装套件	HJTB200	套	外购
B0010	豪华型童车包装套件	HJTB300	套	外购

（三）储位管理

普通仓库不做储位管理。

知识拓展：

胜利油田

项目五　销售规则

一、项目描述

销售是指以出售、租赁或其他方式向第三方提供产品或服务的行为。企业在经营过程中，应根据订单将商品销售给客户，收回货款。熟悉销售规则对企业的运行至关重要。本环节将简要介绍本次实训系统中的销售规则。

二、学习目标

通过对本项目的学习，学生应对销售规则有基础的认识。

三、相关知识

（一）销售流程

工贸公司将商品销售给制造企业，双方进行合同洽谈，并签订纸质合同，制造企业在 VBSE 系统中提交订单后，工贸企业进行确认并作为后续交易依据。如出现延期交货现象，将双方按合同中的约定进行处理，处理中如出现争议，可提交工商局进行调解。

知识拓展：

三精制药的衰落

扫一扫

项目六　财务规则

一、项目描述

财务规则是指导企业财务工作的行为规范，它对进一步加强公司的财务管理、提高公司的经济效益起到至关重要的作用。本环节将简要介绍本次实训系统的财务规则。

二、学习目标

通过对本项目的学习，学生应对财务规则有基础的认识。

三、相关知识

（一）筹资规则

资金是公司的血液，公司的经营与发展离不开资金支持。公司会根据财务部门的筹资预案并结合合理的资金结构，做出科学的筹资决策。

（1）筹资渠道。

在本次实训中，企业资金来源有以下几种渠道：实收资本、银行信用贷款、商业信用（应收、应付等）。

（2）筹资用途。

金融机构可以提供的贷款主要有短期贷款和长期贷款。短期贷款用于流动资产周转，长期贷款用于长期投资，如购买设备、厂房等固定资产。筹资方式的相关信息可以参考表2-1-6-1，如涉及融资事宜，请根据实训中的实际情况酌情处理。

表2-1-6-1　各种筹资方式相关信息

筹资方式	融资手段	财务费用/%	最高限额	还款时间	还款约定
银行信用贷款	长期贷款	6	上月所有权益×2%	按年，最长2年	每月付息，到期还本
	短期贷款	8	上月所有权益×2%	按月，最短3个月，最长6个月	每月付息，到期还本
应收账款贴现	贴现	10			

（二）会计核算规则

（1）结算方式。

公司可以采用现金结算、转账结算等几种方式。原则上，低于2 000元的日常经济活动，可以使用现金支付，超过2 000元的一般使用转账支票结算。

银行支票分为现金支票和转账支票。现金支票用于提取现金，转账支票用于同一票据交换区内的结算。异地付款一般采用电汇方式。

模块二　工贸企业

（2）存货计价。

存货核算按照实际成本核算，原材料采用实际成本计价，材料采购按照实际采购价入账，材料按照全月一次加权平均计算材料成本。

全月一次加权平均相关计算：

材料平均单价＝（期初库存数量×库存单价+本月实际采购入库金额）/（期初库存数量+本月实际入库数量）

材料发出成本＝本月发出材料数量×材料平均单价

（3）固定资产取得方式及折旧。

固定资产可以按照购买的方式取得。固定资产购买当月不计提折旧，从次月开始计提折旧，出售当期照提折旧。固定资产折旧按照直线法计提。

年限平均法是将固定资产的应计折旧额均衡地分摊到固定资产预计使用寿命内的一种方法。采用这种方法计算的每期折旧额均相等。计算公式如下：

年折旧率＝（1-预计净残值率）/预计使用寿命（年）×100%

月折旧率＝年折旧率/12

月折旧额＝固定资产原价×月折旧率

（三）税务规则

商贸公司从事生产经营活动，涉及国家或地方多个税种，包括企业所得税、增值税、城建税、教育费附加、个人所得税。

（1）税种类型：增值税、企业所得税、个人所得税、城市建设维护税、教育费附加。

（2）增值税：销售货物和购进货物增值税率均为13%。

（3）企业所得税：按利润总额的25%缴纳。

（4）个人所得税：个税免征额5 000元（工资薪金所得适用）按照七级累进税率进行缴纳，个人所得税由企业代扣代缴，个人不自行缴纳个人所得税相关税率在项目一企业薪酬规则中已述及，此处不再赘述。

（5）城市建设维护税：增值税税额的7%。

（6）教育费附加：增值税税额的3%。

在税收征收期内，按照工贸企业的经营情况，填制个税申报表，财务人员携带相关会计报表，到税务部门办理纳税申报业务，持税务部门开出的税收缴款书到银行缴纳税款。依据税务部门规定，企业应在每月初进行上月的纳税申报及缴纳。如遇特殊情况，可以向税务部门申请延期纳税申报。

项目七 物流规则

物流运输有以下规则：

（1）物流运输只针对工贸企业与制造企业间的购销业务、制造企业与经销商间的购销业务，其他类型组织的物流运输不通过物流企业；

（2）物流费用由购货方支付；

（3）物流费为货款金额的5%。

任务二　期初建账

项目一　总经理期初建账

一、项目描述

工贸企业（供应商）总经理除了要了解企业期初数据外，还需完成现金日记账和银行存款日记账的期初建账工作。

二、学习目标

通过对本项目的学习，学生应掌握工贸业务总经理进行期初建账的方法。

三、相关知识

（一）知识储备

（1）日记账。

日记账亦称序时账，是按经济业务发生时间的先后顺序，逐日逐笔登记的账簿。日记账，应当根据办理完毕的收、付款凭证，随时按顺序逐笔登记，每天最少登记一次。日记账分为银行存款日记账（图2-2-1-1）和现金日记账（图2-2-1-2）。

银 行 存 款 日 记 账

第1页

年		凭证		摘　要	对方科目	借　方									贷　方									余　额								
月	日	字	号数			千	百	十	万	千	百	十	元	角	分	千	百	十	万	千	百	十	元	角	分	千	百	十	万	千	百	十	元	角	分

图 2-2-1-1　银行日记账

现 金 日 记 账

第1页

年		凭证		摘　要	对方科目	借　方									贷　方									余　额								
月	日	字	号数			千	百	十	万	千	百	十	元	角	分	千	百	十	万	千	百	十	元	角	分	千	百	十	万	千	百	十	元	角	分

图 2-2-1-2　现金日记账

（2）开设账户并录入期初余额。

● 根据系统中的期初科目余额表录入期初余额，如图 2-2-1-3 所示；

● 写上年、月、日；

● 摘要写"上月结转"；

● 根据科目余额表将二级或者三级科目余额登记在明细账对应账户的"余额"栏，并写清楚余额方向"借"或"贷"。

现 金 日 记 账

第1页

2011年		凭 证		摘　　　要	对方科目	借　　　方										贷　　　方										余　　　额									
月	日	字	号数			千	百	十	万	千	百	十	元	角	分	千	百	十	万	千	百	十	元	角	分	千	百	十	万	千	百	十	元	角	分
10	1			上月结转																								2	0	0	0	0	0	0

图 2-2-1-3　现金日记账填写

（二）线上操作

进入 VBSE 系统完成工贸企业总经理期初建账操作。

（三）线下填单

工贸企业总经理须在线下完成日记账的开设工作。

项目二　财务经理期初建账

一、项目描述

工贸企业财务经理的期初建账工作包括开设科目明细账、总账。

二、学习目标

通过对本项目的学习，学生应掌握工贸业务财务经理进行期初建账的方法。

三、相关知识

（一）知识储备

（1）认识明细账。

明细账也称明细分类账，是根据总账科目所属的明细科目设置的，用于分类登记某一类经济业务事项，提供有关明细核算资料。

明细账可采用订本式、活页式、三栏式、多栏式和数量金额式。

明细账是按照二级或明细科目设置的账簿，一般采用活页式账簿。各单位应结合自己的经济业务的特点和经营管理的要求，在总分类账的基础上设置若干明细分类账，作为总分类账的补充。明细分类账按账页格式的不同可分为三栏式、数量金额式和多栏式。

（2）开设账户。

按照会计科目表的顺序、名称，在明细账账页上建立二、三级明细账账户；每个明细科目至少建立一个账页（因为明细账是活页式，能添加账页，所以建账后若出现账页页数不够，可以随时添加账页）；然后在每页写上二、三级明细账账户名称，并在每个账户起始页右边缘粘贴表明账户名称的口取纸，完成账户开设工作。

举例："应付账款——北京彩虹耗材厂"明细账期初账户的开设如图 2-2-2-1 所示，用同样的方法可以完成其他明细账账户的开设。

应付账款 明细账

二级科目名称： 北京彩虹耗材厂

年		凭 证		摘 要	借 方										贷 方										借或贷	余 额										记账
月	日	种类	号数		千	百	十	万	千	百	十	元	角	分	千	百	十	万	千	百	十	元	角	分		千	百	十	万	千	百	十	元	角	分	

图 2-2-2-1 应付账款账户开设

（3）期初余额的录入。

根据期初科目余额表录入期初余额。

录入期初余额时注意以下问题：

● 写上年、月、日；

● 摘要写"上月结转"；

● 根据科目余额表将二级或者三级科目余额登记在明细账对应账户的"余额"栏，并写清出余额方向"借"或"贷"；

● 无余额的账户只登记年，不登记月、日，摘要和余额，不用在余额处录入 0。

（二）线上操作

为完成财务经理期初建账的任务，在财务经理岗位实习的同学需进入 VBSE 系统进行期初建账的操作。

（三）线下填单

财务经理还需在线下完成相关明细账的启用和建账。

项目三 行政经理期初建账

一、项目描述

工贸企业行政经理除了要了解企业期初数据外，还需根据期初固定资产数据完成固定资产卡片的填写。

二、学习目标

通过对本项目的学习，学生应掌握工贸业务行政经理进行期初建账的方法。

三、相关知识

（一）知识储备

（1）固定资产卡片。

固定资产卡片是指登记固定资产各种资料的卡片，它是对固定资产进行明细分类核算的一种账簿形式。它是每一项固定资产的全部档案记录，即固定资产从进入企业开始到退出企业的整个生命周期所发生的全部情况，都要在卡片上予以记载。固定资产卡片上的栏目有类别、编号、名称、规格、型号、制造单位、制造年月、投产日期、原始价值、预计使用年限、折旧率、存放地点、使用单位、大修理日期和金额，以及停用、出售、转移、报废清理等内容。它属于卡片式账簿。

（2）卡片填写。

固定资产卡片填写范例如图 2-2-3-1 所示。

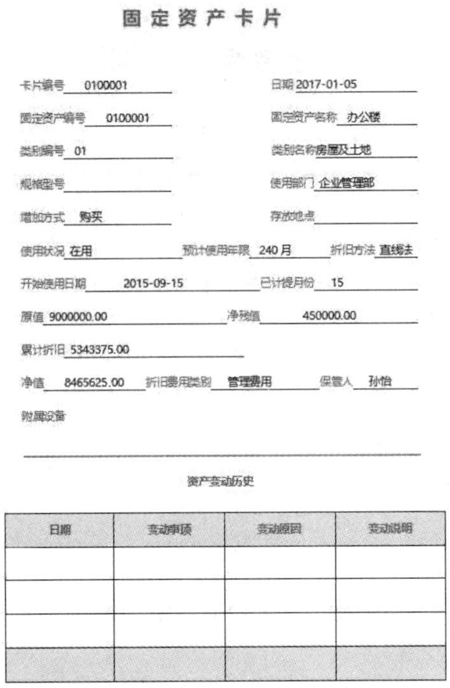

固定资产卡片

卡片编号 0100001　　日期 2017-01-05

固定资产编号 0100001　　固定资产名称 办公楼

类别编号 01　　类别名称 房屋及土地

规格型号　　使用部门 企业管理部

增加方式 购买　　存放地点

使用状况 在用　　预计使用年限 240 月　　折旧方法 直线法

开始使用日期 2015-09-15　　已计提月份 15

原值 9000000.00　　净残值 450000.00

累计折旧 5343375.00

净值 8465625.00　　折旧费用类别 管理费用　　保管人 孙怡

附属设备

资产变动历史

日期	变动事项	变动原因	变动说明

图 2-2-3-1　固定资产卡片填写范例

（二）线上操作

为完成行政经理期初建账的任务，在行政经理岗位的同学需进入 VBSE 系统进行期初建账。

（三）线下填单

行政经理还需在线下完成固定资产卡片的填写。

项目四　业务经理期初建账

一、项目描述

工贸企业业务经理除了要了解企业期初数据外，还需根据期初库存建立库存台账。

二、学习目标

通过对本项目的学习，学生应掌握工贸企业业务经理进行期初建账的方法。

三、相关知识

（一）知识储备

（1）库存台账。

库存台账是根据货物的品种或批次、按照时间顺序来记录货物收入、发出、结存的账簿。

库存台账填写范例（表 2-2-4-1）：

表 2-2-4-1　库存台账

存货台账——钢管　　　　　　　　　　　　　　　　　　　型号：

2019 年		凭证号数	摘要	出库			入库			结存		
月	日			数量	单价	金额	数量	单价	金额	数量	单价	金额
10	1		上月盘存							5 000		

（二）线上操作

为完成业务经理期初建账的任务，在业务经理岗位实习的同学需进入 VBSE 系统了解期初数据，进行期初建账的操作。

（三）线下填单

业务经理还需在线下完成库存台账的填写。

任务三　日常任务

一、项目描述

本模块涵盖了工贸业日常经营的 33 项实验项目。

二、学习目标

通过对本模块的学习，学生应掌握工贸业日常经营业务的内涵与方法。

三、相关知识

实验项目 1　批量办理个人银行卡

【业务概述】

工贸企业行政经理收集员工信息，审核无误后到银行办理个人银行卡。

【业务流程步骤】

批量办理个人银行卡的业务流程如表 2-3-1-1 所示。

表 2-3-1-1　批量办理个人银行卡的业务流程

编号	活动名称	角色	活动描述及操作指导
1	填写借记卡集体申领登记表	行政经理	1. 收集员工信息并在借记卡集体申领登记表中填写相关内容； 2. 将填写完整的登记表交给财务经理审核
2	审核借记卡集体申领登记表	财务经理	1. 登记表审核无误后签字，并加盖财务专用章； 2. 将审核后的登记表交给行政经理
3	去银行办理开卡业务	行政经理	带着借记卡集体申领登记表及身份证复印件（注：实际业务中必须带身份证原件）到银行柜台递交开卡申请
4	办理银行开卡	银行柜员	银行柜员办理开卡完毕后，把银行卡交给办卡申请人
5	从银行领回银行卡并发放	行政经理	1. 从银行柜员处领取银行卡，核对银行卡卡号与登记表中记录是否一致； 2. 把银行卡卡号、姓名等信息进行归档备案； 3. 提交一份银行卡信息给财务经理备案

实验项目 2　企管部借款

【业务概述】

企管部行政经理到财务部借备用金。

【业务流程步骤】

行政经理向财务部借备用金的业务流程如表 2-3-2-1 所示。

表 2-3-2-1　行政经理财务部借备用金的业务流程

编号	活动名称	角色	活动描述及操作指导
1	填写借款单	行政经理	1. 到财务经理处领取空白借款单； 2. 填写借款单； 3. 将填写好的借款单交给总经理审核； 4. 凭审核签字的借款单到财务经理处领取现金
2	审核借款单	总经理	1. 对借款用途、金额、付款条款进行审核； 2. 审核无误，签字确认
3	支付现金	财务经理	1. 接收经过总经理审核签字的借款单； 2. 确认无误后支付现金给借款人，借款人签字； 3. 在借款单上加盖"现金付讫"章
4	填制记账凭证	财务经理	1. 根据已支付的借款单填制记账凭证，将借款单粘贴在后面作为附件； 2. 将记账凭证交给总经理审核
5	审核记账凭证	总经理	1. 审核财务经理填制的记账凭证； 2. 审核无误，签字确认； 3. 根据审核后的记账凭证登记日记账；
6	登记库存现金日记账	总经理	1. 根据审核后的记账凭证登记库存现金日记账； 2. 记账后在记账凭证上签字或盖章
7	登记科目明细账	财务经理	1. 根据记账凭证登记科目明细账； 2. 记账后在记账凭证上签字或盖章
8	登记总账	财务经理	1. 根据记账凭证登记总账； 2. 记账后在记账凭证上签字或盖章

实验项目 3　业务部借款

【业务概述】

业务部业务经理到财务部借备用金。

【业务流程步骤】

业务经理向财务部借备用金的业务流程如表 2-3-3-1 所示。

表 2-3-3-1　业务经理向财务部借备用金的业务流程

编号	活动名称	角色	活动描述及操作指导
1	填写借款单	业务经理	1. 到财务经理处领取空白借款单； 2. 填写借款单； 3. 将填写好的借款单交给总经理审核； 4. 凭经过审核签字的借款单到财务经理处领取现金
2	审核借款单	总经理	1. 对借款用途、金额、付款条款进行审核 2. 审核无误，签字确认
3	支付现金	总经理	1. 接收经过总经理审核签字的借款单； 2. 确认无误后支付现金给借款人，借款人签字； 3. 在借款单上加盖"现金付讫"章
4	填制记账凭证	财务经理	1. 根据已支付的借款单填制记账凭证，将借款单粘贴在后面作为附件； 2. 将记账凭证交由总经理审核

表2-3-3-1（续）

编号	活动名称	角色	活动描述及操作指导
5	审核记账凭证	总经理	1. 审核财务经理填制的记账凭证； 2. 审核无误，签字确认； 3. 根据审核后的记账凭证登记日记账
6	登记库存现金日记账	总经理	1. 根据审核后的记账凭证登记库存现金日记账； 2. 记账后在记账凭证上签字或盖章
7	登记科目明细账	财务经理	1. 根据记账凭证登记总账和科目明细账； 2. 记账后在记账凭证上签字或盖章
8	登记总账	财务经理	1. 根据记账凭证登记总账； 2. 记账后在记账凭证上签字或盖章

实验项目4　发放薪酬

【业务概述】

工贸企业财务部发放上月薪酬。

【业务流程步骤】

财务部发放上月薪酬的流程如表2-3-4-1所示。

表 2-3-4-1　财务部发放上月薪酬

编号	活动名称	角色	活动描述及操作指导
1	薪资录盘	行政经理	1. 在 VBSE 系统里打开"薪资录盘"界面； 2. 依据工资表信息，录入人员薪资，完成后保存并导出； 3. 将导出的"薪酬发放"的文件拷贝到 U 盘中
2	填写支出凭单	行政经理	1. 依据"工资表"数据填写支出凭单； 2. 将填好的"支出凭单""工资表"交总经理经理和财务经理进行审核
3	审核"支出凭单"和薪酬发放表	总经理	1. 审核"支出凭单"信息和"工资表"是否一致、正确； 2. 审核支出凭单的日期、金额、支出方式、支出用途及金额大小写是否正确； 3. 审核完成后在支出凭单上签字确认
4	审核支出凭单和薪酬发放表	财务经理	1. 审核支出凭单信息和"工资表"是否一致、正确； 2. 审核支出凭单的日期、金额、支出方式、支出用途及金额大小写是否正确； 3. 审核完成后在支出凭单上签字确认
5	开具转账支票	总经理	1. 根据支出凭单的信息开具转账支票； 2. 检查支票填写无误后加盖公司财务章和法人章
6	登记支票使用登记簿	总经理	1. 根据签发的支票登记"支票使用登记簿"； 2. 支票领用人在"支票使用登记簿"签字
7	去银行办理薪资发放	财务经理	1. 填写进账单； 2. 带齐薪资发放资料（转账支票、薪资录盘）去银行办理工资发放
8	办理工资发放	银行柜员	1. 接到工资录盘文件和支票； 2. 检查文件和支票； 3. 在系统中导入工资录盘文件完成工资发放
9	取得银行业务回单	财务经理	取得银行的业务回单（可以直接在柜台办理时由银行柜员打印取回；在柜台未打印，次日可以在回单柜中取得）
10	填制记账凭证	财务经理	1. 依据银行业务回单、转账支票存根、支出凭单填制记账凭证； 2. 编制记账凭证，将原始单据作为附件粘贴在记账凭证后； 3. 将记账凭证和相关原始单据交给总经理审核

表2-3-4-1(续)

编号	活动名称	角色	活动描述及操作指导
11	审核记账凭证	总经理	1. 审核出纳提交的记账凭证； 2. 核对记账凭证与原始凭证是否一致，审核无误后签字或盖章； 3. 将审核后的记账凭证交给出纳登记日记账
12	登记银行存款日记账	总经理	1. 出纳根据审核后的记账凭证登记银行存款日记账； 2. 记账后在记账凭证上签字或盖章； 3. 将记账凭证交回财务经理
13	登记科目明细账	财务经理	1. 依据记账凭证登记科目明细账； 2. 记账后在记账凭证上签字或盖章
14	登记总账	财务经理	1. 依据记账凭证登记总账； 2. 记账后在记账凭证上签字或盖章

实验项目5 申报个人所得税

【业务概述】

财务经理在系统中申报上月个人所得税。

【业务流程步骤】

财务经理申报上月个人所得税的业务流程如表2-3-5-1所示。

表 2-3-5-1 财务经理申报上月个人所得税的业务流程

编号	活动名称	角色	活动描述及操作指导
1	整理、提交个人所得税纳税申报资料	行政经理	1. 收集整理员工信息； 2. 根据员工信息在VBSE系统中下载导入模版，根据员工信息填写"个人所得税基础信息模板"； 3. 将填好的"个人所得税基础信息模板"导入系统中并提交税务局； 4. 将员工信息和工资表一同交给财务经理
2	审核企业提交的个人所得税纳税申报资料	税务专员	在VBSE系统中审核企业提交的个人所得税申报资料
3	网上个人所得税纳税申报	财务经理	1. 在VBSE系统中下载"扣缴个人所得税报告表模板"； 2. 根据工资表和员工信息填写"扣缴个人所得税报告表模板"； 3. 将填好的"扣缴个人所得税报告表模板"导入系统中并扣缴个人所得税

实验项目6 申报企业增值税

【业务概述】

月初财务经理在系统中申报上月企业增值税。

【业务流程步骤】

财务经理申报上月企业增值税的业务流程如表2-3-6-1所示。

表 2-3-6-1 财务经理申报上月企业增值税的业务流程

编号	活动名称	角色	活动描述及操作指导
1	整理增值税纳税申报资料	财务经理	1. 准备上期的进项税，汇总并整理； 2. 准备上期的销项税，汇总并整理
2	网上增值税纳税申报	财务经理	1. 在VBSE系统中根据确认的金额进行增值税纳税申报； 2. 填写完成后提交税务机关审核
3	审核企业增值税申报	税务专员	在VBSE系统中审核企业提交的增值税申报

实验项目 7 与制造企业签订购销合同

【业务概述】

业务经理收到制造企业的采购合同并签署。

【业务流程步骤】

业务经理与制造企业签订购销合同的业务流程如表 2-3-7-1 所示。

表 2-3-7-1 业务经理与制造企业签订购销合同的业务流程

编号	活动名称	角色	活动描述及操作指导
1	收到购销合同，填制合同会签单	业务经理	1. 业务经理依据收到的购销合同，填写合同会签单； 2. 业务经理将购销合同和合同会签单送交财务经理审核
2	审核购销合同和合同会签单	财务经理	1. 收到业务经理交给的购销合同及合同会签单； 2. 审核购销合同的准确性和合理性； 3. 财务经理在合同会签单上签字； 4. 将购销合同和会签单送至总经理审核
3	审核购销合同和合同会签单	总经理	1. 审核购销合同的条款、期限、付款信息等是否符合公司要求； 2. 审核符合要求后在合同会签单上签字； 3. 将审核通过后的购销合同和合同会签单一同送至行政经理处盖章
4	合同盖章	行政经理	1. 接到审核通过的合同会签单，在购销合同上盖章； 2. 业务经理在公章使用登记表上登记并签字
5	合同存档	行政经理	1. 行政经理更新合同管理表——购销合同； 2. 行政经理将合同会签单与其中一份盖章购销合同一起进行归档； 3. 将另一份盖章的合同交给业务经理送交合同当事人
6	购销合同登记	业务经理	1. 业务经理将盖章的购销合同进行登记，并将合同交给合同当事人； 2. 业务经理更新购销合同执行情况表

实验项目 8 确认制造企业的采购订单

【业务概述】

确认制造企业的采购订单。

【业务流程步骤】

确认制造企业的采购订单的业务流程如表 2-3-8-1 所示。

表 2-3-8-1 确认制造企业的采购订单的业务流程

编号	活动名称	角色	活动描述及操作指导
1	确认采购订单	业务经理	1. 在系统中确认制造企业的采购订单； 2. 根据系统的采购订单信息填写销售订单、销售订单明细表

实验项目 9 下达采购订单

【业务概述】

向虚拟供应商下达采购订单。

【业务流程步骤】

下达采购订单的业务流程如表 2-3-9-1 所示。

表 2-3-9-1 下达采购订单的业务流程

编号	活动名称	角色	活动描述及操作指导
1	下达采购	业务经理	1. 在系统中选择要采购的货物； 2. 选择完成后，确认采购

实验项目 10　签订代发工资协议

【业务概述】

签订代发工资协议。

【业务流程步骤】

与银行签订代发工资协议的业务流程如表 2-3-10-1 所示。

表 2-3-10-1　与银行签订代发工资协议的业务流程

编号	活动名称	角色	活动描述及操作指导
1	填写公章、印鉴、资质证照使用申请表	行政经理	1. 填写公章、印鉴、资质证照使用申请表，注明使用缘由为去银行签发代发工资协议； 2. 将申请表提交给总经理审核
2	审核公章、印鉴、资质证照使用申请表	总经理	1. 审核公章、印鉴、资质证照使用申请表； 2. 审核无误后在申请表上签字确认
3	到银行签订代发工资协议书	行政经理	1. 根据审核后的申请表，整理相关资料，带好营业执照、组织机构代码证、税务登记证、法人身份证等，公章、预留印鉴准备签订代发工资协议书（注意：实训中带上营业执照、组织机构代码证、税务登记证和公章即可）； 2. 到银行柜台签订协议
4	办理工资代发协议	银行柜员	1. 接收、审核客户提交的代发协议； 2. 审核通过后盖章返还客户
5	协议书归档	行政经理	1. 收到银行签字盖章的代发工资协议书； 2. 审核无误后将协议书归档； 3. 登记合同管理表，填写协议书信息

实验项目 11　签订社保公积金同城委托收款协议

【业务概述】

签订社保公积金同城委托收款协议。

【业务流程步骤】

签订社保公积金同城委托收款协议的业务流程如表 2-3-11-1 所示。

表 2-3-11-1　签订社保公积金同城委托收款协议的业务流程

编号	活动名称	角色	活动描述及操作指导
1	填写公章、印鉴、资质证照使用申请表	行政经理	1. 填写公章、印鉴、资质证照使用申请表，注明使用缘由为去银行签订社保公积金同城委托收款协议； 2. 将申请表提交给总经理审核
2	审核公章、印鉴、资质证照使用申请表	总经理	1. 审核公章、印鉴、资质证照使用申请表； 2. 审核无误后在申请表上签字确认
3	到人社局办理社保公积金同城委托收款协议	行政经理	携带相关资料到人社局办理三方协议
4	审核并办理	社保专员	1. 接收企业提交的资料并审核； 2. 审核通过后下发"特约委托收款协议书"（待企业填写完成后盖章即可）
5	填写"特约委托收款协议书"	财务经理	1. 在社会保险/住房公积金中心填写"特约委托收款协议书"并盖企业公章，协议书一式三份； 2. 填写完成后由社保专员盖章
6	到银行办理社保公积金同城委托收款协议	财务经理	1. 财务经理到银行办理委托收款业务； 2. 提交相关资料给银行柜员

表2-3-11-1(续)

编号	活动名称	角色	活动描述及操作指导
7	办理企业提交的"特约委托收款协议书"	银行柜员	1. 接收企业提交的一式三份的"特约委托收款协议书"并审核； 2. 审核通过后盖银行公章，留存一联，其余两联返还客户
8	送交人社局	财务经理	1. 收到银行签字盖章的委托银行代收协议书； 2. 将一份银行签字盖章的协议书交给行政经理归档； 3. 将一份银行签字盖章的协议书交给人社局
9	接收企业返还的"特约委托收款协议书"	社保专员	1. 接收企业返还的"特约委托收款协议书"； 2. 将"特约委托收款协议书"进行归档
10	协议书归档	行政经理	1. 收到人社局、银行签字盖章的委托银行代收协议书； 2. 审核无误后进行归档； 3. 登记合同管理表，填写协议书信息

实验项目 12 签订税务同城委托收款协议

【业务概述】

签订税务同城委托收款协议。

【业务流程步骤】

签订税务同城委托收款协议的业务流程如表2-3-12-1所示。

表2-3-12-1 签订税务同城委托收款协议的业务流程

编号	活动名称	角色	活动描述及操作指导
1	填写公章、印鉴、资质证照使用申请表	行政经理	1. 填写公章、印鉴、资质证照使用申请表，注明使用缘由为去银行签订税务同城委托收款协议； 2. 将申请表提交给总经理审核
2	审核公章、印鉴、资质证照使用申请表	总经理	1. 审核公章、印鉴、资质证照使用申请表； 2. 审核无误后在申请表上签字确认
3	到税务局办理社保公积金同城委托收款协议	行政经理	携带相关资料到税务局办理三方协议
4	审核并办理	税务专员	1. 接收企业提交的资料并审核； 2. 审核通过后下发"税收特约委托收款协议书"（待企业填写完成后盖章即可）
5	填写"税收特约委托收款协议书"	财务经理	1. 在税务局填写"税收特约委托收款协议书"并盖企业公章，协议书一式三份； 2. 填写完成后由税务专员盖章
6	到银行办理"税收特约委托收款协议书"	财务经理	1. 财务经理到银行办理委托收款业务； 2. 提交相关资料给银行柜员
7	办理企业提交的"税收特约委托收款协议书"	银行柜员	1. 接收企业提交的一式三份的"税收特约委托收款协议书"并审核； 2. 审核通过后盖银行公章，留存一联，其余两联返还客户
8	送交税务局	财务经理	1. 收到银行签字盖章的"委托银行代收协议书"； 2. 将一份银行签字盖章的协议书交给行政经理归档； 3. 将一份银行签字盖章的协议书交给税务局
9	接收企业返还的"税收特约委托收款协议书"	税务专员	1. 接收企业返还的"税收特约委托收款协议书"； 2. 将"税收特约委托收款协议书"进行归档
10	协议书归档	行政经理	1. 收到税务局、银行签字盖章的委托银行代收协议书； 2. 审核无误后进行归档； 3. 登记合同管理表，填写协议书信息

实验项目 13　扣缴五险一金

【业务概述】

收到银行代扣五险一金的业务回单。

【业务流程步骤】

扣缴五险一金的业务流程如表 2-3-13-1 所示。

表 2-3-13-1　扣缴五险一金的业务流程

编号	活动名称	角色	活动描述及操作指导
1	到银行领取五险一金银行扣款回单	财务经理	到银行领取五险一金银行扣款回单
2	代扣社会保险	银行柜员	为企业代理扣缴社会保险
3	代扣公积金	银行柜员	为企业代理扣缴公积金
4	打印五险一金扣款回单	银行柜员	1. 接到客户打印请求，查询相关交易记录； 2. 确认交易记录存在，即可为客户打印回单； 3. 打印后将回单交于客户
5	填制记账凭证	财务经理	1. 财务经理根据银行回单填制记账凭证，将银行扣款凭证和五险一金扣款通知粘贴在记账凭证后作为附件； 2. 将记账凭证传递给总经理审核
6	审核记账凭证	总经理	1. 审核财务经理填制的记账凭证并对照相关附件检查是否正确； 2. 审核无误，签字确认； 3. 将确认后的记账凭证传递给财务经理登记日记账
7	登记日记账	财务经理	1. 根据记账凭证登记簿登记银行存款日记账； 2. 记账后在记账凭证上签字或盖章
8	登记科目明细账	财务经理	1. 根据记账凭证登记科目明细账； 2. 记账后在记账凭证上签字或盖章
9	登记总账	财务经理	1. 根据记账凭证登记总账； 2. 记账后在记账凭证上签字或盖章

实验项目 14　下达发货通知给制造企业

【业务概述】

业务经理下达发货通知给客户。

【业务流程步骤】

下达发货通知给制造企业的业务流程如表 2-3-14-1 所示。

表 2-3-14-1　下达发货通知给制造企业的业务流程

编号	活动名称	角色	活动描述及操作指导
1	填制发货单	业务经理	1. 根据销售订单明细表、发货计划和仓库现状填制发货单（一式四联）； 2. 将发货单（财务部留存联）交给财务经理
2	确认发货单	财务经理	1. 收到业务经理传过来的发货单； 2. 检查本企业的应收账款额度是否过高，如应收账款额度过高则应通知业务经理限制发货
3	发送至客户	业务经理	将财务经理确认的发货单送至客户处

实验项目 15　给制造企业办理出库并开发票

【业务概述】

业务经理办理销售出库并开具增值税专用发票。

【业务流程步骤】

办理销售出库并开具增值税专用发票的业务流程如表 2-3-15-1 所示。

表 2-3-15-1　办理销售出库并开具增值税专用发票的业务流程

编号	活动名称	角色	活动描述及操作指导
1	填制并打印销售出库单	业务经理	根据发货单的发货要求，在 U8 系统中填制销售出库单，审核打印
2	办理出库业务	业务经理	在 VBSE 系统中办理出库业务，根据销售出库单的数量发货给客户
3	更新销售发货明细表	业务经理	依据销售出库单更新销售发货明细表
4	提交增值税专用发票申请	业务经理	1. 根据销售发货明细表和销售订单的信息提交开具增值税专用发票申请； 2. 开票申请单提交至财务经理审核
5	审核增值税专用发票申请	财务经理	1. 审核业务经理提交的开具增值税专用发票申请； 2. 审核后提交总经理审核
6	审核增值税专用发票申请	总经理	1. 审核财务经理提交的开具增值税专用发票申请； 2. 审核通过后交业务经理送至财务经理处开具增值税发票
7	开具增值税专用发票	财务经理	根据业务经理送来审核的开具增值税专用发票申请，开具增值税专用发票
8	在发票领取登记簿进行登记	财务经理	1. 业务经理在发票领取上进行登记簿登记并签字； 2. 财务经理将增值税专用发票记账联保留，将发票联和抵扣联交给业务经理送给客户
9	发票送至客户	业务经理	业务经理将增值税专用发票送至客户
10	填制记账凭证	财务经理	1. 根据发票记账联填制记账凭证，将发票记账联和销售出库单粘贴到记账凭证后作为附件； 2. 将记账凭证交总经理审核
11	审核记账凭证	总经理	接收财务经理交给的记账凭证，进行审核
12	登记数量金额明细账	财务经理	根据记账凭证后所附的销售出库单填写数量金额明细账
13	登记科目明细账	财务经理	1. 根据记账凭证登记总账和科目明细账； 2. 记账后在记账凭证上签字或盖章
14	登记科目明细账	财务经理	1. 根据记账凭证登记总账和科目明细账； 2. 记账后在记账凭证上签字或盖章

实验项目 16　到货并办理入库

【业务概述】

业务经理收到虚拟供应商的货物，办理采购入库。

【业务流程步骤】

办理采购入库的业务流程如表 2-3-16-1 所示。

表 2-3-16-1　办理采购入库的业务流程

编号	活动名称	角色	活动描述及操作指导
1	填写审核采购入库单并打印	业务经理	根据采购订单，在 U8 系统中填制采购入库单，审核并打印
2	在 VBSE 系统办理入库	业务经理	依据采购订单、采购入库单在 VBSE 系统中办理货物入库
3	更新采购情况执行表	业务经理	1. 根据入库信息更新采购合同执行情况表； 2. 将采购入库单传递给财务经理

实验项目 17　缴纳个人所得税

【业务概述】

确认申报状态审核后，提交缴税扣款及账务处理。

【业务流程步骤】

缴纳个人所得税的业务流程如表 2-3-17-1 所示。

表 2-3-17-1　缴纳个人所得税的业务流程

编号	活动名称	角色	活动描述及操作指导
1	查询网银扣款情况	总经理	1. 查询网银，确认个人所得税是否已扣款成功； 2. 通知财务经理到银行打印缴税证明
2	打印缴税凭证	银行柜员	1. 查询转账记录； 2. 确认后打印缴税证明
3	填制记账凭证	财务经理	1. 根据扣款通知和税收缴款书填制记账凭证； 2. 将扣款通知和税收缴款书粘贴在记账凭证后做为原始单据； 3. 将记账凭证和相关原始单据提交给总经理审核
4	审核记账凭证	总经理	1. 收到记账凭证和相关原始单据； 2. 审核记账凭证是否正确； 3. 确认无误签字或盖章，将记账凭证交给总经理登记银行存款日记账
5	登记日记账	总经理	1. 根据审核后的记账凭证登记银行存款日记账； 2. 记账后在记账凭证上签字或盖章
6	登记科目明细账	财务经理	1. 根据审核后的记账凭证登记科目明细账； 2. 记账后在记账凭证上签字或盖章
7	登记总账	财务经理	1. 根据审核后的记账凭证登记总账； 2. 记账后在记账凭证上签字或盖章

实验项目 18　缴纳企业增值税

【业务概述】

确认申报状态，审核通过后提交扣款并进行账务处理。

【业务流程步骤】

缴纳企业增值税的业务流程如表 2-3-18-1 所示。

表 2-3-18-1　缴纳企业增值税的业务流程

编号	活动名称	角色	活动描述及操作指导
1	确认申报状态并提交扣款	财务经理	1. 在 VBSE 系统中查看申报状态； 2. 审核通过后点击"扣缴"
2	查询网银扣款情况	总经理	1. 查询网银，确认增值税是否已扣款成功； 2. 通知财务经理到银行打印税收缴税证明
3	打印缴税凭证	银行柜员	1. 查询转账记录； 2. 确认后打印缴税证明
4	填制记账凭证	财务经理	1. 根据缴税证明编制记账凭证； 2. 将银行税收缴款单和税收完税证明粘贴在记账凭证后作为附件； 3. 将记账凭证交给总经理审核
5	审核记账凭证	总经理	1. 收到记账凭证和缴款证明； 2. 审核记账凭证无误后签字或盖章； 3. 将记账凭证交给总经理登记银行存款日记账
6	登记日记账	总经理	1. 根据审核后的记账凭证登记银行存款日记账； 2. 记账后在记账凭证上签字或盖章
7	登记科目明细账	财务经理	1. 根据审核后的记账凭证登记科目明细账； 2. 记账后在记账凭证上签字或盖章
8	登记总账	财务经理	1. 根据审核后的记账凭证登记总账； 2. 记账后在记账凭证上签字或盖章

实验项目 19　收到制造企业货款的银行回单

【业务概述】

收到制造企业支付的销售款，取得银行回单。

【业务流程步骤】

收到制造企业销售款的处理流程如表 2-3-19-1 所示。

表 2-3-19-1　收到制造企业销售款的处理流程

编号	活动名称	角色	活动描述及操作指导
1	取得银行收款回单	财务经理	取得银行收款回单
2	确认回款客户	业务经理	1. 在系统中填写收款确认单，对银行回款进行确认，确认回款客户； 2. 将收款确认单传至财务经理
3	审核收款确认单并填制记账凭证	财务经理	1. 审核收款确认单； 2. 依据收款确认单填制记账凭证，将银行业务回单粘贴在记账凭证背面作为原始凭证； 3. 提交总经理审核
4	审核记账凭证	总经理	1. 审核财务经理填制的记账凭证并对照相关附件，检查记账凭证是否正确； 2. 审核无误，签字确认
5	登记日记账	总经理	1. 根据记账凭证登记簿登记银行存款日记账； 2. 记账后在记账凭证上签字或盖章
6	登记科目明细账	财务经理	1. 根据记账凭证登记科目明细账； 2. 记账后在记账凭证上签字或盖章
7	登记总账	财务经理	1. 根据记账凭证登记总账； 2. 记账后在记账凭证上签字或盖章

实验项目 20　支付虚拟工贸企业货款

【业务概述】

支付虚拟工贸企业货款。

【业务流程步骤】

支付虚拟工贸企业货款的业务流程如表 2-3-20-1 所示。

表 2-3-20-1　支付虚拟工贸企业货款的业务流程

编号	活动名称	角色	活动描述及操作指导
1	提交付款申请	业务经理	依据采购入库单提交付款申请单
2	审核付款申请	财务经理	1. 接收业务经理提交的付款申请单； 2. 依据采购入库单审核付款申请单
3	审核付款申请	总经理	审核财务经理提交的付款申请单
4	付款	总经理	1. 接收业务经理提交审核通过的付款申请单； 2. 依据审核通过的付款申请单在 VBSE 系统中进行付款
5	取得银行付款回单	财务经理	取得银行付款回单
6	填制记账凭证	财务经理	1. 将银行业务回单与付款申请单核对； 2. 填制记账凭证，将银行业务回单粘贴在记账凭证背面作为原始凭证； 3. 提交总经理审核
7	审核记账凭证	总经理	1. 审核财务经理填制的记账凭证并对照相关附件，检查记账凭证是否正确； 2. 审核无误，签字确认； 3. 将确认后的记账凭证传递给财务经理登记日记账
8	登记日记账	总经理	1. 根据记账凭证登记簿登记银行存款日记账； 2. 记账后在记账凭证上签字或盖章

表2-3-20-1（续）

编号	活动名称	角色	活动描述及操作指导
9	登记科目明细账	财务经理	1. 根据记账凭证登记科目明细账； 2. 记账后在记账凭证上签字或盖章
10	登记总账	财务经理	1. 根据记账凭证登记总账； 3. 记账后在记账凭证上签字或盖章

实验项目21　认证增值税抵扣联

【业务概述】

财务经理统一收集齐公司的增值税抵扣联后，到税务局进行认证，获得盖章认证的结果通知书后，与抵扣联一并装订。

【业务流程步骤】

认证增值税抵扣联流程如表2-3-21-1所示。

表2-3-21-1　认证增值税抵扣联流程

编号	活动名称	角色	活动描述及操作指导
1	收集抵扣联	财务经理	统一收集齐抵扣联
2	到税务局进行抵扣认证	财务经理	将增值税抵扣联送至税务局，进行抵扣认证
3	审核企业提交的进项税抵扣联	税务专员	对企业提交的进项税抵扣联进行审核，通过后打印认证结果通知书，交给企业办事人员
4	抵扣联装订归档	财务经理	将从税务局取得的认证结果通知书与抵扣联装订，归档备查

实验项目22　核算薪酬

【业务概述】

行政经理核算职工薪酬，制作工资表。

【业务流程步骤】

核算薪酬的业务流程如表2-3-22-1所示。

表2-3-22-1　核算薪酬的业务流程

编号	活动名称	角色	活动描述及操作指导
1	收集工资数据	行政经理	1. 依据期初数据查找当月入职人员记录，收集整理新增数据； 2. 依据期初数据查找当月离职人员记录，收集整理减少数据； 3. 依据期初数据查找当月晋升、调动及工资调整记录，收集整理变更数据； 4. 依据期初数据查找当月考勤信息，整理汇总当月考勤数据； 5. 依据期初数据查找当期绩效考核评价评分资料，整理汇总绩效考核结果； 6. 依据期初数据查找当月奖励、处罚记录，并作汇总整理； 7. 依据期初数据查找当月五险一金增减、缴费数据，计算五险一金的数据
2	计算工资	行政经理	1. 下载企业员工花名册信息； 2. 依照薪酬规则，参照发放的期初各类有关职工薪酬的各种表格，制作职工薪酬计算的各种表格，包含"职工薪酬统计表""五险一金缴费统计表""部门汇总"； 3. 按照薪酬体系中每个项目的计算规则进行工资核算； 4. 将工资表交给总经理审核
3	审核工资表	总经理	1. 收到行政经理提交的工资表； 2. 审核工资结算总金额，了解总人工成本及波动幅度，就变动的合理性进行核查； 3. 审核完成后在表单对应位置签字； 4. 将签字完成的表单交还行政经理，由其交给财务部记账

表2-3-22-1(续)

编号	活动名称	角色	活动描述及操作指导
4	填制记账凭证	财务经理	1. 收到行政经理提交的工资表； 2. 依据工资表编制本月工资记账凭证，计提本月工资
5	审核记账凭证	总经理	1. 收到财务经理提交的工资表和记账凭证； 2. 审核记账凭证的正确性； 3. 交还财务经理工资表和记账凭证
6	登记科目明细账	财务经理	1. 根据记账凭证登记科目明细账； 2. 记账后在记账凭证上签字或盖章
7	登记总账	财务经理	1. 根据记账凭证登记总账； 2. 记账后在记账凭证上签字或盖章

实验项目 23　计提折旧

【业务概述】

财务经理计提固定资产折旧。

【业务流程步骤】

计提固定资产折旧的业务流程如表 2-3-23-1 所示。

表 2-3-23-1　计提固定资产折旧的业务流程

编号	活动名称	角色	活动描述及操作指导
1	计算固定资产折旧	财务经理	1. 根据固定资产政策及固定资产明细账计提折旧； 2. 填写固定资产折旧计算表
2	填制记账凭证	财务经理	1. 根据固定资产折旧计算表填写记账凭证，将折旧计算表粘贴在记账凭证后作为附件； 2. 将记账凭证交给总经理审核
3	审核记账凭证	总经理	1. 接收财务经理交给的记账凭证，进行审核； 2. 审核无误，将记账凭证传递给财务经理登记科目明细账
4	登记科目明细账	财务经理	1. 根据记账凭证登记科目明细账； 2. 记账后在记账凭证上签字或盖章
5	登记总账	财务经理	1. 根据记账凭证登记总账； 3. 记账后在记账凭证上签字或盖章

实验项目 24　存货核算

【业务概述】

财务经理根据出入库明细表计算存货成本，并结转销售成本。

【业务流程步骤】

存货核算的业务流程如表 2-3-24-1 所示。

表 2-3-24-1　存货核算的业务流程

编号	活动名称	角色	活动描述及操作指导
1	编制产品销售成本结转明细表	财务经理	1. 根据销售出库单汇总销售出库的产品明细数量； 2. 根据销售数量和库存商品平均单价，编制销售成本结转明细表； 3. 将单据传递给出纳填制记账凭证
2	填制记账凭证	财务经理	1. 根据产品出库单及销售成本结转明细表反映的业务内容，编制记账凭证，将相关单据黏贴在后面作为附件； 2. 将记账凭证传递给财务经理审核
3	审核记账凭证	总经理	1. 审核记账凭证的附件、记账科目、金额、手续是否正确与齐全； 2. 审计无误后在记账凭证上签字或盖章

表2-3-24-1(续)

编号	活动名称	角色	活动描述及操作指导
4	登记科目明细账	财务经理	1. 根据记账凭证登记科目明细账； 2. 记账后在记账凭证上签字或盖章
5	登记总账	财务经理	1. 根据记账凭证登记总账； 3. 记账后在记账凭证上签字或盖章

实验项目25　库存盘点

【业务概述】

工贸企业实物盘点，并在系统中进行盘点业务。

【业务流程步骤】

库存盘点的业务流程如表2-3-25-1所示。

表 2-3-25-1　库存盘点的业务流程

编号	活动名称	角色	活动描述及操作指导
1	盘点通知	总经理	1. 拟订盘点通知； 2. 通知仓库及其他相关部门
2	实盘	行政经理	1. 收到盘点通知； 2. 实际盘点：先找主讲教师，从 VBSE 中查询本企业存货明细（代表了库存实物），然后同库存台账进行对比核对
3	填写盘点单	行政经理	在 U8 系统中按照实际盘点情况填制盘点单
4	审核盘点单	总经理	审核行政经理在 U8 系统中填制的盘点单
5	填写盘盈亏报告	行政经理	根据行政经理填制的盘点单，填写盘盈亏报告记录盈亏情况
6	审批盘盈亏报告	总经理	1. 收到盘盈亏报告； 2. 审批盘盈亏报告
7	审核盘亏、盘盈单据并打印	行政经理	根据盘盈、盘亏报告，在 U8 系统中将盘点单生成的其他出入库单（盘盈、盘亏处理后引起的出入库）进行审核

实验项目26　期末结账——库存管理

【业务概述】

工贸企业在系统中进行库存管理模块的结账。

【业务流程步骤】

库存管理月末结账的业务流程如表2-3-26-1所示。

表 2-3-26-1　库存管理月末结账的业务流程

编号	活动名称	角色	活动描述及操作指导
1	检查采购入库单是否审核	业务经理	在 U8 系统库存管理入库业务中，查看采购入库单列表，调出栏目中的"审核人"一项，检查是否全部审核
2	检查销售出库单是否审核	业务经理	在 U8 系统库存管理入库业务中，查看销售出库单列表，调出栏目中的"审核人"一项，检查是否全部审核
3	库存月末结账	业务经理	在 U8 系统库存模块里做库存月末结账操作

实验项目27　期末账务处理

【业务概述】

财务经理在月末进行财务核算。

【业务流程步骤】

期末账务处理流程如表2-3-27-1所示。

表 2-3-27-1　期末账务处理流程

编号	活动名称	角色	活动描述及操作指导
1	结转损益	财务经理	1. 汇总损益类发生额，并与总账核对； 2. 将总账里的损益类科目本期发生额结转至本年利润科目； 3. 填制记账凭证
2	计提企业所得税费用并结转	财务经理	1. 根据本年利润余额计算企业所得税； 2. 填制记账凭证
3	结转本年利润	财务经理	1. 根据本年利润余额，结转至利润分配中； 2. 填制记账凭证
4	计提法定盈余公积并结转	财务经理	1. 按本年净利润（扣减弥补以前亏损后）的10%提取法定盈余公积，法定盈余公积累计额达到注册资本的50%时可以不再提取； 2. 将提取的法定盈余公积结转至利润分配中； 3. 编制计提法定盈余公积凭证和结转凭证
5	审核记账凭证	总经理	审核财务经理提交的记账凭证，确认无误后签字
6	登记科目明细账	财务会计	1. 根据记账凭证登记科目明细账； 2. 记账后在记账凭证上签字或盖章
7	登记总账	财务经理	1. 根据记账凭证登记总账； 2. 记账后在记账凭证上签字或盖章

实验项目 28　编制资产负债表

【业务概述】

财务经理编制资产负债表。

【业务流程步骤】

编制资产负债表流程如表 2-3-28-1 所示。

表 2-3-28-1　编制资产负债表流程

编号	活动名称	角色	活动描述及操作指导
1	编制财务报告	财务经理	1. 编制资产负债表和财务报表说明等财务报告相关内容； 2. 确认无误后在财务报告上签字并盖章； 3. 将财务报告交给总经理审查并签字盖章
2	审查财务报告	总经理	1. 审查财务经理编制的财务报告； 2. 确认无误后在财务报告上签字并盖章

实验项目 29　编制利润表

【业务概述】

财务经理编制利润表。

【业务流程步骤】

编制利润表流程如表 2-3-29-1 所示。

表 2-3-29-1　编制利润表流程

编号	活动名称	角色	活动描述及操作指导
1	编制财务报告	财务经理	1. 编制利润表和财务报表说明等财务报告相关内容； 2. 确认无误后在财务报告上签字并盖章； 3. 将财务报告交给总经理审查并签字盖章
2	审查财务报告	总经理	1. 总经理审查财务经理编制的财务报告； 2. 总经理确认无误后在财务报告上签字并盖章

实验项目 30　申领增值税发票

【业务概述】

向税务机关领用发票。

【业务流程步骤】

向税务机关申领增值税发票的业务流程如表 2-3-30-1 所示。

表 2-3-30-1　向税务机关申领增值税发票的业务流程

编号	活动名称	角色	活动描述及操作指导
1	申请领用发票	工贸财务经理	1. 申领人携带营业执照副本、经办人身份证到税务局； 2. 向税务专员说明申请发票类型及数量
2	登记并发放发票	税务专员	1. 收到企业的申请后，填写"发票领用表"； 2. 税务专员按序号排列发票号； 3. 登记完成后，发放发票

实验项目 31　购买支票

【业务概述】

企业向银行购买支票。

【业务流程步骤】

企业向银行购买支票的业务流程如表 2-3-31-1 所示。

表 2-3-31-1　企业向银行购买支票的业务流程

编号	活动名称	角色	活动描述及操作指导
1	填写票据领用单	工贸财务经理	1. 工贸财务经理到银行，向银行柜员索要"票据领用单"； 2. 填写"票据领用单"，将现金一并交给银行柜员
2	发放支票	银行柜员	收到企业提交的"票据领用单"，根据领用单填写数量，为企业准备支票，并发放支票
3	编制记账凭证	工贸财务经理	1. 领用相关票据； 2. 编制记账凭证； 3. 将电汇回单粘贴到记账凭证后； 4. 将记账凭证交财务经理审核
4	审核记账凭证	工贸财务经理	1. 审核出纳填制的记账凭证，并对照相关附件检查记账凭证是否正确； 2. 审核无误，签字确认； 3. 将确认后的记账凭证传递给出纳登记日记账
5	登记日记账	工贸财务经理	1. 根据记账凭证登记簿登记银行存款日记账； 2. 记账后在记账凭证上签字或盖章； 3. 将记账凭证传递给财务经理登记科目明细账
6	登记科目明细账	工贸财务经理	1. 根据记账凭证登记科目明细账； 2. 记账后在记账凭证上签字或盖章
7	登记总账	工贸财务经理	1. 根据记账凭证登记总账； 2. 记账后在记账凭证上签字或盖章

实验项目 32　购买仓库

【业务概述】

按存放需求，向服务公司购买仓库。

【业务流程步骤】

向服务公司购买仓库的业务流程如表 2-3-32-1 所示。

表 2-3-32-1　向服务公司购买仓库的业务流程

编号	活动名称	角色	活动描述及操作指导
1	填写购销合同	工贸业务经理	1. 根据公司需求，确定购买需求，到服务公司协商仓库的价格； 2. 准备购销合同并签署相关内容
2	填写合同会签单	工贸业务经理	1. 拿到双方盖章的购销合同； 2. 根据购销合同，填写"合同会签单"
3	财务审核合同会签单	工贸财务经理	1. 接收仓储经理发送的合同和合同会签单； 2. 审核合同及合同会签单，并在合同会签单上签字
4	总经理审核合同会签单	工贸总经理	1. 接收财务部审核的合同和合同会签单； 2. 审核合同及合同会签单； 3. 在合同文件对应的位置盖章上签字； 4. 将合同发送给仓管员
5	将购销合同送交给服务公司	工贸业务经理	1. 接收行政经理发送的合同； 2. 拿本公司已盖章的合同，去服务公司盖章
6	服务公司盖章	服务公司总经理	1. 收到企业盖章后的合同，审核并盖章； 2. 将盖章后的合同，送交行政经理
7	合同归档	工贸企业行政经理	1. 行政经理更新合同管理表——采购合同； 2. 行政经理进行合同登记，把采购合同留存备案
8	办理仓库销售	服务公司业务员	按照合同，为企业办理仓库销售手续
9	开具发票	服务公司总经理	依据合同金额，为企业开具发票

实验项目 33　支付购买仓库费用

【业务概述】

企业支付购买仓库的费用。

【业务流程步骤】

企业支付购买仓库费用的业务流程如表 2-3-33-1 所示。

表 2-3-33-1　企业支付购买仓库费用的业务流程

编号	活动名称	角色	活动描述及操作指导
1	收到发票	工贸业务经理	收到服务公司开具的增值税专用发票
2	填写付款申请单	工贸业务经理	1. 对照服务公司开具的增值税专用发票填写付款申请书； 2. 将付款申请书及发票交给财务经理审核
3	财务经理审核付款申请	工贸财务经理	1. 审核收到的付款申请书与增值税发票是否相符，并审核其正确性； 2. 将发票抵扣联留档； 3. 将付款申请书交总经理审核
4	总经理审核付款申请	工贸总经理	1. 审核付款申请书，确认无误后在申请书上签字； 2. 将付款申请书交财务经理
5	支付货款	工贸财务经理	1. 收到总经理转交的批复后的付款申请书； 2. 按付款申请书金额开具转账支票； 3. 将转账支票交给服务公司总经理
6	填制记账凭证	工贸财务经理	1. 根据付款申请书和银行回单填制记账凭证； 2. 将银行回单、付款申请书和支票存根粘贴在记账凭证后作为附件

表2-3-33-1（续）

编号	活动名称	角色	活动描述及操作指导
7	登记日记账	工贸财务经理	1. 根据记账凭证登记簿登记银行存款日记账； 2. 记账后在记账凭证上签字或盖章
8	登记科目明细账	工贸财务经理	1. 根据记账凭证登记科目明细账； 2. 记账后在记账凭证上签字或盖章
9	登记总账	工贸财务经理	1. 根据记账凭证登记总账； 2. 记账后在记账凭证上签字或盖章

任务四 虚拟供应商购销业务

项目一 下达采购订单（供应商—虚拟供应商）

一、项目描述

生产企业的生产是以采购作为前提条件的，没有采购环节，就不能够进行生产。

二、学习目标

通过对本项目的学习，学生应对供应商与虚拟供应商之间的采购业务有基础的认识。

三、相关知识

（一）情景导入

供应商采购业务主管按照生产需求与经济采购的原则，决定采购原材料的品种、数量，并选择虚拟供应商，向虚拟供应商下达采购订单，同时仓管员对采购订单进行备案。供应商可在系统中虚拟设置供应商选择采购的商品品种及数量。业务数据如表2-4-1-1所示。

表 2-4-1-1 业务数据

商品编码	商品名称	规格	计量单位	商品属性	平均单价/元
B0001	钢管	Φ外16/Φ内11/L5000/mm	根	外购	86.28
B0002	镀锌管	Φ外16/Φ内11/L5000/mm	根	外购	
B0003	坐垫	HJM500	个	外购	65.16
B0004	记忆太空棉坐垫	HJM0031	个	外购	
B0005	车篷	HJ72×32×40	个	外购	117.62
B0006	车轮	HJΦ外125/Φ内60 mm	个	外购	21.94
B0007	经济型童车包装套件	HJTB100	套	外购	73.48
B0008	数控芯片	MCX3154A	片	外购	
B0009	舒适型童车包装套件	HJTB200	套	外购	
B0010	豪华型童车包装套件	HJTB300	套	外购	

注意：（1）工贸企业在向虚拟供应商采购的过程中，企业下达采购订单后，要先进行付款，付款后才能进行采购入库操作，没有付款，系统的入库无法完成。

（2）钢管、坐垫、车篷、车轮、经济型童车包装套件的采购价格在固定数据阶段按照表2-4-1-1中的采购价格采购；自主经营阶段的采购价格则为采购双方协商制定。

（二）知识储备

工贸企业根据产品的用料计划和实际能力以及相关因素，制订切实可行的采购订单计划，并下达至供应商执行。在执行过程中企业要注意对订单进行跟踪，从而能够保证企业从采购环境中购买到所需的商品，为生产部门和相关各需求部门输送合格的原材料和配件。采购订单样图如图2-4-1-1所示。

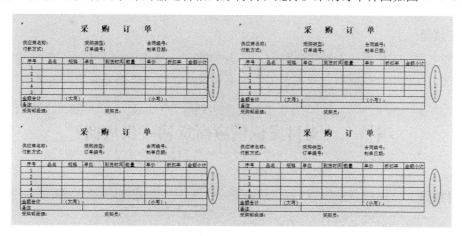

图 2-4-1-1　采购订单（一式四联）样图

（三）实施步骤

工贸企业依据生产需要，确定准备向供应商采购的商品，填写、审核采购订单，并登记采购合同执行情况表，按照表中所示步骤，完成采购订单签订。

注：工贸企业中会涉及身兼两职的特殊情况，职位安排具体情况需按照开课时情况具体设定。

采购商品的业务流程如表2-4-1-2所示。

表 2-4-1-2　采购商品的业务流程

序号	操作步骤	角色	操作内容
1	准备填制采购订单	业务经理	查看流程图，做好记录系统选单准备
2	在系统中进行选单	业务经理	1. 供应商从虚拟市场中选择自己的采购料品； 2. 下达采购订单
3	填写采购订单	业务经理	1. 填写纸质采购订单； 2. 送交总经理审核
4	审核采购订单	总经理	1. 接收业务经理送交的采购订单； 2. 审核无误后签字确认
5	确认采购订单	业务经理	供应商业务经理需在原材料采购列表中，确认订单状态为"已确认"
6	登记采购合同执行情况表	业务经理	1. 业务经理将采购订单的采购部留存联和供应商留存联留存保管； 2. 在"采购合同执行情况表"上记录此次采购明细信息
7	接收采购订单财务联	财务经理	接收采购订单的财务联，以便采购商品到货进行记账核对
8	接收采购订单仓储联	行政经理	接收采购订单仓储联，以便采购商品到货后进行核对

（四）线上操作

为完成采购订单签订任务，供应商业务主管进入系统，选择"供应商下达采购订单"任务，根据任务流程图——供应商签订采购订单完成流程操作。依据流程页面所列任务，依次完成任务，如图2-4-1-2所示。

该任务<TCG1下达采购订单(工贸企业)>是由<恒通工贸有限公司>发起

图 2-4-1-2　下达采购订单

（五）线下填单

供应商业务主管，需依据线上操作流程中子任务的顺序，与任务相关人员一起完成单据的填制和信息传递。在这个过程中，供应商业务主管要学会填制采购订单、登记采购执行情况表。

项目二　支付虚拟供应商货款（供应商）

一、项目描述

到期未付货款，由采购部提出付款申请，填制"付款申请书"，填写收款单位、货款所属期及货款金额等，连同收款人发票（或收据）、到货单、验收单、供应商对账单等凭据交给负责人签字确认。

二、学习目标

通过对本项目的学习，学生应对供应商与虚拟供应商之间的支付货款业务有基础的认识。

三、相关知识

（一）情景导入

依据采购订单、采购合同执行情况，供应商将货款支付给湖北丽华五金制品有限公司，业务数据如表 2-4-2-1 所示。

表 2-4-2-1　湖北丽华五金制品有限公司业务数据

回款日期	虚拟供应商	供应商	支付方式	回收金额/元
2018. 1. 5	湖北丽华五金制品有限公司	恒通工贸有限公司	VBSE 系统在线支付	2 148 120. 00

（二）知识储备

（1）代开增值税专用发票。

为加强税务机关代开增值税专用发票的管理工作，国家税务总局制定了《税务机关代开增值税专用发票管理办法（试行）》。增值税小规模纳税人向一般纳税人销售货物或应税劳务，购货方要求销货方提供增值税专用发票时，税务机关可以为其代开增值税专用发票，其他单位和个人不得代开。

（2）代开发票项目填写。

①"单价"栏和"金额"栏分别填写不含增值税税额的单价和销售额；

②"税率"栏填写增值税征收率；

③销货单位栏填写代开税务机关的统一代码和代开税务机关名称；

④销货方开户银行及账号栏内填写税收完税凭证号码；

⑤备注栏内注明增值税纳税人的名称和纳税人识别号。

（3）代开发篇需提供的资料。

①税务登记证副本原件；

②到主管国税局办税服务大厅领取并填写"代开发票申请表"一式两份。

③购货方"增值税一般纳税人资格证书"复印件或国税税务登记证（副本）复印件。

（4）进货发票原件及复印件（销售货物需提供）。

（5）发票专用印章模（国税）。

提供的资料完整、填写内容准确，各项手续齐全的企业，当场办理。税务机关采取"先缴税后开发票"的方法，普遍采用一窗式服务。

应纳增值税税额＝开票金额÷（1+3%）×3%

（三）实施步骤

依据采购合同、采购合同执行情况表，查询供应商应付货款情况，按照表2-4-2-2步骤所示，完成货款支付。

表2-4-2-2　货款支付的业务流程

序号	操作步骤	角色	操作内容
1	提交付款申请	业务经理	依据采购入库单提交付款申请单
2	审核付款申请	财务经理	1. 接收业务经理提交的付款申请单 2. 依据采购入库单审核付款申请单
3	审核付款申请	总经理	审核财务经理提交的付款申请单
4	付款	总经理	1. 接收业务经理提交审核通过的付款申请单； 2. 依据审核通过的付款申请单在 VBSE 系统中进行付款
5	取得银行付款回单	财务经理	取得银行付款回单
6	开增值税专用发票	业务经理	去税务局找税务专员代开增值税专用发票（一式三联）
7	收到增值税专用发票	业务经理	收到税务局开出的增值税专用发票并送交给财务经理
8	填制记账凭证	财务经理	1. 将银行业务回单与付款申请单进行核对； 2. 填制记账凭证，将银行业务回单、增值税专用发票（记账联）粘贴在记账凭证背面作为原始凭证； 3. 提交总经理审核
9	审核记账凭证	总经理	1. 审核财务经理填制的记账凭证并对照相关附件，检查记账凭证是否正确； 2. 审核无误，签字确认； 3. 根据确认后的记账凭证登记日记账
10	登记日记账	总经理	1. 根据记账凭证登记簿登记银行存款日记账； 2. 记账后在记账凭证上签字或盖章
11	登记科目明细账	财务经理	1. 根据记账凭证登记科目明细账； 2. 记账后在记账凭证上签字或盖章
12	登记总账	财务经理	1. 根据记账凭证登记总账； 2. 记账后在记账凭证上签字或盖章

（四）线上操作

为完成材料款支付任务，线上供应商业务主管进入系统，单击任务中心"供应商支付货款"，依据任务流程图——供应商支付货款完成流程操作。操作步骤如图2-4-2-1所示。

该任务<TCG2支付虚拟工贸企业贷款(工贸企业)>是由<恒通工贸有限公司>发起

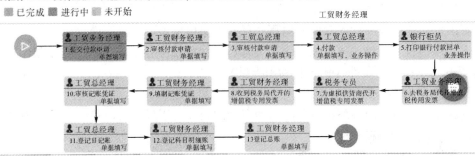

图 2-4-2-1 操作步骤

项目三 到货并办理入库（供应商）

一、项目描述

物料验收人员根据系统中采购员填写的收货通知单清点货品并登记手工收货记录。现实中，如存在验收不合格的货品，应根据代管入库流程填入代管保管账，货品放入不合格区，待采购员与供应商联系后处理。

二、学习目标

通过对本项目的学习，学生应对供应商与虚拟供应商之间的到货入库有基础的认识。

三、相关知识

（一）情景导入

湖北丽华物品制品有限公司1月采购的钢管材料已经到达仓库外，供应商行政经理与业务经理共同完成钢管材料入库工作。业务数据如图2-4-3-1所示。

采 购 订 单

供应商名称：湖北丽华五金制品有限公司　采购类型：正常采购　　　合同编号：CG-HT-201712001
付款方式：月结　　　　　　　　　　　订单编号：CG-DD-2017120001　制单日期：2017.12.25

序号	品名	规格	单位	到货时间	数量	单价	折扣率	金额小计
1	钢管	外壁16/壁厚5/厂50000(mm)	根	2018.1.5	24000	89.51	0	2148120
合计								2148120

图 2-4-3-1 采购订单

（二）知识储备

（1）物料验收。

物料验收是仓管员按照验收标准和验收业务流程，依据掌握的计量与测试知识及质量检验知识，对入库物料进行数量和质量检验的经济技术活动的总称。

（2）采购入库单。

采购入库单是指企业从其他单位采购的原材料或产品入库时填写的单据，除了记录物品编号、名称、规格型号、计量单位、实际验收数量等内容外，还要记录与采购有关的供应商名称、采购订单号等内容，具体格式如图2-4-3-2所示。

采购入库单

制单日期：　　　　　　　　　　　　仓库：
供应商名称：　　　　　　　　　　　类型：
单据编号：　　　　　　　　　　　　采购订单号：

序号	品名	规格型号	单位	入库时间	数量	备注
1						
2						
3						
4						
5						
合计						

第一联：仓储部

仓储部经理：　　　　　　　　仓管员：

图 2-4-3-2　采购入库单（一式三联）

（3）物料卡。

账、卡、物相符原则是仓库管理的传统原则，也是基本原则，目前也一直为各种类型的仓库管理所采用。“卡”是指仓库现场的物料卡，如图 2-4-3-3 所示。

物　料　卡

存货类别：　　　　仓位：　　　　　物料名称：
物料编号：　　　　规格：

日期	入库	出库	结余	经手人	备注

图 2-4-3-3　物料卡

使用物料卡的作用有：①在账实之间增加一道检验工序，便于库存差异查询，确保账实相符；②起标识作用，现场物料一目了然，对于仓库新人及参观者来说，更方便他们了解仓库的情况；③在仓库现场可以清楚查到物料数量，便于及时发现差异，也便于检查监督工作、各种盘点操作。

（三）实施步骤

业务经理依据采购订单，及时查看材料发货、出库、到货情况，做好材料验收入库工作，按照表 2-4-3-1 中所示步骤，完成材料采购入库。

表 2-4-3-1 材料采购入库流程

序号	操作步骤	角色	操作内容
1	填写审核采购入库单并打印	业务经理	根据采购订单在系统中填制采购入库单
2	审核采购入库单	业务经理	审核采购入库单
3	系统办理入库	业务经理	依据采购订单、采购入库单，在 VBSE 系统中办理货物入库
4	登记库存台账	业务经理	根据采购入库单及验收货物，登记库存台账
5	更新采购情况执行表	业务经理	1. 根据入库信息，更新采购合同执行情况表； 2. 将采购入库单传递给财务经理

（四）线下填单

供应商行政主管，需依据线上操作流程完成采购入库流程，与任务相关人员一起完成单据的填制和信息传递。在这个过程中，供应商行政主管要学会填制采购入库单、物料卡。采购入库单、物料卡的填制如图 2-4-3-4 至图 2-4-3-5 所示。

采购入库单

制单日期：2018.1.5　　　　　　　　仓库：普通仓库
供应商名称：湖北丽华五金制品有限公司　　　类型：原材料采购
单据编号：CG-DD-2017120001　　　采购订单号：CK-CLRK-2017120001

序号	品名	规格型号	单位	入库时间	数量	备注	
1	钢管	外壁16/壁厚5/厂50000(mm)	根	2018.1.5	24000		第一联：仓储部
2							
3							
4							
5							
合计							

仓储部经理：李斌　　　　　　　　　仓管员：付海生

图 2-4-3-4 采购入库单

物 料 卡

存货类别：商品　　　仓位：成品仓　　　物料名称：钢管
物料编号：0001　　　规格：外壁16/壁厚5/厂50000(mm)

日期	入库	出库	结余	经手人	备注
2018.1.5	24000		30000	付海生	

图 2-4-3-5 物料卡

模块三

商贸公司

任务一 经营规则

项目一 人力资源管理的规则

一、项目描述

人力资源是指一定时期内，组织中的人所拥有的、能够被企业所用且对企业价值创造起贡献作用的教育、能力、技能、经验、资源等的总称。熟悉人力资源管理的规则是企业经营的基础。本环节将简要介绍本次实训系统的人力资源管理的规则。

二、学习目标

通过对本项目的学习，学生应对人力资源管理的规则有基础的认识。

三、相关知识

（一）部门信息

人力资源是企业生产经营活动的基本要素。公司的员工配置、工资标准及核算、员工招聘与培训，要在遵循本规则的前提下，做出科学合理的规划安排，以保证公司的生产经营活动能够协调、有序、高效进行。本次实训系统中商贸公司的组织结构图如图 3-1-1-1 所示。

图 3-1-1-1 商贸公司的组织结构

（二）人员信息

商贸公司的岗位及人员设置如表 3-1-1-1 所示。

表 3-1-1-1　企业岗位及人员设置

部门	岗位名称	在编人数	直接上级
企管部	总经理	1	—
企管部	行政经理	1	总经理
营销部	营销经理	1	总经理
采购部	采购经理	1	总经理
仓储部	仓储经理	1	总经理
财务部	财务经理	1	总经理
财务部	出纳	1	财务经理

知识拓展：

华为是谁？

项目二　企业薪酬规则

一、项目描述

薪酬是指企业对员工给企业所做的贡献（包括实现的绩效，付出的努力、时间、学识、技能、经验和创造）所付给的相应的回报和答谢。薪酬不仅是自己的劳动所得，它在一定程度上代表着员工自身的价值、代表企业对员工工作的认同，甚至还代表着员工的个人能力和发展前景。薪酬规则是企业经营发展的基础。本环节将简要介绍本次实训系统的薪酬规则。

二、学习目标

通过对本项目的学习，学生应对薪酬规则有基础的认识。

三、相关知识

（一）职工薪酬的构成

职工薪酬是指企业为获得职工提供的服务而给予其各种形式的报酬以及其他的相关支出。在企业管理全景仿真实训中，职工薪酬主要由以下几个部分构成：

（1）职工工资、奖金（奖金按年度计算，根据企业本年度的经营状况而定）；

（2）医疗保险费、养老保险费、失业保险费、工伤保险费和生育保险费等社会保险费；

（3）住房公积金；

（4）因解除与职工的劳动关系给予的补偿，即辞退福利。

（二）职工薪酬的计算及发放

企业人员的薪酬组成：

年度总薪酬＝月基本工资×12＋年度绩效奖金＋企业应缴福利

职工每月实际领取的工资=月基本工资-缺勤扣款-个人应缴五险一金-个人所得税

缺勤扣款=缺勤天数×（月基本工资/当月全勤工作日数）

（1）基本工资标准（表3-1-2-1）：

表3-1-2-1　各类人员工资标准

人员类别	月基本工资/元
总经理	12 000.00
部门经理	7 500.00
职能主管	5 500.00

（2）年度奖金与绩效（表3-1-2-2）：

表3-1-2-2　各类人员年度奖金与绩效

人员分类	年度绩效奖金/元
总经理	12 000×4
部门经理	7 500×4
职能主管	5 500×4

季度奖金实际发放金额与个人业绩考核评定结果挂钩，业绩考核采取百分制，业绩评定85分及以上者发放全额季度绩效奖金，低于85分的发放季度绩效奖金的80%。

注：总经理绩效得分为企业员工得分的平均数。

（3）五险一金。

五险一金缴费基数及比例各地区操作细则不一，本实训中社会保险、住房公积金规则参照北京市有关政策规定设计，略做调整。

社保中心行使市人力资源和社会保障局和住房公积金管理中心的职能。五险一金缴费基数于每年3月核定，核定后的职工月工资额即为缴纳基数。五险一金缴费比例如表3-1-2-3所示。

表3-1-2-3　五险一金缴费比例

险种	承担比例	
	单位承担/%	个人承担
养老保险	20	8%
医疗保险	10	2%+3元
失业保险	1	0.20%
工伤保险	0.30	0
生育保险	0.80	0
住房公积金	10	10%

注意：单位养老保险缴费20%其中17%划入统筹基金，3%划入个人账户；医疗保险个人缴纳比例为2%+3元。实训中以员工转正后的基本工资金额数为社会保险和住房公积金的缴费基数。

（4）个人所得税。

个人所得税计算采用2019年1月1日起开始执行的7级超额累进税率（表3-1-2-4）。起征点提高至每月5 000元等部门减税政策。

表3-1-2-4　工资、薪金所得适用个人所得税七级超额累进税率

级数	全年应纳税所得额	税率/%
1	不超过36 000元的	3
2	超过36 000元至144 000元的部分	10

表3-1-2-4(续)

级数	全年应纳税所得额	税率/%
3	超过 144 000 元至 300 000 元的部分	20
4	超过 300 000 元至 420 000 元的部分	25
5	超过 420 000 元至 660 000 元的部分	30
6	超过 660 000 元至 960 000 元的部分	35
7	超过 960 000 元的部分	45

注：①本表所称全年应纳税所得额是指居民个人取得综合所得以每一纳税年度收入额减除费用六万元以及专项扣除、专项附加扣除和依法确定的其他扣除后的余额。

②专项附加扣除是指个人所得税法规定的子女教育、继续教育、大病医疗、住房贷款利息、住房租金和赡养老人等六项专项附加扣除。是落实新修订的个人所得税法的配套措施之一。

③非居民个人取得工资、薪金所得，劳务报酬所得，稿酬所得和特许权使用费所得，依照本表按月换算后计算应纳税额。

表 3-1-2-5 为个人所得税税率表（经营所得适用）。

表 3-1-2-5 个人所得税税率（经营所得适用）

级数	全年应纳税所得额	税率/%
1	不超过 30 000 元的	5
2	超过 30 000 元至 90 000 元的部分	10
3	超过 90 000 元至 300 000 元的部分	20
4	超过 300 000 元至 500 000 元的部分	30
5	超过 500 000 元的部分	35

注：本表所称全年应纳税所得额是指以每一纳税年度的收入总额减除成本、费用以及损失后的余额。

（5）辞退福利。

企业辞退员工需支付辞退福利，辞退福利为三个月基本工资，辞退当年无绩效奖金。辞退当月的薪酬为：

辞退当月薪酬＝实际工作日数×（月基本工资／当月全勤工作日数）＋辞退福利

（三）考勤规则

每天的实训开始后，学生登录 VBSE 系统点击"签到"按钮进行考勤签到。

VBSE 实训中对实际业务进行了抽象，一个实际工作日完成一个月的工作内容，每月工作任务集中在 3～5 个虚拟工作日。

计算出勤天数时，实训中因病、事休假一个实际工作日的按 3 个工作日计算，休假类型按照实际情况确定。

例如，学生 A 因病没有参加当天的课程，则他的实际出勤天数＝当月应出勤天数－3 天，休假类型为病假。其中应出勤天数为当月实际工作日天数。

迟到、早退按照实际情况计算，每次罚款 30 元。考勤扣款从当月工资中扣除。

知识拓展：

薪酬管理体系

项目三　采购规则

一、项目描述

在 VBSE 虚拟商业社会中，商贸公司的产品采购只能从制造企业进行采购，不能从其他类型的企业进行采购。

二、学习目标

通过对本项目的学习，学生应对采购规则有基础的认识。

三、相关知识

商贸公司的商品途径只能从制造企业采购。

相关采购信息如表 3-1-3-1 所示。

表 3-1-3-1　相关采购信息

商品编码	商品名称	规格	计量单位	商品属性	平均单价/元
P0001	经济型童车		辆	外购	1 010. 32
P0002	舒适型童车		辆	外购	
P0003	豪华型童车		辆	外购	

注意：

经济型童车采购价格在固定数据阶段为 1 010. 32 元（含税）；自主经营阶段采购价格为双方协商制定。

商品从供应商送达企业时会发生相应的运输费用，运输费用为采购订单金额的 5%，运费结算依据与物流企业的运单金额为准。

项目四　仓储规则

一、项目描述

仓储就是指企业利用仓库对商品与物品进行储存与保管。企业在经营过程中，仓储部应根据不同的物资特性、种类对商品与物品进行合理有序的存放，并在仓储部设置专员对物资的进出等予以检验，登记相关信息。仓储是产品在生产、流通过程中因订单前置或市场预测前置而对产品、物品的暂时存放，熟悉仓储规则至关重要。本环节将简要介绍仓储的相关规则。

二、学习目标

通过对本项目的学习，学生应对仓储规则有基础的认识。

三、相关知识

（一）仓库

商贸公司现有一座仓库，用于存放各种采购来的商品，该仓库的相关信息如表 3-1-4-1 所示。

表 3-1-4-1　仓库信息

仓库名称	仓库编码	可存放物资
普通仓库	A 库	经济型童车、舒适型童车、豪华型童车

（二）存货清单

仓储经理担当仓管职能，负责采购入库、生产出库和保管，成品的完工入库和销售出库。公司的物料和存货清单如表 3-1-4-2 所示。

表 3-1-4-2　存货清单信息

物料编码	物料名称	规格	单位	来源
P0001	经济型童车		辆	外购
P0002	舒适型童车		辆	外购
P0003	豪华型童车		辆	外购

（三）储位管理

普通仓库不做储位管理。

知识拓展：
微利时代的铁血赢家
——解读戴尔的"零库存"

扫一扫

项目五　销售规则

一、项目描述

销售是指以出售、租赁或其他方式向第三方提供产品或服务的行为。企业在经营过程中，应根据订单将商品销售给客户，收回货款。熟悉销售规则对企业的运行至关重要。本环节将简要介绍本次实训系统中的销售规则。

二、学习目标

通过对本项目的学习，学生应对销售规则建立基础认知体系。

三、销售流程的相关知识

商贸公司将童车卖到虚拟市场中，虚拟市场分为东部、南部、西部、北部、中部市场，其中东部、南部、西部、北部四个地区由商贸公司经营，中部地区只能由制造企业经营。虚拟市场的订单需要先到服务公司开发市场，再投广告费，这样服务公司才能根据投放金额派发订单。市场开发一次一年有效，广告投放一次一虚拟日有效，下一虚拟日需要重新投放广告费。

在虚拟市场中销售，选择销售订单后，先发货、开销售专用发票，再进行收款核销。

项目六　财务规则

一、项目描述

财务规则是指导企业财务工作的行为规范，它对进一步加强公司的财务管理、提高公司的经济效益起到至关重要的作用。本环节将简要介绍本次实训系统的财务规则。

二、学习目标

通过对本项目的学习，学生应对财务规则有基础的认识。

三、相关知识

（一）筹资规则

资金是公司的血液，公司的经营与发展离不开资金支持。公司根据财务部门的筹资预案，并结合合理的资金结构，做出科学的筹资决策。

（1）筹资渠道。

在本次实训中，企业资金来源有以下几种渠道：实收资本、银行信用贷款、商业信用（应收、应付等）。

（2）筹资用途。

金融机构可以提供的贷款主要有短期贷款和长期贷款。短期贷款用于流动资产周转，长期贷款用于长期投资，如购买设备、厂房等固定资产。筹资方式的相关信息可以参考表3-1-6-1，如涉及融资事宜，请根据实训中的实际情况酌情处理。

表3-1-6-1　各种筹资方式相关信息

筹资方式	融资手段	财务费用/%	最高限额	还款时间	还款约定
银行信用贷款	长期贷款	6	上月所有权益×2%	按年，最长2年	每月付息，到期还本
	短期贷款	8	上月所有权益×2%	按月，最短3个月，最长6个月	每月付息，到期还本
应收账款贴现	贴现	10			

（二）会计核算规则

（1）结算方式。

公司可以采用现金结算、转账结算几种方式。原则上，低于2 000元的日常经济活动，可以使用现金支付，超过2 000元的一般使用转账支票结算。

银行支票分为现金支票和转账支票。现金支票用于提取现金，转账支票用于同一票据交换区内的结算。异地付款一般采用电汇方式。

（2）存货计价。

存货核算按照实际成本核算，原材料计价采用实际成本计价，材料采购按照实际采购价入账，材料发出按照全月一次加权平均计算材料成本。

全月一次加权平均相关计算：

材料平均单价=（期初库存数量×库存单价+本月实际采购入库金额）/（期初库存数量+本月实际入库数量）

材料发出成本=本月发出材料数量×材料平均单价

（3）固定资产取得方式及折旧。

固定资产可以按照购买的方式取得。固定资产购买当月不计提折旧，从次月开始计提折旧，出售当期照提折旧。固定资产折旧按照直线法计提。

直线法是将固定资产的应计折旧额均衡地分摊到固定资产预计使用寿命内的一种方法。采用这种方法计算的每期折旧额均相等。计算公式如下：

年折旧率＝（1－预计净残值率）/预计使用寿命（年）×100%

月折旧率＝年折旧率/12

月折旧额＝固定资产原价×月折旧率

（三）税务规则

商贸公司从事生产经营活动，涉及国家或地方多个税种，包括：企业所得税、增值税、城建税、教育费附加、个人所得税。

（1）税种类型：增值税、企业所得税、个人所得税、城市建设维护税、教育费附加；

（2）增值税：销售货物和购进货物的增值税率均为16%；

（3）企业所得税：按利润总额的25%缴纳；

（4）个人所得税：个税免征额5 000元（工资薪金所得适用）按照七级累进税率进行缴纳，个人所得税由企业代扣代缴，个人不自行缴纳个人所得税。相关税率在项目二企业薪酬规则中已述及，此处不再赘述。

（5）城市建设维护税：增值税税额的7%；

（6）教育费附加：增值税税额的3%。

（7）日常纳税申报及缴纳税款

在税收征收期内，按照商贸公司的经营情况，填制各税申报表，财务人员携带相关会计报表，到税务部门办理纳税申报业务，持税务部门开出的税收缴款书，到银行缴纳税款。依据税务部门规定，每月初进行上月的纳税申报及缴纳。如遇特殊情况，可以向税务部门申请延期纳税申报。

知识拓展：

海外投资密集批复，

风险规避面临新考验

项目七　物流规则

（1）物流企业运输只针对工贸企业与制造企业间的购销业务、制造企业与经销商间的购销业务，其他类型组织的物流运输不通过物流企业运输；

（2）物流费用由购货方支付；

（3）物流费为货值货款金额的5%。

任务二　期初建账

项目一　总经理期初建账

一、项目描述

本系统中，商贸公司（经销商）总经理期初建账工作即总经理进入系统了解企业期初数据。

二、学习目标

通过对本项目的学习，学生应掌握商贸公司务总经理岗位进行期初建账的方法。

三、相关知识

（一）线上操作

总经理进入 VBSE 系统读懂期初数据。

（二）线下填单

无。

项目二　财务经理期初建账

一、项目描述

商贸公司财务经理的期初建账工作包括开设科目明细账、总账。

二、学习目标

通过对本项目的学习，学生应掌握商贸公司务财务经理岗位进行期初建账的方法。

三、相关知识

（一）知识储备

（1）认识明细账。

明细账也称明细分类账，是根据总账科目所属的明细科目设置的，用于分类登记某一类经济业务事项，提供有关明细核算资料。

明细账可采用订本式、活页式、三栏式、多栏式、数量金额式。

明细账是按照二级或明细科目设置的账簿，一般采用活页式账簿。各单位应结合自己的经济业务的特点和经营管理的要求，在总分类账的基础上设置若干明细分类账，作为总分类账的补充。明细分类账按账页格式不同可分为三栏式、数量金额式和多栏式。

（2）开设账户。

按照会计科目表的顺序、名称，在明细账账页上建立二、三级明细账账户；每个明细科目至少建立一个账页。因为明细账是活页式，能添加账页，所以建账后若出现账页页数不够，可以随时添加账页；然后在每页写上二、三级明细账账户名称，并在每个账户起始页右边缘粘贴表明账户名称的口取纸，完成账户开设工作。

例如，"应付账款——北京彩虹耗材厂"明细账期初账户的开设如图 3-2-2-1 所示，用同样的方法可以完成其他明细账账户的开设。

应付账款　明细账

二级科目名称：　北京彩虹耗材厂

年		凭证		摘　要	借　方										贷　方										借或贷	余　额										记账
月	日	种类	号数		千	百	十	万	千	百	十	元	角	分	千	百	十	万	千	百	十	元	角	分		千	百	十	万	千	百	十	元	角	分	

图 3-2-2-1　应付账款账户的开设

（3）期初余额的录入。

①根据期初科目余额表录入期初余额，录入期初余额时注意以下问题：写上年、月、日；摘要写"上月结转"。

②根据科目余额表将二级或者三级科目余额登记在明细账对应账户的"余额"栏，并写清出余额方向"借"或"贷"。

③无余额的账户只登记年，不登记月、日，摘要和余额，不用在余额处录入 0。

（二）线上操作

为完成财务经理期初建账的任务，在财务经理岗位实习的同学需进入 VBSE 系统进行期初建账的操作。

（三）线下填单

财务经理还需在线下完成相关明细账的启用和建账。

项目三　行政经理期初建账

一、项目描述

商贸公司行政经理除了要了解企业期初数据外，还需根据期初固定资产数据完成固定资产卡片的填写。

二、学习目标

通过对本项目的学习，学生应掌握商贸公司务行政经理进行期初建账的方法。

三、相关知识

（一）知识储备

（1）固定资产卡片

固定资产卡片是指登记固定资产各种资料的卡片，固定资产进行明细分类核算的一种账簿形式。它是每一项固定资产的全部档案记录，即固定资产从进入企业开始到退出企业的整个生命周期所发生的全部情况，都要在卡片上予以记载。固定资产卡片上的栏目有类别、编号、名称、规格、型号、建造单位、生产日期、投产日期、原始价值、预计使用年限、折旧率、存放地点、使用单位、大修理日期和金额，以及停用、出售、转移、报废清理等内容。固定资产卡片属于卡片式账簿。

（2）卡片填写

固定资产卡片填写范例如图 3-2-3-1 所示：

固 定 资 产 卡 片

卡片编号　0100001　　　　　　　　日期 2017-01-05

固定资产编号　0100001　　　　　　固定资产名称 办公楼

类别编号　01　　　　　　　　　　类别名称 房屋及土地

规格型号　　　　　　　　　　　　使用部门 企业管理部

增加方式　购买　　　　　　　　　存放地点

使用状况 在用　　　　预计使用年限 240 月　折旧方法 直线法

开始使用日期　2015-09-15　　　　已计提月份　15

原值 9000000.00　　　　　　　净残值　450000.00

累计折旧 5343375.00

净值　8465625.00　　折旧费用类别　管理费用　　保管人　孙怡

附属设备

_____

资产变动历史

日期	变动事项	变动原因	变动说明

图 3-2-3-1　固定资产卡片填写实例

（二）线上操作

为完成行政经理期初建账的任务，在行政经理岗位实习的同学需进入 VBSE 系统进行期初建账。

（三）线下填单

行政经理还需在线下完成固定资产卡片的填写。

项目四　仓储经理期初建账

一、项目描述

商贸公司仓储经理除了要了解企业期初数据外，还需根据期初库存建立库存台账。

二、学习目标

通过对本项目的学习，学生应掌握商贸公司业务经理岗位进行期初建账的方法。

三、相关知识

（一）知识储备

（1）库存台账。

库存台账是根据货物的品种或批次，按照时间顺序来记录货物的收入、发出、结存的账簿。

（2）库存台账的填写。

库存台账的填写范例如表 3-2-4-1 所示。

表 3-2-4-1　库存台账

存货台账——钢管　　　　　　　　　　　　型号：

2011 年		凭证号数	摘要	出库			入库			结存		
月	日			数量	单价	金额	数量	单价	金额	数量	单价	金额
10	1		上月盘存							5 000		

（二）线上操作

为完成仓储经理期初建账的任务，在仓储经理岗位学习的同学需进入 VBSE 系统了解期初数据，进行期初建账的操作。

（三）线下填单

业务经理还需在线下完成库存台账的填写。

项目五　出纳期初建账

一、项目描述

商贸公司出纳除了要了解企业期初数据外，还需完成现金日记账和银行存款日记账的期初建账。

二、学习目标

通过对本项目的学习，学生应掌握商贸公司业务经理进行期初建账的方法。

三、相关知识

（一）知识储备

（1）日记账。

日记账亦称序时账，是按经济业务发生时间的先后顺序，逐日逐笔登记的账簿。日记账，应当根据办理完毕的收、付款凭证，随时按顺序逐笔登记，每天最少登记一次。日记账分为银行存款日记账（图 3-2-5-1）和现金日记账（图 3-2-5-2）。

银 行 存 款 日 记 账

第1页

年		凭证		摘　要	对方科目	借　方									贷　方									余　额								
月	日	字	号数			千	百	十	万	千	百	十	元	角	分	千	百	十	万	千	百	十	元	角	分	千	百	十	万	千	百	十	元	角	分

图 3-2-5-1　银行存款日记账图例

现　金　日　记　账

年		凭证		摘　要	对方科目	借　方									贷　方									余　额								
月	日	字	号数			千	百	十	万	千	百	十	元	角	分	千	百	十	万	千	百	十	元	角	分	千	百	十	万	千	百	十	元	角	分

图 3-2-5-2　现金日记账图例

（2）开设账户并录入期初余额。

● 根据系统中的期初科目余额表录入期初余额，如图 3-2-5-3 所示；

● 写上年、月、日；

● 摘要写"上月结转"；

● 根据科目余额表将二级或者三级科目余额登记在明细账对应账户的"余额"栏，并写清出余额方向"借"或"贷"。

现　金　日　记　账

2011年		凭证		摘　要	对方科目	借　方									贷　方									余　额								
月	日	字	号数			千	百	十	万	千	百	十	元	角	分	千	百	十	万	千	百	十	元	角	分	千	百	十	万	千	百	十	元	角	分
10	1			上月结转																								2	0	0	0	0	0	0

图 3-2-5-3　现金日记账填写图例

（二）线上操作

进入 VBSE 系统完成商贸公司出纳期初建账的操作。

（三）线下操作

商贸公司出纳还需在线下完成日记账的开设工作。

任务三　日常任务

一、项目描述

在本模块涵盖了商贸公司日常经营活动的 46 个实验项目。

二、学习目标

通过本模块的学习，学生应掌握商贸公司日常经营业务的内涵与方法。

实验项目 1　批量办理个人银行卡

【业务概述】

商贸公司行政经理收集员工信息，审核无误后到银行办理个人银行卡。

【业务流程步骤】

批量办理个人银行卡的业务流程如表 3-3-1-1 所示。

表 3-3-1-1　批量办理个人银行卡的业务流程

编号	活动名称	角色	活动描述及操作指导
1	填写借记卡集体申领登记表	行政经理	1. 收集员工信息并在借记卡集体申领登记表中填写相关内容； 2. 将填写完整的登记表交给财务经理审核
2	审核借记卡集体申领登记表	财务经理	1. 审核出纳交来登记表无误后签字，并加盖财务专用章； 2. 将审核后的登记表交给行政经理
3	去银行办理开卡业务	行政经理	带着借记卡集体申领登记表及身份证复印件（注：实际业务中必须带身份证原件），到银行柜台递交开卡申请
4	办理银行开卡	银行柜员	1. 银行柜员办理开卡完毕后，把银行卡交给办卡申请人
5	从银行领回银行卡并发放归档	行政经理	1. 从银行柜员处领取银行卡，核对银行卡卡号与登记表中记录是否一致； 2. 把银行卡卡号、姓名等信息进行归档备案； 3. 提交一份银行卡信息给财务经理备案

实验项目 2　企管部借款

【业务概述】

商贸公司企管部行政经理到财务部借款。

【业务流程步骤】

企管部行政经理借款的业务流程如表 3-3-2-1 所示。

表 3-3-2-1　企管部行政经理借款的业务流程

编号	活动名称	角色	活动描述及操作指导
1	填写借款单	行政经理	1. 到出纳处领取空白借款单； 2. 填写借款单，借款作为部门备用金； 3. 将填写好的借款单交给总经理审核； 4. 将总经理审核后的借款单交给财务经理审核； 5. 拿审核签字的借款单到出纳处领取现金
2	审核借款单	总经理	1. 对借款用途、金额、付款条款进行审核； 2. 审核无误，签字确认
3	审核借款单	财务经理	1. 收到经总经理审核过的借款单，对借款用途、金额、付款条款进行审核； 2 审核无误，签字确认
4	支付现金	出纳	1. 接收经过总经理和财务经理审核签字的借款单； 2. 确认无误后支付现金给借款人，借款人签字； 3. 在借款单上加盖"现金付讫"章
5	填制记账凭证	出纳	1. 根据已支付的借款单填制记账凭证，将借款单粘贴在后面作为附件； 2. 将记账凭证交由财务经理审核
6	审核记账凭证	财务经理	1. 审核出纳填制的记账凭证，并对照借款单检查是否正确； 2. 审核无误，签字确认； 3. 将审核后的记账凭证交给出纳登记日记账

表3-3-2-1（续）

编号	活动名称	角色	活动描述及操作指导
7	登记库存现金日记账	出纳	1. 根据审核后的记账凭证登记库存现金日记账； 2. 记账后在记账凭证上签字或盖章； 3. 将记账凭证交回财务经理登记科目明细账
8	登记科目明细账	财务经理	1. 接收出纳交还的记账凭证； 2. 根据记账凭证登记科目明细账； 3. 记账后在记账凭证上签字或盖章
9	登记总账	财务经理	1. 接收出纳交还的记账凭证； 2. 根据记账凭证登记总账； 3. 记账后在记账凭证上签字或盖章

实验项目3　营销部借款

【业务概述】

商贸公司营销部营销经理到财务部借款。

【业务流程步骤】

营销部借款的业务流程如表3-3-3-1所示。

表3-3-3-1　营销部借款的业务流程

编号	活动名称	角色	活动描述及操作指导
1	填写借款单	营销经理	1. 到出纳处领取空白借款单； 2. 填写借款单，借款作为部门备用金； 3. 将填写好的借款单交给总经理审核； 4. 将总经理审核后的借款单交给财务经理审核； 5. 拿经过审核签字的借款单到出纳处领取现金
2	审核借款单	总经理	1. 对借款用途、金额、付款条款进行审核； 2. 审核无误，签字确认
3	审核借款单	财务经理	1. 收到经总经理审核过的借款单，对借款用途、金额、付款条款进行审核； 2. 审核无误，签字确认
4	支付现金	出纳	1. 接收经过总经理和财务经理审核签字的借款单； 2. 确认无误后支付现金给借款人，借款人签字； 3. 在借款单上加盖现金付讫章
5	填制记账凭证	出纳	1. 根据已支付的借款单填制记账凭证，将借款单粘贴在后面作为附件； 2. 将记账凭证交由财务经理审核
6	审核记账凭证	财务经理	1. 审核出纳填制的记账凭证，并对照借款单检查是否正确； 2. 审核无误，签字确认； 3. 将审核后的记账凭证交给出纳登记日记账
7	登记库存现金日记账	出纳	1. 根据审核后的记账凭证登记库存现金日记账； 2. 记账后在记账凭证上签字或盖章； 3. 将记账凭证交回财务经理登记科目明细账
8	登记科目明细账	财务经理	1. 接收出纳交还的记账凭证； 2. 根据记账凭证登记科目明细账； 3. 记账后在记账凭证上签字或盖章
9	登记总账	财务经理	1. 接收出纳交还的记账凭证； 2. 根据记账凭证登记总账； 3. 记账后在记账凭证上签字或盖章

实验项目 4　采购部借款

【业务概述】

商贸公司采购部的采购经理到财务部借款。

【业务流程步骤】

采购部借款的业务流程如表 3-3-4-1 所示。

表 3-3-4-1　采购部借款的业务流程

编号	活动名称	角色	活动描述及操作指导
1	填写借款单	采购经理	1. 到出纳处领取空白借款单； 2. 填写借款单，借款作为部门备用金； 3. 将填写好的借款单交给总经理审核； 4. 将总经理审核后的借款单交给财务经理审核； 5. 拿经过审核签字的借款单到出纳处领取现金
2	审核借款单	总经理	1. 对借款用途、金额、付款条款进行审核； 2. 审核无误，签字确认
3	审核借款单	财务经理	1. 收到经总经理审核过的借款单，对借款用途、金额、付款条款进行审核； 2. 审核无误，签字确认
4	支付现金	出纳	1. 接收经过财务经理和总经理审核签字的借款单； 2. 确认无误后支付现金给借款人，借款人签字； 3. 在借款单上加盖"现金付讫"章
5	填制记账凭证	出纳	1. 根据已支付的借款单填制记账凭证，将借款单粘贴在后作为附件； 2. 将记账凭证交给财务经理审核
6	审核记账凭证	财务经理	1. 审核出纳填制的记账凭证并对照借款单检查填写是否正确； 2. 审核无误，签字确认； 3. 将审核后的记账凭证交给出纳登记日记账
7	登记库存现金日记账	出纳	1. 根据审核后的记账凭证登记库存现金日记账； 2. 记账后在记账凭证上签字或盖章； 3. 将记账凭证交回财务经理登记科目明细账
8	登记科目明细账	财务经理	1. 接收出纳交还的记账凭证； 2. 根据记账凭证登记科目明细账； 3. 记账后在记账凭证上签字或盖章
9	登记总账	财务经理	1. 接收出纳交还的记账凭证； 2. 根据记账凭证登记总账； 3. 记账后在记账凭证上签字或盖章

实验项目 5　仓储部借款

【业务概述】

商贸公司仓储部仓储经理到财务部借款。

【业务流程步骤】

仓储部借款的流程如表 3-3-5-1 所示。

表 3-3-5-1　仓储部借款的流程

编号	活动名称	角色	活动描述及操作指导
1	填写借款单	仓储经理	1. 到出纳处领取空白借款单； 2. 填写借款单，借款作为部门备用金； 3. 将填写好的借款单交给总经理审核； 4. 将总经理审核后的借款单交给财务经理审核； 5. 拿经过审核签字的借款单到出纳处领取现金
2	审核借款单	总经理	1. 对借款用途、金额、付款条款进行审核； 2. 审核无误，签字确认
3	审核借款单	财务经理	1. 收到经总经理审核过的借款单，对借款用途、金额、付款条款进行审核； 2. 审核无误，签字确认

表3-3-5-1(续)

编号	活动名称	角色	活动描述及操作指导
4	支付现金	出纳	1. 接收经过财务经理和总经理审核签字的借款单; 2. 确认无误后支付现金给借款人,借款人签字; 3. 在借款单上加盖现金付讫章
5	填制记账凭证	出纳	1. 根据已支付的借款单填制记账凭证,将借款单粘贴在后面作为附件; 2. 将记账凭证交给财务经理审核
6	审核记账凭证	财务经理	1. 审核出纳填制的记账凭证并对照借款单检查填写是否正确; 2. 审核无误,签字确认; 3. 将审核后的记账凭证交给出纳登记日记账
7	登记库存现金日记账	出纳	1. 根据审核后的记账凭证登记库存现金日记账; 2. 记账后在记账凭证上签字或盖章; 3. 将记账凭证交回财务经理登记科目明细账
8	登记科目明细账	财务经理	1. 接收出纳交还的记账凭证; 2. 根据记账凭证登记科目明细账; 3. 记账后在记账凭证上签字或盖章
9	登记总账	财务经理	1. 接收出纳交还的记账凭证; 2. 根据记账凭证登记总账; 3. 记账后在记账凭证上签字或盖章

实验项目6 发放薪酬

【业务概述】

商贸公司支付上月职工薪酬。

【业务流程步骤】

支付上月职工薪酬的业务流程如表3-3-6-1所示。

表3-3-6-1 支付上月职工薪酬的业务流程

编号	活动名称	角色	活动描述及操作指导
1	薪资录盘	行政经理	1. 在VBSE系统里打开"薪资录盘"界面; 2. 依据工资表信息,录入人员薪资,完成后保存并导出; 3. 将导出的"薪酬发放"的文件拷贝到U盘中
2	填写支出凭单	行政经理	1. 依据"工资表"数据填写支出凭单; 2. 将填好的"支出凭单""工资表"交总经理经理和财务经理进行审核
3	审核支出凭单和薪酬发放表	总经理	1. 审核"支出凭单"信息和"工资表"是否一致、正确; 2. 审核"支出凭单"的日期、金额、支出方式、支出用途及金额大小写是否正确; 3. 审核完成后在支出凭单上签字确认
4	开具转账支票	出纳	1. 根据支出凭单的信息开具转账支票; 2. 检查支票填写无误后找财务经理加盖公司财务章和法人章
5	登记支票使用登记簿	出纳	1. 根据签发的支票登记"支票使用登记簿"; 2. 支票领用人在"支票使用登记簿"签字
6	去银行办理薪资发放	出纳	1. 填写进账单; 2. 带齐薪资发放资料:转账支票、薪资录盘去银行办理工资发放
7	办理工资发放	银行柜员	1. 接到工资录盘文件和支票; 2. 检查文件和支票; 3. 在系统中导入工资录盘文件完成工资发放并打印回单给客户
8	取得银行业务回单	出纳	取得银行的业务回单(可以直接在柜台办理时由银行柜员打印取回;在柜台未打印,次日可以在回单柜中取得)

表3-3-6-1（续）

编号	活动名称	角色	活动描述及操作指导
9	填制记账凭证	出纳	1. 依据银行业务回单、转账支票存根、支出凭单填制记账凭证； 2. 编制记账凭证，将原始单据作为附件粘贴在记账凭证后； 3. 将记账凭证和相关原始单据交给财务经理审核
10	审核记账凭证	财务经理	1. 审核出纳提交的记账凭证； 2. 核对记账凭证与原始凭证一致性，审核无误后签字或盖章； 3. 将审核后的记账凭证交给出纳登记日记账
11	登记银行存款日记账	出纳	1. 根据审核后的记账凭证登记银行存款日记账； 2. 记账后在记账凭证上签字或盖章； 3. 将记账凭证交回财务经理登记科目明细账
12	登记科目明细账	财务经理	1. 依据记账凭证登记科目明细账； 2. 记账后在记账凭证上签字或盖章
13	登记总账	财务经理	1. 依据记账凭证登记总账； 2. 记账后在记账凭证上签字或盖章

实验项目7　申报个人所得税

【业务概述】

商贸公司财务经理在系统中申报上月个人所得税。

【业务流程步骤】

申报个人所得税的业务流程如表3-3-7-1所示。

表3-3-7-1　申报个人所得税的业务流程

编号	活动名称	角色	活动描述及操作指导
1	整理、提交个人所得税纳税申报资料	行政经理	1. 收集整理员工信息； 2. 根据员工信息在 VBSE 系统中下载导入模版，根据员工信息填写"个人所得税基础信息模板"； 3. 将填好的"个人所得税基础信息模板"导入系统中并提交税务局； 4. 将员工信息和工资表一同交给财务经理
2	审核企业提交的个人所得税纳税申报资料	税务专员	在 VBSE 系统中审核企业提交的个人所得税申报资料
3	网上个人所得税纳税申报	财务经理	1. 在 VBSE 系统中下载"扣缴个人所得税报告表模板"； 2. 根据工资表和员工信息填写"扣缴个人所得税报告表模板"； 3. 将填好的"扣缴个人所得税报告表模板"导入系统中并扣缴个人所得税

实验项目8　申报企业增值税

【业务概述】

月初商贸公司财务经理在系统中申报上月增值税。

【业务流程步骤】

申报企业增值税的业务流程如表3-3-8-1所示。

表3-3-8-1　申报企业增值税的业务流程

编号	活动名称	角色	活动描述及操作指导
1	整理增值税纳税申报资料	财务经理	1. 准备上期的进项税，汇总并整理； 2. 准备上期的销项税，汇总并整理
2	网上增值税纳税申报	财务经理	1. 在 VBSE 系统中根据确认的金额进行增值税纳税申报； 2. 填写完成后提交税务机关审核
3	审核企业增值税申报	税务专员	在 VBSE 系统中审核企业提交的增值税申报

实验项目9 提交市场开发申请并办理市场开发

【业务概述】

商贸公司营销经理根据市场预测，提交市场开发申请。

【业务流程步骤】

市场开发的申请及执行流程如表3-3-9-1所示。

表3-3-9-1 市场开发的申请及执行流程

编号	活动名称	角色	活动描述及操作指导
1	编制市场开发申请表	营销经理	根据公司策略和市场预测，选择要开发的市场及投放金额，填写市场开发申请单
2	审批市场开发申请表	总经理	1. 接到营销经理的申请开发申请单； 2. 根据公司的经营策略及资金使用计划，审核其合理性； 3. 确认同意后，签字批准
3	市场申请单盖章	行政经理	1. 营销经理在公章使用登记表登记签字； 2. 确认签字无误后，在审批通过的市场开发申请单盖企业公章
4	到服务公司开发市场	营销经理	1. 营销经理到服务公司办理委托市场开发手续，经销商业务员要求查看市场开发申请单； 2. 接收市场开发申请单，确定市场开发的地点
5	办理市场开发	服务公司业务员	1. 查看经销商业务员要进行市场开发的地区； 2. 依据市场开发申请，为对应的委托方开发市场； 3. 告知委托方业务办理完成并到总经理处领取发票
6	确认市场开发结果	营销经理	到服务公司确认市场开发的结果

实验项目10 收取市场开发费发票

【业务概述】

商贸公司营销经理收取服务公司的市场开发费用发票。

【业务流程步骤】

收取服务公司的市场开发费用发票的流程如表3-3-10-1所示。

表3-3-10-1 收取服务公司的市场开发费用发票的流程

编号	活动名称	角色	活动描述及操作指导
1	到服务公司领取市场开发费用发票	营销经理	携带本公司的开票信息（公司名称、税务登记号、注册地址及电话、开户银行记账户等信息）到服务公司业务员处领取市场开发费用发票
2	开具市场开发费用发票	服务公司业务员	1. 根据市场开发申请单的金额和营销经理提供的企业信息开具增值税专用发票； 2. 将增值税专用发票发票联、抵扣联交给营销经理； 3. 将增值税专用发票记账联备案留档
3	收取市场开发费用发票	营销经理	1. 从服务公司收取市场开发费用专用发票并登记备案； 2. 将市场开发费用专用发票送至出纳处并登记发票
4	收到市场开发费用专用发票并记账	出纳	1. 收到营销经理的市场开发费用专用发票； 2. 根据市场开发费用专用发票填制记账凭证
5	审核记账凭证	财务经理	1. 审核出纳编制的记账凭证并对照相关附件检查是否正确； 2. 审核无误，签字确认
6	登记科目明细账	财务经理	1. 根据记账凭证登记科目明细账； 2. 记账完成后在记账凭证上签字或盖章
7	登记总账	财务经理	1. 根据记账凭证登记总账； 2. 记账完成后在记账凭证上签字或盖章

实验项目 11 支付市场开发费

【业务概述】

商贸公司营销经理根据市场开发费用发票，提交支付市场开发费申请及付款处理。

【业务流程步骤】

支付市场开发费的业务流程如表 3-3-11-1 所示。

表 3-3-11-1 支付市场开发费的业务流程

编号	活动名称	角色	活动描述及操作指导
1	填写付款申请单	营销经理	1. 查看发票记录表，确认未支付的发票信息； 2. 对照发票记录表上未支付的发票信息填写付款申请单； 3. 将付款申请提交给财务经理审核
2	审核付款申请	财务经理	1. 审核付款申请单和发票金额是否一致，确认无误后在付款申请上签字； 2. 将付款申请交营销经理传递给总经理审核
3	审核付款申请	总经理	1. 审核付款申请单，确认无误后在申请单上签字； 2. 将付款申请交还营销经理，由其交出纳人员安排付款
4	开具转账支票	出纳	1. 收到营销经理转交的批复后的付款申请单； 2. 确认后对照付款申请单金额开具转账支票； 3. 出纳登记支票领用登记簿，支票领用人签字； 4. 将支票正联交给财务经理审核，盖章
5	审核支票	财务经理	1. 审核支票的填写是否正确； 2. 确认无误，签字后加盖公司财务章和法人章； 3. 将支票正联交给营销经理支付给服务公司
6	将支票送至服务公司	营销经理	1. 将支票交给服务公司完成支付； 2. 登记发票领用表，将支票付款状态标注为"已领"
7	填制记账凭证	出纳	1. 出纳根据审核的付款申请单和支票存根填制记账凭证； 2. 将支票存根和付款申请单粘贴在记账凭证后作为附件； 3. 将记账凭证传递给财务经理审核
8	审核记账凭证	财务经理	1. 审核出纳填制的记账凭证并对照相关附件检查是否正确； 2. 审核无误，签字确认； 3. 将确认后的记账凭证传递给出纳登记日记账
9	登记日记账	出纳	1. 根据记账凭证登记簿登记银行存款日记账； 2. 记账后在记账凭证上签字或盖章； 3. 将记账凭证传递给财务经理登记科目明细账
10	登记科目明细账	财务经理	1. 接收出纳交还的记账凭证； 2. 根据记账凭证登记科目明细账； 3. 记账后在记账凭证上签字或盖章
11	登记总账	财务经理	1. 接收出纳交还的记账凭证； 2. 根据记账凭证登记总账； 3. 记账后在记账凭证上签字或盖章
12	收到转账支票并到银行办理转账	服务公司总经理	1. 向委托企业催收市场开发费； 2. 拿到委托企业的转账支票； 3. 根据转账支票填写进账单； 4. 携带转账支票与进账单到银行进行转账
13	办理转账（银行）并打印银行回单（银行）	银行柜员	1. 收到企业提交的进账单与支票； 2. 根据进账单信息办理转账业务； 3. 根据办理的转账业务，打印银行业务回单； 4. 将银行业务回单交给企业办事员

实验项目 12　与制造企业签订购销合同

【业务概述】

商贸公司采购经理与制造企业签订购销合同。

【业务流程步骤】

签订购销合同的业务流程如表 3-3-12-1 所示。

表 3-3-12-1　签订购销合同的业务流程

编号	活动名称	角色	活动描述及操作指导
1	填写购销合同，填制合同会签单	采购经理	1. 采购经理填写购销合同和合同会签单； 2. 采购经理将购销合同和合同会签单送交财务经理审核
2	审核购销合同和合同会签单	财务经理	1. 收到采购经理提交的购销合同及合同会签单； 2. 审核购销合同的准确性和合理性； 3. 财务经理在合同会签单上签字； 4. 将购销合同和会签单送至总经理处审核
3	审核购销合同和合同会签单	总经理	1. 审核购销合同的条款、期限、付款信息等是否符合公司要求； 2. 确认符合要求后在合同会签单上签字； 3. 审核通过后的核购销合同和合同会签单一同送至行政经理处盖章
4	合同盖章	行政经理	1. 接到审核通过的合同会签单，在购销合同上盖章； 2. 采购经理在公章使用登记表上登记并签字
5	合同存档	行政经理	1. 行政经理更新合同管理表——购销合同； 2. 行政经理将合同会签单与其中一份盖章购销合同一起进行归档； 3. 将另一份盖章的合同交给采购经理送交供应商
6	购销合同登记	采购经理	1. 采购经理将盖章的购销合同登记，交给供应商； 2. 采购经理更新购销合同执行情况表

实验项目 13　录入采购订单

【业务概述】

商贸公司采购经理依据采购合同填写采购订单。

【业务流程步骤】

填写采购订单的业务流程如表 3-3-13-1 所示。

表 3-3-13-1　填写采购订单的业务流程

编号	活动名称	角色	活动描述及操作指导
1	在 VBSE 系统中填写采购订单	采购经理	根据与供应商（制造企业）签订好的采购合同，在 VBSE 系统中填写采购订单

实验项目 14　与物流企业签订运输合同

【业务概述】

商贸公司仓储经理与物流企业签订运输合同。

【业务流程步骤】

与物流企业签订运输合同的业务流程如表 3-3-14-1 所示。

表 3-3-14-1　与物流企业签订运输合同的业务流程

编号	活动名称	角色	活动描述及操作指导
1	收到物流企业的租赁合同，填制合同会签单	仓储经理	1. 收到物流企业草拟的物流运输合同； 2. 审查物流运输合同的条款内容是否有误； 3. 审查通过后填写合同会签单； 4. 将物流运输合同与合同会签单一同送至财务经理处审核

表3-3-14-1(续)

编号	活动名称	角色	活动描述及操作指导
2	审核物流运输合同和合同会签单	财务经理	1. 审核物流运输合同的金额是否符合公司要求； 2. 审核符合要求后在合同会签单上签字； 3. 将审核通过后的物流运输合同和合同会签单一同送至总经理处审核
3	审核物流运输合同和合同会签单	总经理	1. 审核物流运输合同的条款、期限、付款信息等是否符合公司要求； 2. 审核符合要求后在合同会签单上签字； 3. 将审核通过后的物流运输合同和合同会签单由仓储经理一同送至行政经理
4	合同盖章	行政经理	1. 接到审核通过的合同会签单，在物流运输合同上盖章； 2. 仓储经理在公章印鉴使用登记表上进行登记
5	归档	行政经理	1. 将其中一份盖章的合同交给仓储经理转交物流企业； 2. 行政经理将合同会签单与另一份盖章的物流运输合同一起进行归档； 3. 登记合同管理表
6	合同盖章后返回物流企业	仓储经理	仓储经理将盖好公章的物流运输合同返回物流企业

实验项目15　提交广告投放申请并办理广告投放

【业务概述】

商贸公司营销经理根据虚拟市场的订单情况提交广告投放申请，申请审批通过后到服务公司办理广告投放。

【业务流程步骤】

办理广告投放的业务流程如表3-3-15-1所示。

表3-3-15-1　办理广告投放的业务流程

编号	活动名称	角色	活动描述及操作指导
1	编制广告投放申请表	营销经理	根据公司策略、市场预测和开发的市场情况及投放金额，填写广告投放申请单
2	审批广告投放申请表	总经理	1. 接到营销经理的申请广告投放申请单； 2. 根据公司的经营策略及资金使用计划，审核其合理性； 3. 确认同意后，签字批准
3	市场申请单盖章	行政经理	1. 营销经理在公章使用登记表登记签字； 2. 确认签字后，在审批通过的广告投放申请单盖企业公章
4	到服务公司开发市场	营销经理	到服务公司办理广告投放，提交广告投放申请单
5	办理广告投放	服务公司业务员	1. 查看经销商营销经理提交的广告投放申请； 2. 依据广告投放申请，为对应的经销商办理广告投放
6	确认广告投放结果	营销经理	在服务公司确认广告投放结果

实验项目16　收取广告投放费用发票

【业务概述】

商贸公司营销经理到服务公司索取广告投放费用发票，服务公司业务员开具广告投放费用发票，营销经理在取得发票后回到公司交给出纳并进行账务处理。

【业务流程步骤】

收取广告投放费用发票的业务流程如表3-3-16-1所示。

表 3-3-16-1　收取广告投放费用发票的业务流程

编号	活动名称	角色	活动描述及操作指导
1	到服务公司取广告投放费用发票	营销经理	1. 到服务公司业务员处取广告投放费用发票； 2. 携带本公司的开票信息（公司名称、税务登记号、注册地址记电话、开户银行记账户等信息）
2	开具广告投放费用发票	服务公司业务员	1. 根据广告投放申请单的金额和营销经理提供的企业信息开具增值税专用发票； 2. 将增值税专用发票发票联、抵扣联交给营销经理； 3. 将增值税专用发票记账联备案留档
3	收取广告投放费用发票	营销经理	1. 从服务公司领取广告投放费用专用发票并登记备案； 2. 将广告投放费用专用发票送至出纳处并登记发票
4	收到广告投放费用专用发票并记账	出纳	1. 收到营销经理的广告投放费用专用发票； 2. 根据广告投放费用专用发票填制记账凭证
5	审核记账凭证	财务经理	1. 审核出纳编制的记账凭证并对照相关附件检查填写是否正确； 2. 审核无误，签字确认
6	登记科目明细账	财务经理	1. 根据记账凭证登记科目明细账； 2. 记账完成后在记账凭证上签字或盖章
7	登记总账	财务经理	1. 根据记账凭证登记总账； 2. 记账完成后在记账凭证上签字或盖章

实验项目 17　支付广告投放费

【业务概述】

营销经理根据市场开发费用发票，提交支付市场开发费申请及付款处理。

【业务流程步骤】

支付广告投放费的业务流程如表 3-3-17-1 所示。

表 3-3-17-1　支付广告投放费的业务流程

编号	活动名称	角色	活动描述及操作指导
1	填写付款申请单	营销经理	1. 查看发票记录表，确认未支付的发票信息； 2. 对照发票记录表上未支付的发票信息填写付款申请单； 3. 将付款申请提交给财务经理审核
2	审核付款申请	财务经理	1. 审核付款申请单和发票金额是否一致，确认无误后在付款申请上签字； 2. 将付款申请交营销经理传递给总经理审核
3	审核付款申请	总经理	1. 审核付款申请单，确认无误后在申请单上签字； 2. 将付款申请交还给营销经理，由其交给出纳人员安排付款
4	开具转账支票	出纳	1. 收到营销经理转交的批复后的付款申请单； 2. 确认后对照付款申请单金额开具转账支票； 3. 出纳登记支票领用登记簿，支票领用人签字； 4. 将支票正联交给财务经理审核、盖章
5	审核支票	财务经理	1. 审核支票的填写是否正确； 2. 确认无误，签字，加盖公司财务章和法人章； 3. 将支票正联交给营销经理支付给服务公司
6	将支票送至服务公司	营销经理	1. 将支票交给服务公司完成支付； 2. 登记发票领用表，将支票付款状态标注为"已领"
7	填制记账凭证	出纳	1. 出纳根据审核的付款申请单和支票存根填制记账凭证； 2. 将支票存根和付款申请单粘贴在记账凭证后作为附件； 3. 将记账凭证传递给财务经理审核

表3-3-17-1(续)

编号	活动名称	角色	活动描述及操作指导
8	审核记账凭证	财务经理	1. 审核出纳填制的记账凭证并对照相关附件,检查是否正确; 2. 审核无误,签字确认; 3. 将确认后的记账凭证传递给出纳登记日记账
9	登记日记账	出纳	1. 根据记账凭证登记簿登记银行存款日记账; 2. 记账后在记账凭证上签字或盖章; 3. 将记账凭证传递给财务经理登记科目明细账
10	登记科目明细账	财务经理	1. 接收出纳交还的记账凭证; 2. 根据记账凭证登记科目明细账; 3. 记账后在记账凭证上签字或盖章
11	登记总账	财务经理	1. 接收出纳交还的记账凭证; 2. 根据记账凭证登记总账; 3. 记账后在记账凭证上签字或盖章
12	收到转账支票并到银行办理转账	服务公司总经理	1. 向办理广告投放的企业催收广告投放费; 2. 拿到委托企业开具的转账支票; 3. 根据转账支票填写进账单; 4. 携带转账支票与进账单到银行进行转账
13	办理转账-广告投放(银行)并打印银行回单(银行)	银行柜员	1. 收到企业提交的转账支票与进账单; 2. 根据进账单信息办理转账业务; 3. 根据办理的转账业务,打印银行业务回单; 4. 将银行业务回单交给企业办事员

实验项目18 签订代发工资协议

【业务概述】

行政经理到银行签订工资代发协议。

【业务流程步骤】

与银行签订代发工资协议的业务流程如表3-3-18-1所示。

表3-3-18-1 与银行签订代发工资协议的业务流程

编号	活动名称	角色	活动描述及操作指导
1	填写公章、印鉴、资质证照使用申请表	行政经理	1. 填写公章、印鉴、资质证照使用申请表,注明使用缘由为去银行签发代发工资协议; 2. 将申请表提交给总经理审核
2	审核公章、印鉴、资质证照使用申请表	总经理	1. 审核公章、印鉴、资质证照使用申请表; 2. 审核无误后在申请表上签字确认
3	到银行签订代发工资协议书	行政经理	1. 根据审核后的申请表,整理相关资料,带好营业执照、组织机构代码证、税务登记证、法人身份证等,公章、预留印鉴准备签订代发工资协议书(注意:实训中带上营业执照、组织机构代码证、税务登记证和公章即可); 2. 到银行柜台签订协议
4	办理工资代发协议	银行柜员	1. 接收、审核客户提交的代发协议; 2. 审核通过后盖章返还客户
5	协议书归档	行政经理	1. 收到银行签字盖章的代发工资协议书; 2. 审核无误后将协议书归档; 3. 登记合同管理表,填写协议书信息

实验项目 19　签订社保公积金同城委托收款协议

【业务概述】

财务经理到人社局签订社保公积金同城委托收款协议。

【业务流程步骤】

签订社保公积金同城委托收款协议流程如表 3-3-19-1 所示。

表 3-3-19-1　签订社保公积金同城委托收款协议流程

编号	活动名称	角色	活动描述及操作指导
1	填写公章、印鉴、资质证照使用申请表	行政经理	1. 填写公章、印鉴、资质证照使用申请表，注明使用缘由为去银行签订社保公积金同城委托收款协议； 2. 将申请表提交给总经理审核
2	审核公章、印鉴、资质证照使用申请表	总经理	1. 审核公章、印鉴、资质证照使用申请表； 2. 审核无误后在申请表上签字确认
3	到人社局办理社保公积金同城委托收款协议	行政经理	携带相关资料到人社局办理三方协议
4	审核并办理	社保专员	1. 接收企业提交的资料并审核； 2. 审核通过后下发"经特约委托收款协议书"（待企业填写完成后盖章即可）
5	填写"经特约委托收款协议书"	财务经理	1. 在社会保险/住房公积金中心填写"经特约委托收款协议书"并盖企业公章，协议书一式三份； 2. 填写完成后由社保专员盖章
6	到银行办理社保公积金同城委托收款协议	财务经理	1. 财务经理到银行办理委托收款业务； 2. 提交相关资料给银行柜员
7	办理企业提交的"经特约委托收款协议书"	银行柜员	1. 接收企业提交的一式三份的"经特约委托收款协议书"并审核； 2. 审核通过后盖银行公章，留存一联，其余两联返还客户
8	送交人社局	财务经理	1. 收到银行签字盖章的委托银行代收协议书； 2. 将一份银行签字盖章的协议书交给行政经理归档； 3. 将一份银行签字盖章的协议书交给人社局
9	接收企业返还的"经特约委托收款协议书"	社保专员	1. 接收企业返还的"经特约委托收款协议书"； 2. 将"经特约委托收款协议书"进行归档
10	协议书归档	行政经理	1. 收到人社局、银行签字盖章的委托银行代收协议书； 2. 审核无误后进行归档； 3. 登记合同管理表，填写协议书信息

实验项目 20　签订税务同城委托收款协议

【业务概述】

财务经理到税务局签订税务同城委托收款协议。

【业务流程步骤】

签订社保公积金同城委托收款协议的业务流程如表 3-3-20-1 所示。

表 3-3-20-1　签订社保公积金同城委托收款协议的业务流程

编号	活动名称	角色	活动描述及操作指导
1	填写公章、印鉴、资质证照使用申请表	行政经理	1. 填写公章、印鉴、资质证照使用申请表，注明使用缘由为去银行签订税务同城委托收款协议； 2. 将申请表提交给总经理审核
2	审核公章、印鉴、资质证照使用申请表	总经理	1. 审核公章、印鉴、资质证照使用申请表； 2. 审核无误后在申请表上签字确认

表3-3-20-1(续)

编号	活动名称	角色	活动描述及操作指导
3	到税务局办理社保公积金同城委托收款协议	行政经理	携带相关资料到税务局办理三方协议
4	审核并办理	税务专员	1. 接收企业提交的资料并审核； 2. 审核通过后下发"税收特约委托收款协议书"（待企业填写完成后盖章即可）
5	填写"税收特约委托收款协议书"	财务经理	1. 在税务局填写"税收特约委托收款协议书"并盖企业公章，协议书一式三份； 2. 填写完成后由税务专员盖章
6	到银行办理"税收特约委托收款协议书"	财务经理	1. 财务经理到银行办理委托收款业务； 2. 提交相关资料给银行柜员
7	办理企业提交的"税收特约委托收款协议书"	银行柜员	1. 接收企业提交的一式三份的"税收特约委托收款协议书"并审核； 2. 审核通过后盖银行公章，留存一联，其余两联返还客户
8	送交税务局	财务经理	1. 收到银行签字盖章的"委托银行代收协议书"； 2. 将一份银行签字盖章的协议书交给行政经理归档； 3. 将一份银行签字盖章的协议书交给税务局
9	接收企业返还的"税收特约委托收款协议书"	税务专员	1. 接收企业返还的"税收特约委托收款协议书"； 2. 将"税收特约委托收款协议书"进行归档
10	协议书归档	行政经理	1. 收到税务局、银行签字盖章的委托银行代收协议书； 2. 审核无误后进行归档； 3. 登记合同管理表，填写协议书信息

实验项目 21　扣缴五险一金

【业务概述】

财务经理收到扣缴五险一金回单，进行账务处理。

【业务流程步骤】

扣缴五险一金流程如表3-3-21-1所示。

表3-3-21-1　扣缴五险一金流程

编号	活动名称	角色	活动描述及操作指导
1	到银行领取五险一金银行扣款回单	财务经理	到银行取五险一金银行扣款回单
2	填制记账凭证	财务经理	财务经理填制记账凭证
3	审核记账凭证并登记日记账	总经理	审核填制的记账凭证，确认无误后签字并登记日记账
4	登记科目明细账及总账	财务经理	根据记账凭证填制明细账及总账

实验项目 22　查看虚拟销售订单

【业务概述】

营销经理在系统中查看虚拟订单信息。

【业务流程步骤】

营销经理在系统中查看虚拟销售订单信息的流程如表3-3-22-1所示。

表3-3-22-1　查看虚拟销售订单信息的流程

编号	活动名称	角色	活动描述及操作指导
1	查看、预选订单	营销经理	1. 在系统中查看可选订单； 2. 服务公司通知后，到服务公司进行选单

实验项目 23　查看竞单结果

【业务概述】

营销经理在系统中查看选择的虚拟订单信息。

【业务流程步骤】

营销经理在系统中查看选择的虚拟订单信息的流程如表 3-3-23-1 所示。

表 3-3-23-1　查看虚拟订单信息的流程

编号	活动名称	角色	活动描述及操作指导
1	查看已选订单	营销经理	1. 查看已选中订单； 2. 确定订单信息是否正确； 3. 确认交货日期是否正确

实验项目 24　接到发货通知单

【业务概述】

采购经理接到供应商的发货通知并通知仓储经理准备收货。

【业务流程步骤】

采购经理接到供应商的发货通知后的处理流程如表 3-3-24-1 所示。

表 3-3-24-1　采购经理接到供应商的发货通知后的处理流程

编号	活动名称	角色	活动描述及操作指导
1	接到供应商的发货通知	采购经理	1. 收到供应商的发货单； 2. 将发货单发送给仓储经理
2	准备采购收货	仓储经理	依据发货通知单准备采购收货

实验项目 25　向物流企业下达运输订单

【业务概述】

仓储经理依据发货单填写运输订单，传至物流企业。

【业务流程步骤】

仓储经理向物流下达运输订单的业务流程如表 3-3-25-1 所示。

表 3-3-25-1　仓储经理向物流企业下达运输订单的业务流程

编号	活动名称	角色	活动描述及操作指导
1	填写业务运输订单并审核	仓储经理	1. 接收采购经理发来的供应商发货单； 2. 根据供应商的发货通知单填写业务运输订单并审核； 3. 将运输订单传至物流企业

实验项目 26　给虚拟经销商发货

【业务概述】

营销经理下达发货通知，通知仓储部发货。

【业务流程步骤】

给虚拟经销商发货的业务流程如表 3-3-26-1 所示。

表 3-3-26-1　给虚拟经销商发货的业务流程

编号	活动名称	角色	活动描述及操作指导
1	填制发货单	营销经理	1. 根据销售订单明细表和发货计划填制发货单（一式四联）； 2. 将发货单留存联交给财务经理； 3. 将发货单留存联和客户联交给仓储经理

表3-3-26-1(续)

编号	活动名称	角色	活动描述及操作指导
2	确认发货单	财务经理	1. 收到营销经理传过来的销售发货单； 2. 检查本企业的应收账款额度是否过高，如额度过高则应通知营销经理限制发货； 3. 将发货单留存联交给出纳填制记账凭证
3	确认发货单	仓储经理	1. 收到营销经理传过来的发货单； 2. 根据仓库情况确认发货单； 3. 进行发货准备工作

实验项目27 给虚拟经销商办理出库并开发票

【业务概述】

仓储经理给虚拟客户发货，营销经理提交开具增值税专用发票申请，财务部开出增值税专用发票并记账。

【业务流程步骤】

给虚拟经销商办理出库并开具发票的业务流程如表3-3-27-1所示。

表3-3-27-1 给虚拟经销商办理出库并开具发票的业务流程

编号	活动名称	角色	活动描述及操作指导
1	填制并审核打印销售出库单（U8）	仓储经理	根据发货单的发货要求，在U8系统中填制销售出库单，审核并打印
2	办理出库	仓储经理	依据发货单在VBSE系统中办理出库业务
3	更新销售发货明细表	营销经理	依据仓储经理传递的销售出库单更新销售发货明细表
4	提交增值税专用发票申请	营销经理	1. 根据销售发货明细表和销售订单的信息提交开具增值税专用发票申请； 2. 将开票申请单提交至财务经理审核
5	审核增值税专用发票申请	财务经理	1. 审核营销经理提交的开具增值税专用发票申请； 2. 审核后提交总经理审核
6	审核增值税专用发票申请	总经理	1. 审核财务经理提交的开具增值税专用发票申请； 2. 审核通过后交营销经理送至出纳处开具增值税发票
7	开具增值税专用发票	出纳	根据营销经理送来的已审核的增值税专用发票申请，开具增值税专用发票
8	登记发票领取登记簿	出纳	1. 营销经理在发票领取登记簿登记并签字； 2. 出纳保留增值税专用发票记账联，将发票联和抵扣联交给营销经理送给客户
9	发票送至客户	营销经理	营销经理将增值税专用发票送至客户
10	填制记账凭证	出纳	1. 根据发票记账联填制记账凭证，将发票记账联和销售出库单粘贴到记账凭证后作为附件； 2. 将记账凭证交财务经理审核
11	审核记账凭证	财务经理	1. 接收出纳提交的记账凭证，进行审核； 2. 审核后，登记数量金额明细账、科目明细账
12	登记数量金额明细账	财务经理	根据记账凭证后所附销售出库单填写数量金额明细账
13	登记科目明细账	财务经理	1. 根据记账凭证登记科目明细账； 2. 记账后在记账凭证上签字或盖章
14	登记总账	财务经理	1. 根据记账凭证登记总账； 2. 记账后在记账凭证上签字或盖章

实验项目 28 缴纳个人所得税

【业务概述】

出纳确认申报状态审核后，提交缴税扣款及账务处理。

【业务流程步骤】

缴纳个人所得税的流程如表 3-3-28-1 所示。

表 3-3-28-1 缴纳个人所得税的流程

编号	活动名称	角色	活动描述及操作指导
1	查询网银扣款情况	出纳	1. 查询网银，确认个人所得税是否已扣款成功； 2. 到银行打印税收缴纳证明
2	打印缴税凭证	银行柜员	1. 查询转账记录； 2. 确认后打印缴税证明
3	填制记账凭证	出纳	1. 根据扣款通知和税收缴款书填制记账凭证； 2. 将扣款通知和税收缴款书粘贴在记账凭证后作为原始单据； 3. 将记账凭证和相关原始单据提交给财务经理审核
4	审核记账凭证	财务经理	1. 收到记账凭证和相关原始单据； 2. 审核记账凭证是否正确； 3. 确认无误后签字或盖章，将记账凭证交给出纳登记银行存款日记账
5	登记日记账	出纳	1. 根据审核后的记账凭证登记银行存款日记账； 2. 记账后在记账凭证上签字或盖章； 3. 将记账凭证交给财务经理登记科目明细账
6	登记科目明细账	财务经理	1. 根据审核后的记账凭证登记科目明细账； 2. 记账后在记账凭证上签字或盖章
7	登记总账	财务经理	1. 根据审核后的记账凭证登记总账； 2. 记账后在记账凭证上签字或盖章

实验项目 29 缴纳企业增值税

【业务概述】

确认申报状态审核后，提交缴税扣款及账务处理。

【业务流程步骤】

缴纳企业增值税的业务流程如表 3-3-29-1 所示。

表 3-3-29-1 缴纳企业增值税的业务流程

编号	活动名称	角色	活动描述及操作指导
1	确认申报状态并提交扣款	财务经理	1. 在 VBSE 系统中查看申报状态； 2. 审核通过后点击"扣缴"
2	查询网银扣款情况	出纳	1. 查询网银，确认增值税是否已扣款成功； 2. 到银行打印税收缴税证明
3	打印缴税凭证	银行柜员	1. 查询转账记录； 2. 确认后打印缴税证明
4	填制记账凭证	出纳	1. 根据缴税证明编制记账凭证； 2. 将银行税收缴款单和税收缴税证明粘贴在记账凭证后作为附件； 2. 将记账凭证交给财务经理审核
5	审核记账凭证	财务经理	1. 收到记账凭证和缴款证明； 2. 审核记账凭证无误后签字或盖章； 3. 将记账凭证交给出纳登记银行存款日记账

表3-3-29-1(续)

编号	活动名称	角色	活动描述及操作指导
6	登记日记账	出纳	1. 根据审核后的记账凭证登记银行存款日记账； 2. 记账后在记账凭证上签字或盖章； 3. 将记账凭证交给财务经理登记科目明细账
7	登记科目明细账	财务经理	1. 根据审核后的记账凭证登记科目明细账； 2. 记账后在记账凭证上签字或盖章
8	登记总账	财务经理	1. 根据审核后的记账凭证登记总账； 2. 记账后在记账凭证上签字或盖章

实验项目30　收到虚拟经销商货款

【业务概述】

营销经理在系统中办理收款后通知出纳查看收款信息，出纳根据收款的回单记账并进行账务处理。

【业务流程步骤】

收到虚拟经销商货款的处理流程如表3-3-30-1所示。

表 3-3-30-1　收到虚拟经销商货款的处理流程

编号	活动名称	角色	活动描述及操作指导
1	填写支出凭单	供应商 业务主管	1. 查看厂房/仓库购销合同； 2. 填写支出凭单； 3. 将填写的支出凭单交给供应商总经理审核
2	审核支出凭单	供应商 总经理	1. 审核支出凭单； 2. 确定无误后，签字
3	签发支票并登记支票登记簿	供应商 行政主管	1. 出纳根据审的支出凭单填写转账支票； 2. 登记支票登记簿； 3. 将支票交给供应商业务主管； 4. 将支出凭单及支票根交给供应商总经理
4	将支票交给出租方	供应商 业务主管	1. 接受出纳签发的支票； 2. 将转账支票送给卖方以支付租金
5	编制记账凭证	供应商 总经理	1. 接收出纳交给的支票根和支出凭单； 2. 填制记账凭证

实验项目31　到货并办理入库

【业务概述】

仓储经理接到物流的运单，核对无误后，完成入库。

【业务流程步骤】

办理入库的流程如表3-3-31-1所示。

表 3-3-31-1　办理入库的流程

编号	活动名称	角色	活动描述及操作指导
1	接到物流交来的运单	仓储经理	1. 接收物流交来的运单（一式三联）； 2. 对照货物检查，确认无误后签字； 3. 留下运单的存根联和记账联
2	办理入库	仓储经理	依据采购订单、供应商发货单和物流运单办理入库业务
3	填写采购入库单审核打印	仓储经理	根据实际到货的情况，在U8系统中填制采购入库单，并审核打印
4	VBSE系统生成采购入库单	仓储经理	在VBSE系统中生成采购入库单
5	更新采购情况执行表	采购经理	1. 接收仓储部传递的采购入库单； 2. 根据采购入库单信息更新采购情况执行表

实验项目 32　收到运输费发票并支付

【业务概述】

仓储经理接到物流企业的运费增值税专用发票，依据增值税发票信息提交付款申请，财务部付款并记账。

【业务流程步骤】

支付运输费流程如表 3-3-32-1 所示。

表 3-3-32-1　支付运输费流程

编号	活动名称	角色	活动描述及操作指导
1	收到当次的运费专用发票	仓储经理	1. 收到物流企业开具的运费专用发票； 2. 将发票信息登记到发票记录表上（发票号、开票单位、金额、日期、到期日等）； 3. 确认发票信息无误后交给财务经理审核
2	审核运输费发票	财务经理	1. 审核收到的运输费用发票； 2. 将发票抵扣联留档； 3. 将发票记账联传递给出纳填制记账凭证
3	填制记账凭证	出纳	1. 接收运输费用发票记账联； 2. 根据发票金额填制记账凭证，将发票记账联粘在记账凭证后作为附件； 3. 将记账凭证传递给财务经理审核
4	审核记账凭证	财务经理	1. 审核出纳填制的记账凭证并对照相关附件检查是否正确； 2. 审核无误，签字确认
5	登记科目明细账	财务经理	1. 根据记账凭证登记科目明细账； 2. 记账后在记账凭证上签字或盖章
6	登记总账	财务经理	1. 根据记账凭证登记总账； 3. 记账后在记账凭证上签字或盖章
7	填写付款申请单	仓储经理	1. 查看发票记录表，确认未支付的运输费发票和供应商增值税专用发票信息； 2. 对照记录表上的未支付发票信息填写付款申请单； 3. 将付款申请提交给财务经理审核
8	审核付款申请	财务经理	1. 审核付款申请单和发票金额是否一致，确认无误后在付款申请上签字； 2. 将付款申请单退还给仓储经理由其提交总经理审核
9	审核付款申请	总经理	1. 审核付款申请单，确认无误后在申请单上签字； 2. 将付款申请交还给仓储经理，由其传递给出纳安排付款
10	开具转账支票	出纳	1. 收到仓储经理转交的批复后的付款申请单； 2. 确认后对照付款申请单金额开具转账支票
11	登记支票领用登记簿	出纳	1. 出纳登记支票领用登记簿，支票领用人签字； 2. 将支票正联交给财务经理审核、盖章
12	审核支票	财务经理	1. 审核支票填写是否正确； 2. 确认无误，签字，加盖公司财务章和法人章； 3. 将支票交给采购经理，并由其支付给服务公司
13	将支票送至物流企业	仓储经理	1. 将支票交给物流企业完成支付； 2. 登记发票记录表，将支票付款状态标注为"已支付"
14	编制记账凭证	出纳	1. 编制记账凭证； 2. 将电汇回单粘贴到记账凭证后； 3. 将记账凭证交给财务经理审核
15	审核记账凭证	财务经理	1. 审核出纳填制的记账凭证并对照相关附件检查是否正确； 2. 审核无误，签字确认； 3. 将确认后的记账凭证交给出纳登记日记账

表3-3-32-1（续）

编号	活动名称	角色	活动描述及操作指导
16	登记日记账	出纳	1. 根据记账凭证登记银行存款日记账； 2. 记账后在记账凭证上签字或盖章； 3. 将记账凭证交给财务经理登记科目明细账
17	登记科目明细账	财务经理	1. 根据记账凭证登记科目明细账； 2. 记账后在记账凭证上签字或盖章
18	登记总账	财务经理	1. 根据记账凭证登记总账； 2. 记账后在记账凭证上签字或盖章

实验项目33 收到制造企业发票并支付

【业务概述】

采购经理收到供应商的销售增值税专用发票，并依据增值税发票信息提交付款申请，财务部付款并记账。

【业务流程步骤】

支付货款流程如表3-3-33-1所示。

表 3-3-33-1 支付货款流程

编号	活动名称	角色	活动描述及操作指导
1	收到供应商开具的增值税专用发票	采购经理	1. 收到供应商开具的增值税专用发票； 2. 将发票信息登记到发票记录表上（发票号、开票单位、金额、日期、到期日等）
2	填写付款申请单	采购经理	1. 查看发票记录表，确认未支付的运输费发票和供应商增值税专用发票信息； 2. 对照记录表上的未支付发票信息填写付款申请单； 3. 将付款申请提交给财务经理审核
3	审核付款申请	财务经理	1. 审核收到的增值税专用发票，与相关采购入库单进行对比，确定发票上的数量金额与入库单相符； 2. 将发票抵扣联留档； 3. 将付款申请交还营销经理传递给总经理审核
4	审核付款申请	总经理	1. 审核付款申请单，确认无误后在申请单上签字； 2. 将付款申请交还给采购经理并由其传递给出纳安排付款
5	支付货款	出纳	1. 收到采购经理转交的批复后的付款申请单； 2. 确认后在 VBSE 系统中办理网银支付； 3. 转账后到银行打印回单作为转账支付凭证
6	填制记账凭证	出纳	1. 出纳根据审核的付款申请单和银行回单填制记账凭证； 2. 将银行回单和付款申请单粘贴在记账凭证后作为附件； 3. 将记账凭证传递给财务经理审核

实验项目34 认证增值税抵扣联

【业务概述】

财务经理整理收到的增值税专用发票，到税务局办理认证。

【业务流程步骤】

增值税抵扣联认证办理的业务流程如表3-3-34-1所示。

表 3-3-34-1　增值税抵扣联认证办理的业务流程

编号	活动名称	角色	活动描述及操作指导
1	收集抵扣联	财务经理	统一收集齐抵扣联
2	到税务局进行抵扣认证	财务经理	将增值税抵扣联送至税务局，进行抵扣认证
3	审核企业提交的进项税抵扣联	税务专员	对企业提交的进项税抵扣联进行审核，审核通过后打印认证结果通知单
4	抵扣联装订归档	财务经理	将抵扣联装订、归档

实验项目 35　核算薪酬

【业务概述】

行政经理统计考勤、制作工资表，并提交至财务部。

【业务流程步骤】

核算薪酬的流程如表 3-3-35-1 所示。

表 3-3-35-1　核算薪酬的流程

编号	活动名称	角色	活动描述及操作指导
1	收集工资数据	行政经理	1. 依据期初数据查找当月入职人员记录，收集、整理新增数据； 2. 依据期初数据查找当月离职人员记录，收集、整理减少数据； 3. 依据期初数据查找当月晋升、调动及工资调整记录，收集整理变更数据； 4. 依据期初数据查找当月考勤信息，整理、汇总当月考勤数据； 5. 依据期初数据查找当期绩效考核评价评分资料，整理、汇总绩效考核结果； 6. 依据期初数据查找当月奖励、处罚记录，并作汇总整理； 7. 依据期初数据查找当月五险一金增减、缴费数据，计算五险一金的数据
2	计算工资	行政经理	1. 下载企业员工花名册信息； 2. 依照薪酬规则，参照发放的期初各类有关职工薪酬的各种表格，制作职工薪酬计算的各种表格，包括："职工薪酬统计表""五险一金缴费统计表""部门汇总表"； 3. 按照薪酬体系中每个项目的计算规则进行工资核算； 4. 将工资表交给总经理审核
3	审核工资表	总经理	1. 收到行政经理提交的工资表； 2. 审核工资结算总金额，了解总人工成本及波动幅度，就变动的合理性进行核查； 3. 审核完成后在表单对应位置签字； 4. 将签字完成的表单交还行政经理，由其交给财务部记账
4	填制记账凭证	出纳	1. 收到行政经理提交的工资表； 2. 依据工资表编制本月工资记账凭证，计提本月工资
5	审核记账凭证	财务经理	1. 收到出纳提交的工资表和记账凭证； 2. 审核记账凭证的正确性； 3. 交还出纳工资表和记账凭证
6	登记科目明细账	财务经理	1. 根据记账凭证登记科目明细账； 2. 记账后在记账凭证上签字或盖章
7	登记总账	财务经理	1. 根据记账凭证登记总账； 2. 记账后在记账凭证上签字或盖章

实验项目 36　计提折旧

【业务概述】

财务经理对固定资产进行折旧计提。

【业务流程步骤】

计提固定资产折旧的业务流程如表 3-3-36-1 所示。

表 3-3-36-1 计提固定资产折旧的业务流程

编号	活动名称	角色	活动描述及操作指导
1	计算固定资产折旧	财务经理	1. 根据固定资产政策及固定资产明细账计提折旧； 2. 填写固定资产折旧计算表
2	填制记账凭证	出纳	1. 接收财务经理提供的固定资产折旧计算表； 2. 根据固定资产折旧计算表填写记账凭证，将折旧计算表黏贴在记账凭证后作为附件； 3. 将记账凭证交给财务经理审核
3	审核记账凭证	财务经理	1. 接收出纳交给的记账凭证，进行审核； 2. 审核无误，根据记账凭证登记科目明细账
4	登记科目明细账	财务会计	1. 根据记账凭证登记科目明细账； 2. 记账后在记账凭证上签字或盖章
5	登记总账	财务经理	1. 根据记账凭证登记总账； 2. 记账后在记账凭证上签字或盖章

实验项目 37 存货核算

【业务概述】

财务经理根据本月的商品的进出库记录，进行成本核算。

【业务流程步骤】

存货成本核算的业务流程如表 3-3-37-1 所示。

表 3-3-37-1 存货成本核算的业务流程

编号	活动名称	角色	活动描述及操作指导
1	编制产品销售成本结转明细表	财务经理	1. 根据销售出库单汇总销售出库的产品明细数量； 2. 根据销售数量和库存商品平均单价，编制销售成本结转明细表； 3. 将单据传递给出纳填制记账凭证
2	填制记账凭证	出纳	1. 根据产品出库单及销售成本结转明细表反映的业务内容，编制记账凭证，将相关单据黏贴在后面作为附件； 2. 将记账凭证提交给财务经理审核
3	审核记账凭证	财务经理	1. 审核记账凭证的附件、记账科目、金额、手续是否正确与齐全； 2. 审计无误后在记账凭证上签字或盖章
4	登记科目明细账	财务会计	1. 根据记账凭证登记科目明细账； 2. 记账后在记账凭证上签字或盖章
5	登记总账	财务经理	1. 根据记账凭证登记总账； 2. 记账后在记账凭证上签字或盖章

实验项目 38 库存盘点

【业务概述】

仓储部实物盘点，并在系统中进行盘点业务。

【业务流程步骤】

库存盘点的业务流程如表 3-3-38-1 所示。

表 3-3-38-1 库存盘点的业务流程

编号	活动名称	角色	活动描述及操作指导
1	盘点通知	总经理	1. 拟订盘点通知； 2. 通知仓库及其他相关部门

表3-3-38-1(续)

编号	活动名称	角色	活动描述及操作指导
2	实盘	仓储经理	1. 收到盘点通知； 2. 实际盘点：从 VBSE 中查询本企业存货明细（代表了库存实物），然后同库存台账进行核对
3	填写盘点单	仓储经理	在系统中按照实际盘点情况填制盘点单
4	审核盘点单	总经理	审核仓储经理在系统中填制的盘点单
5	填写盘盈亏报告	仓储经理	根据盘点单，填写盘盈亏报告记录盈亏情况
6	审批盘盈亏报告	总经理	1. 收到盘盈亏报告； 2. 审批盘盈亏报告
7	审核盘亏、盘盈单据并打印	仓储经理	根据盘盈、盘亏报告，在系统中将盘点单生成的其他出入库单（盘盈、盘亏处理后引起的出入库）进行审核

实验项目 39　期末结账——库存管理

【业务概述】

经销商在系统中进行库存管理模块的结账。

【业务流程步骤】

库存管理月末结账的业务流程如表 3-3-39-1 所示。

表 3-3-39-1　库存管理月末结账的业务流程

编号	活动名称	角色	活动描述及操作指导
1	检查采购入库单是否审核	仓储经理	在系统库存管理入库业务中，查看采购入库单列表，调出栏目中的"审核人"一项，检查是否全部审核
2	检查销售出库单是否审核	仓储经理	在系统库存管理入库业务中，查看销售出库单列表，调出栏目中的"审核人"一项，检查是否全部审核
3	库存月末结账	仓储经理	在系统库存模块里做库存月末结账操作

实验项目 40　期末账务处理

【业务概述】

财务经理整理收到的增值税专用发票，到税务局办理认证。

【业务流程步骤】

期末账务处理的流程如表 3-3-40-1 所示。

表 3-3-40-1　期末账务处理的流程

编号	活动名称	角色	活动描述及操作指导
1	结转损益	财务经理	1. 汇总损益类发生额，并与总账核对； 2. 将总账里的损益类科目本期发生额结转至本年利润科目
2	填制记账凭证	出纳	根据财务经理的数据填制记账凭证
3	计提企业所得税费用并结转	财务经理	1. 根据本年利润余额计算企业所得税； 2. 将计算数额通报给出纳
4	填制记账凭证	出纳	根据财务经理的数据填制记账凭证
5	结转本年利润	财务经理	将本年利润余额结转至利润分配中
6	填制记账凭证	出纳	根据财务经理的数据填制记账凭证
7	计提法定盈余公积并结转	财务经理	1. 按本年净利润（减弥补以前亏损后）的 10% 提取法定盈余公积，法定盈余公积累计额达到注册资本的 50% 时可以不再提取； 2. 将提取的法定盈余公积结转至利润分配

表3-3-40-1(续)

编号	活动名称	角色	活动描述及操作指导
8	填制记账凭证	出纳	1. 编制计提法定盈余公积凭证和结转凭证； 2. 提交财务经理审核
9	审核记账凭证	财务经理	审核出纳提交的记账凭证无误，签字确认
10	登记科目明细账	财务经理	1. 根据记账凭证登记科目明细账； 2. 记账后在记账凭证上签字或盖章
11	登记总账	财务经理	1. 根据记账凭证登记总账； 2. 记账后在记账凭证上签字或盖章

实验项目 41　编制资产负债表

【业务概述】

财务经理编制资产负债表。

【业务流程步骤】

编制资产负债表的业务流程如表 3-3-41-1 所示。

表 3-3-41-1　编制资产负债表的业务流程

编号	活动名称	角色	活动描述及操作指导
1	编制财务报告	财务经理	1. 编制资产负债表，财务报表说明等财务报告相关内容； 2. 确认无误后在财务报告上签字并盖章； 3. 将财务报告交给总经理审查并签字盖章
2	审查财务报告	总经理	1. 审查财务经理编制的财务报告； 2. 确认无误后在财务报告上签字并盖章

实验项目 42　编制利润表

【业务概述】

财务经理根据财务数据编制利润表。

【业务流程步骤】

编制利润表的业务流程如表 3-3-42-1 所示。

表 3-3-42-1　编制利润表的业务流程

编号	活动名称	角色	活动描述及操作指导
1	编制财务报告	财务经理	1. 财务经理编制利润表，财务报表说明等财务报告相关内容； 2. 确认无误后在财务报告上签字并盖章； 3. 将财务报告交给总经理审查并签字盖章
2	审查财务报告	总经理	1. 总经理审查财务经理编制的财务报告； 2. 总经理确认无误后在财务报告上签字并盖章

实验项目 43　申领增值税发票

【业务概述】

向税务机关申请领用发票。

【业务流程步骤】

申领增值税发票的流程如表 3-3-43-1 所示。

表 3-3-43-1　申领增值税发票的流程

编号	活动名称	角色	活动描述及操作指导
1	申请领用发票	经销商出纳	1. 申领人携带营业执照副本、经办人身份证到税务局； 2. 向税务专员说明申请发票类型及数量
2	登记并发放发票	税务专员	1. 收到企业的申请后，填写"发票领用表"； 2. 税务专员按序号排列发票号； 3. 登记完成后，发放发票

实验项目 44　购买支票

【业务概述】

企业向银行购买支票。

【业务流程步骤】

企业向银行购买支票的流程如表 3-3-44-1 所示。

表 3-3-44-1　企业向银行购买支票的流程

编号	活动名称	角色	活动描述及操作指导
1	填写票据领用单	经销商出纳	1. 经销商出纳到银行，向银行柜员索要"票据领用单"，并填在线上填写付款申请书； 2. 填写"票据领用单"，将现金一并交给银行柜员
2	发放支票	银行柜员	收到企业提交的"票据领用单"，根据领用单填写数量，为企业准备支票，并发放支票
3	编制记账凭证	经销商出纳	1. 领用相关票据； 2. 编制记账凭证； 3. 将电汇回单粘贴到记账凭证后； 4. 将记账凭证交财务经理审核
4	审核记账凭证	经销商财务经理	1. 审核出纳填制的记账凭证，并对照相关附件检查记账凭证是否正确； 2. 审核无误，签字确认； 3. 将确认后的记账凭证传递给出纳登记日记账
5	登记日记账	经销商出纳	1. 根据记账凭证登记簿登记银行存款日记账； 2. 记账后在记账凭证上签字或盖章； 3. 将记账凭证传递给财务经理登记科目明细账
6	登记科目明细账	经销商财务经理	1. 根据记账凭证登记科目明细账； 2. 记账后在记账凭证上签字或盖章
7	登记总账	经销商财务经理	1. 根据记账凭证登记总账； 2. 记账后在记账凭证上签字或盖章

实验项目 45　购买仓库

【业务概述】

根据公司存储需求，向服务公司购买仓库。

【业务流程步骤】

向服务公司购买仓库的业务流程如表 3-3-45-1 所示。

表 3-3-45-1　购买仓库的业务流程

编号	活动名称	角色	活动描述及操作指导
1	填写购销合同	采购经理	1. 根据公司的存储需求，确定购买需求，到服务公司协商仓库的价格； 2. 准备购销合同并签署相关内容
2	填写合同会签单	采购经理	1. 拿到双方盖章的购销合同； 2. 根据购销合同，填写"合同会签单"
3	财务审核合同会签单	财务经理	1. 接收仓储经理发送的合同和合同会签单； 2. 审核合同及合同会签单，并在合同会签单上签字

表3-3-45-1(续)

编号	活动名称	角色	活动描述及操作指导
4	经销商总经理审核合同会签单	总经理	1. 接收财务部审核的合同和合同会签单； 2. 审核合同及合同会签单，并在合同会签单对应的位置盖章； 3. 将合同发送给仓储经理
5	将购销合同送交给服务公司	采购经理	1. 接收总经理发送的合同； 2. 拿本公司已盖章的合同，去服务公司盖章
6	服务公司盖章	服务公司总经理	1. 收到企业盖章后的合同，审核并盖章； 2. 将盖章后的合同，送交行政经理
7	合同归档	行政经理	1. 更新合同管理表； 2. 采购合同留存备案
8	办理仓库购买	采购经理	按照合同，在系统中选择相应的仓库进行采购办理
9	确定仓库销售	服务公司业务员	在系统中为企业确定仓库的采购
10	开具发票	服务公司总经理	依据合同金额，为企业开具发票

实验项目 46 支付购买仓库费用

【业务概述】

企业支付购买仓库的费用。

【业务流程步骤】

支付购买仓库费用的流程如表 3-3-46-1 所示。

表 3-3-46-1 支付购买仓库费用的流程

编号	活动名称	角色	活动描述及操作指导
1	收到发票	采购经理	收到服务公司开具的增值税专用发票
2	填写付款申请单	采购经理	1. 对照服务公司开具的"增值税专用发票"填写付款申请书； 2. 将付款申请书及发票交给财务经理审核
3	财务经理审核付款申请	财务经理	1. 审核收到的付款申请书与增值税发票是否相符，并审核其正确性； 2. 将发票抵扣联留档； 3. 将付款申请书交总经理审核
4	总经理审核付款申请	总经理	1. 审核付款申请书，确认无误后在申请书上签字； 2. 将付款申请书交给出纳付款
5	支付货款	出纳	1. 收到总经理转交的批复后的付款申请书，审核其准确性； 2. 按付款申请书金额开具转账支票； 3. 将转账支票交给服务公司总经理
6	填制记账凭证	出纳	1. 根据付款申请书和银行回单填制记账凭证； 2. 将银行回单、付款申请书和支票存根粘贴在记账凭证后作为附件
7	审核记账凭证	财务经理	1. 审核出纳编制的记账凭证并对照相关附件检查是否正确； 2. 审核无误，签字确认； 3. 将确认后的记账凭证传递给出纳登记日记账
8	登记日记账	出纳	1. 根据记账凭证登记簿登记银行存款日记账； 2. 记账后在记账凭证上签字或盖章； 3. 将记账凭证传递给财务经理登记科目明细账
9	登记科目明细账	财务经理	1. 根据记账凭证登记科目明细账； 2. 记账后在记账凭证上签字或盖章
10	登记总账	财务经理	1. 根据记账凭证登记总账； 2. 记账后在记账凭证上签字或盖章

任务四　购销业务

项目一　市场调研（客户）

一、项目描述

市场调研是指销售方为了提高产品销售决策的质量、解决产品销售中的问题或寻找机会等目的而进行的系统地、客观地进行识别、收集、分析和传播营销信息的工作。

二、学习目标

通过对本项目的学习，学生应对经销商与各地区的市场调研工作有基础的认识。

三、相关知识

（一）任务导入

商贸公司对不同的市场开发区域进行调研，系统、客观地收集不同类别童车的市场需求信息。如表 3-4-1-1 所示。

表 3-4-1-1　业务数据

市场调研日期	调研厂商	调研市场	调研信息
2018 年 1 月 5 日	恒润商贸有限公司	北部地区、南部地区、东部地区、西部地区	经济型童车、舒适型童车以及豪华型童车市场信息

（二）知识储备

（1）市场调研。

市场调研是市场调查与市场研究的统称，它是个人或组织根据特定的决策问题而系统地进行设计、搜集、记录、整理、分析及研究市场各类信息资料、报告调研结果的工作过程。

（2）市场调研报告。

市场调研报告是经过企业在实践中对某一产品进行客观实际情况的调查了解后，将调查了解到的全部情况进行分析研究，揭示出其本质，寻找出规律，总结出经验，最后以书面的形式陈述出来的报告形式。

调研报告一般由标题和正文两部分组成。

（1）标题。

市场调研报告的标题可以有两种写法。一种是规范化的标题格式，即"发文主题"加"文种"，基本格式 为 "××关于××××的调查报告""关于××××的调查报告""××××调查"等。另一种是自由式标题，包括陈述式、提问式和正副标题结合式三种形式。

（2）正文。

正文一般分前言、主体、结尾三部分。

①前言。前言有以下几种写法：第一种是写明调查的起因或目的、时间和地点、对象或范围、经过和方法，以及人员组成等调查本身的情况，从中引出中心问题或基本结论；第二种是写明调查对象的历史背景、大致发展经过、现实状况、主要成绩、突出问题等基本情况，进而提出中心问题或主要观点；第三种是开门见山，直接概括出调查的结果，如肯定做法、指出问题、提示影响、说明中心内

容等。前言要起到画龙点睛的作用，精练概括，直切主题。

②主体。这是调查报告最主要的部分，这部分详述研究的基本情况、做法、经验，以及分析调查研究中得出的各种具体认识、观点和基本结论。

③结尾。结尾的写法也比较多，可以提出解决问题的方法、对策或下一步改进的建议；或总结全文的主要观点，进一步深化主题；或提出问题，引发人们的进一步思考；或展望前景，发出鼓舞和号召。

（三）实施步骤

商贸公司在确定要开发的市场后，按照表3-4-1-2中所示的步骤，完成客户市场调研业务。

表3-4-1-2　客户市场调研业务的步骤

序号	操作步骤	角色	操作内容
1	收集市场信息	营销经理	通过查询历史订单等方式了解童车的市场需求
2	系统中查看市场预测信息	营销经理	在系统中查看市场预测信息
3	编制市场分析报告	营销经理	1. 结合市场需求和市场预测信息编制本企业市场分析报告 2. 该报告可作为客户与虚拟经销商签订购销合同时的参考依据

（四）线上操作

在市场调研中，客户需要在系统中查看市场预测，如图3-4-1-1至图3-4-1-4所示。

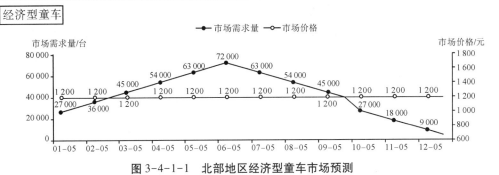

图3-4-1-1　北部地区经济型童车市场预测

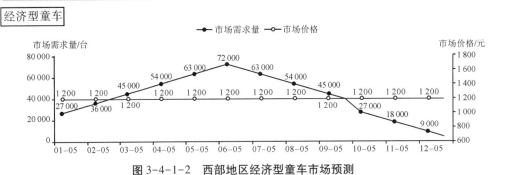

图3-4-1-2　西部地区经济型童车市场预测

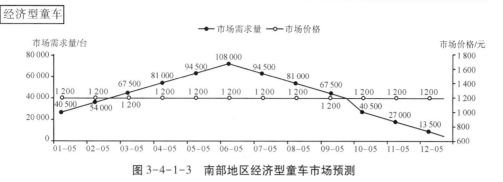

图 3-4-1-3　南部地区经济型童车市场预测

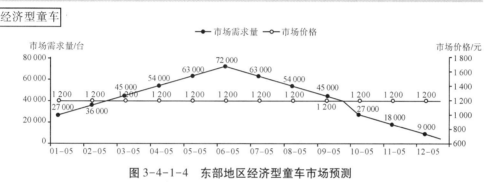

图 3-4-1-4　东部地区经济型童车市场预测

（五）线下填单

营销部根据系统中数据，经过市场调研后，提交预测报告。如图 3-4-1-5 所示。

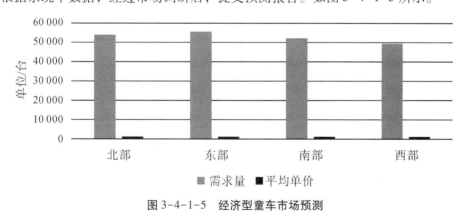

图 3-4-1-5　经济型童车市场预测

项目二　申请和办理市场开发

一、项目描述

商贸公司为了开发更多的市场，需要进行新市场开发投资，该项业务的运作在本次 VBSE 实训中，将交由第三方服务公司承担。商贸公司确定了要开发的新市场范围，与第三方服务公司商定好市场开发的费用，让第三方服务公司发布新市场开发任务。完成新市场开发款项的支付任务后，商贸公司即可在新的市场中进行产品销售。

二、学习目标

通过对本项目的学习，学生应对经销商与服务公司之间的开发新市场业务有基础的认识。

三、相关知识

（一）任务导入

根据市场供求情况，商贸公司进行新市场开发，业务数据如表 3-4-2-1 所示。

表 3-4-2-1　业务数据

市场开发日期	客户	市场开发区域	开发费用/元
2018 年 2 月 5 日	恒润商贸有限公司	北部地区	351 000

（二）知识储备

（1）市场开发。

市场开发是指应用人口统计市场、地理市场等方法开发新的区域市场，突破现有市场规模。

（2）市场开发战略。

市场开发战略是由现有产品和新市场组合产生的战略，是发展现有产品的新顾客群从而扩大产品销售量的战略。市场发展可以分为区域性发展、国内市场发展和国际市场发展等。

（3）市场开发战略途径。

①在当地挖掘潜在客户，进入新的细分市场；

②在当地开辟新的营销渠道，包括雇佣新类型的中间商和增加传统类型中间商的数目；

③开拓区域外部或国外市场。

（三）实施步骤

客户根据市场需求变化，按照表 3-4-2-2 中所示，申请和办理市场开发。

表 3-4-2-2　申请和办理市场开发步骤

序号	操作步骤	角色	操作内容
1	编制市场开发申请单	营销经理	报决定开发新市场，编制市场开发申请单
2	审批市场开发申请单	总经理	审核已编制的市场开发申请单
3	市场开发申请单盖章	行政经理	为已审核通过的市场开发申请单盖章
4	开发市场	营销经理	到服务公司进行市场开发委托办理，确认市场开发费
5	确认市场开发结果	营销经理	服务公司市场开发后，系统查询开发结果

（四）线上操作

为完成市场开发任务，商贸公司营销经理需进入系统，进行市场开发操作。操作步骤如图 3-4-2-1 所示。依据流程页面所列任务，依次完成任务。

图 3-4-2-1　市场开发流程

（五）线下填单

线下填单的市场开发基本的信息如表 3-4-2-3 所示。

表 3-4-2-3　市场开发基本的信息

地区	日期	货物名称	需求量/辆	平均单价/元	总需求/元	开发费用/元
北部	1月5日	经济型童车	54 000	1 200.00	64 800 000.00	351 000.00
东部	1月5日	经济型童车	55 000	1 160.00	63 800 000.00	368 000.00
南部	1月5日	经济型童车	52 000	1 250.00	65 000 000.00	351 000.00
西部	1月5日	经济型童车	49 000	1 300.00	63 700 000.00	334 000.00
合计			210 000		257 300 000.00	

项目三　收到市场开发费发票

一、项目描述

商贸公司进行市场开发后，营销经理到第三方服务公司进行缴费，并领取市场开发费用发票。

二、学习目标

通过对本项目的学习，学生应对经销商收取服务公司市场开发费发票的流程有基础的认识。

三、相关知识

（一）任务导入

根据市场调研情况，商贸公司确定开发区域后到服务公司进行市场开发。业务数据如表 3-4-3-1 所示。

表 3-4-3-1　业务数据

市场开发日期	客户	市场开发区域	开发费用/元
2018 年 1 月 5 日	恒润商贸有限公司	北部地区	351 000

（二）知识储备

经过合理科学、全面的市场调研后，公司确认对某市场进行开发，与提供服务的公司确认合作后，缴纳市场开发费用，并向对方索取发票作为凭据，合理、真实地记录该笔款项的用途。

（三）实施步骤

与服务公司协商好开发费用后，支付费用并领取发票，实施步骤如表 3-4-3-2 所示。

表 3-4-3-2　实施步骤

序号	操作步骤	角色	操作内容
1	到服务公司索取市场开发费用发票	营销经理	带市场开发确认单去服务公司领取发票
2	收到市场开发费专用发票并记账	出纳	根据服务公司开具的市场开发发票，编制记账凭证
3	审核记账凭证	财务经理	审核已编制的记账凭证
4	登记明细账及总账	财务经理	根据已经审核的记账凭证登记对应科目的明细账及总账

（四）线上操作

为完成市场开发任务，商贸公司营销经理需进入系统，进行市场开发操作。操作步骤如图 3-4-3-1 所示。依据流程页面所列任务，依次完成任务。

图 3-4-3-1　领取广告投放费发票流程

项目四　支付市场开发费用

一、项目描述

商贸公司收到服务公司开具的市场开发费发票后，企业支付市场开发费。

二、学习目标

通过对本项目的学习，学生应对供应商支付虚拟供应商市场开发费的流程有基础的认识。

三、相关知识

（一）任务导入

企业依据服务公司开具的市场开发费发票，向财务部门申请付款。

（二）实施步骤

商贸公司支付服务公司市场开发费的具体实施步骤如表 3-4-4-1 所示。

表 3-4-4-1　商贸公司支付服务公司市场开发费的流程

序号	操作步骤	角色	操作内容
1	填写付款申请单	营销经理	根据协商好的价格填写市场开发费付款申请单
2	审核付款申请单	财务经理	审核付款申请单
3	审核付款申请单	总经理	审核付款申请单
4	开具转账支票	出纳	根据已审核的付款申请单开具转账支票
5	审核支票	财务经理	审核出纳开具的转账支票
6	将支票送至服务公司	营销经理	将开具的转账支票送至服务公司
7	填制记账凭证	出纳	根据市场开发费制作记账凭证
8	审核记账凭证	财务经理	审核该项业务的记账凭证
9	登记日记账	出纳	根据记账凭证登记日记账
10	登记明细账、总账	财务经理	根据记账凭证登记明细账、总账

（三）线上操作

为完成市场开发任务，商贸公司营销经理需进入系统，进行市场开发操作。操作步骤如图 3-4-4-1 所示。依据流程页面所列任务，依次完成任务。

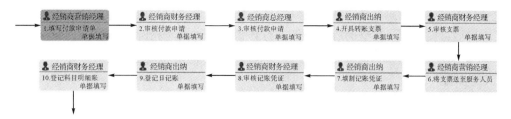

图 3-4-4-1　支付服务公司市场开发费的流程

商贸公司转账信息回单图如图 3-4-4-2 所示。

电子银行转账凭证回单

2017 年 01 月 05 日　　流水号：WTFK201701000003

付款人	全　称	恒润商贸有限公司	收款人	全　称	融通综合服务有限公司
	账　号	9558800123456789		账　号	0100229999000099024
	开户行	中国工商银行北京分行		开户行	中国工商银行北京分行
金额		（大写）叁拾伍万壹仟元整			￥351000.00
用途		支付市场开拓费			

备注：汇划日期：20170125　　　　汇划流水号：WTFK201701000003
　　　汇出行行号：110101001　　　原凭证种类：
　　　原凭证号码：　　　　　　　　原凭证金额：
　　　汇款人地址：北京市海淀区白颐路73号
　　　收款人地址：藏龙大道28号
　　　实际收款人账号：0100229999000099024
　　　实际收款人名称：融通综合服务有限公司　　　　　　　　银行盖章

图 3-4-4-2　转账信息回单

项目五　申请和办理广告投放

一、项目描述

广告是为了某种特定的需要，通过一定形式的媒体，公开而广泛地向公众传递信息的宣传手段。广告投放申请就是企业为了满足拓展市场的需要，采用投放广告的形式进行宣传，在采取措施前相关部门向企业内部申请广告费用的活动。

二、学习目标

通过对本项目的学习，学生应对经销商申请和办理广告投放的流程有基础的认识。

三、相关知识

（一）任务导入

根据市场开发、调研和分析情况，商贸公司决定投放广告，广告投放的相关数据如表 3-4-5-1 所示。

表 3-4-5-1　业务数据

广告投放日期	广告投放企业	广告预算费用/元
2018 年 1 月 5 日	恒润商贸有限公司	159 000.00

（二）知识储备

一般来讲，企业选择哪种媒体投放广告，要结合当前与长远的发展战略目标来做出决定。比如新产品上市时，企业为了吸引社会关注和打动经销商，就要考虑选择主流的财经媒体。如果要拉动终端销售，企业则应考虑选择面向目标市场的大众媒体，比如当地主流的电视、报纸。在确定了选哪种媒介这个大的方向后，要对同一类型的所有媒体进行评估，具体参考指标有发行量、受众总量、有效受众、受众特征、媒体本身的地域特征、广告的单位成本、广告的时段等。

（三）实施步骤

商贸公司确定开发市场之后，开会研究决定投放广告。按照表3-4-5-2中所示步骤，完成广告投放的申请业务。

表 3-4-5-2 广告投放申请的流程

序号	操作步骤	角色	操作内容
1	编制广告投放申请单	营销经理	根据当地市场情况，编制广告投放申请单
2	审批广告投放申请单	总经理	审批广告投放申请单，包括金额、数量、内容等信息
3	广告投放申请盖章	财务经理	审核已编制的记账凭证
4	登记明细账及总账	财务经理	根据已经审核的记账凭证登记对应科目的明细账及总账

（四）线上操作

商贸公司经过前期的市场调研、预测后，进行广告的投放。依据流程页面（图3-4-5-1）所列任务，依次完成任务。

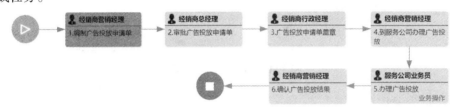

图 3-4-5-1 系统操作流程

（五）线下填单

商贸公司依据广告投放要求，填制广告投放申请表，如表3-4-5-3所示。

表 3-4-5-3 广告投放申请

广告投放申请			
编号：2018010001		日期：20180105	
申请单位：恒润商贸有限公司		委托单位：融通综合服务有限公司	
投放地区：北部			
金额：壹拾伍万玖仟元整		小写：159 000.00	
经办人：	王力	日期	20180105
财务经理：	李鸿	日期	20180105
总经理：	任非	日期	20180105
备注		盖章（公章）	

项目六　签订广告合同（客户）

一、项目描述

广告合同是指广告客户与广告经营者之间、广告经营者与广告经营者之间确立、变更、终止广告承办或代理关系的协议。签订广告合同是双方订立协议的过程。

二、学习目标

通过对本项目的学习，学生应对经销商与服务公司签订广告合同的流程有基础的认识。

三、相关知识

（一）任务导入

依据广告合同申请表内容，商贸公司与服务公司签订广告合同，业务数据如表 3-4-6-1 所示。

表 3-4-6-1　业务数据

签订日期	合同甲方	合同乙方	广告时效	广告费/元
2018 年 1 月 5 日	旭日商贸有限公司	北京融通综合服务有限公司	1 个月	400 000.00

（二）知识储备

广告合同除了具备合同的一般法律特征外，还具有下列特征：

（1）合同一方当事人是特定的。广告合同中的一方当事人必须是经过工商行政管理机关核准登记注册的广告经营者。否则，双方签订的合同无效，而且委托非法广告经营者承办或代理广告业务的一方由此而支出的费用，也不准列入成本和营业外开支。

（2）广告合同的标的是特定的。广告合同的标的可以分为两类：一类是广告经营者按照广告客户的要求完成的工作成果；一类是广告经营者接受广告客户或其他广告经营者的委托，为完成其代理任务的法律行为。

（3）根据《广告管理条例》规定，广告经营者承办或代理广告业务，应当与客户或被代理人签订书面合同，明确各方责任。

（4）订立广告合同必须按照《广告管理条例》规定的程序办理。

（三）实施步骤

签订广告合同的流程如表 3-4-6-2 所示。

表 3-4-6-2　签订广告合同的流程

序号	操作步骤	角色	操作内容
1	起草广告合同	客户业务主管	确立广告合同的主体结构及主要内容，送交总经理审核
2	审批广告合同	客户总经理	审批广告合同的合理性并签字确认
3	签订合同	服务公司业务员	对广告合同内容确认无误后在合同上签字
4	在系统中录入广告费用	服务公司业务员	根据广告合同，将广告费用记录进系统
5	开具广告费发票	服务公司业务员	依据合同上确定的广告费用开具发票并送至客户总经理
6	开具广告费支票	客户行政主管	根据发票开具广告费支票并送交服务公司业务员

项目七　收到广告费发票

一、项目描述

商贸公司到第三方广告服务公司进行缴费，并领取广告投放费的增值税专用发票。

二、学习目标

通过对本项目的学习，学生应对经销商领取服务公司广告费发票的流程有基础的认识。

三、相关知识

（一）任务导入

根据市场开发、调研和分析情况，商贸公司决定投放广告。业务数据如表 3-4-7-1 所示。

表 3-4-7-1　业务数据

广告投放日期	广告投放企业	广告费用/元
2018 年 1 月 5 日	恒润商贸有限公司	159 000.00

（二）实施步骤

与服务公司协商好广告投放费用后，支付费用并领取发票，流程如表 3-4-7-2 所示。

表 3-4-7-2　支付费用并领取发票的流程

序号	操作步骤	角色	操作内容
1	到服务公司领取广告投放费用发票	营销经理	带广告投放确认单去服务公司领取发票
2	收到广告投放费用专用发票	营销经理	到服务公司领取广告投放的增值税专用发票
3	收到广告投放费用专用发票并记账	出纳	根据收到的广告费发票，填制记账凭证
3	审核记账凭证	财务经理	审核已填制的记账凭证
4	登记明细账及总账	财务经理	根据已经审核的记账凭证，登记对应科目的明细账及总账

（三）线上操作

商贸公司经过前期的市场调研、预测后，进行广告的投放。依据流程页面所列任务（见图 3-4-7-1），依次完成任务。

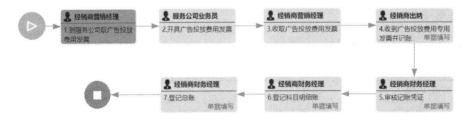

图 3-4-7-1　系统操作流程

服务公司开具的广告投放的增值税专用发票样图如图 3-4-7-2 所示。

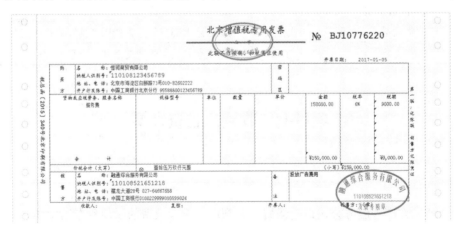

图 3-4-7-2　增值税专用发票示例

项目八　支付广告投放费

一、项目描述

商贸公司收到服务公司开具的广告投放的增值税专用发票后，企业支付广告投放费。

二、学习目标

通过对本项目的学习，学生应对经销商支付服务公司广告投放费的流程有基础的认识。

三、相关知识

（一）任务导入

企业依据服务公司开具的广告投放费的增值税专用发票，向本企业财务部门申请付款，具体的业务数据表如表 3-4-8-1 所示。

表 3-4-8-1　业务数据

付款日期	付款企业	广告费用/元
2018 年 1 月 5 日	恒润商贸有限公司	159 000.00

（二）实施步骤

支付服务公司广告投放费，具体操作步骤如表 3-4-8-2。

表 3-4-8-2　支付服务公司广告投放费的流程

序号	操作步骤	角色	操作内容
1	填写付款申请单	营销经理	根据协商好的价格填写广告投放费付款申请单
2	审核付款申请单	财务经理	审核付款申请单
3	审核付款申请单	总经理	审核付款申请单
4	开具转账支票	出纳	根据已审核的付款申请单开具转账支票
5	审核支票	财务经理	审核出纳开具的转账支票
6	将支票送至服务公司	营销经理	将开具的转账支票送至服务公司
7	填制记账凭证	出纳	根据广告投放费填制记账凭证
8	审核记账凭证	财务经理	审核该项业务的记账凭证
9	登记日记账	出纳	根据记账凭证登记日记账
10	登记明细账、总账	财务经理	根据记账凭证登记明细账、总账

3. 线上操作

为完成市场开发任务，商贸公司营销经理需进入系统，进行市场开发操作。依据流程页面所列任务（图 3-4-8-1），依次完成任务。

图 3-4-8-1　系统操作流程

商贸公司转账凭证样图如图 3-4-8-2 所示。

电子银行转账凭证 回单

2017 年 01 月 05 日　　　　流水号：WTFK201701000004

付款人	全　称	恒润商贸有限公司	收款人	全　称	融通综合服务有限公司
	账　号	9558800123456789		账　号	0100229999000099024
	开户行	中国工商银行北京分行		开户行	中国工商银行北京分行
金额	（大写）壹拾伍万玖仟元整				¥159,000.00
用途	支付投放广告费用				

备注：

汇划日期：20170125　　　　汇划流水号：WTFK201701000004
汇出行行号：110101001　　　　原凭证种类：
原凭证号码：　　　　原凭证金额：
汇款人地址：北京市海淀区白颐路73号
收款人地址：藏龙大道28号
实际收款人账号：0100229999000099024
实际收款人名称：融通综合服务有限公司

中国工商银行北京分行 2017.01.05 转账 转讫　银行盖章

图 3-4-8-2　电子银行转账凭证

项目九　签订销售订单（客户）

一、项目描述

客户在虚拟市场上选择产品需求订单（只有进行了新市场开发的城市才会显示在你的虚拟市场中），同时客户还必须按月在新市场上投放广告，否则你将无法在系统中看到市场订单。客户选单完毕后会将销售订单的信息记录在销售订单明细表中，同时商贸公司的营销经理需将销售订单汇总交负责仓储的行政主管，以备发货。

二、学习目标

通过对本项目的学习，学生应对经销商与虚拟经销商之间签订销售订单的流程有基础的认识。

三、相关知识

（一）任务导入

各商贸公司根据自己投放的广告费用在第三方服务公司处竞单。同时，服务公司会为商贸公司提供选单服务。

竞单结束后，商贸公司可在系统中查看自己的竞单结果，竞单成功的公司组织订单准备发货。

（二）知识储备

销售订单是企业与客户之间签订的一种销售协议，销售订单实现企业与客户之间的沟通，实现客户对企业待售货物的一种请求，同时也是企业对客户的一种销售承诺。它是销售管理系统实质性功能的第一步，它上接销售合同，下连销售发货。通过对订单信息的维护与管理，企业实现对销售的计划性控制，使企业的销售活动、生产活动、采购活动处于有序、流畅、高效的状态。

（三）实施步骤

客户依据销售合同签订销售订单，如表 3-4-9-1 所示。

表 3-4-9-1 签订销售订单的流程

序号	操作步骤	角色	操作内容
1	准备填制销售订单明细表	营销经理	营销经理准备做好选单记录
2	在系统中进行选单	营销经理	在系统中选择产品需求订单,与虚拟客户签订销售订单
3	填制销售订单明细表	营销经理	将选择的销售订单信息填写在销售订单明细表中,以便查询
4	审核销售订单明细表	总经理	审核销售订单明细表的内容是否完全正确,金额数量是否有误
5	汇总销售订单	营销经理	将销售订单明细表中的产品名称、数量及交货日期填写到"销售订单汇总表"中,并将第二联送至行使仓储职能的客户行政主管,以便发货时查询与核对

(四)线上操作

商贸公司在系统中进行操作,查看竞单订单记录。依据流程页面所列任务(图 3-4-9-1),依次完成任务。

图 3-4-9-1 页面所列任务

(五)线下填单

商贸公司根据选单情况,填写销售订单明细表,如表 3-4-9-2 所示。

表 3-4-9-2 销售订单明细

订单号	客户名称	产品名称	市场	数量/辆	单价/元	金额/元	交货期	结算期
SO-001	上海乐康妇婴用品有限公司	经济型童车	上海	12 000	1 202	14 424 000	1 月 5 日	1 月 25 日
SO-002	广州好康妇婴用品有限公司	经济型童车	上海	12 000	1 202	14 424 000	1 月 5 日	1 月 25 日
SO-003	北京爱喜商贸有限公司	经济型童车	上海	12 000	1 202	14 424 000	1 月 5 日	1 月 25 日

<h1 align="center">项目十 给虚拟经销商发货</h1>

一、项目描述

销售人员依据销售订单交货日期填写产品发货单、仓库人员填写出库单后,由销售人员给客户发货,财务部根据发货单开具销售发票,当客户收货确认后,销售人员登记销售发货明细。

二、学习目标

通过对本项目的学习,学生应对经销商给虚拟经销商发货业务的流程有基础的认识。

三、相关知识

（一）任务导入

依据销售订单，商贸公司将童车销售给终端客户。业务数据如表 3-4-10-1 所示。

表 3-4-10-1 业务数据

交货日期	购买方	商品	支付方式	金额/元
2018 年 1 月 5 日	上海乐康妇婴用品有限公司	经济型童车	转账支付	14 424 000

（二）知识储备

销售发货是指企业将货物发给客户，销售发货单是销售发货的信息载体，销售发货业务是销售流程的核心，它通过向库存、存货、应收等系统传递信息来实现企业物流的运转。

（三）实施步骤

商贸公司依据销售订单，将产品发货给客户，如表 3-4-10-2 所示。

表 3-4-10-2 发货操作步骤

序号	操作步骤	角色	操作内容
1	填制发货单	营销经理	营销经理根据销售合同，填制发货单
2	确认发货单	财务经理	财务经理对发货单进行核对并审核确认
3	确认发货单并填制出库单办理出库业务	仓储经理	1. 仓储经理最终确认发货单的真实准确性； 2. 填制出库单并办理出库业务
4	登记库存台账	仓储经理	仓储经理根据仓库实际情况登记库存台账
5	更新销售发货明细表	营销经理	将销售订单明细表中的产品名称、数量及交货时间等信息定时更新
6	开具增值税专用发票并填制记账凭证	出纳	1. 发货后，由公司出纳开具增值税专用发票； 2. 根据原始凭证填制记账凭证
7	发票送至客户	营销经理	营销经理将发票送至客户处
8	审核记账凭证并登记科目明细账及总账	财务经理	1. 审核记账凭证的正确性； 2. 根据记账凭证登记相应明细账及总账

（四）线上操作

商贸公司依据订单将童车销售给虚拟客户。依据流程页面所列任务（图 3-4-10-1），依次完成任务。

图 3-4-10-1 页面所列任务

商贸公司需要系统中处理销售发货，如图 3-4-10-2 至图 3-4-10-3 所示。

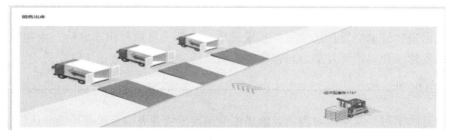

图 3-4-10-2 发货示例

销售订单列表

订单编号	客户	产品名称	数量	含税折...	总金额	交货日期	付款日期	状态	操作
XNXS9...	北京华...	经济型...	1757	1217	2138269	2018-0...	2018-0...	已发货	

图 3-4-10-3　销售订单示例

（五）线下填单

商贸公司填写发货单，如表 3-4-10-4 所示。

表 3-4-10-4　商贸公司发货单

单据编号：003	日期：2018年1月25日	交货日期：2018年1月25日
销售订单号：S0-001	客户名称：上海乐康妇婴用品有限公司	仓库：成品库
业务员：刘明	运输方式：陆运	客户联系人：张五
产品名称	产品型号	发货数量
经济型童车	——	12000
营销部经理：李红	财务部经理：江成	客户确认：张五

项目十一　货款回收（客户）

一、项目描述

发货完成之后，营销经理应定期催收货款。

二、学习目标

通过对本项目的学习，学生应对货款回收的流程有基础的认识。

三、相关知识

（一）任务导入

依据订单收取货款，业务数据如表 3-4-11-1 所示。

表 3-4-11-1　业务数据

回款日期	支付方式	回收金额/元
2018 年 1 月 25 日	转账汇款	14 424 000

（二）知识储备

银行回执单是表明个人或单位在银行办理业务的一个有效凭证，主要类型有 ATM 机上的回执单、柜台上办业务的回执单、企业对账回执单、银行电子回单，其中银行电子回单样图如图 3-4-11-1 所示。

中国工商银行　　网上银行电子回单

回单类型	网上转账汇款		指令序号		
收款人	户名	甲	付款人	户名	乙
	账号	6228480877777777777		账号	95504677000000000000
币种	人民币		钞汇标志	钞	
金额	14424000		手续费	7.2	
合计					
用途	还款				
电子回单专用章	附言：				
	验证码：				

图 3-4-11-1　工商银行网上电子回单

（三）实施步骤

商贸公司依据销售订单，回收货款。货款回收的具体步骤如表 3-4-11-2 所示。

表 3-4-11-2　货款回收步骤

序号	操作步骤	角色	操作内容
1	销售收款	营销经理	1. 系统中做"销售回款"（因虚拟客户方无学生参与，因此无须付款方操作，款项自动由收款方通过网银自动回款）； 2. 前往银行取回销售回款网银回单
2	编制记账凭证	出纳	根据银行电子回单编制记账凭证
3	审核记账凭证	财务经理	财务经理审核记账凭证的真实性
4	登记日记账	出纳	根据记账凭证登记银行存款日记账
5	登记明细账及总账	财务经理	根据记账凭证登记明细账及总账

（四）线上操作

商贸公司依据销售订单，在系统中进行货款收回。商贸公司进行订单查询，依据查询结果，确认当期应回款，如图 3-4-11-2 所示。

图 3-4-11-2　货款回收流程

模块四

制造企业

任务一 经营规则

项目一 人力资源管理的规则

一、项目描述

人力资源是指一定时期内，组织中的人所拥有的、能够被企业所用且对组织价值创造起贡献作用的教育、能力、技能、经验、资源等的总称。熟悉人力资源管理的规则是企业经营的基础。本环节将向学生简要介绍本次实训系统的人力资源管理的规则。

二、学习目标

通过对本项目的学习，学生应对人力资源管理的规则有基础的认识。

三、相关知识

（一）人员信息

制造企业的相关人员信息如表4-1-1-1所示。

表4-1-1-1　人员信息

部门	岗位名称	岗位级别	在编人数	直接上级
企业管理部	总经理（兼企管部经理）	总经理	1	董事会
	行政助理	职能管理人员	1	总经理
营销部	营销经理	部门经理	1	总经理
	市场专员	职能管理人员	1	部门经理
	销售专员	职能管理人员	1	部门经理
生产计划部	生产计划经理	部门经理	1	总经理
	车间管理员	职能管理人员	1	部门经理
	生产计划员	职能管理人员	1	部门经理
	初级生产工人	工人	25	车间管理员
	中级生产工人	工人	15	车间管理员

表4-1-1-1（续）

部门	岗位名称	岗位级别	在编人数	直接上级
仓储部	仓储经理	部门经理	1	总经理
	仓管员	职能管理人员	1	部门经理
采购部	采购经理	部门经理	1	总经理
	采购员	职能管理人员	1	部门经理
人力资源部	人力资源经理	部门经理	1	总经理
	人力资源助理	职能管理人员	1	部门经理
财务部	财务经理	部门经理	1	总经理
	出纳	职能管理人员	1	部门经理
	财务会计	职能管理人员	1	部门经理
	成本会计	职能管理人员	1	部门经理

项目二　企业薪酬规则

一、项目描述

薪酬是指企业根据员工给企业所做的贡献（包括实现的绩效，付出的努力、时间、学识、技能、经验和创造）所付的相应的回报和答谢。薪酬不仅是自己的劳动所得，它在一定程度上也代表着员工自身的价值、代表企业对员工工作的认同，甚至还代表着员工个人能力和发展前景。熟悉薪酬规则规则是企业经营发展的基础。本环节将简要介绍本次实训系统的薪酬规则。

二、学习目标

通过对本项目的学习，学生应对薪酬规则有基础的认识。

三、相关知识

（一）职工薪酬的构成

职工薪酬是指企业为获得职工提供的服务而给予各种形式的报酬以及其他相关支出。在企业管理中，职工薪酬主要由以下几个部分构成：

·职工工资、奖金（奖金按年度计算，根据企业本年度的经营状况而定）；

·医疗保险费、养老保险费、失业保险费、工伤保险费和生育保险费等社会保险费用；

·住房公积金；

·因解除与职工的劳动关系而给予的补偿，即辞退福利。

（二）职工薪酬的计算及发放

企业人员的薪酬组成：

年度总薪酬＝月基本工资×12＋年度绩效奖金＋企业应缴福利

职工每月实际领取的工资＝月基本工资－缺勤扣款－个人应缴五险一金－个人所得税

缺勤扣款＝缺勤天数×（月基本工资/当月全勤工作日数）

表4-1-2-1为人员月基本工资情况表。

表 4-1-2-1　人员月基本工资情况

人员类别	月基本工资/元
总经理	12 000
部门经理	7 500
职能管理人员	5 500
营销部员工	4 500
初级/中级/高级生产工人	3 600/4 000/4 600

（1）薪酬项目：基本工资、养老保险、医疗保险、生育保险、失业保险、工伤保险、住房公积金、缺勤扣款、代扣个人所得税、辞退补偿。

（2）五险一金缴费比例（如表 4-1-2-2）：

表 4-1-2-2　五险一金缴费比例

分类	养老/%	失业/%	工伤/%	生育/%	医疗		住房公积金/%
					基本医疗/%	大额互助	
单位	20	1.5	0.5	0.8	9	1%	10
个人	8	0.5	0	0	2	3 元	10

注意：单位养老保险缴费比率为 20%，其中 17% 划入统筹基金，3% 划入个人账户。实训中以员工转正后的基本工资金额数为社会保险和住房公积金的缴费基数。

（3）个人所得税

个人所得税计算采用 2019 年起开始执行的 7 级超额累进税率。

个人所得税计算方式为

个人所得税＝全月应纳税所得额×税率－速算扣除数

全月应纳税所得额＝应发工资－5 000

表 4-1-2-3 为工资、薪金所得适用个人所得税七级超额累进税率表。

表 4-1-2-3　工资、薪金所得适用个人所得税七级超额累进税率

级数	全月应纳税所得额	税率/%	速算扣除数/元
1	不超过 3 000 元	3	0
2	超过 3 000 元至 12 000 元	10	210
3	超过 12 000 元至 25 000 元	20	1 410
4	超过 25 000 元至 35 000 元	25	2 660
5	超过 35 000 元至 55 000 元	30	4 410
6	超过 55 000 元至 80 000 元	35	7 160
7	超过 80 000 元	45	15 160

（4）辞退福利。

企业辞退员工需支付辞退福利，辞退福利为三个月的基本工资。

辞退当月的薪酬为

辞退当月薪酬＝实际工作日数×（月基本工资/当月全勤工作日数）＋辞退福利

（5）考勤管理。

VBSE 实习中实行月度考勤，但因每月只设计 2 个虚拟工作日，在进行考勤统计时依照下列规则计算：

员工出勤天数＝当月虚拟工作日出勤天数/当月虚拟工作日总天数×21.75

员工缺勤天数＝21.75－员工出勤天数

考勤周期：实行月度考勤，考勤周期为本月 26 日至次月 25 日。

项目三 采购规则

一、项目描述

在 VBSE 虚拟商业社会中，制造企业的原材料只能从工贸企业类型的企业进行采购，不能从其他类型的企业进行采购。

二、学习目标

通过对本项目的学习，学生应对采购规则有基础的认识。

三、相关知识

企业需采购的原材料信息如表 4-1-3-1 所示。

表 4-1-3-1 需采购的原材料信息

存货编码	存货名称	规格	计量单位	存货属性	市场供应平均单价/元	市场供应平均含税单价/元
B0001	钢管	Φ外 16/Φ内 11/L5000（mm）	根	外购	103.70	121.33
B0002	镀锌管	Φ外 16/Φ内 11/L5000（mm）	根	外购	169.97	198.86
B0003	坐垫	HJM500	个	外购	78.21	91.50
B0004	记忆太空棉坐垫	HJM0031	个	外购	215.85	252.54
B0005	车篷	HJ72×32×40	个	外购	140.77	164.70
B0006	车轮	HJΦ外 125/Φ内 60 mm	个	外购	26.07	30.50
B0007	经济型童车包装套件	HJTB100	套	外购	88.63	103.70
B0008	数控芯片	MCX3154A	片	外购	264.85	309.88
B0009	舒适型童车包装套件	HJTB200	套	外购	187.69	219.60
B0010	豪华型童车包装套件	HJTB300	套	外购	220.02	257.42

此处的增值税率为：13%。

采购双方需要签订纸质"购销合同"，制造企业根据"购销合同"在系统中制作采购订单，由工贸企业进行确认。采购订单确认后，工贸企业可以进行发货，制造企业接货入库，双方再根据"购销合同"中的结算约定进行收付款。

项目四 仓储规则

一、项目描述

仓储就是指通过仓库对商品与物品进行储存与保管。企业在经营过程中，仓储部应根据不同的物资特性、种类进行合理有序的存放，并在仓储部设置专员对物资的进出等予以检验，登记相关信息。仓储是产品在生产、流通过程中因订单前置或市场预测前置而对产品、物品的暂时存放，熟悉仓储规则至关重要。本环节将向学生简要介绍仓储的相关规则。

二、学习目标

通过对本项目的学习，学生应对仓储规则有基础的认识。

三、相关知识

（一）原材料及成品

仓储部负责原材料及成品的原材料采购入库、生产领料出库、生产完工入库、成品销售出库和保管工作。

在制造企业工作中，原材料只用于采购、生产领料工作中，不能进行销售；半成品只用于完工入库和生产领料工作中，不能进行销售；成品只用于完工入库和销售工作中，不能进行采购。

相关原材料信息、半成品信息及成品信息如表4-1-4-1至表4-1-4-3所示。

表4-1-4-1 原材料信息

物料名称	物料编码	单位	规格	（相对制造企业）来源
钢管	B0001	根	Φ外16/Φ内11/L5000（mm）	外购
镀锌管	B0002	根	Φ外16/Φ内11/L5000（mm）	外购
坐垫	B0003	个	HJM500	外购
记忆太空棉坐垫	B0004	个	HJM600	外购
车篷	B0005	个	HJ72×32×40	外购
车轮	B0006	个	HJΦ外125/Φ内60 mm	外购
数控芯片	B0008	片	MCX3154A	外购
经济型童车包装套件	B0007	套	HJTB100	外购
舒适型童车包装套件	B0009	套	HJTB200	外购
豪华型童车包装套件	B0010	套	HJTB300	外购

表4-1-4-2 半成品信息

物料名称	物料编码	单位	规格	（相对制造企业）来源
经济型童车车架	M0001	个		自制
舒适型童车车架	M0002	个		自制
豪华型童车车架	M0003	个		自制

表4-1-4-3 成品信息

物料名称	物料编码	单位	规格	（相对制造企业）来源
经济型童车	P0001	辆		自制
舒适型童车	P0002	辆		自制
豪华型童车	P0003	辆		自制

（二）仓库

仓库由贮存物品的库房、运输传送设施（如吊车、电梯、滑梯等）、出入库房的输送管道和设备以及消防设施、管理用房等组成。在期初交接的时候，制造企业拥有一座普通仓库。普通仓库用于存放产成品、半成品和原材料。

仓库信息情况表如表4-1-4-4所示，仓库容量信息表如表4-1-4-5所示，普通仓库可存放物资的信息表如表4-1-4-6所示。

表 4-1-4-4　仓库信息情况

仓库名称	仓库编码	可存放物资
普通仓库		钢管、坐垫、车篷、车轮、经济型童车包装套件、镀锌管、记忆太空棉坐垫、数控芯片、舒适型童车包装套件、豪华型童车包装套件
		经济型童车车架、舒适型童车车架、豪华型童车车架、
		经济型童车、舒适型童车、豪华型童车

表 4-1-4-5　仓库容量信息

仓库类型	使用年限/年	仓库面积/平方米	仓库容积/立方米	仓库总存储单位	售价/万元
普通仓库	20	500	3 000	300 000	540

表 4-1-4-6　普通仓库可存放物资信息

存货编码	存货名称	存货占用存储单位
P0001	经济型童车	10
P0002	舒适型童车	10
P0003	豪华型童车	10
M0001	经济型童车车架	10
M0002	舒适型童车车架	10
M0003	豪华型童车车架	10
B0001	钢管	2
B0002	镀锌管	2
B0003	坐垫	4
B0004	记忆太空棉坐垫	4
B0005	车篷	2
B0006	车轮	1
B0008	数控芯片	1
B0007	经济型童车包装套件	2
B0009	舒适型童车包装套件	2
B0010	豪华型童车包装套件	2

项目五　生产规则

一、项目描述

在虚拟商业社会中，只有制造企业可开展生产工作，企业生产离不开厂房、生产设备等基本生产场地及生产设施。在 VBSE 虚拟商业社会中，制造企业期初交接时，制造企业拥有一座大厂房，大厂房内安装 10 台普通机床和 1 条组装生产线，且各设备无损坏，运行良好。本环节向学生简要介绍本次实训系统中的生产规则。

二、学习目标

通过对本项目的学习，学生应对制造企业的生产规则有基础的认识。

三、相关知识

（一）厂房信息及使用规则

厂房的相关信息及使用规则如表 4-1-5-1 所示。

表 4-1-5-1　厂房信息

厂房类型	使用年限/年	厂房面积/平方米	厂房容积/立方米	容量	售价/万元
小厂房	20	800	4 800	12 台机床位	480
大厂房	20	1 000	6 000	20 台机床位	720

注意：

1. 期初交接的大厂房在经营期间不得出售。

2. 在经营过程中，如遇厂房容量不足的情况，制造企业可以向服务公司购买新厂房，服务公司只能提供小厂房。

3. 厂房容量与安装设备数量之间的关系如下：1 个机床位可以安装 1 台普通机床；2 个机床位可以安装 1 台数控机床；4 个机床位可以安装 1 台组装流水线。

4. 系统没有厂房租赁的业务，厂房只能购买。

（二）设备信息及使用规则

设备的相关信息如表 4-1-5-2 所示。

表 4-1-5-2　设备信息

生产设备	购置费/万元	使用年限/年	折旧费/元·月⁻¹	维修费/元·月⁻¹	生产能力/台·虚拟1天⁻¹			出售
					经济	舒适	豪华	
普通机床	21	10			500	500		按账面价值出售
数控机床	72	10			3 000	3 000	3 000	
组装流水线	51	10			7 000	7 000	6 000	

注意：

1. 制造企业根据生产经营状况，可以向服务公司随时购买生产设备。

2. 生产设备按月计提折旧，根据《中华人民共和国企业所得税法》规定，火车、轮船、机器、机械和其他生产设备的折旧年限为 10 年，购买当月不计提折旧。

生产设备人员的配置信息如表 4-1-5-3 所示。

表 4-1-5-3　生产设备人员配置信息

设备	人员级别	要求人员配置数量
普通机床	初级	2
数控机床	高级	2
组装流水线	初级	5
	中级	15

生产设备生产能力的情况如表 4-1-5-4 所示。

表 4-1-5-4　生产设备生产能力情况

设备名称	产品	定额生产能力 （台数×单台生产产能/虚拟 1 天）	所属部门
普通机床	经济型童车车架	10×500	生产计划部
	舒适型童车车架	10×500	

表4-1-5-4(续)

设备名称	产品	定额生产能力 （台数×单台生产产能/虚拟1天）	所属部门
数控机床	经济型童车车架	1×3 000	生产计划部
	舒适型童车车架	1×3 000	
	豪华型童车车架	1×3 000	
组装流水线	经济型童车	1×7 000	生产计划部
	舒适型童车	1×7 000	
	豪华型童车	1×6 000	

（三）产能规则

（1）生产设备根据各自生产能力进行派工。派工时，派工数量应小于或等于该设备的生产能力。

（2）派工时，一条生产线只允许生产一个品种的产品。例如，安排一条组装流水线生产5 000台经济型童车，剩下的2 000台产能不能用于生产舒适型童车与豪华型童车，必须等该资源产能全部释放后才允许安排不同种类的产品生产。

（3）派工时，企业需要根据产品的物料清单（BOM）检查原材料是否齐套，原材料没有达到齐套要求，不能派工。

注：生产某一产品时，产品物料清单（BOM）中所需的材料、用量都达到要求时称为齐套。

（四）物料清单（BOM）

（1）经济型童车。

经济型童车的产品结构如图4-1-5-1所示，产品物料清单如表4-1-5-5所示。

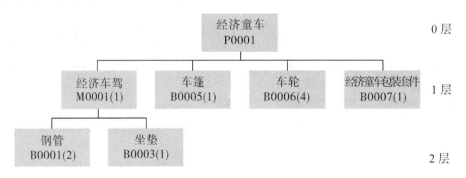

图4-1-5-1 经济型童车产品结构

表4-1-5-5 经济型童车产品物料清单

结构层次	辅项物料	物料编码	物料名称	规格型号	单位	用量	（相对制造企业）备注
0		P0001	经济型童车		辆	1	自产成品
1	P0001	M0001	经济型童车车架		个	1	自产半成品
1	P0001	B0005	车篷	HJ72×32×40	个	1	外购原材料
1	P0001	B0006	车轮	HJΦ外125/Φ内60mm	个	4	外购原材料
1	P0001	B0001	经济型童车包装套件	HJTB100	套	1	外购原材料
2	M0001	B0001	钢管	Φ外16/Φ内11/L5000(mm)	根	2	外购原材料
2	M0001	B0003	坐垫	HJM500	个	1	外购原材料

（2）舒适型童车。

舒适型童车产品结构图如图4-1-5-2所示，产品物料清单如表4-1-5-6所示。

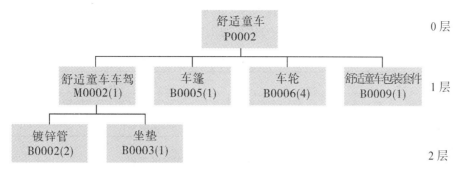

图 4-1-5-2 舒适型童车产品结构

表 4-1-5-6 舒适型童车产品物料清单

结构层次	辅项物料	物料编码	物料名称	规格型号	单位	用量	（相对制造企业）备注
0		P0002	舒适型童车		辆	1	自产成品
1	P0002	M0002	舒适型童车车架		个	1	自产半成品
1	P0002	B0005	车篷	HJ72×32×40	个	1	外购原材料
1	P0002	B0006	车轮	HJΦ外125/Φ内60mm	个	4	外购原材料
1	P0002	B0009	舒适型童车包装套件	HJTB200	套	1	外购原材料
2	M0002	B0002	镀锌管	Φ外16/Φ内11/L5000(mm)	根	2	外购原材料
2	M0002	B0003	坐垫	HJM500	个	1	外购原材料

（3）豪华型童车。

豪华型童车产品结构图如图 4-1-5-3 所示，产品物料清单如表 4-1-5-7 所示。

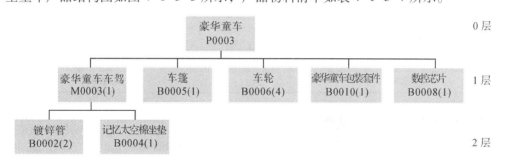

图 4-1-5-3 豪华型童车产品结构

表 4-1-5-7 豪华型童车产品物料清单

结构层次	辅项物料	物料编码	物料名称	规格型号	单位	用量	备注
0		P0003	豪华型童车		辆	1	自产成品
1	P0003	M0003	豪华型童车车架		个	1	自产半成品
1	P0003	B0005	车篷	HJ72×32×40	个	1	外购原材料
1	P0003	B0006	车轮	HJΦ外125/Φ内60mm	个	4	外购原材料
1	P0003	B0008	数控芯片	MCX3154A	片	1	外购原材料
1	P0003	B0010	豪华型童车包装套件	HJTB300	套	1	外购原材料
2	M0003	B0002	镀锌管	Φ外16/Φ内11/L5000(mm)	根	2	外购原材料
2	M0003	B0004	记忆太空棉坐垫	HJM600	个	1	外购原材料

（五）工艺规则

工艺路线是指企业各项自制件的加工顺序和在各个工序中的标准工时定额情况，也称为加工路线。

它是一种计划管理文件，主要用来进行工序排产和车间成本统计。

表 4-1-5-8 至表 4-1-5-10 为三种类型的童车的工艺工时表。

表 4-1-5-8　P0001-经济型童车工艺工时

工序	部门	工序描述	工作中心	加工工时
10	生产计划部——机加车间	经济型童车架加工	普通（数控）机床	虚拟 1 天
20	生产计划部——组装车间	经济型童车组装	组装生产线	虚拟 1 天

表 4-1-5-9　P0002-舒适型童车工艺工时

工序	部门	工序描述	工作中心	加工工时
10	生产计划部——机加车间	舒适型童车架加工	普通（数控）机床	虚拟 1 天
20	生产计划部——组装车间	舒适型童车组装	组装生产线	虚拟 1 天

表 4-1-5-10　P0003-豪华型童车工艺工时

工序	部门	工序描述	工作中心	加工工时
10	生产计划部——机加车间	豪华型童车架加工	数控机床	虚拟 1 天
20	生产计划部——组装车间	豪华型童车组装	组装生产线	虚拟 1 天

（六）购买研发费用

制造企业初始默认生产的是经济型童车，随着企业经营范围的扩大，需要生产舒适型或豪华型童车时，该企业需要在服务公司购置相应的生产技术成果认证，购置成果认证代表企业已完成新产品的研发，可以立即开工生产。表 4-1-5-11 列出了两种许可证类型的认证价格表。

表 4-1-5-11　各型号童车技术认证价格

许可证类型	价格/元
舒适型	1 000 000
豪华型	1 500 000

（七）国际标准化组织（ISO）认证

ISO9000 标准是国际标准化组织（International Organization for Standardization，ISO）在 1994 年提出的概念，是由国际标准化组织质量管理和质量保证技术委员会（ISO&TC176）制定的国际标准。随着商品经济的不断扩大和日益国际化，为提高产品的信誉，减少重复检验，削弱和消除贸易技术壁垒，维护生产者、经销商、用户和消费者各方权益，ISO 制定了这个标准。ISO 作为第三认证方不受产销双方经济利益支配，公证、科学，是各国对产品和企业进行质量评价和监督的通行证；ISO9000 也常作为顾客对供方质量体系审核的依据；也是企业有满足其订购产品技术要求的能力的证明。ISO 通过它的2 856 个技术机构开展技术活动。其中技术委员会（TC）共 185 个，分技术委员会（SC）共 611 个，工作组（WG）2 022 个，特别工作组 38 个。

本系统中，制造企业在进行生产前，首先要进行 ISO9000 的资质认证，制造企业生产计划部需要前往服务公司办理本企业的 ISO9000 资质认证的业务。具体费用为 50 000 元/次，认证一次即可。

（八）强制性产品认证制度（3C 认证）

3C 认证是中国政府为保护消费者人身安全和国家安全、加强产品质量管理、依照法律法规实施的一种产品合格评定制度。中国政府为兑现入世承诺，于 2001 年 12 月 3 日对外发布了强制性产品认证制度，从 2002 年 5 月 1 日起，国家认监委开始受理第一批列入强制性产品目录的 19 大类 132 种产品的认证申请。

本系统中，制造企业进行销售出库前，首先要进行 3C 的资质认证，初始默认的生产许可为经济型童车，制造企业生产计划部需要前往服务公司办理相应产品的3C认证。具体费用为22 000/次，认证一次即可。

表4-1-5-12为三种类型的童车的3C认证费用表。

表4-1-5-12　三种类型童车认证费用

产品	3C认证费用/元
经济型童车	22 000
舒适型童车	22 000
豪华型童车	22 000

项目六　销售规则

一、项目描述

销售是指以出售、租赁或其他方式向第三方提供产品或服务的行为。企业在经营过程中，应根据订单将商品销售给客户，收回货款。熟悉销售规则对企业的运行至关重要。本环节将向学生简要介绍本次实训系统中的销售规则。

二、学习目标

通过对本项目的学习，学生应对销售规则有基础的认识。

三、相关知识

（一）销售流程规则

制造企业只能将童车销售给经销商、国际贸易类型企业，不得销售给其他类型的企业。制造企业须与经销商类型企业签订并在系统中录入订单相关信息，订单相关信息作为系统中发货、结算的依据。制造企业还可以参与招投标企业的招投标业务，中标后可以进行销售、发货、开发票、收款等业务活动；制造企业销售童车给华中地区的虚拟经销商，销售之前，需要完成市场开发，然后再广告投放。

（二）市场开发规则

（1）制造企业进行生产销售前，首先要进行市场开发。制造企业市场专员需要前往服务公司办理市场开发的业务，首先开发中部市场，具体费用为531 000元。

（2）制造企业可以通过委托服务公司进行华中地区市场开发，开发后投入广告费，投入广告费后，依据得分由高到低依次选择华中地区的市场订单。

项目七　财务规则

一、项目描述

财务规则是指导企业财务工作的行为规范，对进一步加强公司的财务管理、提高公司的经济效益起到至关重要的作用。本环节将向学生简要介绍本次实训系统的财务规则。

二、学习目标

通过对本项目的学习，学生应对财务规则有基础的认识。

三、相关知识

（一）结算规则

结算方式采用现金结算、转账支票和电汇三种方式。原则上，低于 2 000 元的日常经济活动可以使用现金，超过 2 000 元的一般使用转账支票结算（差旅费或支付给个人业务除外），转账支票用于同一票据交换区内的结算。异地付款一般采用电汇方式。

（二）计税规则

（1）税种类型：增值税、企业所得税、个人所得税、城市建设维护税、教育费附加。

（2）增值税：销售货物和购进货物增值税率均为 13%。

（3）企业所得税：按利润总额的 25% 缴纳。

（4）个人所得税：个税免征额 5 000 元（工资薪金所得适用）按照七级累进税率进行缴纳，个人所得税由企业代扣代缴，个人不自行缴纳个人所得税。相关税率在项目二企业薪酬规则中已述及，此处不再赘述。

（5）城市建设维护税：增值税税额的 7%。

（6）教育费附加：增值税税额的 3%。

（三）存货计价规则

（1）存货核算按照实际成本核算，原材料计价采用实际成本计价，材料采购按照实际采购价入账，全月一次性按照加权平均计算材料成本。

（2）全月一次性加权平均相关计算：

材料平均单价＝（期初库存数量×库存单价+本月实际采购入库金额）／（期初库存数量+本月实际入库数量）

材料发出成本＝本月发出材料数量×材料平均单价

（四）固定资产取得方式及折旧规则

固定资产均通过购买的方式取得。固定资产购买当月不计提折旧，从次月开始计提折旧，出售当期须计提折旧，下月不提折旧。固定资产折旧按照直线法计提。折旧相关信息如表 4-1-7-1 所示。

表 4-1-7-1　折旧信息

固定资产名称	使用时间/月	开始使用日期	原值/元	残值/元	月折旧额/元
办公楼	240	2014.9.15	12 000 000.00	600 000.00	47 500.00
普通仓库	240	2014.9.15	5 400 000.00	270 000.00	21 375.00
大厂房	240	2014.9.15	7 200 000.00	360 000.00	28 500.00
普通机床(机加工生产线)	120	2014.9.15	210 000.00	—	1 750.00
组装生产线	120	2014.9.15	510 000.00	—	4 250.00
笔记本电脑	48	2014.9.15	6 000.00	—	125.00

（五）制造费用的归集及分配规则

（1）生产管理部门发生的各项费用以及生产过程中各车间共同的间接费用记入制造费用。

（2）制造费用按照费用发生车间设置明细科目：机加车间、组装车间。

（3）机加车间发生的费用，如工人工资、机加车间设备折旧及维修等能够明确确认为机加车间发生的费用记入制造费用——机加车间。同样，组装车间的费用记入制造费用——组装车间。

（4）生产计划部管理人员的工资、使用的设备折旧、报销的办公费等记入管理费用。

（5）厂房折旧记入制造费用，并按照各类设备占用厂房空间比例进行分配。

（六）成本核算规则

（1）产品成本分为直接材料、人工成本和制造费用结转。

（2）制造费用中车间的费用直接计入该车间生产的产品成本，如果该车间有两个及以上产品生产，则按照该产品生产工时进行分配车间制造费用。

（3）在产品只计算材料费用，不计算制造费用和人工费用，即结转当期生产成本的金额为：期初生产成本（直接材料）+本期归集的直接人工+本期归集的制造费用。

（4）成本归集规则：原材料成本归集按照材料出库单的发出数量×平均单价，人工成本为当月计算的生产部门的人员工资，包括生产管理人员和生产工人。

（5）车架为半成品，车架核算的范围为车架原材料、生产车架发生的人工费、制造费，以及分摊的相关生产制造费用。

（6）产品之间费用分配：如果同一车间生产不同产品，则以各产品完工数量为权重，分配该车间的直接制造费用和结转的间接制造费用。

（七）坏账损失核算规则

（1）生产制造企业采用备抵法核算坏账损失。

（2）坏账准备按年提取，按照年末应收账款的3%提取。

（3）超过一年未收回的坏账，确认为坏账损失。已经确认为坏账损失的应收账款，并不表明公司放弃收款的权利。如果未来某一时期收回已作坏账的应收账款，应该及时恢复债权，并按照正常收回欠款进行会计核算。

（八）利润分配规则

公司实现利润，应当按照法定程序进行利润分配。根据公司章程规定，按照本年净利润的10%提取法定盈余公积金，根据董事会决议，提取任意盈余公积金。

（九）票据使用规则

（1）各个企业使用的支票，由银行制作并收取工本费，使用者必须到银行购买使用，任何企业和个人不得自制支票；

（2）银行出售的支票，按张出售，企业计入财务费用中；

（3）各企业制定完善的票据使用登记制度，以备检查；

（4）企业使用的发票为增值税专用发票；

（5）增值税进项税额需要进行申报、抵扣联认证、缴纳；

（6）从事购买商品或服务过程中，购销双方的结算必须以发票为依据，不取得发票的不能进行结算业务；

（7）税务局有定期的发票使用情况检查，税务局有权给予发票使用不合规范的企业一定金额的行政罚款。

项目八　物流规则

物流运输有以下规则：

（1）物流运输只针对工贸企业与制造企业间的购销业务、制造企业与经销商间的购销业务，其他类型组织的物流运输不通过物流企业；

（2）物流费用由购货方支付；

（3）物流费为货款金额的5%。

任务二　读懂期初数据

项目一　总经理读懂期初数据

一、项目描述

本环节将向学生简要介绍制造企业总经理职位需要了解的企业基本信息、运营知识等期初数据及相关内容。

二、学习目标

通过对本项目的学习，学生应对制造企业总经理职位有基础的认识。

三、相关知识

（一）制造企业组织结构图

实习模型的核心制造企业组织结构如图 4-2-1-1 所示，分为 7 个部门，2 个车间，4 个纵向管理层次。在模型中，总经理直接对董事会负责，并可以直接对企业管理部、人力资源部、财务部、采购部、仓储部、生产计划部、营销部下达命令或指挥。各职能部门经理对本部门下属有领导指挥权，对其他部门仅有业务指导权但没有指挥权。

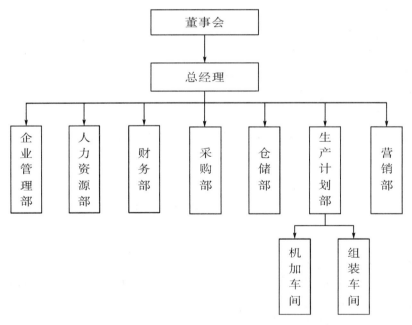

图 4-2-1-1　组织结构

（二）岗位设置

各部门岗位设置及人员定编情况参见图 4-2-1-2，一般每家制造企业设有 18 个管理岗位，总经理兼任企业管理部经理、行政助理兼任商务管理、计划员兼任质量员，车间员工人数依据销售订单情况、生产计划部设备数量及其他根据企业经营状况做调整。截至 2016 年 12 月 31 日，企业拥有管理人员 18名；车间工人 40 名，平均分布在 2 个车间。

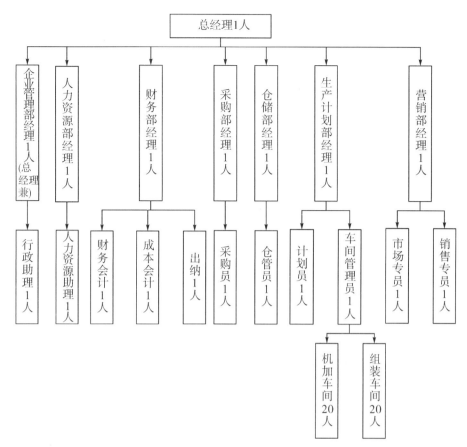

图 4-2-1-2 岗位设置

（三）企业年度经营规划书

企业年度经营规划书是制造企业总经理依据企业经营情况、战略规划编制的用以指导企业未来一段时间的经营方向和方针、阶段计划等文件。

项目二 行政助理读懂期初数据

一、项目描述

本环节将向学生简要介绍制造企业行政助理职位需要了解的企业基本信息、运营知识等期初数据及相关内容。

二、学习目标

通过对本项目的学习，学生应对制造企业行政助理的职位有基础的认识。

三、相关知识

（一）固定资产卡片

行政助理负责固定资产卡片的建档、记录、维护。固定资产卡片上的栏目有：类别、编号、名称、规格、型号、建造单位、年月、投产日期、原始价值、预计使用年限、折旧率、存放地点、使用单位、大修理日期和金额，以及停用、出售、转移、报废清理等内容。

截至 2016 年 12 月 31 日，童车制造企业拥有固定资产 33 项，每项固定资产均登记在固定资产卡片上，如图 4-2-2-1 所示。

固定资产卡片

卡片编号 <u>001</u>　　　　　　　　　　　日期 <u>2017年01月05日</u>

固定资产编号 <u>0100001</u>　　　　　　固定资产名称 <u>办公大楼</u>

类别编号 <u>01</u>　　　　　　　　　　　类别名称 <u>房屋建筑</u>

规格型号 _____　　　　　　　　　　使用部门 <u>企管部</u>

增加方式 <u>购入</u>　　　　　　　　　　存放地点 _____

使用状况 <u>在用</u>　　　　预计使用年限 <u>20年</u>　　折旧方法 <u>直线法</u>

开始使用日期 <u>2015年09月15日</u>　　已计提月份 <u>15</u>

原值 <u>12,000,000.00</u>　　　　净残值 <u>600,000.00</u>

累计折旧 <u>712,500.00</u>

净值 <u>11,287,500.00</u>　　　折旧费用类别 <u>管理费用</u>　　保管人 _____

图 4-2-2-1　固定资产卡片

（二）固定资产登记簿

固定资产登记簿（表 4-2-2-1）是对所有固定资产卡片进行统一记录、统一管理的表格。"固定资产登记簿"中记录企业所有办公固定资产种类、购买时间、使用年限等与折旧有关的内容，方便企业进行固定资产查找、管理。

表 4-2-2-1　固定资产登记簿

固定资产编号	固定资产名称	使用部门	使用年限/个月	开始使用日期	已计提月份/个月	原值/元	残值/元	月折旧额/元	累计折旧/元	对应科目
0100001	办公楼	企业管理部	240	2014.9.15	15	12 000 000.00	600 000.00	47 500.00	712 500.00	管理费用
0100002	普通仓库	仓储部	240	2014.9.15	15	5 400 000.00	270 000.00	21 375.00	320 625.00	管理费用
0100003	大厂房	生产计划部	240	2014.9.15	15	7 200 000.00	360 000.00	28 500.00	427 500.00	制造费用
0200001	普通机床（机加工生产线）	生产计划部	120	2014.9.15	15	210 000.00	—	1 750.00	26 250.00	制造费用——机加
0200002	普通机床（机加工生产线）	生产计划部	120	2014.9.15	15	210 000.00	—	1 750.00	26 250.00	制造费用——机加
0200003	普通机床（机加工生产线）	生产计划部	120	2014.9.15	15	210 000.00	—	1 750.00	26 250.00	制造费用——机加
0200004	普通机床（机加工生产线）	生产计划部	120	2014.9.15	15	210 000.00	—	1 750.00	26 250.00	制造费用——机加
0200005	普通机床（机加工生产线）	生产计划部	120	2014.9.15	15	210 000.00	—	1 750.00	26 250.00	制造费用——机加
0200006	普通机床（机加工生产线）	生产计划部	120	2014.9.15	15	210 000.00	—	1 750.00	26 250.00	制造费用——机加
0200007	普通机床（机加工生产线）	生产计划部	120	2014.9.15	15	210 000.00	—	1 750.00	26 250.00	制造费用——机加
0200008	普通机床（机加工生产线）	生产计划部	120	2014.9.15	15	210 000.00	—	1 750.00	26 250.00	制造费用——机加

表4-2-2-1(续)

固定资产编号	固定资产名称	使用部门	使用年限/个月	开始使用日期	已计提月份/个月	原值/元	残值/元	月折旧额/元	累计折旧/元	对应科目
0200009	普通机床（机加工生产线）	生产计划部	120	2014.9.15	15	210 000.00	–	1 750.00	26 250.00	制造费用——机加
0200010	普通机床（机加工生产线）	生产计划部	120	2014.9.15	15	210 000.00	–	1 750.00	26 250.00	制造费用——机加
0200011	组装生产线	生产计划部	120	2014.9.15	15	510 000.00	–	4 250.00	63 750.00	制造费用——组装
0300001	笔记本电脑	企业管理部	48	2014.9.15	15	6 000.00	–	125.00	1 875.00	管理费用
0300002	笔记本电脑	人力资源部	48	2014.9.15	15	6 000.00	–	125.00	1 875.00	管理费用
0300003	笔记本电脑	财务部	48	2014.9.15	15	6 000.00	–	125.00	1 875.00	管理费用
0300004	笔记本电脑	采购部	48	2014.9.15	15	6 000.00	–	125.00	1 875.00	管理费用
0300005	笔记本电脑	营销部	48	2014.9.15	15	6 000.00	–	125.00	1 875.00	销售费用
0300006	笔记本电脑	仓储部	48	2014.9.15	15	6 000.00	–	125.00	1 875.00	管理费用
0300007	笔记本电脑	生产计划部	48	2014.9.15	15	6 000.00	–	125.00	1 875.00	制造费用
0300008	台式电脑	财务部	48	2014.9.15	15	4 800.00	–	100.00	1 500.00	管理费用
0300009	台式电脑	财务部	48	2014.9.15	15	4 800.00	–	100.00	1 500.00	管理费用
0300010	台式电脑	企业管理部	48	2014.9.15	15	4 800.00	–	100.00	1 500.00	管理费用
0300011	台式电脑	人力资源部	48	2014.9.15	15	4 800.00	–	100.00	1 500.00	管理费用
0300012	台式电脑	财务部	48	2014.9.15	15	4 800.00	–	100.00	1 500.00	管理费用
0300013	台式电脑	采购部	48	2014.9.15	15	4 800.00	–	100.00	1 500.00	管理费用
0300014	台式电脑	营销部	48	2014.9.15	15	4 800.00	–	100.00	1 500.00	销售费用
0300015	台式电脑	营销部	48	2014.9.15	15	4 800.00	–	100.00	1 500.00	销售费用
0300016	台式电脑	仓储部	48	2014.9.15	15	4 800.00	–	100.00	1 500.00	管理费用
0300017	台式电脑	生产计划部	48	2014.9.15	15	4 800.00	–	100.00	1 500.00	制造费用
0300018	台式电脑	生产计划部	48	2014.9.15	15	4 800.00	–	100.00	1 500.00	制造费用
0300019	打印复印一体机	企业管理部	48	2014.9.15	15	24 000.00	–	500.00	7 500.00	管理费用
						27 328 800.00		121 600.00	1 824 000.00	

项目三 营销经理、销售专员读懂期初数据

一、项目描述

本环节将向学生简要介绍制造企业营销经理、销售专员职位需要了解的企业基本信息、运营知识等期初数据及相关内容。

二、学习目标

通过对本项目的学习，学生应对制造企业营销经理、销售专员职位有基础的认识。

三、相关知识

（一）期初数据表

营销经理、销售专员的职责包括对企业营销策略的决策与执行、掌握市场销售情况、掌握企业产能与库存情况。表4-2-3-1为营销经理、销售专员的期初数据总览。

模块四 制造企业

表 4-2-3-1　营销经理、销售专员的期初数据总览

序号	期初数据	相关说明	对应岗位
1	销售发货明细	本期在 2021 年 1 月前未有已经发货未收款订单	营销经理、销售专员
2	销售预测表	2021 年第一季度、第二季度	营销经理、市场专员、销售专员
3	市场预测（本地，手工）	2021 年全年	营销经理、市场专员、销售专员
4	市场预测(本地,信息化)	2021 年第一季度	营销经理、市场专员、销售专员
5	客户信息汇总表	企业客户信息	营销经理、销售专员
6	库存期初报表	各种成品的期初库存情况	营销经理、销售专员
7	车间产能报表	车间产能情况	营销经理、销售专员

营销部期初数据明细（仅作参考，具体数值以系统为准），如表 4-2-3-2 至表 4-2-3-3 所示。

表 4-2-3-2　销售发货明细

单据编号	销售订单号	客户名称	产品名称	数量/辆	货款额/元	合同约定交货期	合同约定回款期	实际发货数量/辆	发票开具情况	回款额/元
0001		旭日贸易公司	经济型童车							

编制人：刘思羽　　　　　　　编制日期：2017 　年 1 月

说明：一式一联，销售部存

表 4-2-3-3　生产车间产能报

制表日期：2017 年 01 月 1 日　　　　　　　　　　制表部门：生产计划部

单据编号：0001

车间名称	2017/01			2017/02			2017/03			2017/04			2017/05			2017/06		
	初始产能	占用情况	剩余产能	初始产能	占用情况	剩余产能	初始产能	占用情况	剩余产能	初始产能	占用情况	剩余产能	初始产能	占用情况	剩余产能	初始产能	占用情况	剩余产能
普通机床	5 000	0	5 000	5 000	0	5 000	5 000	0	5 000	5 000	0	5 000	5 000	0	5 000	5 000	0	5 000
数控机床	0	0	0	0	0	0	0	0	0	3 000	0	3 000	3 000		3 000	3 000	0	3 000
组装生产线	7 000	0	7 000	7 000	0	7 000	7 000	0	7 000	7 000	0	7 000	7 000	0	7 000	7 000	0	7 000
实际可用产能	5 000	0	5 000	5 000	0	5 000	5 000	0	5 000	7 000	0	7 000	7 000	0	7 000	7 000	0	7 000

（二）期初总结

（1）下一个月的市场预测和成品库存基本均衡；

（2）下一个季度的市场预测和产能存在较小的不均衡；

（3）营销经理要根据市场预测制定广告投放策略并进行新一轮的产品销售竞争；

（4）营销经理还要及时反馈市场预测变化，并提出增加产品供应量的要求。

项目四　市场专员读懂期初数据

一、项目描述

市场专员承担各种市场部门的基础工作和市场开发工作，需要很强的市场推广、客户维护的能力。本环节将向学生简要介绍制造企业市场专员需要了解的企业基本信息、运营知识等期初数据及相关内容。

二、学习目标

通过对本项目的学习，学生应对制造企业市场专员职位有基础的认识。

三、相关知识

（一）期初数据表

市场专员承担营销部门的各种基础工作，需要掌握如下数据（参考表 4-2-4-1 至表 4-2-4-4、图 4-2-4-1 至图 4-2-4-3，具体数值以系统为准）：

表 4-2-4-1 企业销售预测   单位：辆

产品	2017 年								
	1 月	2 月	3 月	4 月	5 月	6 月	7 月	8 月	9 月
经济型童车	5 000	5 000	5 000	6 000	6 000	6 000	7 000	7 000	7 000
舒适型单车									
豪华型单车									

表 4-2-4-2 2017 年本地市场经济型童车销量预测（信息化阶段）   单位：辆

市场	产品名称	1 月	2 月	3 月	4 月	5 月	6 月
本地	经济型童车	60 600	62 000	62 800	63 800	64 000	61 800

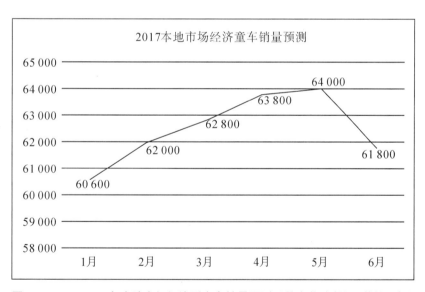

图 4-2-4-1 2017 年本地市场经济型童车销量预测（信息化阶段）（单位：辆）

表 4-2-4-3 2017 年本地市场经济型童车销量预测（手工阶段）   单位：辆

市场	产品名称	第一季度	第二季度	第三季度	第四季度
本地	经济型童车	130 000	138 000	151 000	160 000

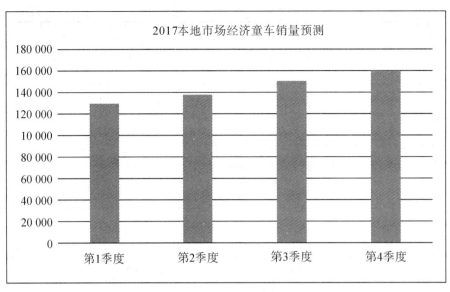

图 4-2-4-2　2017 年本地市场经济型童车销量预测（手工阶段）（单位：辆）

注：以上预测数据为 10 家企业的预测数据。

表 4-2-4-4　2017 年本地市场经济型童车价格预测（信息化阶段）　　　　单位：元

市场	产品名称	2017 年 1 月	2017 年 2 月	2017 年 3 月
本地	经济型童车	1 200	1 180	1 160

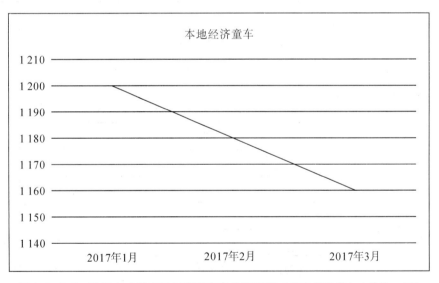

图 4-2-4-3　2017 年本地市场经济型童车价格预测（信息化阶段）（单位：元）

（二）期初总结

综合 2017 年 4 个季度的情况来看，本地市场经济型童车的销量将会有所上升，但价格会有所下降。

综合 2017 年第 1 个季度 3 个月的情况来看，本地市场经济型童车的销量有所一定的波动，销量整体呈上升趋势，价格呈下降趋势。

项目五 生产计划专员读懂期初数据

一、项目描述

生产计划部是主管生产的职能机构，部门职责包括：顺利均衡地组织生产，协同各有关部门做好生产过程的组织工作（样品生产过程、订单确定过程、生产服务过程、基本生产过程）；为确保生产计划的实现，保证按质、按量、按期出好产品，必须对各生产环节的执行情况，进行日常的组织、检查和协调，发现和消除影响计划完成的各种问题，并会同有关部门解决。本环节将向学生简要介绍制造企业生产计划专员的职位需要了解的企业基本信息、运营知识等期初数据及相关内容。

二、学习目标

通过对本项目的学习，学生应对制造企业生产计划专员职位有基础的认识。

三、相关知识

（一）派工单

派工单（又称工票或传票）是指生产管理人员向生产人员派发生产指令的单据，是工业企业中对工人分配生产任务并记录其生产活动的原始记录。它是一种面向工作中心说明加工工序优先级的文件，说明工作中心的工序在一周或一个时期内要完成的生产任务。它还能说明什么时间开始加工，什么时间完成，计划加工数量是多少，计划加工时数是多少，在制的生产货位，计时的费率，计件的费率，加班的费率，外协的费率等。经济车架派工单如表 4-2-5-1 所示，经济型童车派工单如表 4-2-5-2 所示。

表 4-2-5-1 经济车架派工单

派工部门：生产计划部

派工单号：SC-PG-201701001 派工日期：2017 年 1 月 5 日

产品名称	工序	工序名称	工作中心	生产数量/台	计划进度	
					开始日期	完工日期
经济车架	10	机加工	普通机床	4 800	1 月 5 号	1 月 5 号

生产计划经理：叶润中 车间管理员：周群

表 4-2-5-2 经济型童车派工单

派工部门：生产计划部

派工单号：SC-PG-201701002 派工日期：2017 年 1 月 25 日

产品名称	工序	工序名称	工作中心	生产数量/台	计划进度	
					开始日期	完工日期
经济型童车	20	组装	组装生产线	4 800	1 月 25 号	1 月 25 号

生产计划经理：叶润中 车间管理员：周群

说明：

1. 派工单为生产计划部门经理填写，下达给车间管理员，由车间管理员安排生产；

2. 此表为两联，一联由生产计划经理留存，一联交车间管理员填写完生产派工单后，依据派工单填写生产执行情况表。

（二）生产执行情况表

企业在下达了生产任务后，每一张生产任务单所需要生产的产品有没有按时生产完工，已完工的产品是分多少批完工入库的，以及何时生产完工的，是按计划生产完工的还是延期完工的，企业都需要适时掌握相关情况，以免造成出货延期。生产执行情况表（表4-2-5-3）就专为解决此问题而设计。

表4-2-5-3　生产执行情况

制表部门：生产计划部　　　　　　制表日期：　　2017年1月30日

派工单号	产品名称	领料情况	开工数量/台	完工数量	开工日期	计划完工日期	完工日期	在产品数量/台	完工入库数量	产品入库日期	备注
SC-PG-201701001	经济车架	已领	4 800		2017.1.05	2017.1.05		4 800			
SC-PG-201701002	经济童车	已领	4 800		2017.1.25	2017.1.25		4 800			

车间管理员：周群

（三）车间产能报表

产能（capacity）是指企业的生产能力，它是在一定时期内（通常是一年），企业的全部生产性固定资产，在先进、合理的技术组织条件下，经过综合平衡后，所能生产的一定种类和一定质量的最大数量，或者企业能够加工处理的一定原材料的最大数量。每位企业主管之所以都十分关心生产能力，是因为他随时需要知道企业的生产能力能否与市场需求相适应。当需求旺盛时，他需要考虑如何提高生产能力，以满足需求的增长；当需求不足时，他需要考虑如何缩小规模，避免能力过剩，尽可能地减少损失。

理解生产能力指标需要掌握以下几个要点：

● 企业先进的生产性固定资料；

● 生产能力是在企业可能达到的技术组织条件下确定，不考虑劳动力不足和物资供应中断等不正常现象；

● 以实物指标为计量单位；

● 综合平衡的结果；

● 一般以最大产品数量来表示，有时也可以加工的原材料的最大数量来表示。

（1）生产能力的种类。

生产能力是反映企业生产可能性的一个重要指标，在实际运用中，生产能力有多种不同的表达方式，其分类包括设计生产能力、查定生产能力和计划生产能力等。

①设计生产能力。它是企业建厂时在基建任务书和技术文件中所规定的生产能力，它是按照工厂设计文件规定的产品方案、技术工艺和设备，通过计算得到的最大年产量。企业投产后往往要经过一段熟悉和掌握生产技术的过程，企业甚至会改进某些设计不合理的地方，才能达到设计生产能力。设计生产能力也不是不可突破的，操作人员熟悉了生产工艺，掌握了其内在规律以后，通过适当的改造是可以使实际生产能力大大超过设计生产能力的。

②查定生产能力。它是指企业在没有设计生产能力资料或设计生产能力资料可靠性低的情况下，企业根据现有的生产组织条件和技术水平等因素，重新审查核定的生产能力。它为研究企业当前生产运作问题和今后的发展战略提供了依据。

③计划生产能力。计划生产能力也称为现实能力。它是企业计划期内根据现有的生产组织条件和技术水平等因素所能够实现的生产能力。它直接决定了企业近期的生产计划。

计划能力包括两大部分。首先是企业已有的生产能力，是近期内的查定能力；其次是企业在本年度内新形成的能力。后者可以是以前的基建或技改项目在本年度形成的能力，也可以是企业通过管理手段而提升的能力。

计划能力的大小基本上决定了企业的当期生产规模，生产计划量应该与计划能力相匹配。企业在编制计划时要考虑市场需求量，能力与需求不大可能完全一致，企业利用生产能力的不确定性，在一定范围内可以对生产能力做短期调整，以满足市场需求。

（2）生产能力的计量单位。

由于企业种类的广泛性，不同企业的产品和生产过程差别很大，在制订生产能力计划以前，必须确定本企业的生产能力计量单位。常见的生产能力计量单位如下：

①以产出量为计量单位。调制型和合成型生产类型的制造企业生产能力以产出量表示十分确切明了。如钢铁厂、水泥厂都以产品吨位作为生产能力，家电生产厂是以产品台数作为生产能力。这类企业它们产出数量越大，能力也越大。若厂家生产多种产品，则选择代表企业专业方向，产量与工时定额乘积最大的产品作为代表产品，其他的产品可换算到代表产品。换算系数 k_i 由下式求得：

$$k_i = t_i / t_0$$

式中：k_i 代表 i 产品的换算系数；t_i 代表 i 产品的时间定额；t_0 代表产品的时间定额。

②以原料处理量为计量单位。有的企业使用单一的原料生产多种产品，这时以工厂年处理原料的数量作为生产能力的计量单位是比较合理的，如炼油厂以一年加工处理原油的吨位作为它的生产能力。这类企业的生产特征往往是分解型的，它们使用一种主要原料，分解制造出多种产品。

③以投入量为生产能力计量单位。有些企业如果以产出量计量它的生产能力，则会使人感到不确切，不易把握。如发电厂，年发电量几十亿千瓦·时，巨大的数字不易对比判断，用装机容量来计量更方便。这种情况在服务业中更为普遍，如航空公司以飞机座位数量为计量单位，而不以运送的客流量为计量单位；医院以病床数而不是以诊疗的病人数；零售商店以营业面积，或者标准柜台数来计量，而不能用接受服务的顾客数；电话局以交换机容量表示，而不用接通电话的次数来计量。这类企业的生产能力有一个显著特点，就是能力不能存储，而服务业往往属于这种类型。表 4-2-5-4 为生产车间产能报表。

表 4-2-5-4　生产车间产能报表

制表日期：2017 年 01 月 01 日　　　　　　制表部门：生产计划部

单据编号：0001

车间名称	2017/01			2017/02			2017/03			2017/04			2017/05			2017/06		
	初始产能	占用情况	剩余产能	初始产能	占用情况	剩余产能	初始产能	占用情况	剩余产能	初始产能	占用情况	剩余产能	初始产能	占用情况	剩余产能	初始产能	占用情况	剩余产能
普通机床	5 000	0	5 000	5 000	0	5 000	5 000	0	5 000	5 000	0	5 000	5 000	0	5 000	5 000	0	5 000
数控机床	0	0	0	0	0	0	0	0	0	3 000	0	3 000	3 000		3 000	3 000		3 000
组装生产线	7 000	0	7 000	7 000	0	7 000	7 000	0	7 000	7 000	0	7 000	7 000	0	7 000	7 000	0	7 000
实际可用产能	5 000		5 000	5 000	0	5 000	5 000	0	5 000	7 000	0	7 000	7 000	0	7 000	7 000	0	7 000

项目六　人力资源经理读懂期初数据

一、项目描述

人力资源经理（human resource manager，HRM）是指计划、指导和协调机构的人，确保企业人力资源的合理利用，管理理赔、人事策略和招聘的管理人员。本环节将向学生简要介绍制造企业人力资源经理职位需要了解的企业基本信息、运营知识等期初数据及相关内容。

二、学习目标

通过对本项目的学习，学生应对制造企业人力资源经理的职位有基础的认识。

三、相关知识

（一）核心制造企业组织结构图

实习模型的核心制造企业组织结构如图 4-2-6-1 所示，分为 4 个管理层次，7 个部门，2 个车间。总经理对董事会负责，并可以对企业管理部、人力资源部、财务部、采购部、仓储部、生产计划部、营销部下达命令或指挥。各职能部门经理对本部门下属有指挥权，对其他部门有业务指导权但没有指挥权。

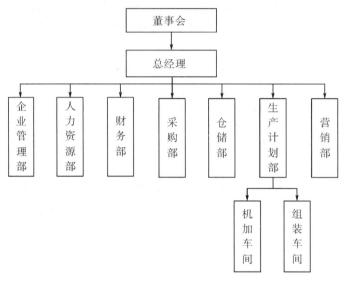

图 4-2-6-1　组织结构

（二）岗位设置

各部门岗位设置及人员定编情况参见图 4-2-6-2，设有 18 个管理岗位，总经理兼任企业管理部经理、行政助理兼任商务管理、计划员兼任质量员，车间员工人数依据销售订单情况、生产计划部设备数量及其他根据企业经营状况做调整。截至 2019 年 12 月 31 日，企业拥有管理人员在岗 18 人；车间工人 40 名，平均分布在 2 个车间之中。

（三）各岗位工作职责

1. 人力资源经理岗位职责

（1）建立、健全公司人力资源管理制度；

（2）制订招聘计划、培训计划，组织技能考核鉴定和培训实施；

（3）人力资源支出预算的编制，成本控制；

（4）负责组织公司人员的招聘活动；

（5）人事材料及报表的检查、监督；

（6）组织制定公司考核制度，定期进行员工考核；

（7）负责公司全员薪资的核算与发放；

（8）建立人力资源管理信息系统，为公司的人力资源管理决策提供参考；

（9）部门内组织、管理、协调工作。

2. 人力资源助理岗位职责

（1）招聘渠道的管理与维护，发布招聘信息；

（2）筛选应聘简历，预约、安排面试，跟进面试流程;;

（3）员工档案管理、劳动合同的管理；

（4）招聘和培训的组织和实际开展；

（5）人事政策和管理制度的执行和贯彻；

（6）负责人事信息的实时更新与维护；

（7）负责公司员工考勤管理及汇总整理；

（8）办理社会保险、住房公积金缴纳等相关手续；

（9）协助上级做好人力资源各模块的日常性事务工作；

（10）协助经理做好部门内其他工作。

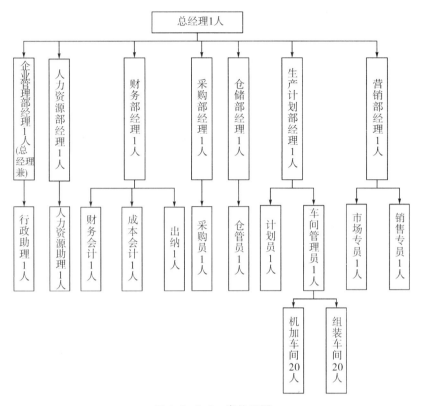

图 4-2-6-2　岗位设置

3. 营销经理岗位职责

（1）根据公司发展战略和总体目标，负责制定企业营销总体规划并组织实施；

（2）负责制订本部门业务计划并监督执行；

（3）负责营销经费的预算和控制；

（4）负责营销方案审核、批准与监督执行；

（5）负责营销管理制度的拟定、实施与改善；

（6）负责对本部门员工绩效结果进行评定；

（7）负责本部门年度经营分析；

（8）负责本部门员工的培训工作；

（9）负责本部门员工队伍的建设工作；

（10）公司总经理交办的其他工作。

4. 市场专员岗位职责

（1）负责公司业务相关市场信息的收集与分析，为公司决策及业务拓展提供支持；

（2）根据市场调研与分析的结果，对公司的产品销售进行预测；

（3）根据市场调研与分析的结果，进行新市场开发；

（4）根据市场调研与分析的结果，制订公司新产品开发计划；

（5）负责公司广告方案的策划与实施，负责编制公司广告预算；

（6）负责公司其他促销活动方案的策划与实施，负责编制公司促销活动预算；

（7）部门经理安排的其他工作。

5. 销售专员岗位职责

（1）负责搜集寻找潜在客户，开发新客户，拓展与老客户的业务，建立和维护客户档案；

（2）负责制订销售工作计划，并按计划拜访客户；

（3）负责与客户进行产品销售沟通与商务谈判；

（4）负责销售合同的签订工作；

（5）负责销售合同的履行与管理等相关工作，包括及时组织货源、发货与货款回收等。

（6）负责公司客户关系的维护工作；

（7）负责公司产品的临时项目投标工作；

（8）部门经理安排的其他工作。

6. 仓储经理岗位职责

（1）依据公司经营计划，配合公司总目标，制定本部门的目标及工作规划；

（2）根据仓储规划和目标，改进仓库的工作流程和标准，优化库存方案，加快存货周转速度，降低库存成本；

（3）合理规划公司仓储场所，对公司仓储场所进行全面管理，达到最佳利用率；

（4）监督执行仓库的安全管理和现场规范管理；

（5）督促仓库管理员对物料收发存的管理，并监督仓库进行盘点清查、发现账、物、卡不符时，找出原因并予以调账或上报处理；

（6）设计、推行及改进仓储管理制度，并确保其有效实施；

（7）安全库存分析与制定，通过以往的经验对每个季度销售或会计周期进行预测，库龄评估，避免呆滞库存占用资金；

（8）负责制定本部门各级人员的职责和权限，负责指导、管理、监督本部门人员的业务工作，做好下属人员的绩效考核和奖励惩罚工作，进行部门建设、部门内员工的管理培训工作；

（9）运用有效的领导方法，有计划地培养教育和训练，激励所属人员的士气，提高工作效率，并督导其按照工作标准或要求，有效执行其工作，确保本部门的目标高效达成；

（10）完成上级领导交办的其他临时性工作。

7. 仓管员岗位职责

（1）严格执行公司仓库保管制度及其细则规定，执行仓库的物料保管、验收、入库、出库等日常工作；

（2）合理安排物料在仓库内的存放次序，按物料种类、规格、等级分区堆码，不得混合堆放，保持库区的整洁；

（3）手续检验不合格不允许入库，协助采购部处理退货工作；出库时手续不全不发货，特殊情况须经有关领导签字批准；

（4）负责仓库区域内的安全、防盗、消防工作，发现事故隐患及时上报，对意外事件及时处置；

（5）负责将物料的存贮环境调节到最适条件，经常关注温度、湿度、通风、腐蚀等因素，并采取相应措施；

（6）负责定期对仓库物料盘点清仓，做到账、物、卡三者相符；

（7）负责处理仓库管理中的入库单、出库单、验收单等原始资料，账册的收集、整理和建档工作，及时编制相关的统计报表，逐步应用计算机管理仓库工作；

（8）做到以公司利益为重，爱护公司财产，不得监守自盗；

（9）完成仓库经理交办的其他临时性工作。

8. 采购经理岗位职责

（1）统筹采购规划和确定采购内容，保证满足经营活动的需要，降低库存成本；

（2）制订采购计划和目标，改进采购的工作流程和标准，降低库存成本；

（3）参与收集供应商信息、开发、选择、处理与考核供应商，建立供应商档案管理制度；

（4）负责采购物流、资金流、信息流的管理工作；

（5）审核、签署与监督执行采购合同，审核采购订单和物资调拨单；

（6）根据需要采取相应的应急行动或进行后续跟踪，保证完成紧急采购任务；

（7）解决与供应商在合同上产生的分歧以及支付条款问题；

（8）负责制定本部门各级人员的职责和权限，负责指导、管理、监督本部人员的业务工作，做好下属人员的绩效考核和奖励惩罚工作，负责部门建设、部门内员工的管理培训工作；

（9）负责并确保所采取的采购行为符合有关政策，法规和道德规范。

9. 采购员岗位职责

（1）依据销售订单和商品的库存情况，编制采购计划，报采购经理审批，并贯彻实施；

（2）收集供应商信息、开发、选择、处理与考核供应商，建立健全供应商网络图和档案管理；

（3）根据采购计划制作采购合同，拟购货合同的相关条款，如价格、付款方式和交货日期等，报上级领导审批；

（4）根据采购计划和采购合同制作采购订单；

（5）实时掌握物资材料的库存和生产情况，对所订购的物资从订购至到货实行全程跟踪；

（6）严格把好质量关，对不符合要求的材料坚决拒收，并尽量避免不合格品积压，提高资金周转率；

（7）制作商品入库的相关单据，积极配合仓储部保质保量地完成采购货物的入库；

（8）物料货款和采购费用申请与支付；

（9）监控库存变化，及时补充库存，使库存维持合理的结构和合理的数量；

（10）负责建立供应商档案，并及时更新；

（11）确保所采取的采购行为符合有关政策、法规和道德规范；

（12）完成上级领导交办的其他临时性工作。

10. 财务经理岗位职责

财务经理是财务部的负责人，在总经理或主管副总经理的领导下，负责财务部部门职责范围内所有工作。具体职责如下：

（1）根据公司发展战略，协助公司领导组织制定公司财务部的战略规划，制订部门工作目标和计划并分解到个人；

（2）负责公司的全面财务会计工作；

（3）负责制定并完成公司的财务会计制度、规定和办法；

（4）解释、解答与公司的财务会计有关的法规和制度；

（5）分析检查公司财务收支和预算的执行情况；

（6）审核公司的原始单据和办理日常的会计业务；

（7）编制财务报表、登记总账及财务数据审定；

（8）日常会计凭证审核，包括总账会计的凭证审核和成本会计凭证审核；

（9）部门预算制定；

（10）负责定期财产清查；

（11）负责公司预算制定与监控，包括预算体系建设、日常预算控制、预算支出审核；

（12）资金管理、筹融资管理，资金使用计划等；

（13）组织期末结算与决算，进行经营分析；

（14）保证按时纳税，负责按照国家税法和其他规定，严格审查应交税金，督促有关岗位人员及时办理手续；

（15）管理与维护更新部门所需的信息。

11. 成本会计岗位职责

（1）材料采购入库登记；

（2）材料领用登记及计价；

（3）产品出入库登记；

（4）费用归集与分摊；

（5）产成品成本计算；

（6）销售成本结转；

（7）成本分析及控制；

（8）负责生产成本的核算，认真进行成本、开支的事前审核；

（9）认真核对各项原料、物料、成品、在制品收付事项；

（10）保管好各种凭证、账簿、报表及有关成本计算资料，防止丢失或损坏，按月装订并定期归档；

（11）参与存货的清查盘点工作，企业在财产清查中盘盈、盘亏的资产，要分情况进行不同的处理。

12. 出纳

（1）根据会计凭证，每日进行现金的收付业务；

（2）严格遵守现金管理制度，现金要尽量做到日清月结，月结盘库后制作现金盘库表；

（3）应负责每日营业额的追缴，按主管、经理的安排筹集现金；

（4）负责企业的工资发放，按时发放工资、奖金，并填制有关的记账凭证；

（5）根据现金收付凭证，每日登记现金日记账及辅助记录；

（6）银行账务和支票办理；

（7）会计凭证的汇总与管。

13. 财务会计

（1）熟悉掌握财务制度、会计制度和有关法规，遵守各项收费制度、费用开支范围和开支标准，保证专款专用；

（2）编制并严格执行部门预算，对执行中发现的问题，提出建议和措施；

（3）按照会计制度，审核记账凭证，做到凭证合法、内容真实、数据准确、手续完备；做到账目健全、及时记账算账、按时结账、如期报账、定期对账（包括核对现金实有数），保证所提供的会计信息合法、真实、准确、及时、完整；

（4）严格票据管理，保管和使用空白发票，收据要合规范，票据领用要登记，收回要销号；

（5）妥善保管会计凭证、会计账簿、财务会计报表和其他会计资料，负责会计档案的整理和移交；

（6）及时清理往来款项，协助资产管理部门定期做好财产清查和核对工作，做到账实相符；

（7）遵守《中华人民共和国会计法》，维护财经纪律，执行财务制度，实行会计监督，负责对出纳会计及其他有关财务人员的业务指导；

（8）主管部门和审计、财政、税务等部门依照法律和有关规定进行监督时，要如实提供会计凭证、会计账簿、财务会计报表和有关资料，不得拒绝、隐匿、谎报；

（9）会计调离本岗位时，要将会计凭证、会计账簿、财务会计报表、预算资料、印章、票据、有关文件、会计档案、债权债务和未了事项，向接办人移交情楚，并编制移交清册，办妥交接手续。

14. 生产计划部门经理岗位职责

（1）组织编制生产管理等方面的规章制度；

（2）监督、检查和指导规章制度的执行，确保生产活动的有序进行；

（3）组织、协调、监督下属各职能部门和生产车间的生产活动；

（4）定期组织召开生产调度会等生产会议，研究解决生产过程中遇到的问题；

（5）对所辖部门发生的费用进行严格控制，制定费用控制与审批流程；

（6）向下属部门下达各项费用的控制标准，并监督检查其执行情况；

（7）定期对安全生产情况进行检查、监督，制定和落实安全生产防范措施；

（8）排除生产中出现的安全隐患，妥善处理生产中的重大事故；

（9）审批各有关职能部门和生产单位新增设备购置计划等流程；

（10）安排生产设备的维修、保养工作，确保企业生产任务的顺利完成；

（11）依据企业历年销售情况，编制部门预算计划；

（12）全面组织、协调生产车间的原材料、物料供应工作；

（13）负责指导、管理、监督分管部门的业务工作，不断提高工作效率和工作质量；

（14）做好下属人员的培训、考核和奖惩工作，最大限度地调动员工的积极性；

（15）依据生产加工计划对车间生产人员进行派工，并跟踪派工的执行情况。

15. 生产计划员岗位职责

（1）根据企业市场预测组织制定生产规划；

（2）根据生产规划和销售订单组织编制生产计划；

（3）合理调配人力、物力，调整生产布局和生产负荷，提高生产效率；

（4）根据市场预测，生效的主生产计划，制定出生产规划；

（5）根据生产能力规划，产能标准，提出设备、人员需求；

（6）确定产品总需求量，实际需求量，进行物料需求计划（MRP）计算；

（7）确定生产加工计划及物料净需求计划，并提交给各相关岗位。

16. 车间管理员岗位职责

（1）负责车间内原辅材料的领取、退库；

（2）根据生产作业计划核对物料的需求，负责所需物料的催收工作；

（3）对生产中物料的使用情况及不良品进行控制；

（4）对车间内产成品的缴库情况进行管理；

（5）协调、督促生产车间零部件、各工序产成品的流转事宜；

（6）监督、检查车间各项工作，做好生产任务和车间各项工作检查；

（7）记录班组内员工工时，准确核算员工的绩效工资；

（8）配合人力资源部做好车间员工考勤及工资核算等事宜；

（9）实时记录员工的产量，做好车间生产产量的统计工作；

（10）每天按时收集、填报各车间的生产报表；

（11）负责协调与各相关部门的联系；

（12）及时与上级领导沟通，汇报车间生产情况；

（13）完成领导交办的其他任务总经理岗位职责。

17. 总经理岗位职责

（1）组织实施经董事会批准的公司企业年度工作计划、财务预算报告及利润分配、使用方案，组织实施经董事会批准的决议；

（2）组织指挥企业的日常经营管理工作，在董事会委托权限内，以法人代表的身份代表企业签署有关协议、合同、合约和处理有关事宜；

（3）决定组织结构和人事编制，决定行政助理、各职能部门、各部门经理以及其他管理职员的任免、奖惩，建立、健全企业统一、高效的组织体系和工作体系。

18. 行政助理岗位职责

（1）协助总经理做好企业文化建设，筹划增强职员认同感、凝聚力的各种宣传、教育活动；

（2）协助总经理协调各部门工作和处理日常事务；

（3）及时收集和了解各部门的工作动态，协助总经理对各部门之间的业务工作领导，掌握公司主要经营活动情况；

（4）协助企业发展规划的制定，年度经营计划的编制和参与公司重大决策事项的讨论；

（5）协助审核、修订企业各项管理规章制度，进行日常行政工作的组织与管理；

（6）配合执行企业管理制度，及对各项工作进度进行监督与跟进；

（7）及时处理各种合同、公文、函电、报表等文字资料的签收、拆封、登记、呈报、传阅、催办，并做好整理归档工作；

（8）企业证照的办理、年审、更换、作废等管理，印章的保管、使用管理等；

（9）参与企业行政、设备采购管理，负责企业各部门办公用品的领用和分发工作。

（四）考勤统计表

考勤统计表中记录了当月实际应出勤天数、实际出勤天数、员工迟到、早退、病假、事假、旷工等信息。人力资源助理负责日常考勤管理工作并于每个考勤周期截止后统计当月考勤情况，计算考勤扣款，制作"考勤统计表"交人力资源经理，人力资源经理依照该表格核算岗位工资。

为简化烦琐，在 VBSE 手工实习中，我们只将 2017 年 1 月的考勤数据列出，该月考勤中所有员工无迟到、早退及病事假及旷工情况，见表 4-2-6-1。

表 4-2-6-1　2017 年 1 月考勤统计

工号	姓名	部门	岗位	本月应到/天	事假	病假	迟到/早退	旷工	本月实到/天	考勤扣款	备注
1	梁天	企业管理部	总经理	21					21	0	
2	张万军	人力资源部	人力资源经理	21					21	0	
3	李斌	采购部	采购经理	21					21	0	
4	何明海	仓储部	仓储经理	21					21	0	
5	钱坤	财务部	财务经理	21					21	0	
6	叶润中	生产计划部	生产计划经理	21					21	0	
7	杨笑笑	市场营销部	营销经理	21					21	0	
8	叶瑛	企业管理部	行政助理	21					21	0	
9	肖红	人力资源部	人力资源助理	21					21	0	
10	付海生	采购部	采购员	21					21	0	
11	王宝珠	仓储部	仓管员	21					21	0	
12	刘自强	财务部	成本会计	21					21	0	
13	朱中华	财务部	财务会计	21					21	0	
14	赵丹	财务部	出纳	21					21	0	
15	周群	生产计划部	生产计划员	21					21	0	
16	孙盛国	生产计划部	车间管理员	21					21	0	
17	马博	市场营销部	市场专员	21					21	0	
18	刘思羽	市场营销部	销售专员	21					21	0	
19	李良钊	机加车间	工人	21					21	0	
20	付玉芳	机加车间	工人	21					21	0	
21	张接义	机加车间	工人	21					21	0	
22	毕红	机加车间	工人	21					21	0	
23	吴淑敏	机加车间	工人	21					21	0	
24	毛龙生	机加车间	工人	21					21	0	
25	扈志明	机加车间	工人	21					21	0	
26	李龙吉	机加车间	工人	21					21	0	

表4-2-6-1（续）

工号	姓名	部门	岗位	本月应到/天	事假	病假	迟到/早退	旷工	本月实到/天	考勤扣款	备注
27	吴官胜	机加车间	工人	21					21	0	
28	雷丹	机加车间	工人	21					21	0	
29	刘良生	机加车间	工人	21					21	0	
30	余俊美	机加车间	工人	21					21	0	
31	徐积福	机加车间	工人	21					21	0	
32	潘俊辉	机加车间	工人	21					21	0	
33	朱祥松	机加车间	工人	21					21	0	
34	刘文钦	机加车间	工人	21					21	0	
35	龚文辉	机加车间	工人	21					21	0	
36	王小强	机加车间	工人	21					21	0	
37	刘胜	机加车间	工人	21					21	0	
38	刘贞	机加车间	工人	21					21	0	
39	余永俊	组装车间	工人	21					21	0	
40	万能	组装车间	工人	21					21	0	
41	万俊俊	组装车间	工人	21					21	0	
42	张逸君	组装车间	工人	21					21	0	
43	言海根	组装车间	工人	21					21	0	
44	田勤	组装车间	工人	21					21	0	
45	肖鹏	组装车间	工人	21					21	0	
46	徐宏	组装车间	工人	21					21	0	
47	田军	组装车间	工人	21					21	0	
48	郑华珺	组装车间	工人	21					21	0	
49	洪梁	组装车间	工人	21					21	0	
50	冯奇	组装车间	工人	21					21	0	
51	黄聪	组装车间	工人	21					21	0	
52	薛萍	组装车间	工人	21					21	0	
53	张世平	组装车间	工人	21					21	0	
54	李小春	组装车间	工人	21					21	0	
55	蔡丽娟	组装车间	工人	21					21	0	
56	吴新祥	组装车间	工人	21					21	0	
57	胡首科	组装车间	工人	21					21	0	
58	邹建榕	组装车间	工人	21					21	0	
合计				1 218					1 218		

（五）职工薪酬统计表

人力资源经理每月月底需核算当月公司全员的工资，每季度结束后次月核算上一季度绩效奖金。人力资源经理需将核算完成的"职工薪酬统计表"交财务经理审核，财务经理审核无误后交总经理审批。2019年12月的职工薪酬已经核算完毕，"职工薪酬统计表"已经过相关的审批流程，实际工作中数据为零项可以删除，本手册为方便学生了解表格全貌并未做此处理。

（六）企业代缴福利表

现行社会保险、住房公积金管理制度中规定，企业有义务为在职员工缴纳五险一金，企业缴费基数依照上一年度员工月平均工资数额，并规定最低、最高缴费基数。实习中企业、职工本人缴费比例参见人力资源规则。人力资源经理须依照人力资源助理核算的"五险一金核算表"来制作"企业代缴福利表"。

（七）职工薪酬统计——部门汇总表

实际企业中大多施行"秘薪"，即只有进行工资核算或高层管理人员才能掌握全部职员薪酬信息。本次实习也采取这种方式，只有人力资源部员工、财务经理、总经理知晓所有员工的薪酬，其余成员只了解自身的薪酬情况。

人力资源经理将"职工薪酬统计表""企业代缴福利表"编制完成后，依据表中的相关信息编制"职工薪酬统计——部门汇总表"。"职工薪酬统计——部门汇总表"经过财务经理审核、总经理审批后，人力资源经理再将该表交给财务会计、成本会计用于计提费用、成本。

（八）银企代发工资协议、职工薪酬发放表

实际中大部分企业会与银行签订"企业工资代发协议"，委托银行代发工资。

职工工资表经审核、审批后，人力资源经理依据已签字完成的"职工薪酬统计表"编制"职工薪酬发放表"。表格经过审核、盖章后送交银行，由银行依据相关信息发放工资。实际业务中，企业并不向银行递交纸质表格作为发放工资的凭据，而是依据银行的要求将职工工资信息录盘，进而将有关信息传递给银行。

人力资源经理完成"职工薪酬发放"任务时，需要的职工薪酬发放表依据表 4-2-6-2 所示的表样、数据自行制作并打印。

表 4-2-6-2　职工薪酬发放

单位：好佳童车厂　　　　日期：2017.01.31　　　　　　　　　　　　　　单位：元

工号	姓名	部门	岗位	基本工资	实发金额	银行卡号
1	梁天	企业管理部	总经理	12 000	8 884.6	4231588997835001
2	张万军	人力资源部	人力资源经理	7 500	5 818.55	4231588997835002
3	李斌	采购部	采购经理	7 500	5 818.55	4231588997835003
4	何明海	仓储部	仓储经理	7 500	5 818.55	4231588997835004
5	钱坤	财务部	财务经理	7 500	5 818.55	4231588997835005
6	叶润中	生产计划部	生产计划经理	7 500	5 818.55	4231588997835006
7	杨笑笑	市场营销部	营销经理	7 500	5 818.55	4231588997835007
8	叶瑛	企业管理部	行政助理	5 500	4 343.41	4231588997835008
9	肖红	人力资源部	人力资源助理	5 500	4 343.41	4231588997835009
10	付海生	采购部	采购员	5 500	4 343.41	4231588997835010
11	王宝珠	仓储部	仓管员	5 500	4 343.41	4231588997835011
12	刘自强	财务部	成本会计	5 500	4 343.41	4231588997835012
13	朱中华	财务部	财务会计	5 500	4 343.41	4231588997835013
14	赵丹	财务部	出纳	5 500	4 343.41	4231588997835014
15	周群	生产计划部	生产计划员	5 500	4 343.41	4231588997835015
16	孙盛国	生产计划部	车间管理员	5 500	4 343.41	4231588997835016
17	马博	市场营销部	市场专员	4 500	3 572.26	4231588997835017
18	刘思羽	市场营销部	销售专员	4 500	3 572.26	4231588997835018

表4-2-6-2（续）

工号	姓名	部门	岗位	基本工资	实发金额	银行卡号
19	李良钊	机加车间	工人	3 600	2 859	4231 8856 2000 5990 396
20	付玉芳	机加车间	工人	3 600	2 859	4231 0222 0100 6249 858
21	张接义	机加车间	工人	3 600	2 859	4231 0220 1001 8104 304
22	毕红	机加车间	工人	3 600	2 859	4231 0218 1800 0211 908
23	吴淑敏	机加车间	工人	3 600	2 859	4231 0222 0101 0327 585
24	毛龙生	机加车间	工人	3 600	2 859	4231 0205 1100 7205 665
25	扈志明	机加车间	工人	3 600	2 859	4231 0236 0204 5611 431
26	李龙吉	机加车间	工人	3 600	2 859	4231 0220 1301 0270 180
27	吴官胜	机加车间	工人	3 600	2 859	4231 0042 2104 0013 410
28	雷丹	机加车间	工人	3 600	2 859	4231 0218 0400 2429 110
29	刘良生	机加车间	工人	3 600	2 859	4231 0236 0203 2589 194
30	余俊美	机加车间	工人	3 600	2 859	4231 0222 0101 0068 692
31	徐积福	机加车间	工人	3 600	2 859	4231 0215 0800 3754 109
32	潘俊辉	机加车间	工人	3 600	2 859	4231 0216 1400 4184 377
33	朱祥松	机加车间	工人	3 600	2 859	4231 0244 0203 3109 525
34	刘文钦	机加车间	工人	3 600	2 859	4231 0236 0203 7956 828
35	龚文辉	机加车间	工人	3 600	2 859	4231 4811 9048 9040 210
36	王小强	机加车间	工人	3 600	2 859	4231 8812 0132 6662 623
37	刘胜	机加车间	工人	3 600	2 859	4231 0220 0155 4476 731
38	刘贞	机加车间	工人	3 600	2 859	4231 0031 3016 0101 320
39	余永俊	组装车间	工人	3 600	2 859	4231 0212 0800 1773 306
40	万能	组装车间	工人	3 600	2 859	4231 0217 0201 8997 353
41	万俊俊	组装车间	工人	3 600	2 859	4231 0211 1600 7118 881
42	张逸君	组装车间	工人	3 600	2 859	4231 0220 1300 1890 004
43	言海根	组装车间	工人	3 600	2 859	4231 4814 6133 1660 616
44	田勤	组装车间	工人	4 000	3 177	4231 0213 0300 3784 672
45	肖鹏	组装车间	工人	4 000	3 177	4231 0020 8008 0155 164
46	徐宏	组装车间	工人	4 000	3 177	4231 9836 3000 0306 211
47	田军	组装车间	工人	4 000	3 177	4231 0211 1500 6000 116
48	郑华珺	组装车间	工人	4 000	3 177	4231 0218 1800 0211 652
49	洪梁	组装车间	工人	4 000	3 177	4231 0212 0200 7798 714
50	冯奇	组装车间	工人	4 000	3 177	4231 8856 2000 5990 396
51	黄聪	组装车间	工人	4 000	3 177	4231 0237 0001 1101 286
52	薛萍	组装车间	工人	4 000	3 177	4231 0222 0100 8313 167
53	张世平	组装车间	工人	4 000	3 177	4231 0040 0011 9769 495
54	李小春	组装车间	工人	4 000	3 177	4231 0224 0400 0317 182
55	蔡丽娟	组装车间	工人	4 000	3 177	4231 0232 0200 5485 528
56	吴新祥	组装车间	工人	4 000	3 177	4231 0218 1800 0211 145
57	胡首科	组装车间	工人	4 000	3 177	4231 0219 1300 0864 028
58	邹建榕	组装车间	工人	4 000	3 177	4231 0010 0110 2638 880
合计					209 161	

（九）第四季度企业经营成果、绩效评定结果

2019年12月进行了第四季度绩效考核结果评价工作，形成"2016年第四季度绩效评定结果"。表中详细列示非生产工人（18人）的绩效考核成绩及绩效评级情况，"2016年第四季度经营成果"中记录了该季度企业净利润、销售总额及产量信息。两个表格是核算绩效奖金的基础资料，见表4-2-6-3、表4-2-6-4。

表4-2-6-3　2019年第四季度绩效评定结果

姓名	部门	职位	考核成绩	绩效评级	绩效系数
梁天	企业管理部	总经理	85	B	1
叶瑛	企业管理部	职能主管	73	B	1
杨笑笑	市场营销部	部门经理	82	B	0.2
马博	市场营销部	销售人员	70	C	0.4
刘思羽	市场营销部	销售人员	90	A	0.4
叶润中	生产计划部	部门经理	92	A	1.1
周群	生产计划部	职能主管	83	B	1
孙盛国	生产计划部	职能主管	82	B	1
张万军	人力资源部	部门经理	93	C	0.9
肖红	人力资源部	职能主管	84	A	1.1
何明海	仓储部	部门经理	85	C	0.9
王宝珠	仓储部	职能主管	81	B	1
李斌	采购部	部门经理	86	B	1
付海生	采购部	职能主管	84	B	1
钱坤	财务部	部门经理	88	A	1.1
刘自强	财务部	职能主管	87	B	1
朱中华	财务部	职能主管	80	B	1
赵丹	财务部	职能主管	81	B	1

表4-2-6-4　2019年第四季度经营成果

序号	项目	数额	数据来源
1	第三季度净利润/元	1 280 136.1	财务部
2	第三季度销售总额/元	7 200 000	财务部
3	第三季度童车总产量/辆	12 000	生产计划部

项目七　人力资源助理读懂期初数据

一、项目描述

人力资源助理，即人事助理，负责管理各类人事资料，办理人事相关手续，协助招聘、培训、薪酬福利等各项工作。本环节将向学生简要介绍制造企业人力资源助理职位需要了解的企业基本信息、运营知识等期初数据及相关内容。

二、学习目标

通过对本项目的学习，学生应对制造企业人力资源助理的职位有基础的认识。

三、相关知识

（一）人事登记表

人事登记表是用于记录员工基本信息及岗位、岗位调整、劳动合同期限等信息的表格。当发生入职、离职、岗位变动、续签合同等业务时，人力资源部工作人员需要及时更新人事登记表，保证数据的准确，因此人事登记表是一张动态表格。

"人事登记表"包含在职人员、离职人员两部分信息。本手册将"人事登记表"信息做简化处理为职工花名册，只记录人员姓名、职位、身份证号、入职时间、劳动合同签日期等基本信息。

（二）职工银行账号信息

职工银行账号信息如表4-2-7-1所示。

表4-2-7-1　职工银行账号信息

工号	姓名	部门	岗位	银行卡号
1	梁天	企业管理部	总经理	4231 5889 97835 001
2	张万军	人力资源部	人力资源经理	4231 5889 97835 002
3	李斌	采购部	采购经理	4231 5889 97835 003
4	何明海	仓储部	仓储经理	4231 5889 97835 004
5	钱坤	财务部	财务经理	4231 5889 97835 005
6	叶润中	生产计划部	生产计划经理	4231 5889 97835 006
7	杨笑笑	市场营销部	营销经理	4231 5889 97835 007
8	叶瑛	企业管理部	行政助理	4231 5889 97835 008
9	肖红	人力资源部	人力资源助理	4231 5889 97835 009
10	付海生	采购部	采购员	4231 5889 97835 010
11	王宝珠	仓储部	仓管员	4231 5889 97835 011
12	刘自强	财务部	成本会计	4231 5889 97835 012
13	朱中华	财务部	财务会计	4231 5889 97835 013
14	赵丹	财务部	出纳	4231 5889 97835 014
15	周群	生产计划部	生产计划员	4231 5889 97835 015
16	孙盛国	生产计划部	车间管理员	4231 5889 97835 016
17	马博	市场营销部	市场专员	4231 5889 97835 017
18	刘思羽	市场营销部	销售专员	4231 5889 97835 018
19	李良钊	机加车间	工人	4231 8856 2000 5990 396
20	付玉芳	机加车间	工人	4231 0222 0100 6249 858
21	张接义	机加车间	工人	4231 0220 1001 8104 304
22	毕红	机加车间	工人	4231 0218 1800 0211 908
23	吴淑敏	机加车间	工人	4231 0222 0101 0327 585
24	毛龙生	机加车间	工人	4231 0205 1100 7205 665
25	扈志明	机加车间	工人	4231 0236 0204 5611 431
26	李龙吉	机加车间	工人	4231 0220 1301 0270 180
27	吴官胜	机加车间	工人	4231 0042 2104 0013 410
28	雷丹	机加车间	工人	4231 0218 0400 2429 110

表4-2-7-1（续）

工号	姓名	部门	岗位	银行卡号
29	刘良生	机加车间	工人	4231 0236 0203 2589 194
30	余俊美	机加车间	工人	4231 0222 0101 0068 692
31	徐积福	机加车间	工人	4231 0215 0800 3754 109
32	潘俊辉	机加车间	工人	4231 0216 1400 4184 377
33	朱祥松	机加车间	工人	4231 0244 0203 3109 525
34	刘文钦	机加车间	工人	4231 0236 0203 7956 828
35	龚文辉	机加车间	工人	4231 4811 9048 9040 210
36	王小强	机加车间	工人	4231 8812 0132 6662 623

（三）北京市社会保险基数采集表

每年3月至4月北京市会进行社会保险基数采集工作，采集上年度企业员工月平均信息并核定企业、个人的缴费基数。表4-2-7-2至表4-2-7-5为××市2019年社会保险缴费基数采集表。

表4-2-7-2　××市2019年社会保险缴费基数采集

组织机构代码：745862890

单位名称（章）：好佳童车厂　　　　　　　　　　　　　　　　　　　　　　　单位：元

序号	电脑序号居民身份证	姓名	缴费人员类别	上年月均工资	缴费基数					职工签字	备注
					养老	失业	工伤	生育	医疗		
1	110105198212099812	梁天	非农业	12 000	12 000	12 000	12 000	12 000	12 000	梁天	
2	120201196204117521	叶瑛	非农业	5 500	5 500	5 500	5 500	5 500	5 500	叶瑛	
3	211432199107316544	张万军	农业	7 500	7 500	7 500	7 500	7 500	7 500	张万军	
4	432965197811031535	肖红	非农业	7 500	7 500	7 500	7 500	7 500	7 500	肖红	
5	511421198506181324	李斌	农业	7 500	7 500	7 500	7 500	7 500	7 500	李斌	
6	110181198908081628	付海生	非农业	7 500	7 500	7 500	7 500	7 500	7 500	付海生	
7	620900197807281146	叶润中	非农业	7 500	7 500	7 500	7 500	7 500	7 500	叶润中	
8	640500198301220782	周群	非农业	7 500	7 500	7 500	7 500	7 500	7 500	周群	
9	621903196909061972	孙盛国	非农业	5 500	5 500	5 500	5 500	5 500	5 500	孙盛国	
10	430101197505019625	何明海	农业	5 500	5 500	5 500	5 500	5 500	5 500	何明海	
11	330683197806142764	王宝珠	非农业	5 500	5 500	5 500	5 500	5 500	5 500	王宝珠	
12	130402198311218243	杨笑笑	非农业	5 500	5 500	5 500	5 500	5 500	5 500	杨笑笑	
13	11010119810818702X	马博	农业	5 500	5 500	5 500	5 500	5 500	5 500	马博	
14	230708198209149343	刘思羽	非农业	4 500	4 500	4 500	4 500	4 500	4 500	刘思羽	
15	330683197905012796	钱坤	非农业	4 500	4 500	4 500	4 500	4 500	4 500	钱坤	
小计	—	—	—							—	—
合计	—	—	—							—	—

单位负责人：梁天　　　　经办人：社　保　　　　　复核人：

填报人：肖红　　　　　联系电话：010-69706878

录入日期：2019.1.29　　　填报日期：2019.1.30　　　复核日期：

说明：1. 序号按自然顺序进行编号，一式两份。

2. 职工上年月均工资由单位按实际数填写。

3. 职工上年月均工资需经职工本人签字确认。

表 4-2-7-3　××市 2019 年社会保险缴费基数采集表

组织机构代码：745862890

单位名称（章）：好佳童车厂　　　　　　　　　　　　　　　　　　　　单位：元

序号	电脑序号	居民身份证	姓名	缴费人员类别	上年月均工资	缴费基数					职工签字	备注
						养老	失业	工伤	生育	医疗		
1		350104197510119048	刘自强	非农业	4 000	4 000	4 000	4 000	4 000	4 000	刘自强	
2		350801197708016633	朱中华	非农业	4 000	4 000	4 000	4 000	4 000	4 000	朱中华	
3		430101197509125164	赵丹	非农业	4 000	4 000	4 000	4 000	4 000	4 000	赵丹	
4		110101198711121015	李良钊	农业	3 600	3 600	3 600	3 600	3 600	3 600	李良钊	
5		110101198109181139X	付玉芳	农业	3 600	3 600	3 600	3 600	3 600	3 600	付玉芳	
6		110101198403225024	张接义	农业	3 600	3 600	3 600	3 600	3 600	3 600	张接义	
7		110101197608205833	毕红	非农业	3 600	3 600	3 600	3 600	3 600	3 600	毕红	
8		110101197609232780X	吴淑敏	农业	3 600	3 600	3 600	3 600	3 600	3 600	吴淑敏	
9		110101197904284769	毛龙生	农业	3 600	3 600	3 600	3 600	3 600	3 600	毛龙生	
10		350104197510118360	扈志明	非农业	3 600	3 600	3 600	3 600	3 600	3 600	扈志明	
11		110101197405152122	李龙吉	农业	3 600	3 600	3 600	3 600	3 600	3 600	李龙吉	
12		110101198103131823	吴官胜	农业	3 600	3 600	3 600	3 600	3 600	3 600	吴官胜	
13		110101198002152069	雷丹	非农业	3 600	3 600	3 600	3 600	3 600	3 600	雷丹	
14		110101198308092456	刘良生	非农业	3 600	3 600	3 600	3 600	3 600	3 600	刘良生	
15		130402197802222460	余俊美	农业	3 600	3 600	3 600	3 600	3 600	3 600	余俊美	
小计		—	—	—							—	—
合计		—	—	—							—	—

单位负责人：梁天　　　　经办人：　社　保　　　　　复核人：

填报人：肖红　　　　联系电话：010-69706878

录入日期：2019.1.29　　　填报日期：2019.1.30　　　复核日期：

说明：1. 序号按自然顺序进行编号，一式两份。

2. 职工上年月均工资由单位按实际数填写。

3. 职工上年月均工资需经职工本人签字确认。

表 4-2-7-4　××市 2019 年社会保险缴费基数采集表

组织机构代码：745862890

单位名称（章）：好佳童车厂

单位：元

序号	电脑序号	居民身份证	姓名	缴费人员类别	上年月均工资	缴费基数					职工签字	备注
						养老	失业	工伤	生育	医疗		
1		13040219870504321X	徐积福	非农业	3 600	3 600	3 600	3 600	3 600	3 600	徐积福	
2		130402199201233746	潘俊辉	农业	3 600	3 600	3 600	3 600	3 600	3 600	潘俊辉	
3		130402199009251345	朱祥松	农业	3 600	3 600	3 600	3 600	3 600	3 600	朱祥松	
4		130402198611091716	刘文钦	非农业	3 600	3 600	3 600	3 600	3 600	3 600	刘文钦	
5		350801197708018161	龚文辉	非农业	3 600	3 600	3 600	3 600	3 600	3 600	龚文辉	
6		13030119891225697X	王小强	非农业	3 600	3 600	3 600	3 600	3 600	3 600	王小强	
7		130301197811263429	刘胜	非农业	3 600	3 600	3 600	3 600	3 600	3 600	刘胜	
8		130301198801298449	刘贞	非农业	3 600	3 600	3 600	3 600	3 600	3 600	刘贞	
9		130301198412186849	余永俊	非农业	3 600	3 600	3 600	3 600	3 600	3 600	余永俊	
10		131001198606236327	万能	农业	3 600	3 600	3 600	3 600	3 600	3 600	万能	
11		131001197209275340	万俊俊	非农业	3 600	3 600	3 600	3 600	3 600	3 600	万俊俊	
12		131001197707303476	张逸君	非农业	3 600	3 600	3 600	3 600	3 600	3 600	张逸君	
13		131001198806213978	言海根	非农业	3 600	3 600	3 600	3 600	3 600	3 600	言海根	
14		370104197306209023	田勤	非农业	3 600	3 600	3 600	3 600	3 600	3 600	田勤	
15		230708198702198615	肖鹏	农业	3 600	3 600	3 600	3 600	3 600	3 600	余俊美	
小计		—	—	—							—	—
合计		—	—	—							—	—

单位负责人：梁天　　　　经办人：[社 保]　　　　复核人：

填报人：肖红　　　　联系电话：010-69706878

录入日期：2019.1.29　　　　填报日期：2019.1.30　　　　复核日期：

说明：1. 序号按自然顺序进行编号，一式两份。

2. 职工上年月均工资由单位按实际数填写。

3. 职工上年月均工资需经职工本人签字确认。

表 4-2-7-5 ××市 2019 年社会保险缴费基数采集表

组织机构代码：745862890
单位名称（章）：好佳童车厂   单位：元

序号	电脑序号	居民身份证	姓名	缴费人员类别	上年月均工资	缴费基数 养老	失业	工伤	生育	医疗	职工签字	备注
1		230708197310196716	徐宏	非农业	3 600	3 600	3 600	3 600	3 600	3 600	徐宏	
2		230708197509177161	田军	非农业	3 600	3 600	3 600	3 600	3 600	3 600	田军	
3		350801197708013678	郑华珺	农业	3 600	3 600	3 600	3 600	3 600	3 600	郑华珺	
4		330683197404245965	洪梁	非农业	3 600	3 600	3 600	3 600	3 600	3 600	洪梁	
5		330683198111188015	冯奇	农业	3 600	3 600	3 600	3 600	3 600	3 600	冯奇	
6		330683197609176351	黄聪	农业	3 600	3 600	3 600	3 600	3 600	3 600	黄聪	
7		330683197610069980	薛萍	农业	3 600	3 600	3 600	3 600	3 600	3 600	薛萍	
8		330683197403237336	张世平	非农业	3 600	3 600	3 600	3 600	3 600	3 600	张世平	
9		330683197908219630	李小春	非农业	3 600	3 600	3 600	3 600	3 600	3 600	李小春	
10		370104197309011952	蔡丽娟	非农业	3 600	3 600	3 600	3 600	3 600	3 600	蔡丽娟	
11		330683197904076210	吴新祥	农业	3 600	3 600	3 600	3 600	3 600	3 600	吴新祥	
12		3306831977050183503	胡首科	农业	3 600	3 600	3 600	3 600	3 600	3 600	胡首科	
13		330683197806047790	邹建榕	农业	3 600	3 600	3 600	3 600	3 600	3 600	邹建榕	
14					3 600	3 600	3 600	3 600	3 600	3 600		
15		230708198702198615	肖鹏	非农业	3 600	3 600	3 600	3 600	3 600	3 600	田军	
小计	—		—	—	—						—	—
合计	—		—	—	—						—	—

单位负责人：梁天   经办人： 社 保   复核人：

填报人：肖红   联系电话：010-69706878

录入日期：2019.1.29   填报日期：2019.1.30   复核日期：

说明：1. 序号按自然顺序进行编号，一式两份。

2. 职工上年月均工资由单位按实际数填写。

3. 职工上年月均工资需经职工本人签字确认。

（四）北京市社会保险缴费月报表

社会保险月报表中记录企业缴纳五险一金的人数、缴费基数、金额等信息，每月这些信息由社保中心提供，人力资源助理每月进行申报、缴纳工作后需向社保中心索要当月月报，以此核定企业五险一金缴费信息。

表 4-2-7-6 为××市社会保险费缴费月报表。

模块四 制造企业

表 4-2-7-6　××市社会保险费缴费月报表

结算日期：2019 年 1 月

组织机构代码：745862890　　　　　　　单位名称（章）：好佳童车厂

项目		栏号	养老	失业	工伤	生育	医疗	住房公积金	合计
缴费单位个数		1	1	1	1	1	1	1	—
缴费人数／人	本月合计	2	58	58	58	58	58	58	—
	上月人数	3	58	58	58	58	58	58	—
	本月增加	4	0	0	0	0	0	0	—
	本月减少	5	0	0	0	0	0	0	—
缴费基数合计		6	151 000	151 000	151 000	151 000	151 000	151 000	—
应缴金额／元	应缴合计	7	42 280	3 020	755	1 208	18 294	30 200	95 757
	单位缴费	8	30 200	2 265	755	1 208	15 100	15 100	64 628
	个人缴费	9	12 080	755	0	0	3 194	15 100	31 129
	其他缴费	10	—	—	—	—	—	—	—

单位负责人：梁天　　　　　填报人：肖红　　　　　　联系电话：

填报日期：　2019 年 1 月 30 日

说明：

1. 此表由社保经（代）办机构按月生成。

2. 此表也可根据社保经（代）办机构要求按月申报。

3. 如按月申报此表一式二份，单位与社保经（代）办机构核对一致后各留存一份。

4. 2 栏＝3 栏+4 栏−5 栏；7 栏＝8 栏+9 栏+10 栏

（五）委托银行代收社会保险协议

委托银行代扣社会保险协议书如图 4-2-7-2 所示。

北京市　海淀区　基金管理局
委托银行代收合同书

NO：

甲方：（参保人）：好佳童车厂

乙方：北京市海淀区基金管理局

为便于甲乙双方　社保和住房公积金　基金的收付结算，经双方认可，特制订如下合同：

一、甲、乙双方共同遵守中国人民银行北京市分行关于北京市特种委托收款结算办法以及社会保险的有关制度和规定，甲方同意每月由中国工商银行北京市昌平区支行通过电脑将应缴的保险自动划入乙方账户。

二、甲方应提供在建行、农行、工行、中行四家银行中的任一家开立的缴交保险金专用存折账号。

三、乙方在每月月底划款，甲方每月5日前应在自己的账户上留有足够的资金，如甲方账户在乙方划款期间的资金不足以支付当月的保险费，乙方将在下月划款时一并划转，并自15日起每日起应划款项的2‰，加收滞纳金如果连续三个月未能划款成功，乙方将停止甲方的所有保险业务，由此造成的损失由甲方负责。

四、甲方在开立账户后，不得随意更改为其他账号，如存折不慎遗失，应及时通知乙方和开户银行，更换新账号由甲方未通知或延迟通知乙方和开户银行，使乙方不能按划款而造成的加收滞纳金和其他后果，均由甲方负责。

五、甲方如对划款有疑问，可到乙方查询，乙方应及时给予查对属于电脑错误等原因而造成错收的，双方协定在下月划款时多退少补，当月一般不做更改。

六、每月由乙方提供划款收据，并定期邮寄到甲方所填通讯地址。

七、为保证甲、乙双方能够正常联系，甲方在更改通讯地址、联系电话等之后，应立即通知乙方。

八、本协议一式三份，甲、乙双方及甲方开户行各执一份。

甲方（参保人）填写	乙方（市、区社保局/公积金管理中心）
单位名称：好佳童车厂	个人电脑号：0680
通讯地址：北京市海淀区北清路6号	参保起始时间：2017年01月05日
邮政编码：110094	联系电话：010-65438989
联系电话：010-62437783	

甲方账号（银行填写）：11111111111111

开户银行：中国工商银行北京分行

签订时间：2017年01月05日

图4-2-7-2　委托银行代扣社会保险协议书

（六）社会保险、住房公积金同城委托扣款

依据《委托银行代扣社会保险协议》有关规定，社保中心将企业应缴、代缴社会保险缴费金额及明细发给银行，银行直接从企业账户中扣除相应款项后通知企业社会保险的扣款情况。

社会保险社保缴纳完成后，人力资源助理应跟进相关扣款信息，告知出纳去银行领取社保、公积金扣款凭证。人力资源部留存社会保险、住房公积金同城委托扣款凭证的复印件，财务部留存原件。人力资源助理用此凭证核对当月"五险一金核算表"统计金额是否正确，如发现错误，则应找到错误原因并于下月改正，多退少补。

授权划缴税款协议书（例）

2017 年 1 月 5 日，财务部取得银行五险一金扣款的业务回单，如图 4-2-7-3 所示。

银行业务回单　中国工商银行 INDUSTRIAL AND COMMERCIAL BANK OF CHINA

回执单编号：2017010008					
日期：	20170105	业务类型：	代扣转账	流水号：	0002
付款人信息			收款人信息		
户名：	好佳童车厂	户名：	人力资源与社会保障局		
付款账号：	0100229999333823	收款账号：	0100229999000099028		
开户行：	中国工商银行北京分行	开户行：	中国工商银行		
金额：	仟 X佰壹拾陆万柒仟柒佰零拾肆元伍角零分			￥167704.50	
摘要：代扣五险一金					

经办人：银行柜员　　第 1 打印　　　　　　　打印日期：20170105
提示：已在银行柜台领回业务回单的单位，请注意核对，勿重复记账使用。

图 4-2-7-3　社会保险扣款通知

任务三　期初建账

项目一　仓储经理期初建账

一、项目描述

新团队接手仓储管理工作需要先研读前任团队交接的材料，包括期初采购订单、车间产能报表和期初物料卡等。仓储经理主要需填写库存台账、起草仓储制度，掌握期初库存情况，依据物料清单掌握产品结构，依据产能报告了解产能情况。本环节将向学生简要介绍制造企业仓储经理进行期初建账时需要了解的基本信息、运营知识及系统操作实例等内容。

二、学习目标

通过对本项目的学习，学生应掌握制造企业务仓储经理进行期初建账的方法。

三、相关知识

（一）知识储备

1. 产品物料清单结构

物料清单（bill of material，BOM）是详细记录一种产品所用到的所有原材料及相关属性的清单，物料清单反映了生产产品与其物料需要的数量和从属关系。仓储经理应熟悉产品结构，明确了解产品物料的需求结构和各物料的需求比例关系。物料清单不仅是一种技术文件，还是一种管理文件，是联系与沟通各部门的纽带，企业各个部门都要用到物料清单。表4-3-1-1为某制造企业经济型童车的物料清单。

表4-3-1-1　经济型童车的物料清单

结构层次	物料编码	物料名称	单位	总数量	备注
0	P0001	经济型童车	辆	1	自产成品
1	M0001	经济车架	个	1	自产半成品
1	B0005	车篷	个	1	外购原材料
1	B0006	车轮	个	4	外购原材料
1	B0007	包装套件	套	1	外购原材料
2	B0001	钢管	根	2	外购原材料
2	B0003	坐垫	个	1	外购原材料

图4-3-1-1为经济型童车的BOM结构。

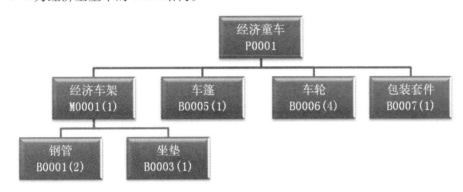

图4-3-1-1　经济型童车的BOM结构

2. 原材料和成品清单

仓储经理应熟悉原材料和成品表（表4-3-1-2）中的所有物料名称、物料编码、物料规格及来源。

表4-3-1-2　原材料和成品清单

物料名称	物料编码	单位	物料规格	来源
钢管	B0001	根	Φ外16/Φ内11/L5000mm	外购
坐垫	B0003	个	HJM500	外购
车篷	B0005	个	HJ72×32×40	外购
车轮	B0006	个	HJΦ外125/Φ内60 mm	外购
包装套件	B0007	套	HJTB100	外购
经济车架	M0001	个		自制/委外
经济型童车	P0001	辆		自产

3. 储位分配表

仓储经理应熟悉储位分配表中各物料的储存仓位编码（见表4-3-1-3）。

表4-3-1-3　各物料的储存仓位编码

物料名称	单位	仓位
钢管	根	A01
坐垫	个	A02

表4-3-1-3（续）

物料名称	单位	仓位
车篷	个	A03
车轮	个	A04
包装套件	套	A05
经济车架	个	B01
经济型童车	辆	C01

4. 库存期初数据表

仓储经理还需要熟悉库存期初数据表中各物料的库存期初数量并核实是否有在途（产）数量。库存期初表如表4-3-1-4所示。

表 4-3-1-4　库存期初数据

存货编码	存货类型	存货名称	规格	计量单位	期初库存量	单价/元	单件存货占用存储单位
P0001	产成品	经济型童车	—	辆	5 400	756.82	10
P0002	产成品	舒适型童车	—	辆	0	0	10
P0003	产成品	豪华型童车	—	辆	0	0	10
M0001	半成品	经济型童车车架	—	个	5 400	346.24	10
M0002	半成品	舒适型童车车架	—	个	0	0	10
M0003	半成品	豪华型童车车架	—	个	0	0	10
B0001	原材料	钢管	Φ外16/Φ内11/L5000（mm）	根	10800	105.2	2
B0002	原材料	镀锌管	Φ外16/Φ内11/L5000（mm）	根	0	0	2
B0003	原材料	坐垫	HJM500	个	5 400	80.18	4
B0004	原材料	记忆太空棉坐垫	HJM0031	个	0	0	4
B0005	原材料	车篷	HJ72×32×40	个	5 400	144.26	2
B0006	原材料	车轮	HJΦ外125/Φ内60 mm	个	21 600	26.89	1
B0007	原材料	经济型童车包装套件	HJTB100	套	5 400	90.16	2
B0008	原材料	数控芯片	MCX3154A	片	0	0	1
B0009	原材料	舒适型童车包装套件	HJTB200	套	0	0	2
B0010	原材料	豪华型童车包装套件	HJTB300	套	0	0	2

在途数量是指企业已经下采购订单并收到对方的结算凭证，但货物仍在运输途中，或已经运达企业但是尚未验收入库的材料的数量。在产数量是指已经投产的货物，包括正在车间加工、组装的，未完工的半成品和成品的数量。

（二）实施步骤

仓储经理期初建账实施步骤，如表4-3-1-5所示。

表4-3-1-5　仓储经理期初建账

1	读懂期初库存	仓储经理	进入仓储经理岗位，解读期初库存数据
2	登记库存台账	仓储经理	依据期初库存情况登记库存台账
3	读懂 BOM 表及结构图	仓储经理	掌握产品材料构成情况
4	检查实训资料	仓储经理	对照仓储部常用单据一览表，核实手中单据是否齐全

（三）线上操作

为完成期初建账的任务，仓储经理需进入 VBSE 系统中，完成期初建账任务。

（四）线下填单

仓储经理依据系统中的期初库存建立库存台账，一物一账，将物料的期初库存数量填入库存台账，如表 4-3-1-6 所示。

表 4-3-1-6　库存台账

存货台账——钢管　　　型号：

2011 年		凭证号数	摘要	出库			入库			结存		
月	日			数量	单价	金额	数量	单价	金额	数量	单价	金额
10	1		上月盘存							5 000		

项目二　仓管员期初建账

一、项目描述

新团队接手仓储管理工作，需要先研读上一任采购员交接的材料，包括期初采购订单、车间产能报表和期初物料卡等。仓管员需根据期初资料，建立物料卡，一物一卡，将物料的库存期初数量填入物料卡。本环节将向学生简要介绍制造企业仓管员进行期初建账需要了解的基本信息、运营知识及系统操作实例等内容。

二、学习目标

通过对本项目的学习，学生应掌握制造企业仓管员进行期初建账的方法。

三、相关知识

（一）知识储备

物料标识卡是一种实物标签，是仓管员管理物品的"耳目"。它能够直接反映物料的品名、型号、规格、数量、单位及进出动态和库存数量。"账、卡、物相符"原则是仓库管理的传统原则，也是基本原则，一直为各种类型的仓库管理所采用。其中，"卡"就是指仓库现场的物料标识卡（每个仓库叫法不同，有的称为物料卡、登记卡、标识卡、库存卡、库位卡等），近来，随着 WMS（一种仓储系统软件）等仓库信息管理系统的兴起与发展，是否继续使用物料标识卡成为很多仓库管理者纠结的问题。

物料标识卡的主要作用如下：

（1）在账实之间增加一道检验工具，便于库存差异查询，确保账实相符；

（2）起标识作用，使现场物料一目了然，对仓库新人及参观者有提示的作用；

（3）在仓库现场可以清楚查到物料数量，便于及时发现差异，也便于检查监督工作的进行；

（4）便于各种盘点操作。

库存期初数据如表 4-3-2-1 所示。

表 4-3-2-1　库存期初数据

存货编码	存货类型	存货名称	规格	计量单位	期初库存量	单价/元	单件存货占用存储单位
P0001	产成品	经济型童车	—	辆	5 400	756.82	10
P0002	产成品	舒适型童车	—	辆	0	0	10
P0003	产成品	豪华型童车	—	辆	0	0	10
M0001	半成品	经济型童车车架	—	个	5 400	346.24	10
M0002	半成品	舒适型童车车架	—	个	0	0	10
M0003	半成品	豪华型童车车架	—	个	0	0	10
B0001	原材料	钢管	Φ外16/Φ内11/L5000（mm）	根	10 800	105.2	2
B0002	原材料	镀锌管	Φ外16/Φ内11/L5000（mm）	根	0	0	2
B0003	原材料	坐垫	HJM500	个	5 400	80.18	4
B0004	原材料	记忆太空棉坐垫	HJM0031	个	0	0	4
B0005	原材料	车篷	HJ72×32×40	个	5 400	144.26	2
B0006	原材料	车轮	HJΦ外125/Φ内60 mm	个	21 600	26.89	1
B0007	原材料	经济型童车包装套件	HJTB100	套	5 400	90.16	2
B0008	原材料	数控芯片	MCX3154A	片	0	0	1
B0009	原材料	舒适型童车包装套件	HJTB200	套	0	0	2
B0010	原材料	豪华型童车包装套件	HJTB300	套	0	0	2

（二）实施步骤

仓储员的期初建账步骤，如表 4-3-2-2 所示。

表 4-3-2-2　仓储员期初建账

序号	操作步骤	角色	操作内容
1	读懂期初库存	仓储员	进入仓储员岗位，熟悉仓库期初库存情况
2	取得采购订单	仓储员	从采购部取得采购订单，掌握未来到货情况
3	登记物料卡	仓储员	依据期初数据登记物料卡
4	检查实训资料	仓储员	对照仓储部常用单据一览表，核实手中单据是否齐全

（三）线上操作

为完成仓储员期初建账的任务，仓储员需进入 VBSE 系统中，完成期初建账任务。

（四）线下填单

仓储员根据期初资料，建立物料收发卡，一物一卡，将物料的库存期初数量填入物料卡，如表 4-3-2-3 所示。

表 4-3-2-3　物料收发卡

存货类别：　　　　　　　　　　　　　　　　原材料仓位：A01

物料名称：钢管　　　　　　　　　　　　　　规格：Φ外16/Φ内11/L5000（mm）

日期	入库	出库	结余	经手人	备注
2017.9.30			5 000	王宝珠	9月盘存

注：有多少种产品、原材料，就要建多少个收发卡。

项目三 采购经理期初建账

一、项目描述

采购经理在到岗前需要明确自己的岗位职责，研习前任的交接资料，掌握前期的采购情况和供应商资料，读懂供应商考核评价表，起草采购制度。采购制度中需要明确以下条款：按季度与供应商签订采购合同；每月向各供应商下达 1 次订单；从发出采购订单到收到采购物料的时间为 1 个月，即采购提前期为 1 个月；企业在收到物料后的次月支付货款；企业发出订单和收到物料后，填写"采购合同执行情况表"和"供应商考核记录表"。本环节向学生简要介绍制造企业采购经理进行期初建账工作时需要了解的基本信息、运营知识及系统操作实例等内容。

二、学习目标

通过对本项目的学习，学生应掌握制造企业采购经理进行期初建账的方法。

三、相关知识

（一）知识储备

采购部为保证完成 1 月份的工作任务，在期初除了要掌握 VBSE 实习基础知识外，还需要了解相关期初资料，如表 4-3-3-1 所示，核对期初资料是否齐全。

表 4-3-3-1　采购部期初资料汇总

序号	单据类型	单据名称
1	采购部	1 月采购订单
2	采购部	2 月采购订单
3	采购部	期初库存的 1 月入库单
4	采购部	BOM
5	采购部	车间产能报表
6	采购部	供应商信息汇总表
7	采购部	期初采购合同执行情况表
8	采购部	期初库存
9	采购部	材料供应商资料信息
10	采购部	供应商考评记录

1. 下达 1 月份采购订单

采购经理根据生产部物料需求计划，向采购员下达采购订单任务。

2. 材料入库

"材料入库单"——1 月，仓储部根据采购部 1 月份份采购订单验货入库，制作"材料入库单"，并将该单第二联交给采购部；采购员根据"材料入库单"填写"采购合同执行情况表"和"供应商考核记录表"。

3. 采购合同执行情况记录表

"采购合同执行情况表"是采购员下达采购订单后填写的，采购员应根据采购物料入库情况、货款支付情况等及时完善。

4. 供应商考评记录表

"供应商考评记录表"是采购员根据 1—3 月采购物料的入库情况及时填写的，采购部在季度末应对每位供应商按照考评指标进行正确评价。

5. 期初库存

采购经理应了解各类物品的期初库存。

6. 经济型童车结构图和物料清单

采购经理应了解经济型童车结构和物料清单，分别如图 4-3-3-1 和表 4-3-3-2 所示。

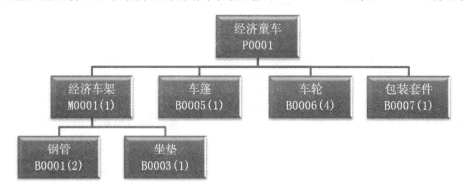

图 4-3-3-1　经济型童车结构

表 4-3-3-2　经济型童车的物料清单

结构层次	物料编码	物料名称	单位	规格	总数量	备注
0	P0001	经济型童车	辆		1	自产
1	M0001	经济型车架	个		1	自产
1	B0005	车篷	个	HJ72×32×40	1	外购
1	B0006	车轮	个	HJΦ 外 125/Φ 内 60 mm	4	外购
1	B0007	包装套件	套	HJTB100	1	外购
2	B0001	钢管	根	Φ 外 16/Φ 内 11/L5000mm	2	外购
2	B0003	坐垫	个	HJM500	1	外购

7. 企业产能报表

企业产能是企业在一个周期内（本案例为 1 个月）的最大产出能力，是采购经理制订采购计划时，思考是否增加采购批量获得采购价格折扣，需要考虑的因素之一，本次实践的企业产能报表如表 4-3-3-3 所示。

表 4-3-3-3　企业产能报表

制表部门：生产计划部　　　　　　　　　　　　　　　　　　　　　　　　　　　制表日期：2019 年 1 月 1 日

车间名称	2019/01			2019/02			2019/03			2019/04			2019/05			2019/06		
	初始产能	占用情况	剩余产能	初始产能	占用情况	剩余产能	初始产能	占用情况	剩余产能	初始产能	占用情况	剩余产能	初始产能	占用情况	剩余产能	初始产能	占用情况	剩余产能
普通机床	5 000	0	5 000	5 000	0	5 000	5 000	0	5 000	5 000	0	5 000	5 000	0	5 000	5 000	0	5 000
数控机床	0	0	0	0	0	0	0	0	0	3 000	0	3 000	3 000		3 000	3 000		3 000
组装生产线	7 000	0	7 000	7 000	0	7 000	7 000	0	7 000	7 000	0	7 000	7 000	0	7 000	7 000	0	7 000
实际可用产能	5 000	0	5 000	5 000	0	5 000	5 000	0	5 000	7 000	0	7 000	7 000	0	7 000	7 000	0	7 000

8. 供应商信息表

采购经理应对现有和潜在的供应商信息有所了解与掌握。

（二）实施步骤

采购经理期初建账实施步骤如表 4-3-3-4 所示。

表 4-3-3-4　采购经理期初建账

序号	操作步骤	角色	操作内容
1	读懂期初采购订单	采购经理	1. 进入采购经理岗位； 2. 从采购员处取得采购订单，注意订单时间、材料入库时间、付款时间； 3. 掌握本月需支付多少钱给供应商
2	读懂产能计划表	采购经理	理解产能计划对采购计划的重要作用
3	掌握供应商情况	采购经理	1. 读懂供应商信息汇总表； 2. 读懂供应商详细信息； 3. 读懂供应商考核评价表，注意考核指标及考核等级
4	起草采购制度	采购经理	从签订采购合同，下达采购订单，采购材料入库，采购款项支付，采购相关单证的登记及传递几方面进行制定
5	检查实训资料	采购经理	对照采购部常用单据一览表，核实手中单据是否齐全

（三）线上操作

为完成采购经理期初建账的任务，采购经理需进入 VBSE 系统中，完成期初建账任务。

（四）线下填单

采购经理应在线下完成采购制度的制定并将制度打印出来。

项目四　采购员期初建账

一、项目描述

新到岗的采购员要明确自身的岗位职责，并研习上一任采购员交接的资料，完成采购订单的填写（本任务在实际工作中本应由上一任采购员填写移交，此处为了让新采购员熟悉采购情况，由新采购员完成）。本环节将向学生简要介绍制造企业采购员进行期初建账需要了解的基本信息、运营知识及系统操作实例等内容。

二、学习目标

通过对本项目的学习，学生应掌握制造企业采购员进行期初建账的方法。

三、相关知识

（一）知识储备

1. 接到采购经理下达的订单指令，采购员填写采购订单

采购订单是企业根据产品的用料计划和实际能力以及相关的因素，所制订的切实可行的采购订单计划，并下达至供应商。在执行的过程中采购员要注意对订单进行跟踪，使企业能从采购环境中购买到企业所需的商品，为生产部门和需求部门输送合格的原材料和配件。采购订单是存货在采购业务中流动的起点，是企业物流的循环流动轨迹的详细记录，也是积累企业管理决策所需要的经营运作信息的关键。通过它，企业可以直接向供应商订货并可查询采购订单的收货情况和订单执行状况，通过采购订单的关联跟踪，企业对采购业务的处理过程一目了然。订单一式四联，第一联由采购部留存，第二联由仓储部留存，第三联由财务部留存，第四联寄送给供应商采购订单如表 4-3-4-1 所示。

表 4-3-4-1　1 月采购订单

采购订单

供应商名称：丰达工贸有限公司　　　　　　　　　采购类别：普通采购

合同编号：CG-HT-2019010001　　　　　　　　　付款方式：电汇月结

制单日期：2019.01.05　　　　　　　　　　　　订单编号：CG-DD-201901005

序号	品名	规格	单位	到货时间	数量	单价/元	折扣率	金额小计/元
1	钢管	Φ外 16/Φ内 11/L5000MM	根	2019.1.5	2 400	121.33		291 192
2	坐垫	HJM500	个	2019.1.5	1 200	91.50		109 800
3	车篷	HJ72×32×40	个	2019.1.5	1 200	164.7	0	197 640
4	车轮	HJΦ外 125×Φ内 60 mm	个	2019.1.5	4 800	30.5	0	146 400
5	包装套件	HJTB100	个	2019.1.5	1 200	103.7		124 440
金额合计	（大写）：捌拾陆万玖仟肆佰柒拾贰元整				（小写）：869 472.00			
备注								

采购经理：李斌　　　　　　采购员：付海生

（第一联　采购部留存）

2. 仓储部填制 1 月"材料入库单"

仓储部根据采购部 1 月的采购订单，验货入库，填制"材料入库单"，并将第二联交给采购部，如表 4-3-4-2 所示；采购员根据"材料入库单"填写"采购合同执行情况表"和"供应商考核记录表"。

表 4-3-4-2　1 月采购入库单

材料入库单

制单日期：2019.01.25　　　　　　　　　　　　仓库：材料仓

供应商名称：邦尼工贸有限公司　　　　　　　　　类型：原材料采购

单据编号：CK-CLRK-2019010001　　　　　　　订单编号：CG-DD-2019010001

序号	品名	规格型号	单位	入库时间	数量	备注
1	钢管	Φ外 16/Φ内 11/L5000mm	根	2019.1.5	2 400	
2	坐垫	HJM500	个	2019.1.5	1 200	
3	车篷	HJ72×32×40	个	2019.1.5	1 200	
4	车轮	HJΦ外 125×Φ内 60 mm	个	2019.1.5	4 800	
5	包装套件	HJTB100	个	2019.1.5	1 200	
合计						

仓储经理：何明海　　　　　　仓管员：王宝珠

（第二联　采购部留存）

3. 采购合同执行情况记录表

采购员下达采购订单后及时填写"采购合同执行情况表"，并根据采购物料入库情况、货款支付情况等及时更新完善相关信息，如表 4-3-4-3 所示。

表 4-3-4-3　1 月、2 月采购合同执行情况表

采购合同执行情况表

制表部门：采购部

合同编号	订单编号	供应商名称	订货日期	总金额	计划交期	到货日期	应付金额	开票情况	开票时间
CG-HT-2019010001	CG-DD-2019010001	丰达	2019-1-5	869 472	2019-1-25	2019-1-25	869472	已开	2019-1-5

采购部门经理：李斌　　　　　　采购员：付海生

4. 供应商考评记录表

采购员根据1—3月采购物料入库情况及时填写"供应商考评记录表"，在每个季度末对每位供应商按照考评指标进行正确评价，如表4-3-4-4所示。

表4-3-4-4　第一季度供应商考评记录

供应商名称		考评指标与权重					评价结果
		价格水平	质量合格率 /%	准时交货率	合作态度	供应柔性	
		与行业平均价格相比	合格数量/抽检数量	晚1天，扣2分；晚10天，得分为0	送货前，是否主动沟通	紧急采购时，能否按时交货	
		30%	30	20%	10%	10%	
邦尼	第1次	相同	100	准时	没有沟通	紧急采购时，能按时交货	优秀供应商
	第2次	相同	100	准时	没有沟通		
	第3次	相同	100	送货车坏了，晚到1天，扣2分	没有沟通		
	平均值	相同	100	98%	良好	好	
恒通橡胶厂	第1次	低	100	准时	送货前主动沟通	紧急采购时，能按时交货	优秀供应商
	第2次	低	97	准时	送货前没有沟通		
	第3次	低	97	晚5天，扣10分	送货前主动沟通		
	平均值	低	98	98%	良好	好	
评价指标的说明		价格水平：低于行业平均价格计30分；与行业平均价格一致计20分；高于行业平均价格计0分。质量合格率：100%计30分；95%～100%计20分；90%～95%计10分；90%以下计0分。准时交货率：100%计20分；95%～100%计15分；90%～95%计10分；90%以下计0分。合作态度：优秀计10分；良好计7分；一般计3分；差计0分。供应柔性：好计10分；一般计5分；差计0分					
供应商评价标准		供应商评价采用百分制；80分以上为优秀供应商；70～80分为良好供应商；60～70分为合格供应商；60分以下为不合格供应商					
对各类供应商的管理策略		优秀供应商：续签合同；根据需要增加采购量；战略合作等。良好供应商：在提出改进方案的基础上可以续签合同，在合作过程中严格监控，维持原有采购数量。合格供应商：原则上更换供应商；如供应商同意重新进行采购认证，可以签订采购认证合同。不合格供应商：终止合同，更换供应商					

5. 第一季度期初库存

采购员应了解各类物品期初库存。各类物品在2018年第四季度末（2019年第一季度期初）的库存如表4-3-4-5所示。

表4-3-4-5　2019年第一季度期初各类物品库存

2019年第一季度期初库存

存货编码	存货类型	存货名称	规格	计量单位	期初库存数	单价/元
P0001	产成品	经济型童车	—	辆	5 400	756.82
P0002	产成品	舒适型童车	—	辆	0	0
P0003	产成品	豪华型童车	—	辆	0	0
M0001	半成品	经济型童车车架	—	个	5 400	346.24
M0002	半成品	舒适型童车车架	—	个	0	0
M0003	半成品	豪华型童车车架	—	个	0	0

表4-3-4-5(续)

存货编码	存货类型	存货名称	规格	计量单位	期初库存数	单价/元
B0001	原材料	钢管	Φ外16/Φ内11/L5000（mm）	根	10 800	105.2
B0002	原材料	镀锌管	Φ外16/Φ内11/L5000（mm）	根	0	0
B0003	原材料	坐垫	HJM500	个	5 400	80.18
B0004	原材料	记忆太空棉坐垫	HJM0031	个	0	0
B0005	原材料	车篷	HJ72×32×40	个	5 400	144.26
B0006	原材料	车轮	HJΦ外125/Φ内60 mm	个	21 600	26.89
B0007	原材料	经济型童车包装套件	HJTB100	套	5 400	90.16
B0008	原材料	数控芯片	MCX3154A	片	0	0
B0009	原材料	舒适型童车包装套件	HJTB200	套	0	0
B0010	原材料	豪华型童车包装套件	HJTB300	套	0	0

注：期初库存=期初实际库存+在途（在产）库存；可用库存=期初库存-安全库存。

6. 经济型童车结构图和物料清单

采购员到岗后应掌握经济性童车物料清单。相关信息在项目三已述及。

7. 企业产能报表

企业产能是企业在一个周期内（本案例为1个月）最大产出能力，它是采购经理制订采购计划时，思考是否增加采购批量从而获得采购价格折扣，需要考虑的因素之一。

8. 经济型童车供应商信息表

经济型童车现有和潜在供应商如表4-3-4-6所示，供应商信息汇总表如表4-3-4-7所示。

表4-3-4-6　经济型童车现有和潜在供应商信息

采购物料名称	供应商名称	供应商名称
车轮	企业法定中文名称：恒通橡胶厂 企业法定代表人：张艳 企业注册地址：北京市大兴区旧宫镇小红门路45号 注册登记地点：北京市大兴区工商行政管理局 组织机构代码证：000102972 办公地址：北京市大兴区旧宫镇小红门路45号 邮政编码：100076 办公电话：（010）51062888 企业法人营业执照注册号：110000001012587 税务登记证号：11010000102972 开户银行：建设银行北京分行小红门支行 账号：1100 1504 1000 5000 4123	企业法定中文名称：邦尼工贸有限公司 企业法定代表人：张伟 企业注册地址：北京市丰台区新富镇兴旺路115号 注册登记地点：北京市工商行政管理局 企业法人营业执照注册号：110106311235740 税务登记证号：1101061206988 组织机构代码证：031239188 办公地址：北京市丰台区新富镇兴旺路115号 邮政编码：100070 办公电话：010-60423018 开户银行：建设银行北京分行兴旺支行 账号：1100 0077 1178 0789 161
车篷/坐垫	企业法定中文名称：恒通橡胶厂 企业法定代表人：张艳 企业注册地址：北京市大兴区旧宫镇小红门路45号 注册登记地点：北京市大兴区工商行政管理局 组织机构代码证：000102972 办公地址：北京市大兴区旧宫镇小红门路45号 邮政编码：100076 办公电话：（010）51062888 企业法人营业执照注册号：110000001012587 税务登记证号：11010000102972 开户银行：建设银行北京分行小红门支行 账号：1100 1504 1000 5000 4123	

表4-3-4-6（续）

采购物料名称	供应商名称	供应商名称
钢管	企业法定中文名称：邦尼工贸有限公司 企业法定代表人：张伟 企业注册地址：北京市丰台区新富镇兴旺路115号 注册登记地点：北京市工商行政管理局 企业法人营业执照注册号：110106311235740 税务登记证号：1101061206988 组织机构代码证：031239188 办公地址：北京市丰台区新富镇兴旺路115号 邮政编码：100070 办公电话：010-60423018 开户银行：建设银行北京分行兴旺支行 账号：1100 0077 1178 0789 161	
包装套件	企业法定中文名称：邦尼工贸有限公司 企业法定代表人：张伟 企业注册地址：北京市丰台区新富镇兴旺路115号 注册登记地点：北京市工商行政管理局 企业法人营业执照注册号：110106311235740 税务登记证号：1101061206988 组织机构代码证：031239188 办公地址：北京市丰台区新富镇兴旺路115号 邮政编码：100070 办公电话：010-60423018 开户银行：建设银行北京分行兴旺支行 账号：1100 0077 1178 0789 161	企业法定中文名称：恒通橡胶厂 企业法定代表人：张艳 企业注册地址：北京市大兴区旧宫镇小红门路45号 注册登记地点：北京市大兴区工商行政管理局 组织机构代码证：000102972 办公地址：北京市大兴区旧宫镇小红门路45号 邮政编码：100076 办公电话：（010）51062888 企业法人营业执照注册号：110000001012587 税务登记证号：11010000102972 开户银行：建设银行北京分行小红门支行 账号：1100 1504 1000 5000 4123

表4-3-4-7 经济型童车供应商信息汇总表

供应商信息汇总表

制表日期：2019年01月01日　　　　　　　　　　　　　　　　制表部门：采购部

序号	企业法定中文名称	简称	办公电话	邮政编码	注册资金/万元	企业注册登记日期	企业法定代表人	企业注册地址	企业法人营业执照注册号	开户银行	银行账号
1	恒通工贸有限公司	恒通	010-51062888	100076	450	2015-1-4	张艳	小红门路45号	110000001012587	中国工商银行	0100229999000099015
2	邦尼工贸有限公司	邦尼	021-60423018	100070	450	2015-1-4	张伟	曙光西街722号	110106311235740	中国工商银行	0100229999000099016
3	思远工贸有限公司	思远	020-51012837	100076	450	2015-1-4	何聪	顾家庄中路147号	110020001012524	中国工商银行	0100229999000099017
4	新耀工贸有限公司	新耀	028-62500499	101300	450	2015-1-4	王敏	静远东街151号	110113050173019	中国工商银行	0100229999000099018

采购部门经理：李斌　　　　　　　采购员：付海生

（二）实施步骤

采购员期初建账实施步骤，如表4-3-4-8所示。

表4-3-4-8 采购员期初建账

序号	操作步骤	角色	操作内容
1	熟悉采购制度	采购员	1. 进入采购员岗位； 2. 读懂采购经理制定的采购制度，以此为依据执行采购任务
2	填写采购订单	采购员	根据期初信息填写采购订单（本应由上一任采购员填写、保管、移交，这里为了让新任采购员熟悉采购情况，由新任采购员完成）

表4-3-4-8(续)

序号	操作步骤	角色	操作内容
3	填制采购合同执行情况表	采购员	依据采购订单填制采购合同执行情况表
4	传递采购订单,确定采购金额	采购员	采购订单按照四联进行相关部门传递,并依据采购制度确定10月份需支付的采购款
5	检查实训资料	采购员	对照采购部常用单据一览表,核实手中单据是否齐全

(三) 线上操作

为完成采购经理期初建账的任务,采购经理需进入 VBSE 系统中,完成期初建账任务的流程。

(四) 线下填单

采购员需要依据线上操作流程中的任务顺序填写采购订单和采购合同执行情况表(略)。

项目五　财务经理期初建账

一、项目描述

新上任的财务经理,要明确自己的岗位职责,熟悉上一任经理的交接资料,检查实习用品是否齐全,包括总账、期初数据资料、报表及相关办公用品等;然后,根据已经具备的期初资料开设总账账簿。本环节将向学生简要介绍制造企业财务经理进行期初建账时需要了解的基本信息及系统操作实例等内容。

二、学习目标

通过对本项目的学习,学生应掌握制造企业财务经理进行期初建账的方法。

三、相关知识

(一) 知识储备

1. 认识总账

总账是指总分类账簿,也称总分类账。它是根据总分类科目开设的账户,用来登记企业全部的经济业务,进行总分类核算,提供总括核算资料的分类账簿。总分类账所提供的核算资料,是编制会计报表的主要依据,任何单位都必须设置总分类账。

总分类账一般采用订本式账簿。总分类账的账页格式,一般采用"借方""贷方""余额"三栏式。

2. 总账的启用

会计账簿是储存数据资料的重要会计档案;在账簿启用时,应在"经管人员一览表"中详细记载单位名称、账簿页数和启用日期,并加盖单位公章;经管人员(包括企业负责人、主管会计、复核和记账人员等)均应签名盖章。

3. 开设账户

因为总账是订本式,不能添加账页,所以在建账前应根据总账账页的页数和一级科目数量及每个科目估计的业务量,为每个科目的业务预留出足够的记录空间,例如第 3 页登记现金总账,第 4~7 页登记银行存款总账等;然后在每页写上账户名称,并在每个账户起始页右边缘粘贴表明账户名称的口取纸,完成账户开设工作。

"库存现金"总账的开设如图 4-3-5-1 所示。

总　　账

科目名称：**库存现金**　　　　　　　　　　　　　　　　　　第 1 页

年		凭证		摘　要	借　　方										贷　　方										方向	余　　额										√	库存现金
月	日	字	号数		千	百	十	万	千	百	十	元	角	分	千	百	十	万	千	百	十	元	角	分		千	百	十	万	千	百	十	元	角	分		

图 4-3-5-1　账户的开设

4. 期初余额的录入

①根据系统给出的期初科目余额表录入期初余额；②写上年、月、日；③摘要写"上月结转"；④根据科目余额表将一级科目余额登记在总账对应账户的"余额"栏，并写清楚余额方向是"借"或是"贷"；⑤无余额的账户不登记。例如，"库存现金"的期初余额登记如图 4-3-5-2 所示。

总　　账

科目名称：**库存现金**　　　　　　　　　　　　　　　　　　第 1 页

2011年		凭证		摘　要	借　　方										贷　　方										方向	余　　额										√	库存现金
月	日	字	号数		千	百	十	万	千	百	十	元	角	分	千	百	十	万	千	百	十	元	角	分		千	百	十	万	千	百	十	元	角	分		
10	1			上月结转																					借			2	0	0	0	0	0	0		

图 4-3-5-2　期初余额的登记

用同样的方法完成其他总账账户的开设。

注意：会计人员完成期初建账后，应及时进行期初余额的试算平衡。

（二）实施步骤

财务经理根据科目期初余额表进行期初建账，如表 4-3-5-1 所示。

表 4-3-5-1　**财务经理期初建账操作步骤**

序号	操作步骤	角色	操作内容
1	检查实习装备，读懂期初数据	财务经理	1. 进入财务经理岗位； 2. 检查实训装备，包括总分类账； 3. 看懂 9 月份资产负债表反映的财务状况和利润表反映的经营成果
2	启用账簿	财务经理	1. 根据科目余额表启用总分类账； 2. 填写账簿启用页
		总经理	在账簿启用页签字盖章
		财务经理	在账簿启用页签字盖章
		行政助理	在账簿启用页加盖单位公章
3	期初建账	财务经理	根据科目余额表逐一登记总分类账
4	试算平衡	财务经理	对总分类账各个账户进行期初余额的试算平衡

（三）线上操作

为完成财务经理期初建账的任务，财务经理岗位的同学需进入 VBSE 系统进行期初建账。

（四）线下填单

财务经理除了要完成线上流程外，还需在线下启用账簿、登记总账。

项目六 出纳期初建账

一、项目描述

新到岗的出纳，要明确自己的岗位职责，熟悉上一任出纳交接的资料，检查实习用品是否齐全，包括现金日记账、银行存款日记账、期初文档及相关办公用品等；然后，根据已经具备的实习装备，开设日记账账簿。本环节将向学生简要介绍制造企业的出纳进行期初建账时需要了解的基本信息及系统操作实例等内容。

二、学习目标

通过对本项目的学习，学生应掌握制造企业的出纳进行期初建账的方法。

三、相关知识

（一）知识储备

1. 认识日记账

日记账亦称序时账，是按经济业务发生时间的先后顺序，逐日逐笔登记的账簿。日记账，应当根据办理完毕的收、付款凭证，随时按顺序逐笔登记，最少每天登记一次。日记账分为现金日记账和银行存款日记账。

现金日记账是用来登记库存现金每天的收入、支出和结存情况的账簿。企业应按币种设置现金日记账来进行明细分类核算。现金日记账的格式一般有"三栏式""多栏式"和"收付分页式"三种。在实际工作中，我们大多采用的是"三栏式"的账页格式，如图4-3-6-1。

现 金 日 记 账

第1页

年		凭 证		摘　　要	对方科目	借　　方	贷　　方	余　　额
月	日	字	号数			千百十万千百十元角分	千百十万千百十元角分	千百十万千百十元角分

图4-3-6-1 "三栏式"现金日记账的样式

2. 日记账的启用（略）

3. 开设账户并录入期初余额

①根据系统中的期初科目余额表录入期初余额；②写上年、月、日；③摘要写"上月结转"；④根据科目余额表将二级或者三级科目余额登记在明细账对应账户的"余额"栏，并写清楚余额方向为"借"或"贷"。例如，"库存现金"账户的开设及期初余额录入（图4-3-6-2），同样的方法完成"银行存款"账户的开设及期初余额录入。

现 金 日 记 账

第1页

2011年		凭 证		摘　　要	对方科目	借　　方	贷　　方	余　　额
月	日	字	号数			千百十万千百十元角分	千百十万千百十元角分	千百十万千百十元角分
10	1			上月结转				2 0 0 0 0 0 0

图4-3-6-2 期初余额的录入

（二）实施步骤

出纳根据科目期初余额表进行期初建账，如表 4-3-6-1 所示。

表 4-3-6-1　出纳期初建账操作步骤

序号	操作步骤	角色	操作内容
1	检查实习装备	出纳	1. 进入出纳岗位； 2. 检查实训装备，包括现金日记账和银行存款日记账
	启用账簿	出纳	1. 根据科目结算表启用现金日记账、银行存款日记账（工行户）、银行存款日记账（中行户）； 2. 填写账簿启用页
		总经理	在账簿启用页签字盖章
		财务经理	在账簿启用页签字盖章，交给出纳
		行政助理	在账簿启用页加盖单位公章
3	期初建账	出纳	出纳根据科目结算表登记现金、银行存款日记账

（三）线上操作

为完成出纳期初建账的任务，出纳岗位的同学需进入 VBSE 系统进行期初建账。

（四）线下填单

出纳须在线下启用账簿、登记总账。

项目七　财务会计期初建账

一、项目描述

在财务会计岗位实习的学生，首先需要检查实习装备，包括科目余额表、期初文档及相关办公用品等；然后，根据已经具备的实习装备，开设自己负责的各类明细账账簿。本环节将向学生简要介绍制造企业的财务会计进行期初建账时需要了解的基本信息、运营知识及系统操作实例等内容。

二、学习目标

通过对本项目的学习，学生应掌握制造企业的财务会计进行期初建账的方法。

三、相关知识

（一）知识储备

1. 认识明细账

明细账也称明细分类账，它是根据总账科目所属的明细科目设置的，用于分类登记某一类经济业务事项，提供有关明细核算资料。

明细账可采用订本式、活页式、三栏式、多栏式和数量金额式。

明细账是按照二级或明细科目设置的账簿，一般采用活页式。各单位应结合自己的经济业务的特点和经营管理的要求，在总分类账的基础上设置若干明细分类账，作为总分类账的补充。明细分类账按账页格式不同可分为三栏式、数量金额式和多栏式。

（1）三栏式。

三栏式明细账的账页只设借方、贷方和余额三个金额栏，不设数量栏。这种格式适用于那些只需要进行金额核算而不需要进行数量核算的明细核算，如"应收账款""应付账款"等债权债务结算科目的明细分类核算。

（2）数量金额式。

数量金额式明细账的账页按收入、发出和结余再分别设数量和金额栏。这种格式适用于既需要进行金额核算，又需要进行实物数量核算的各种财产物资的明细核算，如“原材料”“产成品”等财产物资科目的明细分类核算。

（3）多栏式。

多栏式明细账的账页按照明细科目或明细项目分设若干专栏，以在同一账页上集中反映各有关明细科目或某明细科目各明细项目的金额。这种格式适用于费用、成本、收入的明细核算，如“制造费用”“管理费用”“营业外收入”和“营业外支出”等科目的明细分类核算。

三栏式明细账的样式如图 4-3-7-1 所示。

明细账

明细科目：

年		凭证		摘要	日页	借方									贷方									借或贷	余额								
月	日	种类	号数			百	十	万	千	百	十	元	角	分	百	十	万	千	百	十	元	角	分		百	十	万	千	百	十	元	角	分

图 4-3-7-1　三栏式明细账的样式

数量金额式明细账的样式如图 4-3-7-2 所示。

最高储存量 ______
最低储存量 ______

明细账

本账页数	
本户页数	

编号 ________ 规格 ________　　单位 ________ 名称 ________

年		凭证		摘要	借方											贷方											借或贷	结存										
月	日	种类	号数		数量	单价	百	十	万	千	百	十	元	角	分	数量	单价	百	十	万	千	百	十	元	角	分		数量	单价	百	十	万	千	百	十	元	角	分

图 4-3-7-2　数量金额式明细账的样式

多栏式明细账的样式如图4-3-7-3所示。

生产成本明细账

明细科目：　经济童车成品

2011 年		凭证号数	摘要	借　方	贷　方	借或贷	余额	√			
月	日			千百十万千百十元角分	千百十万千百十元角分		亿千百十万千百十元角分				

图4-3-7-3　多栏式明细账的样式

2. 明细账的启用（略）

3. 开设账户

按照会计科目表的顺序、名称，在明细账账页上建立二、三级明细账账户；每个明细科目至少建立一个账页，因为明细账是活页式，能添加账页，所以建账后若出现账页页数不够，可以随时添加账页；然后在每页写上二、三级明细账账户名称，并在每个账户起始页右边缘粘贴表明账户名称的口取纸，完成账户开设工作。

例如，"应付账款——北京彩虹耗材厂"明细账期初账户的开设如图4-3-7-4所示，用同样的方法可以完成其他明细账账户的开设。

应付账款　明细账

二级科目名称：北京彩虹耗材厂　　　　　　　　　　　　　　　　　　　　　　第　页

年		凭证		摘要	借　方	贷　方	借或贷	余　额	记账
月	日	种类	号数		千百十万千百十元角分	千百十万千百十元角分		千百十万千百十元角分	

图4-3-7-4　明细账账户的开设

4. 期初余额的录入

①根据期初科目余额表录入期初余额；②录入期初余额时注意以下问题：写上年、月、日，摘要写"上月结转"；③根据科目余额表将二级或者三级科目余额登记在明细账对应账户的"余额"栏，并写清楚余额方向"借"或"贷"；④无余额的账户只登记年，不登记月、日，摘要和余额，不用在余额处录入0。

（二）实施步骤

财务会计根据科目期初余额表进行期初建账，如表4-3-7-1所示。

表4-3-7-1　财务会计期初建账操作步骤

序号	操作步骤	角色	操作内容
1	检查实习装备，明确任务责任	财务会计	1. 进入财务会计岗位； 2. 检查实训装备，包括三栏式明细分类账和多栏式明细分类账； 3. 明确要建账的账户
2	启用账簿	财务会计	1. 启用明细分类账； 2. 填写账簿启用页
		总经理	在账簿启用页签字盖章
		财务经理	在账簿启用页签字盖章
		行政助理	在账簿启用页加盖单位公章
3	期初建账	财务会计	根据科目余额表逐一登记对应明细分类账

(三) 线上操作

为完成财务会计期初建账的任务，财务会计岗位的同学需进入 VBSE 系统进行期初建账。

(四) 线下填单

财务会计还需在线下完成相关明细账的启用和建账。

项目八　成本会计期初建账

一、项目描述

进入成本会计岗位，首先需要检查实习装备是否齐全，包括单据、期初文档、账簿、报表及相关办公用品等；然后，根据已经具备的实习装备，开设所负责的各项明细账。注：实训过程中成本会计会用到多栏式明细账与数量金额式明细账。本环节将向学生简要介绍制造企业的成本会计进行期初建账时需要了解的基本信息及系统操作实例等内容。

二、学习目标

通过对本项目的学习，学生应掌握制造企业的成本会计进行期初建账的方法。

三、相关知识

(一) 知识储备

1. 认识三栏式明细账、数量金额明细账、多栏式明细账

（1）三栏式明细账。

三栏式明细账的账页只设借方、贷方和余额三个金额栏，不设数量栏。这种格式适用于那些只需要进行金额核算而不需要进行数量核算的明细核算，如“应付账款”等债权债务结算科目的明细分类核算。三栏式明细账账页如图 4-3-8-1 所示。

明细账

科目名称:　　　　　　　　　　　　　　　　　　　　第　页

年		凭证		摘要	借方										贷方										方向	余额										✓
月	日	字	号数		千	百	十	万	千	百	十	元	角	分	千	百	十	万	千	百	十	元	角	分		千	百	十	万	千	百	十	元	角	分	

图 4-3-8-1　三栏式明细账账页

（2）数量金额式明细账。

数量金额式明细账就是在借、贷、余三栏明细分类账的基础上，增设数量和单价栏。这种格式适用于既需要进行金额核算，又需要进行实物数量核算的各种财产物资的明细核算，如“原材料”“库存商品”等财产物资科目的明细分类核算。

在这种明细分类账格式的上端，一般应该根据实际需要，设置一些必要的项目，如材料、产品的类别、名称、规格、计量单位、存放地点，有的还要标明最高和最低储备数量等。我们通过数量金额式明细账的记录，就能了解各种材料、产成品的增加、减少和结存的详细情况，从而方便我们对材料、产成品的管理和日常监督。

（3）多栏式明细账。

账页按照明细科目或明细项目分设若干专栏，以在同一账页上集中反映各有关明细科目或某明细科目各明细项目的金额。这种格式适用于费用、成本、收入和成果的明细核算，如"生产成本""制造费用"等科目的明细分类核算。

明细账一般采用活页式账簿。

2. 明细账的启用

会计账簿是储存数据资料的重要会计档案；在账簿启用时，应在"经管人员一览表"中详细记载：单位名称、账簿页数、启用日期，并加盖单位公章；经管人员（包括企业负责人、主管会计、复核和记账人员等）均应签名盖章。

说明：

由于采用活页式账簿，账簿页数在启用时并不确定最终页数，所以此栏内容先不填，等更换账簿时再补填。

3. 开设账户

（1）数量金额明细账的开设。

在每页写上账户名称，填写账页上端内容，并在每个账户起始页右边缘粘贴表明账户名称的口取纸，完成账户开设工作。

以"原材料——坐垫"为例来说明数量金额明细账的开设方法，如图4-3-8-2所示；以"生产成本——经济型童车"为例来说明多栏式明细账的开设方法，如图4-3-8-3所示。

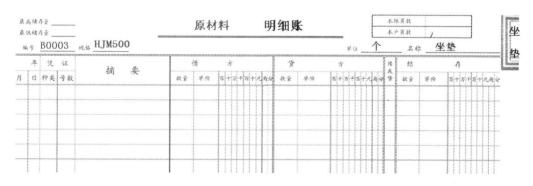

图4-3-8-2　数量金额明细账账户的开设

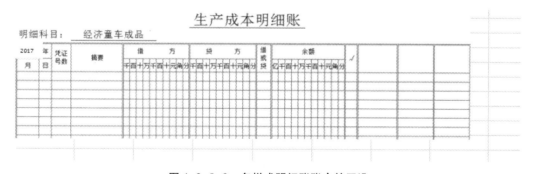

图4-3-8-3　多栏式明细账账户的开设

（2）多栏式明细账的开设方法。

除按数量金额明细账开设方法填写上述内容外，还要在账页内按照核算要求开设若干成本项目。

（3）三栏式明细账的开设。

同数量金额明细账的开设基本相同。如"应付账款——河北钢铁厂"账户开设如图4-3-8-4所示。

应付账款　明细账

科目名称：**河北钢铁厂**　　　　　　　　　　　　　　　　　　　第　页

年		凭证		摘　要	借　方	贷　方	方向	余　额	√
月	日	字号	数		千百十万千百十元角分	千百十万千百十元角分		千百十万千百十元角分	

图 4-3-8-4　三栏式明细账账户的开设

4. 数量金额式明细账期初余额的登记

根据系统中给出的期初科目余额表登记明细账，以坐垫为例，数量金额明细账期初余额的登记如图 4-3-8-5 所示。

①写上年、月、日；②摘要写"上月结转"；③根据科目余额表依次将数量、单价、金额登记在数量金额账"结存栏"对应位置，并写清出余额方向"借"或"贷"；④无余额的账户不须登记。

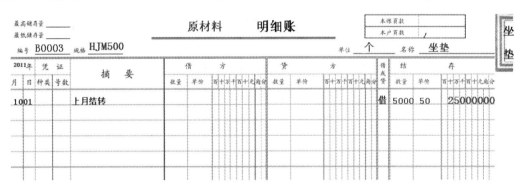

图 4-3-8-5　数量式金额明细账期初余额的登记

5. 多栏式明细账期初余额的登记

根据系统中给出的期初科目余额表登记明细账，以经济型童车为例，生产成本明细账的登记如图 4-3-8-6 所示。

①写上年、月、日；②摘要写"上月结转"；③根据科目余额表依次将余额登记在借方及相应成本的项目栏内。

生产成本明细账

科目　经济型童车　　　　　　　　　　　　　　　账号 410101　总页码　　　页次

2019年		凭证编号	摘要	余额	合计	直接材料	直接人工	制造费用	折旧费	
月	日									
1	25	记18	计提人员工资				7800000			
1	25	记19	计提五险一金				3283800			
1	25	记29	收到电费发票					574726		
1	25	记21	计提折旧费						425000	
1	25	记33	生产领用原材料			66535343 4				
1	25	记33	分配制造费用						4756349	
1	25	记34	完工产品入库		33267671 7	34951659 2				

图 4-3-8-6　多栏式明细账期初余额的登记

6. 三栏式明细账期初余额的登记

以河北钢铁厂为例，三栏式明细账期初余额的登记如图 4-3-8-7 所示。

VBSE 跨专业 综合实训

·162·

应付账款　明细账

科目名称：河北钢铁厂　　　　　　　　　　　　　　　　　　　　第　页

2011年		凭证		摘　要	借　方											贷　方											方向	余　额											√
月	日	字	号数		千	百	十	万	千	百	十	元	角	分	千	百	十	万	千	百	十	元	角	分	千	百	十	万	千	百	十	元	角	分	
10	1			上月结转																					贷			3	5	1	0	0	0	0	0	

图 4-3-8-7　三栏式明细账期初余额的登记

注意：期初余额登记完毕后，要和其他会计一起与总账进行账账核对，以确保期初余额的试算平衡。

（二）实施步骤

成本会计根据科目期初余额表进行期初建账，如表 4-3-8-1 所示：

表 4-3-8-1　成本会计期初建账操作步骤

序号	操作步骤	角色	操作内容
1	检查实习装备 明确任务责任	成本会计	1. 进入成本会计岗位 2. 检查实训装备，包括数量金额式明细分类账和多栏式明细分类账 3. 明确需要建账的账户
2	启用账簿	成本会计	1. 启用明细分类账 2. 填写账簿启用页
		总经理	在账簿启用页签字盖章
		财务经理	在账簿启用页签字盖章
		行政助理	在账簿启用页加盖单位公章
3	期初建账	成本会计	根据科目余额表逐一登记对应明细分类账

（三）线上操作

在成本会计岗位实习的同学进入 VBSE 系统完成成本会计期初建账的任务。

（四）线下填单

成本会计还需在线下完成相关明细账的启用和建账。

项目九　人力资源经理期初建账

一、项目描述

新到岗的人力资源经理要明确自己的岗位职责，熟悉上一任交接的资料，读懂期初数据，掌握公司组织结构，确认公司结构层次、部门数量以及机加工车间人数和组装车间人数；掌握期初人员的基本信息、业绩；掌握薪酬福利规则等。起草考勤制度一份，制作公司考勤表。本环节将向学生简要介绍制造企业的人力资源经理进行期初建账需要了解的基本信息及系统操作实例等内容。

二、学习目标

通过对本项目的学习，学生应掌握制造企业的人力资源经理进行期初建账的方法。

（一）知识储备

（1）五险一金。

五险一金是指用人单位给予劳动者的几种保障性待遇的合称，包括养老保险、医疗保险、失业保险、工伤保险、生育保险和住房公积金。企业应当按照规定为在职职工缴存住房公积金。住房公积金为"应当缴纳"项目，法律上应当即必须，同时缴纳也表现出这是一项义务。2016 年 3 月 23 日"十三五"规划纲要提出"生育保险和基本医疗保险将合并实施"。这意味着，未来随着生育保险和基本医疗保险的合并，人们熟悉的"五险一金"或将变为"四险一金"。有些大型企业还会为员工购买福利，如人身意外险、重大疾病保险。

（2）考勤制度。

考勤制度是单位为维护正常的工作秩序，提高办事效率，严肃纪律，使员工自觉遵守工作时间和劳动纪律所制定的规章制度。根据国家相关政策法规，并结合本单位的实际情况制定的，是公司进行正常工作秩序的基础，是支付工资、员工考核的重要依据。考勤制度应包含对工作时间、迟到、早退、病假、事假、年假、婚假、产假、丧假、旷工等内容的具体规定和细则。

（3）考勤表。

考勤表是依据考勤制度设置的考核表格，是公司员工每天上班的凭证，也是员工领取工资的凭证，因为它记录了员工上班的天数。考勤表中有具体的上下班时间，包括迟到、早退、旷工、病假、事假、休假的情况。考勤表内容一般应包括单位名称、部门名称、编号、姓名、上班时间、下班时间、迟到、早退、旷工、实出勤、备注、分管领导、部门负责人等。

（4）绩效考核表。

绩效考核表是对员工的工作业绩、工作能力、工作态度以及个人品德等进行评价和统计的表格，企业依据绩效考核的结果来判断员工与岗位的要求是否相称。本次实践中，季度净利润、销售额、产量是确定绩效工资的基础。

（二）实施步骤

人力资源经理根据科目期初余额表进行期初建账，如表 4-3-9-1 所示。

表 4-3-9-1　人力资源经理期初建账的操作步骤

序号	操作步骤	角色	操作内容
1	读懂组织结构及人员设置	人力资源经理	1. 进入人力资源经理岗位； 2. 根据组织结构图掌握部门、人员设置情况
2	读懂业绩及绩效考核数据	人力资源经理	读懂绩效考核表，季度净利润、销售额、产量是确定绩效工资的基础
3	读懂各种薪酬表格及填制要求	人力资源经理	企业代缴福利表、职工薪酬统计表、职工薪酬汇总表均由人力资源经理负责制作
4	起草考勤制度，设计公司考勤表	人力资源经理	1. 起草考勤制度的文档并打印； 2. 设计公司考勤表并打印
5	检查实训资料	人力资源经理	对照人力资源部常用单据一览表，核实单据是否齐全

（三）线上操作

在人力资源经理岗位实习的同学需进入 VBSE 系统完成人力资源经理期初建账的任务。

（四）线下填单

人力资源经理还需在线下起草考勤制度一份，设置公司考勤表一份。

项目十　人力资源助理期初建账

一、项目描述

新到岗的人力资源助理要明确自己的岗位职责，熟悉上一任助理交接的资料，读懂期初数据，明确人事登记表、社会保险基础采集表、社会保险缴费月报表、五险一金核算表的填制方法。本环节中将向学生简要介绍制造企业的人力资源助理进行期初建账需要了解的基本信息、运营知识及系统操作实例等内容。

二、学习目标

通过对本项目的学习，学生应掌握制造企业的人力资源助理进行期初建账的方法。

三、相关知识

（一）知识储备

（1）人事登记表。

人事登记表是用于记录员工基本信息及岗位、岗位调整、劳动合同期限等信息的表格。当发生员工入职、离职、岗位变动、续签合同等业务时，人力资源部工作人员需要及时更新人事登记表，从而保证数据的准确，因此人事登记表是一张动态表格。

（2）在职人员信息表。

在职人员信息表是用于记录在职人员基本信息的表格，表格内容应包括员工姓名、工号、职位、身份证号、入职时间等基本信息。在职人员信息表如表4-3-10-1所示。

表4-3-10-1　在职人员信息

姓名	员工编号	部门	职位	身份证号码	性别	出生日期	联系电话	入司时间	是否试用期	劳动合同期限
梁天	1	企业管理部	总经理	110105198212099812	男	1982/12/9	13198162544	2010.1.1	否	2010.1.1—2013.12.31
叶瑛	2	企业管理部	行政助理	120201196204117521	女	1962/4/10	15920981761	2010.9.20	否	2010.9.20—2014.1.19
张万军	3	人力资源部	人力资源经理	211432199107316544	男	1991/7/31	15109873622	2011.1.13	否	2011.1.13—2014.1.12

（二）实施步骤

人力资源助理根据期初余额表进行期初建账，如表4-3-10-2所示。

表4-3-10-2　人力资源助理期初建账操作步骤

序号	操作步骤	角色	操作内容
1	读懂期初数据	人力资源助理	1. 进入人力资源助理岗位； 2. 根据组织结构图掌握部门、人员设置情况
2	制作在职人员信息表	人力资源助理	用Excel制作在职人员信息表
3	明确工作职责	人力资源助理	负责制作人事登记表、社会保险基数采集表、社会保险缴费月报表、五险一金核算表
4	检查实训资料	人力资源助理	对照人力资源部常用单据一览表，核实手中单据是否齐全

（三）线上操作

在人力资源助理岗位实习的同学需进入 VBSE 系统完成人力资源助理期初建账的任务。

（四）线下填单

人力资源助理还需在线下起草在职人员信息表一份。

任务四　常规任务

一、项目描述

本模块中涵盖了制造企业日常经营活动，包括 70 项实验项目。

二、学习目标

通过本模块的学习，学生应掌握制造企业日常经营业务的内涵与方法。

三、相关知识

实验项目 1　制造企业支付水电费

【业务概述】

实训中制造企业的水电费由服务公司收取。

【业务流程步骤】

制造企业支付水电费的流程如表 4-4-1-1 所示。

表 4-4-1-1　制造企业支付水电费的流程

编号	活动名称	角色	活动描述及操作指导
1	填写付款申请单	车间管理员	1. 查看发票记录表，确认未支付的发票信息； 2. 对照发票记录表上未支付的发票信息填写付款申请单； 3. 将付款申请提交给生产计划经理审核
2	审核付款申请	生产计划经理	1. 审核付款申请单和发票金额是否一致，确认无误后在付款申请单上签字； 2. 将付款申请交给车间管理员并由其传递给财务经理审核
3	审核付款申请	财务经理	1. 审核付款申请单，确认无误后在申请单上签字； 2. 将付款申请交给出纳安排付款
4	开具转账支票	出纳	1. 收到财务经理转交的经批复的付款申请单； 2. 确认后对照付款申请单金额开具转账支票
5	登记支票领用登记簿	出纳	1. 出纳登记支票领用登记簿，支票领用人签字； 2. 将支票正联交给财务经理审核，盖章
6	审核支票	财务经理	1. 审核支票的填写是否正确； 2. 确认无误，签字，加盖公司财务章和法人章； 3. 将支票正联交给车间管理员支付给服务公司
7	将支票送至服务公司	车间管理员	1. 将支票交给服务公司完成支付； 2. 登记发票记录表，将支票付款状态标注为"已支付"
8	填制记账凭证	财务会计	1. 财务会计根据审核的付款申请单和支票存根填制记账凭证； 2. 将支票存根和付款申请单粘贴在记账凭证后作为附件； 3. 将记账凭证传递给财务经理审核
9	审核记账凭证	财务经理	1. 审核财务会计填制的记账凭证，并对照相关附件检查凭证是否正确； 2. 审核无误，签字确认； 3. 将确认后的记账凭证传递给出纳登记日记账

表4-4-1-1(续)

编号	活动名称	角色	活动描述及操作指导
10	登记日记账	出纳	1. 根据记账凭证，登记银行存款日记账； 2. 记账后在记账凭证上签字或盖章； 3. 将记账凭证传递给财务会计登记科目明细账
11	登记科目明细账	财务会计	1. 接收出纳交还的记账凭证； 2. 根据记账凭证登记科目明细账； 3. 记账后在记账凭证上签字或盖章
12	登记总账	财务经理	1. 接收出纳交还的记账凭证； 2. 根据记账凭证登记总账； 4. 记账后在记账凭证上签字或盖章
13	收到转账支票并到银行办理转账	服务公司总经理	1. 向办理市场开发的企业催收市场开发费； 2. 拿到办理市场开发企业办理市场开发开具的转账支票； 3. 根据转账支票填写进账单； 4. 携带转账支票与进账单到银行进行转账
14	办理转账－水电费（银行）并打印银行回单（银行）	银行柜员	1. 收到企业提交的进账单与支票； 2. 根据进账单信息办理转账业务； 3. 根据办理的转账业务，打印银行业务回单； 4. 将银行业务回单交给企业办事员

实验项目2 制造企业购买增值税发票

【业务概述】

发票是指一切单位和个人在购销商品、提供劳务或接受劳务、服务以及从事其他经营活动，提供给对方的收付款的书面证明，是财务收支的法定凭证，是会计核算的原始依据，也是审计机关、税务机关执法检查的重要依据。

【业务流程步骤】

制造企业购买增值税发票的业务流程如表4-4-2-1所示。

表4-4-2-1 制造企业购买增值税发票的业务流程

编号	活动名称	角色	活动描述及操作指导
1	申请领用发票	制造企业出纳	1. 申领人携带营业执照副本、经办人身份证到税务局； 2. 向税务专员说明申请发票的类型及数量
2	登记并发放发票	税务专员	1. 收到企业的申请后，将信息录入"发票领用表"； 2. 按序号排列发票号； 3. 填写后，发放发票

实验项目3 制造企业购买支票

【业务概述】

支票是出票人签发，委托办理支票存款业务的银行或者其他金融机构在见票时无条件支付确定金额给收款人或持票人的票据。

开立基本存款账户后，企业便可以在开户行购买现金支票和转账支票，在开户行购买支票时需要带上在银行预留的印鉴（法人章和财务章）。

【业务流程步骤】

制造企业购买支票的流程如表4-4-3-1所示。

表 4-4-3-1　制造企业购买支票的流程

编号	活动名称	角色	活动描述及操作指导
1	填写票据领用单	制造企业出纳	1. 制造企业出纳到银行，向银行柜员索要"票据领用单"； 2. 填写"票据领用单"，并将现金交给银行柜员
2	发放支票	银行柜员	收到企业提交的"票据领用单"，根据领用单填写数量，为企业准备支票，并发放支票
3	编制记账凭证	制造企业出纳	1. 领用相关票据； 2. 编制记账凭证； 3. 将电汇回单粘贴到记账凭证后面； 4. 将记账凭证交给财务经理审核
4	审核记账凭证	制造企业财务会计	1. 审核出纳填制的记账凭证并对照相关附件检查是否正确； 2. 审核无误，签字确认； 3. 将确认后的记账凭证传递给出纳登记日记账
5	登记日记账	制造企业出纳	1. 根据记账凭证登记银行存款日记账； 2. 记账后在记账凭证上签字或盖章； 3. 将记账凭证传递给财务经理登记科目明细账
6	登记科目明细账	制造企业财务会计	1. 根据记账凭证登记科目明细账； 2. 记账后在记账凭证上签字或盖章
7	登记总账	制造企业财务会计	1. 根据记账凭证登记总账； 2. 记账后在记账凭证上签字或盖章

实验项目 4　与供应商签订采购合同

【业务概述】

签订采购合同是企业与选择的供应商针对商品的品种、规格、技术标准、质量保证、订购数量、包装要求、售后服务、价格、交货日期与地点、运输方式、付款条件等进行反复磋商，双方无异议后，为建立双方满意的购销关系而办理的法律手续。

【业务流程步骤】

与供应商签订采购合同的业务流程如表 4-4-4-1 所示。

表 4-4-4-1　与供应商签订采购合同的业务流程

编号	活动名称	角色	活动描述及操作指导
1	收到工贸企业送来的购销合同	采购员	1. 根据采购计划选择合适的工贸企业，沟通采购细节内容； 2. 拟定购销合同，并由工贸企业先签字盖章，一式两份
2	填写合同会签单	采购员	1. 根据合同的信息填写合同会签单； 2. 将购销合同和合同会签单提交给采购经理
3	合同会签单签字	采购经理	1. 接收采购员提交的购销合同及合同会签单； 2. 审核购销合同填写内容的准确性和合理性，审核同意后在合同会签单上签字确认； 3. 将购销合同和合同会签单发送给财务经理
4	合同会签单签字	财务经理	1. 接收采购经理交送的购销合同及合同会签单； 2. 审核购销合同的准确性和合理性，审核同意后在合同会签单上签字； 3. 将购销合同和合同会签单提交给总经理
5	合同会签单签字	总经理	1. 接收财务经理提交的购销合同及合同会签单； 2. 审核采购经理和财务经理是否已审核签字，审核购销合同的准确性和合理性，审核同意后在合同会签单及购销合同上签字； 3. 将购销合同和合同会签单发送给行政助理

表4-4-4-1(续)

编号	活动名称	角色	活动描述及操作指导
6	购销合同盖章	行政助理	1. 接收总经理发送的购销合同及合同会签单； 2. 检查合同会签单总经理是否签字，确认无误后给合同盖章； 3. 将购销合同其中一份发送给采购员，另一份存档
7	购销合同存档	行政助理	1. 更新合同管理表； 2. 将购销合同留存备案
8	登记采购合同执行情况表	采购员	1. 接收行政助理发送的购销合同； 2. 根据制造企业与工贸企业签订好的购销合同，登记采购合同执行情况表
9	将其中一份购销合同返回工贸企业	采购员	将签订好并已登记的购销合同，返还给工贸企业

实验项目5 制造企业录入采购订单（与供应商）

【业务概述】

制造企业与供应商经过磋商签订了采购合同后，制造企业的采购员将采购订单的基本信息录入VBSE系统，系统将根据录入的信息执行未来的采购收货及付款等业务。

【业务流程步骤】

制造企业录入采购订单的业务流程如表4-4-5-1所示。

表4-4-5-1 制造企业录入采购订单的业务流程

编号	活动名称	角色	活动描述及操作指导
1	在系统中录入采购订单	采购员	根据制造企业与工贸企业签订好的购销合同，将采购订单信息录入VBSE系统

实验项目6 制造企业采购入库

【业务概述】

采购入库是指供应商发出的货物抵达企业，同时开具了该张采购订单所对应的发票。采购员协助仓管员办理采购入库手续，仓管员填写入库单确认货物入库，仓储经理登记库存台账，材料会计登记存货明细账，成本会计凭发票确认应付账款。

【业务流程步骤】

制造企业采购入库的流程如表4-4-6-1所示。

表4-4-6-1 制造企业采购入库的流程

编号	活动名称	角色	活动描述及操作指导
1	运输车辆到达，收到物流的运单	仓管员（兼原料质检）	接收供应商发来的材料，附有物流运单和实物
2	物料验收并办理入库	仓管员（兼原料质检）	1. 根据发货单和质量检验标准进行质量、数量、包装等检测； 2. 根据检验结果填写物料检验单，并签字确认； 3. 检验无误，在发货单上签字收货； 4. 在VBSE系统中办理采购入库
3	填写原材料入库单	仓管员（兼原料质检）	1. 根据物料检验单填写原材料入库单（一式三联）； 2. 将原材料入库单提交给仓储经理； 3. 自留一联审核后的入库单，将另外两联交给采购部和财务部（其中一份的原材料入库单发送给采购员）
4	登记采购合同执行情况表	采购员	1. 接收仓储经理发送的原材料入库单； 2. 登记采购合同执行情况表； 3. 将发票（发票联和抵扣联）和对应的原材料入库单的财务联送交财务

表4-4-6-1(续)

编号	活动名称	角色	活动描述及操作指导
5	登记库存台账	仓管员	1. 接收仓管员入库单； 2. 根据物料卡登记库存台账

实验项目7 制造企业材料款支付

【业务概述】

采购员查看采购合同执行情况表，确认应付款情况，找到相应的采购订单和采购入库单，并据此填写支出凭单，经财务部门审核通过，向供应商支付上期已到货材料款。

【业务流程步骤】

制造企业支付材料款的业务流程如表4-4-7-1所示。

表4-4-7-1 制造企业支付材料款的业务流程

编号	活动名称	角色	活动描述及操作指导
1	收到供应商开具的增值税专用发票	采购员	1. 收到供应商依据发货开具的专用增值税发票； 2. 在系统中录入发票并填写付款单； 3. 将发票和付款单提交给财务部会计
2	审核付款申请单	采购经理	1. 收到采购员提交的发票和付款申请单； 2. 审核付款申请单与发票信息是否一致，付款要求是否合理； 3. 确认合理后，签字并交还采购员
3	审核付款申请单	财务经理	1. 收到仓储经理审核同意的付款单； 2. 审核付款单的准确性和合理性； 3. 确认后在申请付款单和付款单上签字
4	办理网银付款（转账）	出纳	1. 收到采购员转交的财务经理和采购经理批复的付款单； 2. 检查财务经理是否签字，确认后对照付款申请办理网银付款
5	填制记账凭证	财务会计	1. 接收采购员发送的发票； 2. 编制记账凭证； 3. 将记账凭证提交给财务经理
6	审核记账凭证	财务经理	1. 接收财务会计提交的记账凭证和发票； 2. 审核记账凭证填写的准确性、合法性和真实性； 3. 审核资金使用的合理性； 4. 审核无误，签字； 5. 将记账凭证和发票返还给财务会计
7	登记银行存款日记账	出纳	1. 根据记账凭证登记银行存款日记账； 2. 在记账凭证上签字或盖章； 3. 将记账凭证交财务会计登记
8	登记科目明细账	财务会计	1. 接收财务经理返还的记账凭证和发票； 2. 根据记账凭证登记科目明细账； 3. 将科目明细表发送给成本会计
9	登记数量金额明细账	成本会计	1. 接收财务会计发送的科目明细和发票； 2. 根据登记科目明细账凭证登记数量金额明细账
10	登记总账	财务经理	1. 接收出纳交给的记账凭证； 2. 根据记账凭证登记科目总账

实验项目8 制造企业货款回收

【业务概述】

实现销售之后，销售专员需要按照销售合同的约定期限，催促货款的回收。客户通过转账支票的方式进行付款，企业出纳员前往银行送存转账支票，财务部做账务处理。

【业务流程步骤】

制造企业货款回收的流程如表4-4-8-1所示。

表4-4-8-1　制造企业货款回收的流程

编号	活动名称	角色	活动描述及操作指导
1	到银行取回电子银行转账回单	出纳	1. 到银行取回电子银行转账回单； 2. 将电子银行转账回单交给财务会计
2	编制记账凭证	财务会计	1. 接收出纳送来的银行进账单回单； 2. 编制记账凭证； 3. 将电汇回单粘贴到记账凭证后面； 4. 将记账凭证交财务经理审核
3	审核记账凭证	财务经理	1. 接收财务会计送来的记账凭证； 2. 审核记账凭证的附件是否齐全、正确； 3. 审核记账凭证的编制是否正确； 4. 审核完毕，交出纳登记银行存款日记账
4	登记银行日记账	出纳	1. 根据审核后的记账凭证登记银行存款日记账； 2. 登记完毕后，交财务会计登记明细账
5	登记科目明细账	财务会计	1. 接收出纳送来的记账凭证； 2. 核对财务经理是否已审核； 3. 根据审核后的记账凭证登记科目明细账
6	登记总账	财务经理	1. 接收出纳交给的记账凭证； 2. 根据记账凭证登记科目总账

实验项目9　制造企业与客户签订合同

【业务概述】

签订购销合同是企业与客户针对商品的品种、规格、技术标准、质量保证、订购数量、包装要求、售后服务、价格、交货日期与地点、运输方式、付款条件等进行反复磋商，双方无异议后，为建立双方满意的购销关系而办理的法律手续。

【业务流程步骤】

制造企业与客户签订合同的业务流程如表4-4-9-1所示。

表4-4-9-1　制造企业与客户签订合同的业务流程

编号	活动名称	角色	活动描述及操作指导
1	收到工贸企业送来的购销合同	采购员	1. 根据采购计划选择合适的工贸企业，沟通采购细节； 2. 拟定购销合同，并由工贸企业先签字盖章，一式两份
2	填写合同会签单	采购员	1. 根据合同的信息填写合同会签单； 2. 将购销合同和合同会签单提交给采购经理
3	合同会签单签字	采购经理	1. 接收采购员提交的购销合同及合同会签单； 2. 审核购销合同内容填写的准确性和合理性，审核同意后在合同会签单上签字确认； 3. 将购销合同和合同会签单发送给财务经理
4	合同会签单签字	财务经理	1. 接收采购经理交送的购销合同及合同会签单； 2. 审核购销合同的准确性和合理性，审核同意后在合同会签单上签字； 3. 将购销合同和合同会签单提交给总经理
5	合同会签单签字	总经理	1. 接收财务经理提交的购销合同及合同会签单； 2. 审核采购经理和财务经理是否审核签字，审核购销合同的准确性和合理性，审核同意后在合同会签单和购销合同上签字； 3. 将购销合同和合同会签单发送给行政助理

表4-4-9-1(续)

编号	活动名称	角色	活动描述及操作指导
6	购销合同盖章	行政助理	1. 接收总经理发送的购销合同和合同会签单； 2. 检查总经理是否已在合同会签单上签字，确认无误后给合同盖章； 3. 将其中一份购销合同发送给采购员，另一份存档
7	购销合同存档	行政助理	1. 更新合同管理表； 2. 登记完，将购销合同留存备案
8	登记采购合同执行情况表	采购员	1. 接收行政助理发送的购销合同； 2. 根据制造企业与工贸企业签订好的购销合同，登记采购合同执行情况表
9	将购销合同返回工贸企业一份	采购员	将签订好并已登记的购销合同，返还给工贸企业

实验项目 10　制造企业录入销售订单（与客户）

【业务概述】

制造企业与客户经过磋商签订了销售合同后，制造企业的销售专员将销售订单的基本信息录入 VBSE 系统，系统将根据录入的信息执行未来的销售发货及收款等业务。

【业务流程步骤】

制造企业在 VBSE 系统录入销售订单的业务流程如表4-4-10-1所示。

表 4-4-10-1　制造企业在 VBSE 系统录入销售订单的业务流程

编号	活动名称	角色	活动描述及操作指导
1	在系统中确认经销商的采购订单	销售专员	1. 根据制造企业与经销商签订好的销售合同，在系统中确认经销商的采购订单； 2. 根据系统的采购订单信息填写销售订单、销售订单明细表

实验项目 11　制造企业童车发货给客户

【业务概述】

销售发货是指销售员依据销售订单的交货日期填写产品发货单，仓管员填写出库单，由销售员发货给客户，财务部根据发货出库单开具销售发票，当客户收货确认后销售员需登记销售发货明细。

【业务流程步骤】

制造企业童车发货给客户的业务流程如表4-4-11-1所示。

表 4-4-11-1　制造企业童车发货给客户的业务流程

编号	活动名称	角色	活动描述及操作指导
1	接受物流运单并填制产品出库单	仓管员	1. 接受物流运单运输发票，根据发货单填制产品的销售出库单； 2. 提交至仓储经理审批
2	审核产品出库单	仓储经理	1. 仓储经理收到仓管员开具的产品销售出库单； 2. 审核填写是否正确； 3. 确认无误，签字并交还仓管员去办理出库手续
3	登记库存台账	仓管员	接收仓储经理审核批准的产品销售出库单填写库存台账，留存备案
4	销售发运并申请开票	销售专员	1. 根据销售出库单进行销售发货，并将销售出库单第四联送交客户； 2. 向出纳申请开发票
5	开具发票	出纳	1. 从销售专员处获取销售价格； 2. 根据产品出库单，结合销售价格，开具销售发票
6	发票送给客户	销售专员	销售专员将发票交给物流企业，由物流企业送至客户

表4-4-11-1(续)

编号	活动名称	角色	活动描述及操作指导
7	填制记账凭证	财务会计	1. 根据开具的发票填制记账凭证； 2. 将记账凭证交给财务经理审核
8	审核记账凭证	财务经理	1. 接收财务会计交给的记账凭证并进行审核； 2. 审核后，交财务会计登记科目明细账
9	登记明细账	财务会计	1. 接收财务经理交给的记账凭证； 2. 核对财务经理是否已审核； 3. 根据审核后的记账凭证登记科目明细账
10	登记总账	财务经理	1. 接收出纳交给的记账凭证； 2. 根据记账凭证登记科目总账

实验项目 12　制造企业收取虚拟企业货款

【业务概述】

销售实现之后，销售专员需要按照销售合同的约定期限，跟踪、催促货款的收回。在 VBSE 系统里销售货物给虚拟企业，只要根据销售订单执行货款回收即可。

【业务流程步骤】

制造企业收取虚拟企业货款的业务流程如表 4-4-12-1 所示。

表 4-4-12-1　制造企业收取虚拟企业货款的业务流程

编号	活动名称	角色	活动描述及操作指导
1	到银行取回电子银行转账回单	出纳	1. 到银行取回电子银行转账回单； 2. 将电子银行转账回单交给财务会计
2	编制记账凭证	财务会计	1. 接收出纳送来的银行进账单回单； 2. 编制记账凭证； 3. 将电汇回单粘贴到记账凭证后； 4. 将记账凭证交财务经理审核
3	审核记账凭证	财务经理	1. 接收财务会计送来的记账凭证； 2. 审核记账凭证的附件是否齐全、正确； 3. 审核记账凭证的编制是否正确； 4. 审核完毕，交出纳登记银行存款日记账
4	登记银行日记账	出纳	1. 根据审核后的记账凭证登记银行存款日记账； 2. 登记完毕后，交财务会计登记明细账
5	登记科目明细账	财务会计	1. 接收出纳送来的记账凭证； 2. 核对财务经理是否已审核； 3. 根据审核后的记账凭证登记科目明细账
6	登记总账	财务经理	1. 接收出纳交给的记账凭证； 2. 根据记账凭证登记科目总账

实验项目 13　制造企业货款支付

【业务概述】

采购员查看采购合同执行情况表，确认应付款情况，找到相应的采购订单和采购入库单，并据此填写支出凭单，经财务部门审核通过，向供应商支付上期已到货材料款。

【业务流程步骤】

制造企业货款支付的流程如表 4-4-13-1 所示。

表 4-4-13-1　制造企业货款支付的流程

编号	活动名称	角色	活动描述及操作指导
1	收到供应商开具的增值税专用发票	采购员	1. 收到供应商依据发货开具的专用增值税发票； 2. 在系统中录入发票并填写付款单； 3. 将发票和付款单提交给财务会计
2	审核付款申请单	采购经理	1. 收到采购员提交的发票和付款申请单； 2. 审核付款申请单与发票信息是否一致，付款要求是否合理； 3. 确认合理后，签字并交还采购员
3	审核付款申请单	财务经理	1. 收到仓储经理审核同意的付款单； 2. 审核付款单的准确性和合理性； 3. 确认后在申请付款单和付款单上签字
4	办理网银付款（转账）	出纳	1. 收到采购员转交的财务经理和采购经理批复的付款单； 2. 检查财务经理是否签字，确认后对照付款申请办理网银付款
5	填制记账凭证	财务会计	1. 接收采购员发送的发票； 2. 编制记账凭证； 3. 将记账凭证提交给财务经理
6	审核记账凭证	财务经理	1. 接收财务会计提交的记账凭证和发票； 2. 审核记账凭证填写的准确性、合法性和真实性； 3. 审核资金的使用的合理性； 4. 审核无误，签字； 5. 将记账凭证和发票返还给财务会计
7	登记银行存款日记账	出纳	1. 根据记账凭证登记银行存款日记账； 2. 在记账凭证上签字或盖章； 3. 将记账凭证交财务会计登记
8	登记科目明细账	财务会计	1. 接收财务经理返还的记账凭证和发票； 2. 根据记账凭证登记科目明细账； 3. 将科目明细表发送给成本会计
9	登记数量金额明细账	成本会计	1. 接收财务会计发送的科目明细表和发票； 2. 根据科目明细账凭证，登记数量金额明细账
10	登记总账	财务经理	1. 接收出纳交给的记账凭证； 2. 根据记账凭证登记科目总账

实验项目 14　企管部借款

【业务概述】

为方便公司各部门工作人员结算因公需要而发生的零星开支、业务采购、差旅费报销等款项，新团队接手部门经营后，需为各部门准备一定金额的备用金。在 VBSE 实训中，各部门备用金金额均为500 元。

公司的日常费用包括办公费、差旅费、通信费等。有些业务可以先借款，再报销；有些业务费用则是发生后直接持票报销。借款时员工需填写借款单，经部门主管、财务经理审批后，到出纳处领取现金，财务做记账处理。

【业务流程步骤】

企管部借款的流程如表 4-4-14-1 所示。

表 4-4-14-1　企管部借款的流程

编号	活动名称	角色	活动描述及操作指导
1	填写借款单	行政助理	1. 去出纳处领取空白借款单； 2. 填写借款单，借款作为部门备用金； 3. 持借款单找部门经理（总经理兼）审核

表4-4-14-1(续)

编号	活动名称	角色	活动描述及操作指导
2	审核借款单	总经理	1. 审核借款单填写的准确性； 2. 审核借款业务的真实性； 3. 审核无误，签字
3	审核借款单	财务经理	1. 审核借款单填写的准确性； 2. 审核借款业务的真实性； 3. 审核无误，签字
4	确认借款单并支付现金	出纳	1. 接收行政助理交给的已审核过的借款单； 2. 支付现金给借款人并由借款人签字； 3. 将借款单交给财务会计（用作凭证）
5	填制记账凭证	财务会计	1. 接收到出纳交给的借款单； 2. 填制记账凭证，将借款单粘贴在后面作为附件； 3. 送财务经理审核
6	审核记账凭证	财务经理	1. 接收财务会计交给的记账凭证，进行审核； 2. 审核后，交出纳登记现金日记账
7	登记现金日记账	出纳	1. 接收财务经理审核后的记账凭证； 2. 根据记账凭证登记现金日记账； 3. 将记账凭证交财务会计登记科目明细账
8	登记科目明细账	财务会计	1. 接收出纳交给的记账凭证； 2. 根据记账凭证登记科目明细账
9	登记总账	财务经理	1. 接收出纳交给的记账凭证； 2. 根据记账凭证登记科目总账

实验项目 15 人力资源部借款

【业务概述】

与企管部借款的流程相似，人力资源部借款流程中，填写借款单的工作由人力资源助理负责，审核借款单的工作由人力资源经理负责，其余步骤均一致。

【业务流程步骤】

人力资源部借款的流程如表 4-4-15-1 所示。

表 4-4-15-1 人力资源部借款的流程

编号	活动名称	角色	活动描述及操作指导
1	填写借款单	人力资源助理	1. 填写借款单，申请借款，作为部门备用金； 2. 持借款单找人力资源经理审核
2	审核借款单	人力资源经理	1. 审核借款单填写的准确性和业务的真实性； 2. 审核无误，签字
3	审核借款单	财务经理	1. 审核借款单填写的准确性和业务的真实性； 2. 审核无误，签字
4	确认借款单并支付现金	出纳	1. 接收人力资源助理交给的已审核过的借款单； 2. 支付现金给借款人并由借款人签字； 3. 将借款单交给财务会计作凭证
5	填制记账凭证	财务会计	1. 接收到出纳交给的借款单； 2. 填制记账凭证，将借款单粘贴在后面作为附件； 3. 送财务经理审核
6	审核记账凭证	财务经理	1. 接收财务会计交给的记账凭证，进行审核； 2. 审核后，交出纳登记现金日记账

表4-4-15-1（续）

编号	活动名称	角色	活动描述及操作指导
7	登记现金日记账	出纳	1. 接收财务经理审核后的记账凭证； 2. 根据记账凭证登记现金日记账； 3. 将记账凭证交财务会计登记科目明细账
8	登记科目明细账	财务会计	1. 接收出纳交给的记账凭证； 2. 根据记账凭证登记科目明细账
9	登记总账	财务经理	1. 接收出纳交给的记账凭证； 2. 根据记账凭证登记科目总账

实验项目 16　仓储部借款

【业务概述】

同前述部门相似，仓储部借款流程中，填写借款单的工作由仓管员负责，审核借款单的流程由仓储经理负责，其余步骤均一致。

【业务流程步骤】

仓储部借款的流程如表 4-4-16-1 所示。

表 4-4-16-1　仓储部借款的流程

编号	活动名称	角色	活动描述及操作指导
1	填写借款单	仓管员	1. 去出纳处领取空白借款单； 2. 填写借款单，借款作为部门备用金； 3. 持借款单找仓储经理审核； 4. 持借款单找财务经理审核； 5. 持借款单到出纳处领取现金
2	审核借款单	仓储经理	1. 审核借款单填写的准确性； 2. 审核借款业务的真实性； 3. 审核无误，签字
3	审核借款单	财务经理	1. 审核借款单填写的准确性； 2. 审核借款业务的真实性； 3. 审核无误，签字
4	确认借款单并支付现金	出纳	1. 接收仓管员交给的已审核过的借款单； 2. 支付现金给借款人并由借款人签字； 3. 将借款单交给财务会计作凭证
5	填制记账凭证	财务会计	1. 接收到出纳交给的借款单； 2. 填制记账凭证，将借款单粘贴在后面作为附件； 3. 送财务经理审核
6	审核记账凭证	财务经理	1. 接收财务会计交给的记账凭证，进行审核； 2. 审核后，交出纳登记现金日记账
7	登记现金日记账	出纳	1. 接收财务经理审核后的记账凭证； 2. 根据记账凭证登记现金日记账； 3. 将记账凭证交财务会计登记科目明细账
8	登记科目明细账	财务会计	1. 接收出纳交给的记账凭证； 2. 根据记账凭证登记科目明细账
9	登记总账	财务经理	1. 接收出纳交给的记账凭证； 2. 根据记账凭证登记科目总账

实验项目 17　营销部借款

【业务概述】

同前述部门相似，营销部借款流程中，填写借款单的工作由销售专员负责，审核借款单的工作由财务经理负责，其余步骤均一致。

【业务流程步骤】

营销部借款的流程如表 4-4-17-1 所示。

表 4-4-17-1　营销部借款的流程

编号	活动名称	角色	活动描述及操作指导
1	填写借款单	销售专员	1. 填写借款单，借款作为部门备用金； 2. 持借款单找营销经理审核
2	审核借款单	营销经理	1. 审核借款单填写的准确性和业务的真实性； 2. 审核无误，签字
3	审核借款单	财务经理	1. 审核借款单填写的准确性和业务的真实性； 2. 审核无误，签字
4	确认借款单并支付现金	出纳	1. 接收销售专员交给的已审核过的借款单； 2. 支付现金给借款人并由借款人签字； 3. 将借款单交给财务会计作凭证
5	填制记账凭证	财务会计	1. 接收到出纳交给的借款单； 2. 填制记账凭证，将借款单粘贴在后面作为附件； 3. 送财务经理审核
6	审核记账凭证	财务经理	1. 接收财务会计交给的记账凭证，进行审核； 2. 审核后，交出纳登记现金日记账
7	登记现金日记账	出纳	1. 接收财务经理审核后的记账凭证； 2. 根据记账凭证登记现金日记账； 3. 将记账凭证交给财务会计登记科目明细账
8	登记科目明细账	财务会计	1. 接收出纳交给的记账凭证； 2. 根据记账凭证登记科目明细账
9	登记总账	财务经理	1. 接收出纳交给的记账凭证； 2. 根据记账凭证登记科目总账

实验项目 18　生产计划部借款

【业务概述】

同前述部门相似，生产计划部借款的流程中，填写借款单的工作由生产计划员负责，审核借款单的工作由生产计划经理负责，其余步骤均一致。

【业务流程步骤】

生产计划部借款的流程如表 4-4-18-1 所示。

表 4-4-18-1　生产计划部借款的流程

编号	活动名称	角色	活动描述及操作指导
1	填写借款单	生产计划员	1. 填写借款单，借款作为部门备用金； 2. 持借款单找生产计划经理审核
2	审核借款单	生产计划经理	1. 审核借款单填写的准确性和业务的真实性； 2. 审核无误，签字
3	审核借款单	财务经理	1. 审核借款单填写的准确性和业务的真实性； 2. 审核无误，签字

表4-4-18-1(续)

编号	活动名称	角色	活动描述及操作指导
4	确认借款单并支付现金	出纳	1. 接收生产计划员交给的已审核过的借款单； 2. 支付现金借款人并由借款人签字； 3. 将借款单交给财务会计作凭证
5	填制记账凭证	财务会计	1. 接收到出纳交给的借款单； 2. 填制记账凭证，将借款单粘贴在后面作为附件； 3. 送财务经理审核
6	审核记账凭证	财务经理	1. 接收财务会计交给的记账凭证，进行审核； 2. 审核后，交出纳登记现金日记账
7	登记现金日记账	出纳	1. 接收财务经理审核后的记账凭证； 2. 根据记账凭证登记现金日记账； 3. 将记账凭证交财务会计登记科目明细账
8	登记科目明细账	财务会计	1. 接收出纳交给的记账凭证； 2. 根据记账凭证登记科目明细账
9	登记总账	财务经理	1. 接收出纳交给的记账凭证； 2. 根据记账凭证登记科目总账

实验项目 19　采购部借款

【业务概述】

同前述部门相似，采购部借款的流程中，填写借款单的工作由采购员负责，审核借款单的工作由采购经理负责，其余步骤均一致。

【业务流程步骤】

采购部借款的流程如表4-4-19-1所示。

表4-4-19-1　采购部借款的流程

编号	活动名称	角色	活动描述及操作指导
1	填写借款单	采购员	1. 填写借款单，借款作为部门备用金； 2. 持借款单找采购经理审核
2	审核借款单	采购经理	1. 审核借款单填写的准确性和业务的真实性； 2. 审核无误，签字
3	审核借款单	财务经理	1. 审核借款单填写的准确性和业务的真实性； 2. 审核无误，签字
4	确认借款单并支付现金	出纳	1. 接收采购员交给的已审核过的借款单； 2. 支付现金给借款人并由借款人签字； 3. 将借款单交给财务会计作凭证
5	填制记账凭证	财务会计	1. 接收到出纳交给的借款单； 2. 填制记账凭证，将借款单粘贴在后面作为附件； 3. 送财务经理审核
6	审核记账凭证	财务经理	1. 接收财务会计交给的记账凭证，进行审核； 2. 审核后，交出纳登记现金日记账
7	登记现金日记账	出纳	1. 接收财务经理审核后的记账凭证； 2. 根据记账凭证登记现金日记账； 3. 将记账凭证交财务会计登记科目明细账
8	登记科目明细账	财务会计	1. 接收出纳交给的记账凭证； 2. 根据记账凭证登记科目明细账
9	登记总账	财务经理	1. 接收出纳交给的记账凭证； 2. 根据记账凭证登记科目总账

实验项目 20　整车完工入库

【业务概述】

整车组装、完工质检入库是指车间管理员对上月开始组装的产品进行完工处理，填写产成品完工单。质检员（生产计划员兼）对成品进行质检，到仓储部办理入库手续，填写入库单和物料单。仓储经理登记存货台账，成本会计登记存货明细账。

【业务流程步骤】

整车完工入库的流程如表 4-4-20-1 所示。

表 4-4-20-1　整车完工入库的流程

编号	活动名称	角色	活动描述及操作指导
1	填写完工送检单	车间管理员	1. 根据整车生产计划完成生产任务； 2. 车间管理员填写完工送检单（一式两联）； 3. 车间管理员送生产计划经理处进行审验
2	审核完工送检验单	生产计划经理	1. 生产计划经理接到车间管理员送来的完工送检单； 2. 生产计划经理对整车进行检验； 3. 将检验结果填入完工送检单
3	生成完工单	车间管理员	1. 根据生产计划经理批复的完工送检单生成与之数量相同的整车生产完工单； 2. 根据完工单和完工送检单填写生产执行情况表； 3. 将生产完工单第一联自行留存，第二联交给仓管员
4	填写成品入库单，办理入库	仓管员	1. 仓管员核对完工单和完工送检单及实物； 2. 根据完工单填写一式三联的产品入库单； 3. 车间管理员在产品入库单上签字确认； 4. 仓管员在系统中办理组装完工入库； 5. 仓管员把审核完的产品入库单的财务联交给财务部，生产部联交给生产部，仓库联自留
5	登记库存台账	仓管员	仓管员根据产品入库单登记库存台账

实验项目 21　车架完工入库

【业务概述】

车架完工入库业务是指车间管理员对上月开工生产的半成品车架进行生产更新处理，产品完工后填写车架完工单。仓管员办理车架入库手续并填写物料卡，仓储经理登记存货台账，成本会计对入库车架登记明细账。

【业务流程步骤】

车架完工入库的流程如表 4-4-21-1 所示。

表 4-4-21-1　车架完工入库的流程

编号	活动名称	角色	活动描述及操作指导
1	生成完工单	车间管理员	1. 机加工车间车架生产完工，车间管理员根据派工单填写完工单； 2. 将派工单及填写的完工单交给生产经理审核
2	审核完工单并签字	生产计划经理	1. 接收车间管理员送来派工单和完工单； 2. 依据派工单对照审核完工单所填写的产品是否已经完工； 3. 审核无误签字； 4. 将完工单第一联留存车间管理员，并由车间管理员将车架完工单第二联和车架交给仓管员
3	填写半成品入库单	仓管员	1. 仓管员核对车架完工单和实物是否相符； 2. 根据车架完工单填写一式三联的半成品入库单； 3. 车间管理员在半成品入库单上签字确认

表4-4-21-1（续）

编号	活动名称	角色	活动描述及操作指导
4	办理入库	仓管员	1. 仓管员收到车间管理员确认的半成品入库单登记办理入库手续； 2. 仓管员把审核完的半成品入库单的财务联交给财务部，生产部联交给生产部，仓库联自留； 3. 在系统中办理车架完工入库
5	登记库存台账	仓管员	仓储员根据半成品入库单登记库存台账

实验项目22 制造企业薪酬发放

【业务概述】

薪酬是指员工向其所在单位提供所需要的劳动而获得的各种形式的补偿，薪酬包括经济性薪酬和非经济性薪酬两大类，经济性薪酬分为直接经济性薪酬和间接经济性薪酬。

直接经济性薪酬是单位按照一定的标准以货币形式向员工支付的薪酬。

间接经济性薪酬则是不直接以货币形式发放给员工，而通过给员工带来生活上的便利、减少员工额外开支或者免除员工后顾之忧来给予员工相关待遇。

非经济性薪酬是指无法用货币等手段来衡量，但会给员工带来心理愉悦效用的一些因素。

薪酬发放是单位向员工支付直接性经济薪酬的途径、操作流程，薪酬发放一般是由人力资源部门和财务部门协同配合完成的一项基础性工作。

【业务流程步骤】

制造企业薪酬发放的流程如表4-4-22-1所示。

表4-4-22-1 制造企业薪酬发放的流程

编号	活动名称	角色	活动描述及操作指导
1	薪资录盘	人力资源助理	1. 在VBSE系统里打开"薪资录盘"界面； 2. 依据工资表信息，录入人员薪资，完成后保存并导出； 3. 将导出的"薪酬发放表"的文件拷贝到U盘中
2	填写支出凭单	出纳	1. 依据"薪酬发放表"数据填写支出凭单； 2. 将填好的"支出凭单""薪酬发放表表"交人力资源经理经理和财务经理进行审核
3	审核支出凭单和薪酬发放表	人力资源经理	1. 审核支出凭单信息和"薪酬发放表"是否一致，是否正确； 2. 审核支出凭单的日期、金额、支出方式、支出用途及金额大小写是否正确； 3. 审核完成后在支出凭单上签字确认
4	审核支出凭单和薪酬发放表	财务经理	1. 审核支出凭单信息和薪酬发放表是否一致，正确； 2. 审核支出凭单的日期、金额、支出方式、支出用途及金额大小写是否正确； 3. 审核完成后在支出凭单上签字确认
5	开具转账支票	出纳	1. 根据支出凭单的信息开具转账支票； 2. 检查支票填写无误后加盖公司财务章和法人章
6	登记支票使用登记簿	出纳	1. 根据签发的支票登记"支票使用登记簿"； 2. 支票领用人在"支票使用登记簿"上签字
7	去银行办理薪资发放	财务会计	带齐薪资发放的相关资料（职工薪酬发放表、转账支票、薪资录盘）去银行办理工资发放
8	银行柜台发放薪酬	银行柜员	1. 按照企业的职工薪酬发放表； 2. 将职工薪酬发放表导入； 3. 发放薪酬

VBSE 跨专业 综合实训

表4-4-22-1(续)

编号	活动名称	角色	活动描述及操作指导
9	取得银行业务回单	财务会计	取得银行的业务回单（可以直接在柜台办理时由银行柜员打印取回；在柜台未打印，次日可以在回单柜中取得）
10	填制记账凭证	财务会计	1. 依据银行业务回单、转账支票存根、支出凭单填制记账凭证； 2. 编制记账凭证，将原始单据作为附件粘贴在记账凭证后面； 3. 将记账凭证和相关原始单据交给财务经理审核
11	审核记账凭证	财务经理	1. 审核出纳提交的记账凭证； 2. 核对记账凭证与原始凭证一致性，审核无误后签字或盖章； 3. 将审核后的记账凭证交给出纳登记日记账
12	登记银行存款日记账	出纳	1. 根据审核后的记账凭证登记银行存款日记账； 2. 记账后在记账凭证上签字或盖章； 3. 将记账凭证交回财务经理登记科目明细账
13	登记科目明细账	财务会计	1. 接收出纳交还的记账凭证； 2. 根据记账凭证登记总账和科目明细账； 3. 记账后在记账凭证上签字或盖章
14	登记总账	财务经理	1. 接收出纳交给的记账凭证； 2. 根据记账凭证登记科目总账

实验项目 23　制造企业缴纳个人所得税

【业务概述】

在 VBSE 系统中，"个税综合纳税申报"的主要功能是纳税人进入企业综合申报界面后，在此页面上可以选择本期要申报的税目，填写相应的申报数据并进行保存后，系统会生成相应的缴款数据。

【业务流程步骤】

制造企业缴纳个人所得税的业务流程如表 4-4-23-1 所示。

表 4-4-23-1　制造企业缴纳个人所得税的业务流程

编号	活动名称	角色	活动描述及操作指导
1	整理、提交个人所得税纳税申报资料	人力资源部助理	1. 收集整理员工信息； 2. 根据实际的员工信息编制员工工资表； 3. 将员工信息和工资表一同交给财务会计
2	收到工资表、员工信息	财务会计	1. 收到人力资源助理提交的个人所得税申报表； 2. 将人力资源助理确认个人所得税数额提交财务经理审核
3	审核工资表、员工信息	财务经理	1. 收到财务会计提交的个人所得税申报表； 2. 审核个人所得税申报表； 3. 确定个人所得税的数额； 4. 交给财务会计
4	网上提交员工信息	财务会计	1. 收到财务经理审核的个人所得税申报表； 2. 在 VBSE 系统中根据确认的金额进行个人所得税申报； 3. 填写完成后提交税务机关审核
5	审核企业提交的申报资料	税务专员	在 VBSE 系统中审核企业提交的个人所得税申报
6	网上个人所得税申报并扣缴	财务会计	1. 在 VBSE 系统中下载"扣缴个人所得税报告表模板"； 2. 根据工资表和员工信息填写"扣缴个人所得税报告表模板"； 3. 将填好的"扣缴个人所得税报告表模板"导入系统中并扣缴个人所得税

实验项目 24　制造企业五险一金计算

【业务概述】

五险一金是指养老保险、失业保险、工伤保险、生育保险、医疗保险、住房公积金。北京市现行制度中各项保险的缴费比例如表 4-4-24-1 所示。

表 4-4-24-1　北京市现行制度中各项保险的缴费比例

类别	单位或个人	养老保险/%	失业保险/%	工伤保险/%	生育保险	基本医疗保险	
						基本医疗/%	大额互助
本市城镇职工	单位	20	1	核定比例（0.2~2）	0.8	9	1%
	个人	8	0.2	—	—	2	3 元
外埠城镇职工	单位	20	1	核定比例（0.2~2）	0.8	9	1%
	个人	8	0.2	—	—	2	3 元
本市农村劳动力	单位	20	1	核定比例（0.2~2）	0.8	9	1%
	个人	8	0	—	—	2	3 元
外埠农村劳动力	单位	20	1	核定比例（0.2~2）	0.8	9	1%
	个人	8	0	—	—	2	3 元

公积金缴费比例：根据企业的实际情况，选择住房公积金缴费比例。北京市现行制度中住房公积金单位、个人缴费比例均为 12%。

实训五险一金缴费比例请参见相关的设计规则。

【业务流程步骤】

制造企业五险一金计算的流程如表 4-4-24-2 所示。

表 4-4-24-2　制造企业五险一金计算的流程

编号	活动名称	角色	活动描述及操作指导
1	查询新进/离职员工信息	人力资源助理	登录系统界面，查询当月新入职/离职人员信息
2	填写"北京市社会保险参保人员增加表"	人力资源助理	根据新增/减少人员实际情况填写社会保险参保人员增加/减少表、"北京市社会保险参保人员增加表"一式两份（缴费基数按照参保人员基本工资标准填写）
3	审核"北京市社会保险参保人员增加表"	人力资源经理	1. 审核"北京市社会保险参保人员增加表"； 2. 确认无误，签字并交还给人力资源助理
4	登录更新"北京市社会保险增加表"	人力资源助理	1. 收到人力资源经理审核批准的"北京市社会保险增加表"； 2. 登录系统并在线更新"北京市社会保险增加表"

实验项目 25　制造企业五险一金财务记账

【业务概述】

每月月底，出纳去银行领取社会保险、住房公积金委托扣款凭证即付款通知单，并交财务会计记账处理。同时告知人力资源助理本月社会保险、住房公积金的扣款金额。

【业务流程步骤】

制造企业五险一金财务记账的业务流程如表 4-4-25-1 所示。

表 4-4-25-1　制造企业五险一金财务记账的业务流程

编号	活动名称	角色	活动描述及操作指导
1	去银行领取社会保险、住房公积金扣款回单	出纳	到银行取五险一金银行扣款回单

表4-4-25-1(续)

编号	活动名称	角色	活动描述及操作指导
2	代扣社会保险	银行柜员	为企业代理扣缴社会保险
3	代扣公积金	银行柜员	为企业代理扣缴公积金
4	打印五险一金扣款回单	银行柜员	1. 接到客户打印请求，查询相关交易记录； 2. 确认交易记录存在，即可为客户打印回单； 3. 打印后将回单交予客户
5	编制记账凭证	财务会计	1. 依据银行回单填制记账凭证，将银行扣款凭证和五险一金扣款通知粘贴在记账凭证后作为附件； 2. 将记账凭证传递给财务经理审核
6	审核记账凭证	财务经理	1. 接收财务会计送来的记账凭证； 2. 审核记账凭证； 3. 审核无误，将记账凭证交给出纳登记明细账
7	登记银行日记账	出纳	1. 接收财务经理交给的审核后的记账凭证； 2. 根据记账凭证登记银行存款日记账； 3. 将记账凭证交财务会计登记科目明细账
8	登记科目明细账	财务会计	1. 接收出纳交给的记账凭证； 2. 根据记账凭证登记科目明细账
9	登记总账	财务经理	1. 接收出纳交给的记账凭证； 2. 根据记账凭证登记科目总账

实验项目26　制造企业增值税计算

【业务概述】

增值税是以生产和流通各环节的增值额（也称附加值）为征税对象征收的一种税。从实际操作上看，它是采用间接计算办法，即从事货物销售以及提供应税劳务的纳税人，根据货物或应税劳务的销售额和适用税率计算税款，然后从中扣除上一环节的已纳增值税款，其余额为纳税人本环节应纳增值税税款。

【业务流程步骤】

制造企业增值税计算的流程如表4-4-26-1所示。

表4-4-26-1　制造企业增值税计算的流程

编号	活动名称	角色	活动描述及操作指导
1	收集抵扣联	财务会计	统一收集齐抵扣联
2	到税务局上门认证	财务会计	1. 持抵扣联到税务局上门认证； 2. 取回税务局盖章的认证结果通知书
3	装订抵扣联	财务会计	装订增值税发票抵扣联及认证结果通知书

实验项目27　制造企业增值税申报

【业务概述】

增值税是以商品（含应税劳务）在流转过程中产生的增值额作为计税依据而征收的一种流转税。从计税原理上说，增值税是对商品生产、流通、劳务服务中多个环节的新增价值或商品的附加值征收的一种流转税。实行价外税，也就是由消费者负担，有增值才征税，没增值不征税。缴纳税款是指纳税人依照国家法律、行政法规的规定，将实现的税款依法通过不同的方式缴纳入库的过程。纳税人应按照税法规定的期限及时足额缴纳应纳税款，履行应尽的纳税义务。

【业务流程步骤】

制造企业增值税申报的业务流程如表4-4-27-1所示。

表 4-4-27-1　制造企业增值税申报的业务流程

编号	活动名称	角色	活动描述及操作指导
1	填写增值税纳税申报表	财务经理	1. 准备上期的进项税, 汇总并整理; 2. 准备上期的销项税, 汇总并整理
2	网上增值税纳税申报	财务经理	1. 在 VBSE 系统中根据确认的金额进行增值税纳税申报; 2. 填写完成后提交税务机关审核
3	审核企业增值税申报	税务专员	在 VBSE 系统中审核企业提交的增值税申报

实验项目 28　制造企业编制采购计划

【业务概述】

编制采购计划是在合理利用供应环境机会, 并综合考虑运输成本、存货成本、每次订货成本等因素, 将物料需求计划转变为采购计划, 确定发出订单的时机和订购数量的过程。

【业务流程步骤】

制造企业编制采购计划的业务流程如表 4-4-28-1 所示。

表 4-4-28-1　制造企业编制采购计划的业务流程

序号	操作步骤	角色	操作内容
1	编制采购计划	采购经理	1. 收到生产部的物料净需求计划表
			2. 核对库存及在途信息编制采购计划
			3. 初步填制采购计划表
			4. 根据供应商的折扣等相关信息调整计划
			5. 将采购计划交给采购员下发
2	分发采购计划	采购员	1. 采购计划表打印一式三份
			2. 分发采购计划表（仓储部、生产计划部和采购部各一份）

实验项目 29　制造企业社会保险增员申报

【业务概述】

用人单位应当自用工之日起 30 日内为职工向社会保险经办机构申请办理社会保险登记, 当发生以下情况时需要做社会保险增员申报。

情形一: 企业有新员工入职时;

情形二: 企业内部人员调整, 外地职工调岗至本市工作时。

实训中社会保险缴纳采用委托银行收款的方式。

根据《中华人民共和国社会保险法》相关规定, 社会保险征收范围如下: 职工应当参加基本养老保险、失业保险、工伤保险、生育保险、医疗保险, 其中养老保险、失业保险和医疗保险由用人单位和职工共同缴纳, 工伤保险和生育保险由用人单位依照法定比例为员工缴纳。

职工个人以本人上年度工资收入总额的月平均数作为本年度月缴费基数, 其中新进本单位的人员以职工本人起薪当月的足月工资收入作为缴费基数; 参保单位以本单位全部参保职工月缴费基数之和作为单位的月缴费基数。

【业务流程步骤】

制造企业社会保险增员申报的流程如表 4-4-29-1 所示。

表 4-4-29-1　制造企业社会保险增员申报的流程

编号	活动名称	角色	活动描述及操作指导
1	查询新进/离职员工信息	人力资源助理	登录系统界面, 查询当月新入职/离职人员信息

表4-4-29-1(续)

编号	活动名称	角色	活动描述及操作指导
2	填写"北京市社会保险参保人员增加表"	人力资源助理	根据新增/减少人员实际情况填写"社会保险参保人员增加/减少表""北京市社会保险参保人员增加表"一式两份（缴费基数按照参保人员基本工资标准填写）
3	审核"北京市社会保险参保人员增加表"	人力资源经理	1. 审核"北京市社会保险参保人员增加表"； 2. 确认无误，签字并交还给人力资源助理
4	登录更新北京市社会保险增加表	人力资源助理	1. 收到人力资源经理审核批准的"北京市社会保险增加表"； 2. 登录系统并在线更新"北京市社会保险增加表"

实验项目30 制造企业住房公积金汇缴

【业务概述】

遇到下列情形时，企业需要进行住房公积金汇缴变更，填写汇缴变更清册。

情形一：企业新进人员时。

情形二：企业有员工离职时。

情形三：企业有人员调往外地，且调入地为以后常驻地时。

实训中住房公积金汇缴采用委托银行收款方式。

根据2019年新修订的《住房公积金管理条例》，住房公积金是指国家机关、国有企业、城镇集体企业、外商投资企业、城镇私营企业及其他城镇企业、事业单位及其在职职工缴存的长期住房储金。

单位进行住房公积金汇缴有以下几种方式：

（1）直接交存转账支票、现金（须填制"现金送款簿"）方式；

（2）通过银行汇款方式；

（3）委托银行收款方式；

（4）支取住房基金方式。

职工个人以本人上年度工资收入总额的月平均数作为本年度月缴费基数，其中新进本单位的人员以职工本人起薪当月的足月工资收入作为缴费基数；参保单位以本单位全部参保职工月缴费基数之和作为单位的月缴费基数。

【业务流程步骤】

制造企业住房公积金汇缴的流程如表4-4-30-1所示。

表4-4-30-1 制造企业住房公积金汇缴的流程

编号	活动名称	角色	活动描述及操作指导
1	去银行领取社会保险、住房公积金扣款回单	出纳	到银行取五险一金银行扣款回单
2	代扣社会保险	银行柜员	为企业代理扣缴社会保险
3	代扣公积金	银行柜员	为企业代理扣缴公积金
4	打印五险一金扣款回单	银行柜员	1. 接到客户打印请求，查询相关交易记录； 2. 确认交易记录存在，即可为客户打印回单； 3. 打印后将回单交予客户
5	编制记账凭证	财务会计	1. 依据银行回单填制记账凭证，将银行扣款凭证和五险一金扣款通知粘贴在记账凭证后作为附件； 2. 将记账凭证传递给财务经理审核
6	审核记账凭证	财务经理	1. 接收财务会计送来的记账凭证； 2. 审核记账凭证； 3. 审核无误，将记账凭证交给出纳登记明细账

表4-4-30-1(续)

编号	活动名称	角色	活动描述及操作指导
7	登记银行日记账	出纳	1. 接收财务经理交给的审核后的记账凭证; 2. 根据记账凭证登记银行存款日记账; 3. 将记账凭证交财务会计登记科目明细账
8	登记科目明细账	财务会计	1. 接收出纳交给的记账凭证; 2. 根据记账凭证登记科目明细账
9	登记总账	财务经理	1. 接收出纳交给的记账凭证; 2. 根据记账凭证登记科目总账

实验项目 31　制造企业编制主生产计划

【业务概述】

主生产计划（master production schedule，MPS）是闭环计划系统的一个部分。MPS 的实质是保证销售规划和生产规划对规定的需求（需求什么，需求多少和什么时候需求）与所使用的资源取得一致。MPS 考虑了经营规划和销售规划，使生产规划同它们相协调。它着眼于销售什么和能够制造什么，这就能为车间制定一个合适的"主生产进度计划"，并且以实际生产数据调整这个计划，直到负荷平衡。

【业务流程步骤】

制造企业编制主生产计划的业务流程如表 4-4-31-1 所示。

表 4-4-31-1　制造企业编制主生产计划的业务流程

编号	活动名称	角色	活动描述及操作指导
1	编制主生产计划	生产计划员	1. 依据接收的销售订单汇总表，结合各车间的生产能力，产品库存状况编制主生产计划计算表; 2. 根据主生产计算表填写主生产计划表; 3. 将主生产计划表交车间管理员核验，然后交生产计划经理审批
2	核验主生产计划	车间管理员	1. 根据车间产能检查主生产计划是否可行（如不可行则返回第一步重新调整编制）; 2. 核对确认后签字交还给生产计划员
3	审批主生产计划	生产经理	审批车间管理员核验过的主生产计划，签字后交还给生产计划员

实验项目 32　制造企业编制物料净需求计划

【业务概述】

总需求计划就是在一段时间内整个生产计划所需要的量，而净需求计划则是通过计算得来的，就是在总需求量上扣除现有库存量、已订购量、在途量，最后得出净需求，其实就是还需要的订购量。

【业务流程步骤】

制造企业编制物料净需求计划的流程如表 4-4-32-1 所示。

表 4-4-32-1　制造企业编制物料净需求计划的流程

编号	活动名称	角色	活动描述及操作指导
1	编制物料净需求计划	生产计划员	1. 依据主生产计划、物料库存、物料清单，通过填制物料需求计算表进行物料净需求计算; 2. 将结果填写到物料净需求计划表中; 3. 将物料净需求计划表送车间管理员校对，送生产计划经理审批
2	审核物料净需求计划	生产计划经理	1. 收到生产计划员的物料净需求计划，核对计算是否正确; 2. 审核物料净需求计划中物料需求时间与数量是否同主生产计划一致; 3. 确认后批准交还给物料计划员
3	将物料净需求计划送交相关部门	生产计划员	1. 留下第一联为生产计划员用来安排生产; 2. 第二联送采购经理以便其安排采购

实验项目 33　物料计划编制讲解

1. 物料需求计划的概念

物料需求计划（material requirement planning，MRP）是对生产计划的各个项目所需的全部制造件和全部采购件的需求计划。

它是根据主生产计划对最终产品的需求数量和交货期，推导出构成产品的零部件及材料的需求数量和需求日期，直至推导出自制零部件的制造订单下达日期和采购件的采购订单发放日期，并进行需求资源和可用能力之间的进一步平衡。

2. 物料需求计划的作用

（1）物料需求计划（MRP）的基本作用是：利用有关输入信息，实现各计划时间段（计划周期）的采购计划（采购订单）和制造计划（生产订单）。

MRP 是生产管理的核心，它将主生产计划排产的产品分解成各自制零部件的生产计划和采购件的采购计划。

（2）MRP 主要解决以下五个问题：

①要生产（含采购或制造）什么？生产（含采购或制造）多少？（这些数据从 MPS 获得）

②要用到什么？（这些数据根据物料清单表展开获得）

③已经有了什么？（这些数据根据物料库存信息获得）

④还缺什么？（这些数据根据物料需求计划计算结果获得）

⑤何时安排（包括何时开始采购制造、何时完成采购制造）？（这些数据依据物料的提前期获得）

（3）物料需求计划的工作原理（图 4-4-33-1）：

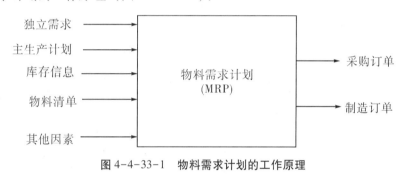

图 4-4-33-1　物料需求计划的工作原理

MRP 结构图的有关说明

实验项目 34　填写工作日志

【业务概述】

为使学生在整个学习过程中能够有的放矢，增强学习效果，VBSE 实习中要求填写"岗位工作日志""任务流程学习表"。此类表格属自制表格，没有固定格式。"岗位工作日志"用于学生记录工作内容、落实工作过程中遇到的问题、解决及优化建议；"任务流程学习表"用于强化学生对任务流程、资料与数据传递过程的理解。

【业务流程步骤】

填写工作日志的流程如表 4-4-34-1 所示。

模块四　制造企业

表 4-4-34-1　填写工作日志的流程

序号	操作步骤	角色	操作内容
1	填写岗位工作日志	全体岗位	1. 填写岗位工作日志； 2. 将岗位工作日志提交给实习指导教师

实验项目 35　制造企业销售发货给客户

【业务概述】

销售发货是指销售员依据销售订单交货日期填写产品发货单，仓管员填写出库单，并由销售员将货物发给客户，财务部根据发货出库单开具销售发票，当客户收货确认后销售员需登记销售发货明细的整个流程。

【业务流程步骤】

制造企业销售发货给客户的业务流程如表 4-4-35-1 所示。

表 4-4-35-1　制造企业销售发货给客户的业务流程

编号	活动名称	角色	活动描述及操作指导
1	填制发货单	销售专员	1. 销售专员根据销售订单填写发货单； 2. 将发货单的财务联送交财务部的财务会计； 3. 将发货单的客户联自留（因为对方是虚拟企业，无实体）； 4. 携带发货单的仓储联前往仓储部办理发货
2	审核发货单	营销经理	1. 收到销售专员交的发货单； 2. 对照销售合同审核销售发货计划的发货订单时间、数量、发货方式是否正确； 3. 确认无误，在销售发货单上签字
3	审核发货单	财务会计	1. 收到销售专员传过来的销售发货单； 2. 检查本企业的应收账款额度是否过高，如过高则应通知营销经理限制发货； 3. 将发货单留存联交给出纳填制记账凭证
4	确认发货单	仓储经理	1. 收到交来的销售发货单并审核其填写是否正确，库存是否充足； 2. 与财务部确认客户回款状态是否符合发货的条件； 3. 确认正确无误，依照其登记库存台账并办理出库手续

实验项目 36　制造企业薪酬核算

【业务概述】

薪酬核算主要是对员工货币性薪酬的计算，现行制度中货币性薪酬包括基本薪酬、奖励薪酬（奖金）、附加薪酬（津贴）、补贴薪酬、红利、酬金和福利等。

实训中，薪酬由基本工资、绩效工资、辞退福利、五险一金构成。因实训不提供薪酬核算的纸质表格，故学生需要在进入本工作任务后自行下载电子表格，并保存。

【业务流程步骤】

制造企业薪酬核算的业务流程如表 4-4-36-1 所示。

表 4-4-36-1　制造企业薪酬核算的业务流程

编号	活动名称	角色	活动描述及操作指导
1	收集工资数据	人力资源助理	1. 下载企业员工花名册信息，收集整理当月新增和离职的人员记录，确定员工人员及信息； 2. 整理汇总当月考勤数据； 3. 核算薪酬并填制相应表格（考勤统计表、职工薪酬统计表、企业代缴福利表、职工薪酬统计——部门汇总表和职工薪酬发放表）

表4-4-36-1(续)

编号	活动名称	角色	活动描述及操作指导
2	审核工资	人力资源经理	1. 审核薪酬核算金额，重点对人员变动的正确性进行核查； 2. 审核完成所有表单后，在表单对应位置签字； 3. 将签字完成的表单返还人力资源助理
3	审核工资	总经理	1. 收到人力资源助理交来的薪酬发放表； 2. 审核薪酬核算金额，重点对人员变动的正确性进行核查； 3. 审核完成后在表单的对应位置签字； 4. 将签字完成的表单返还人力资源助理
4	填制记账凭证	财务会计	1. 收到人力资源部交来的薪酬表单； 2. 编制本月薪酬发放的记账凭证
5	审核记账凭证	财务经理	1. 收到财务会计交来的薪酬表单和记账凭证； 2. 审核记账凭证的正确性，并登记总账； 3. 交还给财务会计工资表和记账凭证
6	登记科目明细账	财务会计	根据记账凭证和薪酬表单，填写明细账

实验项目37 组装车间生产派工，领料、车架开工

【业务概述】

生产计划经理依据之前编制的生产加工计划查看车间产能状况，对车间进行派工。生产计划经理对各个工作岗位的生产任务进行具体安排，并检查各项生产准备工作，保证现场按生产作业计划进行生产。

车间管理员根据生产计划经理下达的半成品车架派工单，查看物料结构，填写领料单，进行生产领料。仓管员检查生产用料，办理材料出库，填写材料出库单和物料卡，生产工人开始这个月的车架生产。

【业务流程步骤】

组装车间生产派工的流程如表4-4-37-1所示。

表4-4-37-1 组装车间生产派工的流程

编号	活动名称	角色	活动描述及操作指导
1	填写派工单	生产计划员	1. 根据主生产计划表编制车架派工单（车架派工单一式两份）； 2. 下达车架派工单给车间管理员； 3. 自己留存另一份车架派工单
2	填写领料单	车间管理员	1. 根据派工单和物料清单填写一式三联领料单； 2. 送仓库管理员办理领料
3	核对生产用料	仓管员	1. 仓管员接到领料单； 2. 核对领料单上物料的库存情况； 3. 确认可以满足后在领料单上签字
4	填写原材料出库单	仓管员	根据领料单填写原材料出库单
5	办理材料出库	仓管员	1. 在VBSE系统中办理材料出库，车间管理员在原材料出库单上签字确认； 2. 原材料出库单的生产计划部联随材料一起交车间管理员
6	登记库存台账	仓储经理	1. 接收仓管员送来的原材料出库单； 2. 根据原材料出库单登记库存台账； 3. 登记完交仓管员留存备
7	机加车间开工	车间管理员	车间依据物料、人员、设备的齐全状况开始生产

实验项目 38　生产领料、童车组装

【业务概述】

车间管理员根据生产经理下达的成品组装派工单，查看产品组装结构明细，填写领料单，仓管员检查整车组装所需的齐套料，办理出库手续，生产管理员领料生产并进行整车组装。

【业务流程步骤】

生产领料、童车组装的流程如表 4-4-38-1 所示。

表 4-4-38-1　生产领料、童车组装的流程

编号	活动名称	角色	活动描述及操作指导
1	填写派工单	生产计划员	1. 根据主生产计划表编制整车派工单； 2. 整车派工单一式两份，其中一份将整车派工单给车间管理员； 3. 另一份整车派工单自己留存
2	填写领料单	车间管理员	根据派工单和物料清单填写一式三联领料单
3	核对生产用料	仓管员	1. 仓管员接到车间管理员的领料单； 2. 核对领料单上物料的库存情况； 3. 确认可以满足后在领料单上签字
4	填写原材料出库单、半成品出库单	仓管员	根据领料单填写原材料出库单、半成品出库单
5	办理材料出库	仓管员	1. 在 VBSE 系统中办理材料出库，车间管理员在原材料出库单、半成品出库单上签字确认； 2. 原材料出库单、半成品出库单的生产计划部联交车间管理员随材料一起拿走； 3. 原材料出库单、半成品出库单财务联交成本会计； 4. 原材料出库单、半成品出库单仓储部联交仓储经理登记库存台账
6	登记库存台账	仓储经理	1. 接收仓管员送来的原材料出库单、半成品出库单； 2. 根据原材料出库单、半成品出库单登记库存台账； 3. 登记完交仓管员留存备案
7	组装车间开工	车间管理员	车间管理员确认人员、物料、设备的状况是否齐全，确定后开始生产

实验项目 39　制造企业计提折旧

【业务概述】

财务会计和成本会计在每个会计期末按照会计制度中确定的固定资产折旧方法计提折旧，并登记科目明细账。生产部门固定资产的折旧计入制造费用，其他部门的折旧计入期间费用。固定资产在购买当月不计提折旧，从次月开始计提折旧，出售当期照提折旧。在实训中固定资产折旧按照直线法计提折旧。

【业务流程步骤】

制造企业计提折旧的业务流程如表 4-4-39-1 所示。

表 4-4-39-1　制造企业计提折旧的业务流程

编号	活动	角色	活动描述及操作指导
1	计算折旧	财务会计	1. 根据固定资产政策及固定资产明细账计提折旧； 2. 填写企业管理部门固定资产折旧计算表、生产部门固定资产折旧计算表
2	编制企业管理部门折旧记账凭证	财务会计	1. 根据企业管理部门固定资产折旧计算表填写管理部门折旧记账凭证； 2. 将生产部门固定资产折旧计算表交成本会计填制凭证； 3. 交财务经理审核记账凭证

表4-4-39-1(续)

编号	活动名称	角色	活动描述及操作指导
3	编制生产部门折旧记账凭证	成本会计	1. 接收财务会计提供的生产部门固定资产折旧计算表,并据以填写生产部门折旧记账凭证; 2. 交财务经理审核记账凭证
4	审核记账凭证	财务经理	1. 接收财务会计、成本会计交给的记账凭证,进行审核; 2. 审核后登记总分类账,并将记账凭证分别返还财务会计和成本会计登记科目明细账
5	登记科目明细账	成本会计	1. 接收财务经理已审核的记账凭证; 2. 登记制造费用明细账; 3. 登记完明细账后,将记账凭证交财务会计登记累计折旧明细账
6	登记科目明细账	财务会计	1. 接收财务经理已审核的记账凭证; 2. 登记管理费用明细账; 3. 根据管理部门折旧记账凭证和生产部门折旧记账凭证登记累计折旧明细账; 4. 登记完明细账后,将这些凭证整理归档

实验项目40　车架成本核算

【业务概述】

成本会计根据车架生产成本明细账统计生产车架领用原材料、直接人工和制造费用,编制车架的产品成本计算表。成本计算完成后,成本会计编制记账凭证,经财务经理审核后登记科目明细账。

【业务流程步骤】

车架成本核算的流程如表4-4-40-1所示。

表4-4-40-1　车架成本核算的流程

编号	活动名称	角色	活动描述及操作指导
1	分配制造费用,并编制记账凭证	成本会计	1. 根据制造费用明细账,结出月发生额; 2. 根据制造费用明细账的余额,编制制造费用分配表; 3. 编制记账凭证
2	原材料出库价格计算,并编制记账凭证	成本会计	1. 根据原材料明细账、本月的原材料出库单,计算本月原材料的出库成本; 2. 编制记账凭证
3	车架成本计算,并编制记账凭证	成本会计	1. 根据车架物料清单和生产成本明细账,分别汇总直接材料、直接人工、制造费用本月发生数; 2. 编制车架的产品成本计算表; 3. 编制记账凭证
4	车架出库价格计算,并编制记账凭证	成本会计	1. 根据车架明细账、本月的半成品出库单,计算本月车架的出库成本; 2. 编制记账凭证
5	童车成本计算并填写记账凭证	成本会计	1. 编制童车的产品成本计算表; 2. 编制记账凭证
6	审核记账凭证	财务经理	1. 接收财务会计交给的记账凭证,进行审核,并登记总分类账; 2. 审核后,交成本会计登记科目明细账
7	登记科目明细账	成本会计	1. 接收财务经理审核完的记账凭证; 2. 根据记账凭证登记科目明细账

实验项目41　童车成本核算

【业务概述】

首先,成本会计根据出库单,统计组装童车领用车架的数量,根据自制半成品明细账,按照全月平均法计算车架出库成本;根据出库单统计组装童车领用原材料的数量,根据原材料明细账,按照全月平均法计算材料出库成本,并填制记账凭证,待财务经理审核后登记科目明细账。

然后，编制童车的成本计算表。成本计算完成后编制记账凭证，经财务经理审核后登记科目明细账。

【业务流程步骤】

童车成本核算的业务流程如表 4-4-41-1 所示。

表 4-4-41-1　童车成本核算的业务流程

编号	活动名称	角色	活动描述及操作指导
1	分配制造费用，并编制记账凭证	成本会计	1. 根据制造费用明细账，结出月发生额； 2. 根据制造费用明细账的余额，编制制造费用分配表； 3. 编制记账凭证
2	原材料出库价格计算，并编制记账凭证	成本会计	1. 根据原材料明细账、本月的原材料出库单，计算本月原材料的出库成本； 2. 编制记账凭证
3	车架成本计算，并编制记账凭证	成本会计	1. 根据车架物料清单和生产成本明细账，分别汇总直接材料、直接人工、制造费用本月发生数； 2. 编制车架的产品成本计算表； 3. 编制记账凭证
4	计算车架出库价格，并编制记账凭证	成本会计	1. 根据车架明细账、本月的半成品出库单，计算本月车架的出库成本； 2. 编制记账凭证
5	计算童车成本并填写记账凭证	成本会计	1. 编制童车的产品成本计算表； 2. 编制记账凭证
6	审核记账凭证	财务经理	1. 接收财务会计交给的记账凭证，进行审核，并登记总分类账； 2. 审核后，交成本会计登记科目明细账
7	登记科目明细账	成本会计	1. 接收财务经理审核完的记账凭证； 2. 根据记账凭证登记科目明细账

实验项目 42　制造企业考勤汇总查询

【业务概述】

实训中，开始新一天的任务后，学生需要进行上班签到。每月经营完成后，人力资源助理进行考勤统计，制作考勤统计表，以便计算工资。本次教学系统能自动签到，统计考勤。

【业务流程步骤】

制造企业考勤汇总查询的流程如表 4-4-42-1 所示。

表 4-4-42-1　制造企业考勤汇总查询的流程

序号	操作步骤	角色	操作内容
1	考勤信息查询	人力资源助理	1. 点击考勤统计查询，获取公司员工考勤明细信息； 2. 依照明细信息制作考勤统计表（考勤统计表自制，样式可参照样例）； 3. 将制作完成的考勤统计表交人力资源经理计算工资

实验项目 43　制造企业结转销售成本

【业务概述】

销售成本是指已销售产品的生产成本或已提供劳务的劳务成本以及其他销售的业务成本。月末，财务部按照销售商品的名称及数量，分别根据库存商品中结出的其平均成本价，算出总成本进行主营业务成本的计算结转，其计算公式为

主营业务成本＝产品销售数量或提供劳务数量×产品单位生产成本或单位劳务成本

就销售产品而言，产品销售数量可直接在"库存商品明细账"上取得；产品单位生产成本可采用多种方法进行计算确定，如先进先出法、移动加权平均法、全月一次加权平均法等，但企业一经选定某一种方法后，不得随意变动，这是会计核算一贯性原则的要求。本次实训中采用全月一次加权平均

法计算产品单位成本。

【业务流程步骤】

制造企业结转销售成本的业务流程如表4-4-43-1所示。

表4-4-43-1 制造企业结转销售成本的业务流程

编号	活动名称	角色	活动描述及操作指导
1	编制销售产品成本汇总表，填制记账凭证	成本会计	1. 根据产品出库单，汇总销售出库的产品数量； 2. 根据销售数量和库存商品平均单价，用 Excel 编制销售成本结转明细表（线下学生自己完成）； 3. 根据销售出库单及销售成本结转明细表反映的业务内容，编制记账凭证； 4. 在记账凭证"制单"处签字或加盖名单
2	审核记账凭证	财务经理	1. 审核记账凭证的附件、记账科目、金额、手续是否正确与齐全； 2. 经审核无误的记账凭证，财务经理在"复核"和"财务主管"处签字或盖章； 3. 根据已审核的记账凭证登记总分类账
3	计提企业所得税费用并结转	财务会计	1. 根据本年利润余额计算企业所得税； 2. 填制记账凭证
4	审核记账凭证	财务经理	收到已填制的记账凭证，进行审核，并登记总账
5	结转本年利润	财务会计	将本年利润余额，结转至利润分配中，填制记账凭证
6	审核记账凭证	财务经理	收到填制记账凭证，进行审核，并登记总账
7	计提法定盈余公积并结转	成本会计	1. 按本年净利润（减弥补以前亏损后）的10%提取法定盈余公积，法定盈余公积累计额达到注册资本的50%时可以不再提取； 2. 将提取的法定盈余公积结转至利润分配中，填制记账凭证
8	审核记账凭证	财务经理	收到记账凭证，进行审核，并登记总账
9	登记科目明细账	财务会计	1. 根据审核后的记账凭证登记科目明细账； 2. 记账后在记账凭证上签字或盖章

实验项目44 机加车间生产派工

【业务概述】

生产计划经理依据之前编制的生产加工计划查看车间产能状况，对车间进行派工。生产计划经理对各个工作岗位的生产任务进行具体安排，并检查各项生产准备工作，保证现场按生产作业计划进行生产。

【业务流程步骤】

机加车间生产派工的业务流程如表4-4-44-1所示。

表4-4-44-1 机加车间生产派工的业务流程

编号	活动名称	角色	活动描述及操作指导
1	填写派工单	生产计划员	1. 根据主生产计划表编制车架派工单（一式两份）； 2. 下达车架派工单给车间管理员； 3. 另一份车架派工单自己留存
2	填写领料单	车间管理员	1. 根据派工单和物料清单填写领料单（一式三联）； 2. 将领料单交给仓库管理员，办理领料
3	核对生产用料	仓管员	1. 仓管员接到领料单； 2. 核对领料单上物料的库存情况； 3. 确认可以满足后在领料单上签字
4	填写原材料出库单	仓管员	根据领料单填写原材料出库单

表4-4-44-1(续)

编号	活动名称	角色	活动描述及操作指导
5	办理材料出库	仓管员	1. 在VBSE系统中办理材料出库，车间管理员在原材料出库单上签字确认； 2. 原材料出库单的生产计划部联随材料一起交给车间管理员
6	登记库存台账	仓储经理	1. 接收仓管员送来的原材料出库单； 2. 根据原材料出库单登记库存台账； 3. 登记完交仓管员留存备
7	机加车间开工	车间管理员	车间依据物料、人员、设备的齐全状况开始生产

实验项目45　增值税抵扣联认证

【业务概述】

纳税人取得防伪税控系统开具的增值税专用发票，其在申请抵扣前必须持专用发票的抵扣联向税务机关申请认证，经过认证后的进项税额才可以进行抵扣。

【业务流程步骤】

增值税抵扣联认证的流程如表4-4-45-1所示。

表4-4-45-1　增值税抵扣联认证的流程

编号	活动名称	角色	活动描述及操作指导
1	收集抵扣联	财务会计	统一收集齐抵扣联
2	到国税局上门认证	财务会计	1. 持抵扣联到税务局认证； 2. 取回税务局盖章的认证结果通知书
3	装订抵扣联	财务会计	装订增值税发票抵扣联及认证结果通知书

实验项目46　与供应商签订采购合同

【业务概述】

签订采购合同是企业与选择的供应商针对商品的品种、规格、技术标准、质量保证、订购数量、包装要求、售后服务、价格、交货日期与地点、运输方式、付款条件等进行反复磋商、双方无异议后，为建立双方满意的购销关系而办理的法律手续。

【业务流程步骤】

企业与供应商签订采购合同的业务流程如表4-4-46-1所示。

表4-4-46-1　企业与供应商签订采购合同的业务流程

编号	活动名称	角色	活动描述及操作指导
1	收到工贸企业送来的购销合同	采购员	1. 根据采购计划选择合适的工贸企业，沟通采购细节内容； 2. 拟定购销合同，并由工贸企业先签字盖章，一式两份
2	填写合同会签单	采购员	1. 根据合同的信息填写合同会签单； 2. 将购销合同和合同会签单提交给采购经理
3	合同会签单签字	采购经理	1. 接收采购员提交的购销合同及合同会签单； 2. 审核购销合同内容填写的准确性和合理性，审核同意后在合同会签单上签字确认； 3. 将购销合同和合同会签单发送给财务经理
4	合同会签单签字	财务经理	1. 接收采购经理交送的购销合同及合同会签单； 2. 审核购销合同的准确性和合理性，审核同意后在合同会签单上签字； 3. 将购销合同和合同会签单提交给总经理

表4-4-46-1(续)

编号	活动名称	角色	活动描述及操作指导
5	合同会签单签字	总经理	1. 接收财务经理提交的购销合同及合同会签单； 2. 审核采购经理和财务经理是否审核签字，审核购销合同的准确性和合理性，审核同意后在合同会签单和购销合同上签字； 3. 将购销合同和合同会签单发送给行政助理
6	购销合同盖章	行政助理	1. 接收总经理发送的购销合同和合同会签单； 2. 检查合同会签单是否经总经理签字，确认无误后给合同盖章； 3. 将购销合同的其中一份发送给采购员，另一份存档
7	购销合同存档	行政助理	1. 更新合同管理表； 2. 登记完，把购销合同留存备案
8	登记采购合同执行情况表	采购员	1. 接收行政助理发送的购销合同； 2. 根据制造企业与工贸企业签订好的购销合同，登记采购合同执行情况表
9	将购销合同返回工贸企业一份	采购员	将签订好并已登记的购销合同，返还给工贸企业

实验项目47 制造企业出售设备

【业务概述】

处置设备业务是指企业根据设备利用率情况或资金短缺状况而将部分生产设备进行出售。生产计划经理负责生产设备的出售合同拟定。

【业务流程步骤】

制造企业出售设备的业务流程如表4-4-47-1所示。

表4-4-47-1 制造企业出售设备的业务流程

编号	活动名称	角色	活动描述及操作指导
1	填写购销合同	制造企业采购员	1. 根据公司需求，确定设备销售需求，到服务公司协商销售设备的价格； 2. 准备购销合同并签署相关内容（用厂房仓库购销合同即可）
2	填写合同会签单	制造企业采购员	1. 拿到签订的购销合同； 2. 根据购销合同，填写"合同会签单"
3	采购经理审核合同会签单	制造企业采购经理	1. 接收采购员发送的合同和合同会签单； 2. 审核合同及合同会签单，并在合同会签单上签字
4	财务审核合同会签单	制造企业财务经理	1. 接收采购经理发送的合同和合同会签单； 2. 审核合同及合同会签单，并在合同会签单对应位置上签字
5	总经理审核合同会签单	制造企业总经理	1. 接收财务部审核的合同和合同会签单； 2. 审核合同及合同会签单，并在合同会签单对应位置上盖章； 3. 将合同发送给仓管员
6	5. 将购销合同送交给服务公司	制造企业采购员	1. 接收总经理发送的合同； 2. 持本公司已盖章的合同，去服务公司盖章
7	6. 服务公司盖章	服务公司总经理	1. 收到企业盖章后的合同审核并盖章； 2. 将盖章后的合同，送交制造企业行政经理
8	7. 合同归档	制造企业行政助理	1. 行政经理更新合同管理表； 2. 行政经理登记完，把采购合同留存备案
9	办理设备销售	制造企业车间管理员	按照合同，在系统中将对应的设备进行出售
10	办理设备回收	服务公司业务员	在系统中回收合同中签订的设备
11	开具发票	服务公司总经理	依据合同金额，为企业开具发票

实验项目 48　购买设备

【业务概述】

企业根据中长期生产计划及资金状况，确定购买新设备来扩大产能。生产计划部提起设备需求计划，生产计划员发起设备购买流程。

【业务流程步骤】

企业购买设备的业务流程如表 4-4-48-1 所示。

表 4-4-48-1　企业购买设备的业务流程

编号	活动名称	角色	活动描述及操作指导
1	填写购销合同	制造企业采购员	1. 根据公司需求，确定购买需求，到服务公司协商购买生产线的价格； 2. 准备购销合同并签署相关内容（用厂房仓库购销合同即可）
2	填写合同会签单	制造企业采购员	1. 拿到签订的购销合同； 2. 根据购销合同，填写"合同会签单"
3	采购经理审核"合同会签单"	制造企业采购经理	1. 接收采购员发送的合同和"合同会签单"； 2. 审核合同及"合同会签单"，并在"合同会签单"上签字
4	财务审核"合同会签单"	制造企业财务经理	1. 接收采购经理发送的合同和"合同会签单"； 2. 审核合同及"合同会签单"，并在"合同会签单"对应位置上签字
5	总经理审核"合同会签单"	制造企业总经理	1. 接收财务部审核的合同和"合同会签单"； 2. 审核合同及"合同会签单"，并在"合同会签单"的对应位置上盖章； 3. 将合同发送给仓管员
6	将购销合同送交给服务公司	制造企业采购员	1. 接收总经理发送的合同； 2. 持已盖章的合同，去服务公司盖章
7	服务公司盖章	服务公司总经理	1. 收到企业盖章后的合同，审核并盖章； 2. 将盖章后的合同，送交制造企业行政经理
8	合同归档	制造企业行政助理	1. 行政经理更新合同管理表； 2. 行政经理登记完，把采购合同留存备案
9	办理设备销售	服务公司业务员	按照合同，在系统中为对应的企业选择相应的设备
10	开具发票	服务公司总经理	依据合同金额，为企业开具发票

实验项目 49　购买产品生产许可

【业务概述】

新产品开发是指从研究选择适应市场需要的产品开始，到产品设计、工艺制造设计，直到投入正常生产的一系列决策过程。从广义而言，新产品开发既包括新产品的研制也包括对原有的老产品进行改进与换代。新产品开发是企业研究与开发的重点内容，本实习中采用购买生产许可证来模拟新产品研发的过程。

【业务流程步骤】

购买产品生产许可的流程如表 4-4-49-1 所示。

表 4-4-49-1　购买产品生产许可的流程

编号	活动名称	角色	活动描述及操作指导
1	申请开发市场并编制开发市场申请表	市场专员	根据公司策略，选择要开发的市场及投放金额，填写市场开发申请单
2	审批开发市场	营销经理	1. 接到市场专员的申请开发市场报告； 2. 根据公司的经营策略及资金使用计划，审核其合理性； 3. 确认同意后，签字批准

表4-4-49-1(续)

编号	活动名称	角色	活动描述及操作指导
3	到服务公司办理市场开发	市场专员	1. 走访客户，获得潜在客户的采购信息； 2. 与客户沟通，落实意向客户，与意向客户就供货时间、数量、价格、结算条件，运输方式等进行磋商，为签订购销合同做准备
4	确认市场开发结果	市场专员	到服务公司确认市场开发结果

实验项目50　招聘生产工人

【业务概述】

员工招聘就是企业采取一些科学的方法寻找、吸引应聘者，并从中选出企业需要的人员并予以录用的过程。它是指按照企业经营战略规划的要求，把优秀、合适的人招聘进企业，把合适的人放在合适的岗位上。员工招聘包括征集、甄选和录用三个阶段。

本任务是企业通过人才服务公司招聘生产工人。

【业务流程步骤】

招聘生产工人的流程如表4-4-50-1所示。

表 4-4-50-1　招聘生产工人的流程

编号	活动名称	角色	活动描述及操作指导
1	人才招聘	人力资源经理	1. 要求生产计划经理依照生产计划安排统计生产工人缺口； 2. 与生产计划经理沟通人才素质要求及职称等； 3. 登录系统进行简历筛选
2	服务公司确认招聘人员	服务公司业务员	与服务公司沟通确定录用人员
3	招聘人员选定	人力资源经理	结合招聘需求确定录用名单
4	查询已聘人员、开具发票	服务公司业务员	1. 依据确定的人员录用名单在系统中查询已聘人员； 2. 根据协定的人才推介服务费用金额开具服务费发票，并将发票交给招聘企业，要求其尽快支付费用
5	申请支票付款	人力资源经理	1. 依据发票显示内容和金额填写支出凭单； 2. 将填写完成的支出凭单交财务经理审核
6	开具支票	出纳	1. 依据支出凭单开具转账支票，收款单位名称及账号信息要求人力资源经理提供； 2. 将开具好的转账支票交财务经理审核、盖章
7	审核支票	财务经理	1. 检查支票填写是否规范； 2. 在支票上盖财务章； 3. 将支票交还出纳
8	支付支票	出纳	1. 在支票登记簿上登记转账支票； 2. 要求人力资源经理签字； 3. 将支票交给人力资源经理
9	填制记账凭证	成本会计	1. 依据支出凭单填制记账凭证； 2. 依据记账凭证登记三栏式明细账； 3. 将填写完成的记账凭证和三栏式明细账交财务经理审核签字
10	审核记账凭证	财务经理	1. 接到并审核成本会计填写的记账凭证和三栏式明细账； 2. 审核无误，依据记账凭证、三栏式明细账做总分类账； 3. 把记账凭证，三栏式明细账交还财务部成本会计
11	支付支票	人力资源经理	人力资源经理将支票交给服务公司

实验项目 51　制造企业解聘工人

【业务概述】

企业解聘工人，主要是指企业与职工签订的劳动合同未到期之前，企业由于种种原因需要提前终止与某员工的劳动合同。实训中只模拟生产工人的解聘业务。

【业务流程步骤】

制造企业解聘生产工人的流程如表 4-4-51-1 所示。

表 4-4-51-1　制造企业解聘生产工人的流程

编号	活动名称	角色	活动描述及操作指导
1	解聘工人	人力资源经理	1. 询问生产计划经理是否需要裁减冗余的生产工人； 2. 登录系统查询生产工人信息，辞退不需要的工人； 3. 依照规则结算工人工资

实验项目 52　制造企业社会保险增员申请/减员申报

【业务概述】

用人单位应当自用工之日起 30 日内为职工向社会保险经办机构申请办理社会保险登记，当发生以下情况时需要做社会保险增员申报：

情形一：企业有新员工入职时。

情形二：企业内部人员调整，外地职工调岗至本市工作时。

实训中社会保险缴纳采用委托银行收款方式。

根据《中华人民共和国社会保险法》相关规定，社会保险征收范围如下：职工应当参加基本养老保险、失业保险、工伤保险、生育保险、医疗保险，其中养老保险、失业保险和医疗保险由用人单位和职工共同缴纳，工伤保险和生育保险由用人单位依照法定比例为员工缴纳。

职工个人以本人上年度工资收入总额的月平均数作为本年度月缴费基数，其中新进本单位的人员以职工本人起薪当月的足月工资收入作为缴费基数；参保单位以本单位全部参保职工月缴费基数之和作为单位的月缴费基数。

当发生以下情况时，企业需要做社会保险减员申报：

情形一：企业员工离职、办理退休时。

情形二：企业内部人员调整，本地职工调岗至外地工作时。

实训中制造企业社会保险的缴纳采用委托银行收款方式。

社会保险一般指养老保险、失业保险、医疗保险、工伤保险和生育保险。

养老保险是国家依法强制实施、专门面向劳动者并通过向企业、个人征收养老基金，用以解决劳动者退休后的生活保障问题的一项社会保险制度。其基本待遇是养老保险金的支付，它是各国社会保险制度中的主体项目，也是各国社会保障制度中的保障项目。

失业保险是国家依法强制实施、专门面向劳动者并通过筹集失业保险基金，用以解决符合规定条件的失业者的生活保障问题的一项社会保险制度。其基本待遇是支付失业保险金及失业医疗救助等，它是市场经济条件下适应劳动力市场化发展需要，并缓和失业现象可能带来的严重社会问题的不可或缺的稳定保障机制。

医疗保险是国家依法强制实施、专门面向劳动者并通过向企业及个人征收医疗保险费形成医疗保险基金，用以解决劳动者及其家属医疗保障问题的一项社会保险制度。其基本待遇是提供医疗保障及医疗补助。

工伤保险是国家依法强制实施、面向企业或用人单位筹集工伤保险基金，用以补偿职工因工伤事故而导致的收入丧失和医疗损失的一种社会保险制度，其实质是建立在民法基础上的一种用工单位对本单位职工工伤事故进行赔偿的制度。其基本待遇包括工伤期间的收入保障、工伤抚恤、工伤医疗保障等。

生育保险是国家依法强制实施、面向用工单位及个人筹集生育保险基金，用以解决生育妇女孕、产、哺乳期间的收入和生活保障问题的一种社会保险制度。其基本待遇是提供生育医疗保障、产假及产假工资等。

【业务流程步骤】

制造企业社会保险增员申请/减员申报的流程如表4-4-52-1所示。

表4-4-52-1　制造企业社会保险增员申请/减员申报的流程

编号	活动名称	角色	活动描述及操作指导
1	查询新进/离职员工信息	人力资源助理	登录系统界面，查询当月新入职/离职人员信息
2	填写"北京市社会保险参保人员增加表"	人力资源助理	根据新增/减少人员实际情况填写社会保险参保人员增加/减少表，"北京市社会保险参保人员增加表"一式两份（缴费基数按照参保人员基本工资标准填写）
3	审核"北京市社会保险参保人员增加表"	人力资源经理	1. 审核"北京市社会保险参保人员增加表"； 2. 确认无误，签字并交还给人力资源助理
4	更新"北京市社会保险增加表"	人力资源助理	1. 收到人力资源经理审核批准的"北京市社会保险增加表"； 2. 登录系统并在线更新"北京市社会保险增加表"

实验项目53　制造企业与客户签订合同

【业务概述】

签订购销合同是企业与客户针对商品的品种、规格、技术标准、质量保证、订购数量、包装要求、售后服务、价格、交货日期与地点、运输方式、付款条件等进行反复磋商、双方无异议后，为建立双方满意的购销关系而办理的法律手续。

【业务流程步骤】

制造企业与客户签订合同的流程如表4-4-53-1所示。

表4-4-53-1　制造企业与客户签订合同的流程

编号	活动名称	角色	活动描述及操作指导
1	填写购销合同	销售专员	1. 销售专员根据销售计划与客户沟通销售合同细节内容； 2. 填写购销合同，并要求经销商签字盖章，一式两份
2	填写合同会签单	销售专员	1. 填写合同会签单； 2. 将购销合同和合同会签单送交营销经理审核
3	合同会签单签字	营销经理	1. 接收销售专员交给的购销合同及合同会签单； 2. 审核购销合同内容填写的准确性和合理性； 3. 在合同会签单上签字确认
4	合同会签单签字	财务经理	1. 接收销售专员交给的购销合同及合同会签单； 2. 审核购销合同内容填写的准确性和合理性； 3. 在合同会签单上签字确认
5	合同会签单签字	总经理	1. 接收销售专员交给的购销合同及合同会签单； 2. 审核购销合同内容填写的准确性和合理性； 3. 在合同会签单上签字确认
6	购销合同盖章	行政助理	1. 营销经理把购销合同和合同会签单交给销售专员去盖章； 2. 销售专员拿购销合同和合同会签单找行政助理盖章； 3. 行政助理检查合同会签单是否签字； 4. 行政助理给合同盖章； 5. 行政助理将盖完章的购销合同交还销售专员
7	送还对方一份已签字盖章的合同	销售专员	销售专员把本企业已经签字盖章的购销合同送还对方一份

实验项目 54　制造企业查看与虚拟客户的销售订单

【业务概述】

制造企业与客户经过磋商签订了销售合同后，制造企业的销售专员将销售订单的基本信息录入VBSE 系统，系统将根据录入的信息执行未来的销售发货及收款等业务。

【业务流程步骤】

制造企业查看与虚拟客户的销售订单的流程如表 4-4-54-1 所示。

表 4-4-54-1　制造企业查看与虚拟客户的销售订单的流程

活动名称	角色	活动描述及操作指导
查看订单并确定预期订单	销售专员	1. 在系统中查看可选订单； 2. 在接到服务公司通知后，到服务公司进行选单

实验项目 55　设备验收建卡入账

【业务概述】

设备采购到货后，资产会计要根据购买发票对设备进行固定资产建卡及登账业务。

【业务流程步骤】

（略）

实验项目 56　支付设备回购款

【业务概述】

制造企业为了融资，将从服务公司购买的设备再卖给服务公司，解决资金问题，服务公司支付给制造企业设备回购款。

【业务流程步骤】

支付设备回购款的流程如表 4-4-56-1 所示。

表 4-4-56-1　支付设备回购款的流程

编号	活动名称	角色	活动描述及操作指导
1	催收货款	制造企业采购员	1. 向购买制造企业设备的服务公司催收设备销售款； 2. 收到服务公司递交的转账支票； 3. 依据购销合同审核支票的金额； 4. 将支票移交出纳处理
2	支付货款	制造企业出纳	1. 收到采购员递交的支票，审核支票的正确性； 2. 填写进账单，连同支票一起送交银行进行入账
3	银行转账	银行柜员	1. 收到企业提交的支票与进账单； 2. 审核支票的正确性； 3. 根据进账单进行转账
4	填制记账凭证	制造企业出纳	1. 根据银行回单填制记账凭证； 2. 将银行回单、付款申请书和支票存根粘贴在记账凭证后作为附件
5	审核记账凭证	制造企业财务经理	1. 审核出纳编制的记账凭证并对照相关附件检查是否正确； 2. 审核无误，签字确认； 3. 将确认后的记账凭证传递给出纳登记日记账
6	登记日记账	制造企业出纳	1. 根据记账凭证登记簿，登记银行存款日记账； 2. 记账后在记账凭证上签字或盖章； 3. 将记账凭证传递给财务经理登记科目明细账
7	登记科目明细账	制造企业财务经理	1. 根据记账凭证登记科目明细账； 2. 记账后在记账凭证上签字或盖章
8	登记总账	制造企业财务经理	1. 根据记账凭证登记总账； 2. 记账后在记账凭证上签字或盖章

实验项目 57　制造企业购买资质认证

【业务概述】

获取企业资质认证是提高企业竞争力的有力手段。具有资质认证的制造企业可以在虚拟市场上获得更多的订单。

ISO9000 是指质量管理体系标准，其系列管理标准已经被提供产品和服务的各行各业所接纳和认可，拥有一个由世界各国及社会广泛承认的质量管理系统具有巨大的市场优越性。

3C 认证的全称为"强制性产品认证制度"，它是各国政府为保护消费者人身安全和国家安全、加强产品质量管理、依照法律法规实施的一种产品合格评定制度。

企业资质认证的步骤非常繁杂，在本系统中，服务公司模拟提供资质认证服务，由制造企业提出申请，支付一定费用后，即表示制造公司完成了资质认证过程。

【业务流程步骤】

制造企业购买资质认证的流程如表 4-4-57-1 所示。

表 4-4-57-1　制造企业购买资质认证的流程

编号	活动名称	角色	活动描述及操作指导
1	填写付款申请表	生产计划员	1. 根据 ISO9000 认证的发票填写付款申请表； 2. 将发票粘在付款单后
2	审核付款申请表	生产计划经理	1. 收到生产计划员交给的付款申请表； 2. 查看 ISO9000 认证合同的执行情况，审核付款申请表的准确性和合理性； 3. 确认后在付款申请表签字； 4. 将付款单交生产计划员，送交财务经理审核
3	审核付款申请表	财务经理	1. 收到计划部经理审核同意的付款申请表； 2. 审核付款申请表的准确性和合理性； 3. 确认后在付款申请表上签字
4	填写支票	出纳	填写转账支票
5	审核支票	财务经理	1. 审核 ISO9000 认证的发票是否正确； 2. 审核支票填写的是否正确； 3. 确认无误，签字确认
6	登记支票登记簿	出纳	1. 填写登记支票簿； 2. 将支票正联交给生产计划员； 3. 让市场专员在支票登记簿上签收
7	填制记账凭证	财务会计	1. 接收出纳交来的 ISO9000 认证发票； 2. 核对出纳交来的 ISO9000 认证的发票； 3. 根据付款申请表及支票金额编制记账凭证
8	登记银行存款日记账	出纳	1. 根据记账凭证登记簿登记银行存款日记账； 2. 在记账凭证上签字或盖章； 3. 将记账凭证交财务会计登账
9	登记科目明细账	财务会计	根据记账凭证登记明细账
10	登记总账	财务经理	1. 接收出纳交给的记账凭证； 2. 根据记账凭证登记科目总账
11	将支票送服务公司	生产计划员	生产计划员将支票送交服务公司
12	收到转账支票并到银行办理转账	服务公司总经理	1. 向办理 ISO9000 认证的企业催收 ISO9000 认证费； 2. 拿到办理 ISO9000 认证的企业办理 ISO9000 认证费转账支票； 3. 根据转账支票填写进账单； 4. 携带转账支票与进账单到银行进行转账

表4-4-57-1（续）

编号	活动名称	角色	活动描述及操作指导
13	办理转账并打印银行回单（银行）	银行柜员	1. 收到企业提交的进账单与支票； 2. 根据进账单信息办理转账业务； 3. 根据办理的转账业务，打印银行业务回单； 4. 将银行业务回单交给企业办事员

实验项目 58　制造企业支付资质购买款

【业务概述】

企业向服务公司支付一定的费用，取得对应产品质量认证证书（3C 认证），企业根据生产计划经理与服务公司业务员协商并确定的资质购买价格，付款给服务公司。

【业务流程步骤】

制造企业支付资质购买款的流程如表 4-4-58-1 所示。

表 4-4-58-1　制造企业支付资质购买款的流程

编号	活动名称	角色	活动描述及操作指导
1	收到发票	制造企业采购经理	收到服务公司开具的增值税专用发票
2	填写付款申请单	制造企业采购经理	1. 对照服务公司开具的增值税专用发票填写付款申请书； 2. 将付款申请书及发票提交给财务经理审核
3	审核付款申请	制造企业财务经理	1. 审核收到的付款申请书与增值税发票是否相符，并审核其正确性； 2. 将发票抵扣联留档； 3. 将付款申请书交总经理审核
4	审核付款申请	制造企业总经理	1. 审核付款申请书，确认无误后在申请书上签字； 2. 将付款申请书交给出纳付款
5	支付货款	制造企业出纳	1. 收到总经理转交的批复后的付款申请书，审核其准确性； 2. 按付款申请书金额开具转账支票； 3. 将转账支票交给服务公司总经理
6	填制记账凭证	制造企业出纳	1. 根据付款申请书和银行回单填制记账凭证； 2. 将银行回单、付款申请书和支票存根粘贴在记账凭证后作为附件
7	审核记账凭证	制造企业财务经理	1. 审核出纳编制的记账凭证并对照相关附件检查是否正确； 2. 审核无误，签字确认； 3. 将确认后的记账凭证传递给出纳登记日记账
8	登记日记账	制造企业出纳	1. 根据记账凭证登记簿登记银行存款日记账； 2. 记账后在记账凭证上签字或盖章； 3. 将记账凭证传递给财务经理登记科目明细账
9	登记科目明细账	制造企业财务经理	1. 根据记账凭证登记科目明细账； 2. 记账后在记账凭证上签字或盖章
10	登记总账	制造企业财务经理	1. 根据记账凭证登记总账； 2. 记账后在记账凭证上签字或盖章

实验项目 59　服务公司收取设备销售款

【业务概述】

服务公司向制造企业出售各种其所需的设备，并收回相应的货款。

【业务流程步骤】

服务公司收取设备销售款的流程如表 4-4-59-1 所示。

表 4-4-59-1　服务公司收取设备销售款的流程

编号	活动名称	角色	活动描述及操作指导
1	收到发票	制造企业采购经理	收到服务公司开具的增值税专用发票
2	填写付款申请单	制造企业采购经理	1. 对照服务公司开具的增值税专用发票填写付款申请书； 2. 将付款申请书及发票提交给财务经理审核
3	审核付款申请	制造企业财务经理	1. 审核收到的付款申请书与增值税发票是否相符，并审核其正确性； 2. 将发票抵扣联留档； 3. 将付款申请书交总经理审核
4	审核付款申请	制造企业总经理	1. 审核付款申请书，确认无误后在申请书上签字； 2. 将付款申请书交给出纳付款
5	支付货款	制造企业出纳	1. 收到总经理转交的批复后的付款申请书，审核其准确性； 2. 按付款申请书金额开具转账支票； 3. 将转账支票交给服务公司总经理
6	填制记账凭证	制造企业出纳	1. 根据付款申请书和银行回单填制记账凭证； 2. 将银行回单、付款申请书和支票存根粘贴在记账凭证后作为附件
7	审核记账凭证	制造企业财务经理	1. 审核出纳编制的记账凭证，并对照相关附件检查凭证是否正确； 2. 审核无误，签字确认； 3. 将确认后的记账凭证传递给出纳登记日记账
8	登记日记账	制造企业出纳	1. 根据记账凭证登记簿登记银行存款日记账； 2. 记账后在记账凭证上签字或盖章； 3. 将记账凭证传递给财务经理登记科目明细账
9	登记科目明细账	制造企业财务经理	1. 根据记账凭证登记科目明细账； 2. 记账后在记账凭证上签字或盖章
10	登记总账	制造企业财务经理	1. 根据记账凭证登记总账； 2. 记账后在记账凭证上签字或盖章

实验项目 60　VBSE 录入童车销售订单

【业务概述】

制造企业与客户经过磋商，签订了销售合同后，制造企业的销售专员将销售订单的基本信息录入 VBSE 系统，系统将根据录入的信息执行未来的销售发货及收款等业务。

【业务流程步骤】

（略）

实验项目 61　确认制造企业销售订单

【业务概述】

制造企业销售专员根据制造企业与客户签订的销售合同录入销售订单后，客户在 VBSE 系统中，对录入的订单进行确认操作。

【业务流程步骤】

确认制造企业销售订单的流程如表 4-4-61-1 所示。

表 4-4-61-1　确认制造企业销售订单的流程

编号	活动名称	角色	活动描述及操作指导
1	查看订单并确定预期订单	销售专员	1. 在系统中查看可选订单； 2. 在 A4 纸上进行预选，接到服务公司的通知后，到服务公司进行选单

实验项目62 制造企业申请办理广告投放和市场开发

【业务概述】

广告投放和市场开发是指广告客户与经营者之间、广告经营者与广告经营者之间确立、变更、终止广告承办或代理关系的协议。签订广告合同是双方订立协议的过程。

【业务流程步骤】

制造企业申请办理广告投放和市场开发的流程如表4-4-62-1所示。

表4-4-62-1 制造企业申请办理广告投放和市场开发的流程

编号	活动名称	角色	活动描述及操作指导
1	申请广告投放并编制广告预算申请表	市场专员	根据公司销售策略，按照广告的主题结构、内容、金额提交投放广告的申请表
2	审批广告投放预算	营销经理	1. 接收营销经理交来的广告预算申请表； 2. 审核广告预算申请表填写的准确性； 3. 审核广告预算费用预算是否合理； 4. 审核通过确认进行广告投放
3	到服务公司办理广告投放	市场专员	1. 得到总经理批准后到服务公司办理广告投放业务； 2. 与服务公司经理确认广告费金额，签订广告投放合同
4	签订广告合同	服务公司业务员	1. 有制造企业市场专员来投放广告，制造企业市场专员携带签申请单到服务公司； 2. 在制造企业的申请单上进行盖章后即可办理业务
5	办理广告投放	服务公司业务员	1. 查看制造企业市场专员要办理的广告费投放地点； 2. 依据广告费投放地区，为制造企业办理广告费投放； 3. 告知制造企业办理人员业务办理完成，请其到总经理处领取发票

实验项目63 制造企业支付广告费

【业务概述】

制造企业销售专员根据收到的服务公司业务员开具的广告费发票金额填制支出凭单，申请支付广告费用。

【业务流程步骤】

制造企业支付广告费的流程如表4-4-63-1所示。

表4-4-63-1 制造企业支付广告费的流程

编号	活动名称	角色	活动描述及操作指导
1	填写付款申请单	市场专员	1. 查看收到服务公司开具的广告费用发票； 2. 对照发票信息填写付款申请单（发票号、开票单位、金额、日期、到期日等）； 3. 将发票粘在付款申请单后； 4. 交给营销经理审核
2	审核付款申请	营销经理	1. 收到市场专员交给的广告费支出凭单； 2. 对照合同内容、金额、付款条款进行审核； 3. 审核无误后，将发票和付款申请交给市场专员提交财务
3	审核付款申请	财务经理	1. 审核市场专员交给的付款申请单和广告发票； 2. 以合同为依据，对照审核付款申请单填写得是否无误，确认后签字
4	填写支票并登记支票登记簿	出纳	1. 填写转账支票并登记； 2. 将支票正联交给市场专员； 3. 将支票根粘贴在支出凭单后
5	填制记账凭证	财务会计	1. 接收市场专员交来的广告费支出凭单； 2. 核对市场专员交来的广告服务费发票； 3. 根据支出凭单金额编制记账凭证

表4-4-63-1(续)

编号	活动名称	角色	活动描述及操作指导
6	审核记账凭证	财务经理	1. 审核财务会计编制的记账凭证并对照发票检查记账凭证是否正确； 2. 审核支票填写得是否正确； 3. 确认无误，签字确认
7	登记银行存款日记账	出纳	1. 根据记账凭证登记簿登记银行存款日记账； 2. 在记账凭证上签字或盖章； 3. 将记账凭证交财务会计登记
8	登记科目明细账	财务会计	1. 根据记账凭证登记"销售费用——广告费用"明细账； 2. 记账完成后在记账凭证上签字或盖章
9	登记总账	财务经理	1. 根据记账凭证登记总账； 2. 记账完成后在记账凭证上签字或盖章
10—结束	10. 将支票送服务公司	市场专员	1. 在支票登记簿上签收； 2. 将收到的支票交给收款方及服务公司； 3. 登记发票记录表，将支票付款状态标注为"已支付"
11—结束	11. 收到转账支票并到银行办理转账	服务公司总经理	1. 向办理市场广告的企业催收市场广告费； 2. 拿到办理市场广告企业开具的转账支票； 3. 根据转账支票填写进账单； 4. 携带转账支票与进账单到银行进行转账
12	办理转账并打印银行回单(银行)	银行柜员	1. 收到企业提交的进账单与支票； 2. 根据进账单信息办理转账业务； 3. 根据办理的转账业务，打印银行业务回单； 4. 将银行业务回单交给企业办事员

实验项目64　制造企业发货给虚拟企业

【业务概述】

制造企业参加商品交易会后获得虚拟企业订单，制造企业完成订单的生产后，在规定的交货期内办理发货事宜。

【业务流程步骤】

制造企业发货给虚拟企业的流程如表4-4-64-1所示。

表 4-4-64-1　制造企业发货给虚拟企业的流程

编号	活动名称	角色	活动描述及操作指导
1	填制发货单	销售专员	1. 销售专员根据销售订单填写发货单； 2. 将发货单的财务联送交财务部的财务会计； 3. 将发货单的客户联自留（因为对方是虚拟企业，无实体）； 4. 携带发货单的仓储联前往仓储部办理发货
2	审核发货单	营销经理	1. 收到销售专员交的发货单； 2. 对照销售合同，审核销售发货计划的发货订单时间、数量、发货方式是否正确； 3. 确认无误，在销售发货单上签字
3	审核发货单	财务会计	1. 收到销售专员传过来的销售发货单； 2. 检查本企业的应收账款额度是否过高，如过高则应通知营销经理限制发货； 3. 将发货单留存联交给出纳填制记账凭证
4	确认发货单	仓储经理	1. 收到交来的销售发货单并审核其填写是否正确，库存是否能够满足； 2. 与财务部确认客户回款状态是否符合发货的条件； 3. 确认正确无误，依照其登记库存台账并办理出库手续

实验项目 65　制造企业收取国贸货款

【业务概述】

销售实现之后，销售专员需要按照销售合同的约定期限跟踪催促货款的收回。客户通过转账支票的方式进行付款，企业出纳员前往银行送存转账支票，财务部做账务处理。

【业务流程步骤】

制造企业收取国贸货款的流程如表 4-4-65-1 所示。

表 4-4-65-1　制造企业收取国贸货款的流程

编号	活动名称	角色	活动描述及操作指导
1	销售收款	销售专员	1. 在 VBSE 系统中办理销售收款； 2. 通知出纳查询银行存款
2	收到银行收款结算凭证（电汇回单）	出纳	1. 收到银行收款结算凭证（电汇回单）； 2. 将银行收款结算凭证（电汇回单）交给财务会计
3	编制记账凭证	财务会计	1. 收到银行收款结算凭证（电汇回单）并依据此编制记账凭证； 2. 将电汇回单粘贴到记账凭证后面； 3. 将记账凭证交财务经理审核
4	审核记账凭证	财务经理	1. 审核财务会计填制的记账凭证，并对照相关附件检查凭证是否正确； 2. 审核无误，签字确认； 3. 将确认后的记账凭证传递给出纳登记日记账
5	登记日记账	出纳	1. 根据记账凭证登记簿登记银行存款日记账； 2. 记账后在记账凭证上签字或盖章； 3. 将记账凭证传递给财务会计登记科目明细账
6	登记科目明细账	财务会计	1. 根据记账凭证登记科目明细账； 2. 记账后在记账凭证上签字或盖章
7	登记总账	财务经理	1. 根据记账凭证登记总账； 2. 记账后在记账凭证上签字或盖章

实验项目 66　制造企业发货给国贸

【业务概述】

销售发货是指销售员依据销售订单交货日期填写产品发货单，仓管员填写出库单由销售员发货给国贸（客户），财务部根据发货出库单开具销售发票，客户收货确认后销售员需登记销售发货明细。

【业务流程步骤】

制造企业发货给国贸的流程如表 4-4-66-1 所示。

表 4-4-66-1　制造企业发货给国贸的流程

编号	活动名称	角色	活动描述及操作指导
1	填制发货单	销售专员	1. 销售专员根据销售订单填写发货单； 2. 将发货单的财务联送交财务部的财务会计； 3. 自留发货单的客户联（因为对方是虚拟企业，无实体）； 4. 携带发货单的仓储联前往仓储部办理发货
2	审核发货单	营销经理	1. 收到销售专员交的发货单； 2. 对照销售合同审核销售发货计划的发货订单时间、数量、发货方式是否正确； 3. 确认无误，在销售发货单上签字
3	审核发货单	财务会计	1. 收到销售专员传过来的销售发货单； 2. 检查本企业的应收账款额度是否过高，如过高则应通知营销经理限制发货； 3. 将发货单留存联交给出纳填制记账凭证

表4-4-66-1(续)

编号	活动名称	角色	活动描述及操作指导
4	确认发货单	仓储经理	1. 收到交来的销售发货单并审核其填写是否正确,库存是否能够满足; 2. 与财务部确认客户回款状态是否符合发货的条件; 3. 确认正确无误,依照其登记库存台账并办理出库手续

销售员登记销售发货的流程如表 4-4-66-2 所示。

表 4-4-66-2　销售员登记销售发货的流程

编号	活动名称	角色	活动描述及操作指导
1	填制产品出库单	仓管员	1. 根据销售专员发货单填制产品的销售出库单(一式三联); 2. 请销售专员签字确认; 3. 提交至仓储经理审批
2	审核产品出库单	仓储经理	1. 收到仓管员交给的产品出库单并审核; 2. 确认后转交还仓管员在 VBSE 系统中办理出库手续
3	办理出库	仓管员	1. 办理出库手续把出库单给销售专员一联; 2. 按照仓库联登记台账; 3. 把出库单送给成本会计一联
4	登记销售发货明细表	销售专员	1. 根据发货单进行销售发运; 2. 登记并更新销售发货明细表
5	提交增值税专用发票申请	销售专员	1. 根据销售发货明细表和销售订单的信息提交开具增值税专用发票申请; 2. 请财务出纳开具增值税专用发票
6	开具增值税专用发票	出纳	根据销售专员提供的信息开具增值税专用发票
7	登记发票领取登记簿	出纳	1. 销售专员在发票领取登记簿登记并签字; 2. 出纳将增值税专用发票记账联保留,将发票联和抵扣联交给销售专员送给客户
8	发票送给虚拟企业经销商(服务公司代收)	销售专员	收到出纳开具完的销售发票传给购货方(外部虚拟商业社会环境)
9	填制记账凭证	出纳	1. 接收销售专员交来的销售发票和销售回款结果,填制记账凭证; 2. 将发票粘到记账凭证后面; 3. 将记账凭证交给财务经理审核
10	审核记账凭证	财务经理	审核出纳编制的记账凭证并确认
11	登记三栏式明细账	财务会计	1. 接收出纳交给的记账凭证,进行审核; 2. 审核后,登记三栏式科目明细账
12	登记数量金额明细账	成本会计	根据记账凭证后所附的销售出库单,填写数量金额明细账
13	登记总账	财务经理	1. 根据记账凭证登记总账; 2. 记账后在记账凭证上签字或盖章

实验项目 67　制造企业与国贸签订购销合同

【业务概述】

签订购销合同是企业与客户针对商品的品种、规格、技术标准、质量保证、订购数量、包装要求、售后服务、价格、交货日期与地点、运输方式、付款条件等进行反复磋商、双方无异议后,为建立双方满意的购销关系而办理的法律手续。

【业务流程步骤】

制造企业与国贸签订购销合同的流程如表 4-4-67-1 所示。

模块四　制造企业

表 4-4-67-1　制造企业与国贸签订购销合同的流程

编号	活动名称	角色	活动描述及操作指导
1	收到工贸企业送来的购销合同	采购员	1. 根据采购计划与国贸沟通采购细节内容； 2. 拟定购销合同，并由国贸先签字盖章，一式两份
2	填写合同会签单	采购员	1. 根据合同的信息填写合同会签单； 2. 将购销合同和合同会签单提交给采购经理
3	合同会签单签字	采购经理	1. 接收采购员提交的购销合同及合同会签单； 2. 审核购销合同内容填写的准确性和合理性，审核同意后在合同会签单上签字确认； 3. 将购销合同和合同会签单发送给财务经理
4	合同会签单签字	财务经理	1. 接收采购经理交送的购销合同及合同会签单； 2. 审核购销合同的准确性和合理性，审核同意后在合同会签单上签字； 3. 将购销合同和合同会签单提交给总经理
5	合同会签单签字	总经理	1. 接收财务经理提交的购销合同及合同会签单； 2. 审核采购经理和财务经理是否审核签字，审核购销合同的准确性和合理性，审核同意后在合同会签单，购销合同上签字； 6. 将购销合同和合同会签单发送给行政助理
6	购销合同盖章	行政助理	1. 接收总经理发送的购销合同和合同会签单； 2. 检查合同会签单总经理是否签字，确认无误后给合同盖章； 3. 将购销合同的其中一份发送给采购员，另一份存档
7	购销合同存档	行政助理	1. 更新合同管理表； 2. 登记完，把购销合同留存备案
8	登记采购合同执行情况表	采购员	1. 接收行政助理发送的购销合同； 2. 根据制造企业与工贸企业签订好的购销合同，登记采购合同执行情况表
9	将购销合同返回工贸企业一份	采购员	将签订好并已登记的购销合同，返还给工贸企业

实验项目 68　制造企业发货给国贸

【业务概述】

销售发货是指销售员依据销售订单交货日期填写产品发货单，仓管员填写出库单由销售员发货给国贸客户，财务部根据发货出库单开具销售发票，客户收货确认后，销售员需登记销售发货明细。

【业务流程步骤】

制造企业发货给国贸的流程如表 4-4-68-1 所示。

表 4-4-68-1　制造企业发货给国贸的流程

编号	活动名称	角色	活动描述及操作指导
1	填制产品出库单	仓管员	1. 根据销售专员发货单填制产品的销售出库单（一式三联）； 2. 请销售专员签字确认； 3. 提交至仓储经理审批
2	审核产品出库单	仓储经理	1. 收到仓管员交给的产品出库单并审核； 2. 确认正确后转交还仓管员，并在 VBSE 系统中办理出库手续
3	办理出库	仓管员	1. 办理出库手续，把出库单的其中一联交给销售专员； 2. 按照仓库联登记台账； 3. 把出库单其中一联交给成本会计
4	登记销售发货明细表	销售专员	1. 根据发货单进行销售发运； 2. 登记并更新销售发货明细表

表4-4-68-1(续)

编号	活动名称	角色	活动描述及操作指导
5	提交增值税专用发票申请	销售专员	1. 根据销售发货明细表和销售订单的信息提交开具增值税专用发票申请; 2. 请财务出纳开具增值税专用发票
6	开具增值税专用发票	出纳	根据销售专员提供的信息开具增值税专用发票
7	登记发票领取登记簿	出纳	1. 销售专员在发票领取登记簿且进行登记并签字; 2. 出纳将增值税专用发票记账联保留,将发票联和抵扣联交给销售专员送给客户
8	发票送给虚拟企业经销商(服务公司代收)	销售专员	收到出纳开具完的销售发票传给购货方(外部虚拟商业社会环境)
9	填制记账凭证	出纳	1. 接收销售专员交来的销售发票和销售回款结果,填制记账凭证; 2. 将发票粘到记账凭证后面; 3. 将记账凭证交财务经理审核
10	审核记账凭证	财务经理	审核出纳编制的记账凭证并确认
11	登记三栏式明细账	财务会计	1. 接收出纳交给的记账凭证,进行审核; 2. 审核后,登记三栏式科目明细账
12	登记数量金额明细账	成本会计	1. 根据记账凭证后所附销售出库单填写数量金额明细账
13	登记总账	财务经理	1. 根据记账凭证登记总账; 2. 记账后在记账凭证上签字或盖章

实验项目69 期末结账(制造企业)

【业务概述】

期末结账包括科目汇总、期末结转、结账和编制财务报告四项工作。

1. 科目汇总

出纳、财务会计和成本会计分别根据科目明细账进行科目汇总。

2. 期末结转

财务会计将本期发生的"收入"和"费用"类科目结转;计算并结转所得税。成本会计结转产成品及主营业务成本。

3. 结账

为了正确反映一定时期内在账簿中记录的经济业务,总结有关经济业务活动和财务状况,各单位必须在每一个会计期末结账。

结账是在将本期内所发生的经济业务全部登记入账,并在账目无误的基础上,按照规定的方法对该期内的账簿记录进行小结,结算出本期发生额合计数和余额,并将其余额结转至下期或者转入新账。

4. 编制财务报告

财务经理编制企业资产负债表和利润表。

【业务流程步骤】

制造企业期末结账的流程如表4-4-69-1所示。

表4-4-69-1 制造企业期末结账的流程

编号	活动名称	角色	活动描述及操作指导
1	编制销售产品成本汇总表,填制记账凭证	成本会计	1. 根据产品出库单,汇总销售出库的产品数量; 2. 根据销售数量和库存商品平均单价,用Excel编制销售成本结转明细表(线下学生自己完成); 3. 根据销售出库单及销售成本结转明细表反映的业务内容,编制记账凭证; 4. 在记账凭证"制单"处签字或加盖名单

表4-4-69-1(续)

编号	活动名称	角色	活动描述及操作指导
2	审核记账凭证	财务经理	1. 审核记账凭证的附件、记账科目、金额、手续是否正确与齐全； 2. 经审计无误的记账凭证，财务经理在"复核"和"财务主管"处签字或盖章； 3. 根据已审核的记账凭证登记总分类账
3	计提企业所得税费用并结转	财务会计	1. 根据本年利润余额计算企业所得税； 2. 填制记账凭证
4	审核记账凭证	财务经理	收到已填制记账凭证，进行审核，并登记总账
5	结转本年利润	财务会计	根据本年利润余额，结转至利润分配，填制记账凭证
6	审核记账凭证	财务经理	收到填制记账凭证，进行审核，并登记总账
7	计提法定盈余公积并结转	成本会计	1. 按本年净利润（减弥补以前亏损后）的10%提取法定盈余公积，法定盈余公积累计额达到注册资本的50%时可以不再提取； 2. 将提取的法定盈余公积结转至利润分配，登记记账凭证
8	审核记账凭证	财务经理	收到填制记账凭证，进行审核，并登记总账
9	登记科目明细账	财务会计	1. 根据审核后的记账凭证登记科目明细账； 2. 记账后在记账凭证上签字或盖章

实验项目70 结转销售成本（制造企业）

【业务概述】

销售成本是指已销售产品的生产成本或已提供劳务的劳务成本以及其他销售的业务成本。月末，按照销售商品的名称及数量，分别结出各类库存商品的平均成本价，算出总成本进行主营业务成本的计算结转，其计算公式为：

主营业务成本＝产品销售数量或提供劳务数量×产品单位生产成本或单位劳务成本

就销售产品而言，产品销售数量可直接在"库存商品明细账"上取得；产品单位生产成本可采用多种方法进行计算确定，如先进先出法、移动加权平均法、全月一次加权平均法等，但企业一经选定某一种方法后，不得随意变动，这是会计核算一贯性原则的要求。实训中采用全月一次加权平均法计算产品单位成本。

【业务流程步骤】

制造企业结转销售成本的流程如表4-4-70-1所示。

表4-4-70-1 制造企业结转销售成本的流程

编号	活动名称	角色	活动描述及操作指导
1	分配制造费用，并编制记账凭证	成本会计	1. 根据制造费用明细账，结出月发生额； 2. 根据制造费用明细账的余额，编制制造费用分配表； 3. 编制记账凭证
2	原材料出库价格计算，并编制记账凭证	成本会计	1. 根据原材料明细账、本月的原材料出库单，计算本月原材料的出库成本； 2. 编制记账凭证
3	车架成本计算，并编制记账凭证	成本会计	1. 根据车架物料清单和生产成本明细账，分别汇总直接材料、直接人工、制造费用本月发生数； 2. 编制车架的产品成本计算表； 3. 编制记账凭证
4	车架出库价格计算，并编制记账凭证	成本会计	1. 根据车架明细账、本月的半成品出库单，计算本月车架的出库成本； 2. 编制记账凭证
5	童车成本计算并填写记账凭证	成本会计	1. 编制童车的产品成本计算表； 2. 编制记账凭证
6	审核记账凭证	财务经理	1. 接收财务会计交给的记账凭证，进行审核，并登记总分类账； 2. 审核后，交成本会计登记科目明细账
7	登记科目明细账	成本会计	1. 接收财务经理审核完的记账凭证； 2. 根据记账凭证登记科目明细账

任务五　购销业务

项目一　申请和办理 ISO9000 认证

一、项目描述

生产计划经理为开发公司产品，使公司产品更能符合市场销售的要求，在市场更具竞争力，申请办理 ISO9000 认证。

二、学习目标

通过对本项目的学习，学生应对生产计划部申请和办理 ISO9000 认证的流程有基础的认识。

三、相关知识

（一）任务导入

2020 年 1 月 5 日，某童车企业要进行 ISO9000 认证，认证费为 5 万元，由生产计划经理填写申请单，经服务公司进行认证。

（二）知识储备

（1）ISO 的定义：ISO 是一个组织的英语简称。ISO 标准是指由"国际标准化组织（International Standard Organization，ISO）"制订的标准。ISO 的国际标准除了有规范的名称之外，还有编号，编号的格式是：ISO＋标准号＋［杠＋分标准号］＋冒号＋发布年号（方括号中的内容可有可无），例如：ISO8402：1987、ISO9000-1：1994 等，分别是某一个标准的编号。

（2）适用范围：ISO 9001：2008 标准为企业申请认证的依据标准，在标准的适用范围中明确本标准是适用于各行各业，且不限制企业的规模大小。目前国际上通过认证的企业涉及国民经济中的各行各业。

组织申请认证须具备以下基本条件：

① 具备独立的法人资格或经独立的法人授权的组织；

② 按照 ISO9001：2008 标准的要求建立文件化的质量管理体系；

③ 已经按照文件化的体系运行三个月以上，并在进行认证审核前按照文件的要求进行了至少一次管理评审和内部质量体系审核。

现在的 ISO9000：2008 体系里有 22 个标准和 3 个指导性文件，从 1987 年到目前为止 ISO9000 体系一直都在增加标准，最新的标准是 2008 年的版本，其整体条文并未改变，只是在细节有所加强。

（3）推行好处：①强化品质管理，提高企业效益；增强客户信心，扩大企业市场份额。通过该认证消费者就可以确信该企业是能够稳定地提供合格产品或服务。②获得了国际贸易绿卡——通行证，消除了国际贸易壁垒主要是产品品质认证和 ISO9000 品质体系认证的壁垒。③节省了第二方审核的精力和费用。④强化企业内部管理，稳定经营运作，减少因员工辞工造成的技术或质量波动。

（三）实施步骤

申请和办理 ISO9000 认证的流程如表 4-5-1-1 所示。

表 4-5-1-1　申请和办理 ISO9000 认证的流程

编号	活动名称	角色	活动描述及操作指导
1	填写 ISO9000 认证申请	生产计划经理	1. 根据公司的经营策略，填写办理 ISO9000 认证申请； 2. 将认证申请表提交给总经理
2	审核 ISO9000 认证申请	总经理	1. 接收生产计划经理提交的认证申请书； 2. 对照公司的经营策略，产品规格，审核办理 ISO9000 认证的合理性； 3. 审核确认 ISO9000 认证申请的支出凭单无误后签字确认； 4. 将认证申请书发送给行政助理
3	ISO9000 申请认证盖章	行政助理	1. 收到总经理发送的认证申请表； 2. 查看总经理的审核批复及签字； 3. 将认证申请表发送给生产计划经理
4	到服务公司办理 ISO9000 认证	生产计划经理	1. 接收行政助理发送的认证申请表； 2. 到服务公司，通知服务公司办理生产许可证
5	收到 ISO9000 申请单	服务公司业务员	1. 有制造企业生产计划经理来办理 ISO9000 申请，制造企业生产计划经理要提交 ISO9000 申请单； 2. 接收 ISO9000 申请单
6	办理 ISO 认证	服务公司业务员	为申请企业办理 ISO9000 认证

（四）线上操作

为完成申请和办理 ISO9000 认证任务，制造企业生产计划经理进入系统，选择"申请和办理 ISO9000 认证"任务，根据任务流程图完成流程操作，如图 4-5-1-1 所示。

图 4-5-1-1　申请和办理 ISO9000 认证流程

（五）线下填单

制造企业生产计划经理进入系统，选择"申请和办理 ISO9000 认证"任务，线下填写"ISO9000 质量、环境管理体系认证申请表"，该表如图 4-5-1-2 所示。

ISO9000/ISO14000质量/环境管理体系认证申请表

表格编号：				
受审核方	组织名称	迪士博童车制造有限公司		
	地址	漕溪中路211号		
	管理者代表	汪砝名	电话	18785153574
	组织性质	有限责任公司	行业类型/组织机构代码	制造业
	联系人	伍洪宇	部门	生产计划部
	电话	18785163674	传真	
	邮编	102202	E-mail	z1224002273@qq.com
	员工总数	54　（人）	厂区面积	500　（平方米）
	总投资	15000000.00　（万元）	环保投资	（万元）
受审核方基本信息	主要产品名称，用途，年产量			
	经济型童车，儿童用车，60000			
	申请认证范围：	ISO9000		
	希望何时开始审核：	2020.01.05		
	是否有多个认证地点：	◎是　　◉否		
声明：本人郑重声明：对于以上所填内容全部认可，并保证所提供的认证申请资料是真实可靠的。				
受审核方代表	汪砝名	2020　年	01　月	05　日

图 4-5-1-2　ISO9000/ISO14000 质量/环境管理体系认证申请表

项目二　收到 ISO9000 认证发票

一、项目描述

制造企业申请了 ISO9000 认证以后，服务公司办理认证以后，将会收到服务公司的 ISO9000 认证发票，进行付款审核并做相关账务处理。

二、学习目标

通过对本项目的学习，学生应对生产计划部收到 ISO9000 认证发票后的处理流程有基础的认识。

三、相关知识

（一）任务导入

2019 年 1 月 5 日，某童车企业要进行 ISO9000 认证，认证费为 5 万元，由生产计划经理填写申请单，经服务公司进行认证，现收到认证发票。收到发票后，企业该如何处理？

（二）实施步骤

客户依据销售合同签订销售订单，如表 4-5-2-1 所示。

表 4-5-2-1　客户签订销售订单的流程

编号	活动名称	角色	活动描述及操作指导
1	去服务公司领取 ISO9000 认证的发票	生产计划员	签订 ISO9000 委托认证合同并且经过认证后，领取服务公司开具的 ISO9000 认证的发票
2	开具 ISO9000 认证发票	服务公司业务员	1. 根据发票上的金额和生产计划员提供的企业信息开具增值税专用发票； 2. 将增值税专用发票发票联、抵扣联交给生产计划员； 3. 将增值税专用发票记账联备案留档
3	收取 ISO9000 认证发票	生产计划员	1. 从服务公司领取 ISO9000 认证费用专用发票并登记备案； 2. 将 ISO9000 认证费用专用发票送至财务会计处并登记发票
4	收到发票并填制记账凭证	财务会计	1. 收到生产计划员提交的 ISO9000 认证费用专用发票； 2. 根据 ISO9000 认证费用专用发票填制记账凭证
5	审核记账凭证	财务经理	1. 对照相关附件，审核财务会计编制的记账凭证是否正确； 2. 审核无误，在记账凭证上签字或盖章
6	登记科目明细账	财务会计	1. 根据记账凭证登记科目明细账； 2. 记账后在记账凭证上签字或盖章
7	登记总账	财务经理	1. 根据记账凭证登记总账； 2. 记账后在记账凭证上签字或盖章

（三）线上操作

为完成"收到 ISO9000 认证发票"任务，制造企业生产计划经理进入系统，选择"收到 ISO9000 认证发票"任务，根据任务流程图完成流程操作，如图 4-5-2-1 所示。

图 4-5-2-1　收到 ISO9000 认证发票流程

（四）线下填单

制造企业生产计划经理进入系统，选择"收到 ISO9000 认证发票"任务，根据服务公司提供的发票，会计人员线下填写付款申请书、明细账、记账凭证等，并办理付款手续，如图 4-5-2-2 所示。

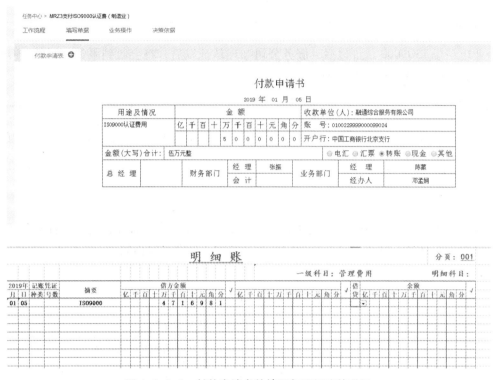

图 4-5-2-2　付款申请书的填写与明细账的登记

项目三　支付 ISO9000 认证费

一、项目描述

在制造企业申请了 ISO9000 认证、服务公司办理认证以后，制造企业将会收到服务公司开具的 ISO9000 认证发票，由公司财务审核无误后进行付款，并做相关账务处理。

二、学习目标

通过对本项目的学习，学生应对生产计划部支付服务公司 ISO9000 认证费的流程有基础的认识。

三、相关知识

（一）任务导入

2019 年 1 月 5 日，某童车企业要进行 ISO9000 认证，认证费为 5 万元，由生产计划经理填写申请单，通过服务公司进行认证。现收到服务公司开具的认证发票。如何支付认证费用呢？

（二）实施步骤

制造企业支付 ISO9000 认证费的流程如表 4-5-3-1 所示。

表 4-5-3-1　制造企业支付 ISO9000 认证费的流程

编号	活动名称	角色	活动描述及操作指导
1	填写付款申请表	生产计划员	1. 根据 ISO9000 认证的发票填写付款申请表； 2. 将发票粘在付款申请表后
2	审核付款申请表	生产计划经理	1. 收到生产计划员交给的付款申请表； 2. 查看 ISO9000 认证合同的执行情况，审核付款申请表的准确性和合理性； 3. 确认后在付款申请表签字； 4. 将付款申请表交给生产计划员，送交财务经理审核
3	审核付款申请表	财务经理	1. 收到生产计划经理审核同意的付款申请表； 2. 审核付款申请表的准确性和合理性； 3. 确认后在付款申请表上签字
4	填写支票	出纳	依据审核通过的付款申请单填写转账支票
5	审核支票	财务经理	1. 审核 ISO9000 认证的发票是否正确； 2. 审核支票的填写是否正确； 3. 确认无误，加盖财务专用章和法人章
6	登记支票登记簿	出纳	1. 填写支票登记簿； 2. 将支票正联交给生产计划员； 3. 让生产计划员在支票登记簿上签收
7	填制记账凭证	财务会计	1. 接收出纳交来的付款申请单； 2. 核对出纳交来的 ISO9000 认证的发票； 3. 根据付款申请表及支票金额编制记账凭证
8	审核记账凭证	财务经理	1. 审核财务会计提交的记账凭证； 2. 审核无误，在记账凭证上签字或盖章； 2. 将记账凭证给出纳，作为记账依据
9	登记银行存款日记账	出纳	1. 根据记账凭证登记银行存款日记账； 2. 在记账凭证上签字或盖章； 3. 将记账凭证交财务会计登记明细账
10	登记科目明细账	财务会计	1. 根据记账凭证登记明细账； 2. 在记账凭证上签字或盖章； 3. 将记账凭证交财务经理登记总账
11	登记总账	财务经理	1. 接收财务会计交给的记账凭证； 2. 根据记账凭证登记科目总账； 3. 在记账凭证上签字或盖章
12	将支票送服务公司	生产计划员	生产计划员将支票送交服务公司
13	收到转账支票并到银行办理转账	服务公司总经理	1. 向办理 ISO9000 认证的制造企业催收 ISO9000 认证费； 2. 拿到制造企业的转账支票； 3. 根据转账支票填写进账单； 4. 携带转账支票与进账单到银行进行转账
14	办理转账并打印银行回单（银行）	银行柜员	1. 收到企业提交的进账单与支票； 2. 根据进账单信息办理转账业务； 3. 根据办理的转账业务，打印银行业务回单； 4. 将银行业务回单交给企业办事员

（三）线上操作

为完成"支付 ISO9000 认证费"任务，制造企业生产计划经理进入系统，选择"支付 ISO9000 认证费"任务，根据任务流程图完成流程操作，如图 4-5-3-1 所示。

图 4-5-3-1　收到 ISO9000 认证发票流程

（四）线下填单

制造企业生产计划经理进入系统，选择"支付 ISO9000 认证费"任务，根据服务公司提供的发票，生产计划员填写付款申请单，交给生产计划经理审核，生产计划经理确认无误后，再由生产计划员交给会计人员付款。相关人员线下填写付款申请书、明细账、记账凭证等，并办理付款手续。

项目四　与工贸企业签订购销合同

一、项目描述

在 VBSE 虚拟商业社会中，制造企业的原材料采购只能从工贸企业进行采购，而不能从其他类型的企业进行采购。采购部为规范商业经营活动，保证公司利益，与工贸企业签订采购合同，并依据公司流程进行审批。

二、学习目标

通过对本项目的学习，学生应对制造企业采购部与工贸企业签订购销合同的流程有基础的认识。

三、相关知识

（一）任务导入

2017 年 1 月 5 日，某童车制造企业与四家工贸企业签订购货合同，购货的材料数量如表 4-5-4-1 所示（注：T 代表工贸企业开课组数，本次课程数据以四组工贸企业为例），请问如何进行与工贸企业签订购销合同的处理？

2019 年 1 月 5 日，根据营销部的销售计划，制造企业与经销商签订购销合同。

表 4-5-4-1　采购商品名称与采购数量

商品名称	采购数量/T
钢管	9 600
坐垫	4 800
车篷	4 800
车轮	19 200
经济型童车包装套件	4 800

制造企业需要采购的产品信息如表 4-5-4-2 所示。

表 4-5-4-2　采购产品的具体信息

序号	品名	规格	单位	到货时间	付款时间	数量	单价/元	金额小计/元
1	钢管	Φ外16/Φ内11/L5000MM	根	2017.1.5	2017.1.25	2 400	121.33	291 192
2	坐垫	HJM500	个	2017.1.5	2017.1.25	1 200	91.50	109 800
3	车篷	HJ72×32×40	个	2017.1.5	2017.1.25	1 200	164.70	197 640
4	车轮	HJΦ外125×Φ内60 mm	个	2017.1.5	2017.1.25	4 800	30.50	146 400
5	经济型童车包装套件	HJTB100	个	2017.1.5	2017.1.25	1 200	103.70	124 440
金额合计								869 472

（二）实施步骤

企业与工贸企业签订购销合同的流程如表 4-5-4-3 所示。

表 4-5-4-3　企业与工贸企业签订购销合同的流程

编号	活动名称	角色	活动描述及操作指导
1	填写购销合同	采购员	1. 根据采购计划选择合适的工贸企业，沟通采购细节内容； 2. 填写购销合同，一式两份
2	填写合同会签单	采购员	1. 根据合同的信息填写合同会签单； 2. 将购销合同和合同会签单提交给采购经理
3	合同会签单签字	采购经理	1. 接收采购员提交的购销合同及合同会签单； 2. 审核购销合同内容的准确性和合理性，审核同意后在合同会签单上签字确认； 3. 将购销合同和合同会签单发送给财务经理
4	合同会签单签字	财务经理	1. 接收采购经理交送的购销合同及合同会签单； 2. 审核购销合同的准确性和合理性，审核同意后在合同会签单上签字； 3. 将购销合同和合同会签单提交给总经理
5	合同会签单签字	总经理	1. 接收财务经理提交的购销合同及合同会签单； 2. 审核采购经理和财务经理是否签字，审核购销合同的准确性和合理性，审核通过后在合同会签单和购销合同上签字； 3. 将购销合同和合同会签单发送给行政助理
6	购销合同盖章	行政助理	1. 接收总经理发送的购销合同和合同会签单； 2. 检查总经理是否已在合同会签单签字，确认无误后给合同盖章； 3. 将购销合同发送给采购员
7	登记采购合同执行情况表	采购员	1. 接收行政助理发送的购销合同； 2. 根据制造企业与工贸企业签订的购销合同，登记采购合同执行情况表； 3. 将购销合同送交供应商

（三）线上操作

为完成"与工贸企业签订购销合同"任务，制造商采购部采购员和经理进入系统，选择"与工贸企业签订购销合同"任务，根据任务流程图完成流程操作，如图 4-5-4-1 所示。

图 4-5-4-1　与工贸企业签订购销合同流程

（四）线下填单

制造企业采购员经理进入系统，选择"与工贸企业签订购销合同"任务，线下填写相关单据，与工贸企业签订购销合同。采购合同注意事项如下：

（1）盖章后，将两份合同都送至客户，请对方审核、签字盖章；

（2）确定对方盖好公司合同专用章、法人章和骑缝章；

（3）销售合同一式两份，其中一份交给客户留存；

（4）另一份带回企业，待登记完销售订单明细后，送行政助理处归档。

项目五　录入采购订单

一、项目描述

采购部与工贸企业签订的采购合同经公司审批通过以后，制造企业录入与工贸企业的采购订单。

二、学习目标

通过对本项目的学习，学生应对制造企业采购部录入采购订单的流程有基础的认识。

三、相关知识

（一）任务导入

2017年1月5日，某童车制造企业与四家工贸企业签订购货合同，接下来我们将要介绍如何录入采购订单。

（二）实施步骤

录入采购订单的流程如表4-5-5-1所示。

表4-5-5-1　录入采购订单的流程

编号	活动名称	角色	活动描述及操作指导
1	在系统中录入采购订单	采购员	1. 根据制造企业与工贸企业签订好的购销合同，将采购订单信息录入 VBSE 系统； 2. 通知供货方确认订单

（三）线上操作

为完成"录入采购订单"任务，制造企业采购员进入系统，选择"录入采购订单"任务，根据任务流程图完成流程操作，如图4-5-5-1、图4-5-5-2所示。

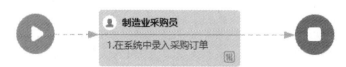

图4-5-5-1　录入采购订单流程

图 4-5-5-2 录入采购订单界面

（四）线下填单

制造企业采购员经理进入系统，选择"录入采购订单"任务，根据制造企业与工贸企业签订好的购销合同，将采购订单信息录入 VBSE 系统。

线下通知供货方确认订单。

项目六 接到发货单准备取货

一、项目描述

采购员接到工贸企业的发货单并通知仓管员准备收货。

二、学习目标

通过对本项目的学习，学生应对制造企业采购员接到发货单准备取货的流程有基础的认识。

三、相关知识

（一）任务导入

2019 年 1 月 5 日，制造企业接到工贸企业发送的发货单。

业务数据：工贸企业向制造企业发送发货单，每张发货单据如表 4-5-6-1 所示。（注意：T 代表工贸企业开课组数，本课程以 4 组工贸企业为例，即 T=4）

表 4-5-6-1 发货单据

序号	品名	数量	单位
1	钢管	9 600/T	根
2	坐垫	4 800/T	个
3	车篷	4 800/T	个
4	车轮	19 200/T	个
5	经济型童车包装套件	4 800/T	个

（二）实施步骤

采购员接到发货单、准备取货的流程如表 4-5-6-2 所示。

表 4-5-6-2　采购员接到发货单、准备取化的流程

编号	活动名称	角色	活动描述及操作指导
1	接到工贸企业的发货通知	采购员	1. 按照购销合同约定的到货日期，工贸企业具备发货条件后通知制造企业采购员； 2. 收到发货通知； 3. 将发货通知发送给仓管员
2	准备采购收货	仓管员	1. 接收采购员发送的工贸企业发货通知 2. 准备采购收货

（三）线上操作

为完成"接到发货单准备取货"任务，制造企业采购员进入系统，选择"接到发货单准备取货"任务，根据任务流程图完成流程操作，如图 4-5-6-1 所示。

图 4-5-6-1　接到发货单准备取货流程

（四）线下填单

制造企业采购员经理进入系统，选择"MCG6 接到发货单准备取货"任务，根据接到的发货通知，采购员接到工贸企业的发货单并告知仓管员准备收货（线上不做处理，线下填写发货单）。发货单的填写如图 4-5-6-2 所示。（注：以好佳童车厂与丰达工贸有限公司为例，实际填写应为本次开课各组织名称。若本次开课开设 4 家工贸企业，则答案应为接到 4 家工贸企业的发货单。）

发货单

单据编号	FT2019010001				
销售订单编号	XSDD2019010001	客户名称	好佳童车厂	计划交货日	20190105
计划发货日	20190105	*发货仓库	普通仓库	发货地址	北京市南四环中路 55 号
发货联系人		联系人部门	业务部		

存货名称	规格	数量	单位	备注	
钢管		2400	根		
坐垫		1200	个		
车蓬		1200	个		
车轮		4800	个		
包装套件		1200	个		
合计		10800			

图 4-5-6-2　发货单填写示例

项目七　向物流企业下达运输订单

一、项目描述

仓储部按照购销合同的约定，通过下达运输订单的方式安排运输。

二、学习目标

通过对本项目的学习，学生应对制造企业仓储部向物流企业下达运输订单的流程有基础的认识。

三、相关知识

（一）任务导入

2019年1月5日，物流企业受理制造企业下达的运输订单。

业务数据：制造企业向物流企业下达的运输订单，每张运输订单数据如表4-5-7-1所示。（注意：T代表工贸企业开课组数，本课程以4组工贸企业为例，即T=4）

表4-5-7-1　运输订单数据

序号	货物名称	运送数量	单位	单价/元	金额/元
1	钢管	9 600/4＝2 400	根	121.33	291 192.00
2	坐垫	4 800/4＝1 200	个	91.50	109 800.00
3	车篷	4 800/4＝1 200	个	164.70	197 640.00
4	车轮	19 200/4＝4 800	个	30.50	146 400.00
5	经济型童车包装套件	4 800/4＝1 200	个	103.70	124 440.00
合计		10 800			869 472.00

（二）知识储备

（1）物流调度。

物流调度主要是指在物流过程中，物流企业根据待发货物的重量、去向、规格、加急程度等对所属的车辆和人员进行合理的安排和调度。物流企业良好的物流调度可以迅速将客户托付的货物及时并完好地送达到收货方。

（2）物流调度的工作原则。

物流调度工作内容由计划、监督（控制）、统计与分析三大部分构成。

① 科学地计划运输活动。合理安排配送车辆，保证配送工作的有序进行；优化配送线路，保证配送任务按期完成的前提下实现最小的运力投入。

② 监督、领导运输工具的安全运行。判断了解和分析计划执行过程中各配送因素的变动情况，及时协调各环节的工作，并提出作业调整措施。

③ 及时了解配送任务的执行情况，进行配送活动的统计与分析工作，并据此提出改进工作的意见和措施，从而提高运输工具的工作效率和营运效果，保证完成和超额完成运输计划。

（3）优点。

① 计划性。计划性是调度工作的基础和依据。事先划分好配送区域，配送车辆按照已经划分好的区域线路执行每日的配送工作。

② 机动性。机动性就是必须加强运输信息的反馈，及时了解运输状况，机动灵活地处理各种问题，准确及时地发布调度命令，保证运输计划的完成。当遇到门店要货数量或要货属性（体积/重量

等）差异大等情况时，对原划分好的相邻区域可以进行微调。

③ 预防性。运输过程中的影响因素多，情况变化快，因此，调度人员应对生产中可能产生的问题有所准备。这包括两个方面：一是采取预防措施，消除影响配送的不良因素，如车辆的定期检查与保养等；二是事先准备，制定有效的应急措施。当发生个别车辆故障或其他突发事件时，应有备用车辆替补完成当日的配送任务工作。

④ 及时性。调度工作的时间尤其重要，无论工时的利用、配送环节的衔接，还是装卸效率的提高、运输时间的缩短，都体现了时间的观念。因此，调度部门发现问题要迅速，反馈信息要及时，解决问题要果断。

（三）实施步骤

向物流企业下达运输订单的流程如表4-5-7-2所示。

表4-5-7-2　向物流企业下达运输订单的流程

编号	活动名称	角色	活动描述及操作指导
1	填写物流运输订单	仓管员	1. 收到采购员的发货通知； 2. 按照购销合同约定的到货日期、发货计划、运输方式等要求联系物流企业； 3. 手工填制运输订单
2	确认物流运输订单	仓储经理	1. 审核运输订单内容的准确性和合理性； 2. 确认运输订单并签字

（四）线上操作

为完成"向物流下达运输订单"任务，制造企业仓管员进入系统，选择"向物流下达运输订单"任务，根据任务流程图完成流程操作，如图4-5-7-1所示。

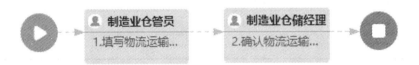

图4-5-7-1　向物流企业下达运输订单流程

（五）线下填单

制造商采购员进入系统，选择"MCG7向物流下达运输订单"任务，根据制造企业与工贸企业签订好的购销合同，将物流信息录入VBSE系统。

线下通知物流方确认。

项目八　到货并办理入库

一、项目描述

仓管员接到供应商送来的原材料，接收、检验，并办理相关入库手续。

二、学习目标

通过对本项目的学习，学生应对制造企业仓储部收到货物并办理入库的流程有基础的认识。

三、相关知识

（一）任务导入

2019年1月25日，根据2019年1月5日与工贸企业签订的购销合同，制造企业收到相关的原始材料，同时还收到由工贸企业开具的销售发票和物流企业开具的物流运费发票。仓管员填写相应的采购入库单之后，仓储部留存入库单第一联，将其他联次送到相应的部门。

业务数据：制造企业在2019年1月5日签订合同，向工贸企业共计采购数量如图4-5-8-1所示。（其中T代表本次课程开设工贸企业数量，即总采购钢管数量不变，根据工贸企业开设组数，平分采购钢管的数量，其余产品类似。）

存货编码	存货名称	数量	单位	含税单价	发货日期	交货日期	付款日期
B0001	钢管	9600/T	根	121.80	1月5日	1月25日	1月25日
B0003	坐垫	4800/T	个	92.80	1月5日	1月25日	1月25日
B0005	车篷	4800/T	个	164.72	1月5日	1月25日	1月25日
B0006	车轮	19200/T	个	31.32	1月5日	1月25日	1月25日
B0007	经济童车包装套件	4800/T	个	103.24	1月5日	1月25日	1月25日

图4-5-8-1 向工贸企业采购的货品数量

以开设四组工贸企业为例，销售发票金额为3 502 272.00/4，即875 568元。

（二）知识储备

（1）登记库存台账注意事项。

为了保证实物明细账的准确性、可用性，仓管员在填写账册时要做到实事求是，要依据合法的凭证，掌握正确的记录方法，并采用恰当的书写方式。

①登账凭证。仓管员在登记实物明细账时，必须以正式合法的凭证，如物品入库单和出库单、领料单等为依据。

②记录方法。仓管员在记账时应依时间顺序连续、完整地填写各项记录，不能隔行、跳页，并对账页依次编号，在年末结存转入新账后，旧账页应该入档妥善保管。

③书写要求。仓管员在记账时，应该使用蓝、黑墨水笔，并注意书写内容的工整、清晰，数字最好只占空格的三分之二，以便于改错。当发现记账错误时，应在错处画一红线，表示注销，然后在其上方填上正确的文字或数字，并在更改处加盖更改者的印章。

（2）运单填写说明。

①填在一张货物托运单内的货物必须是属于同一托运人。对于拼装分卸货物，应将拼装或分卸情况在托运单记事栏内注明。易腐蚀货物、易碎货物、易溢漏液体、危险货物与普通货物，以及性质相抵触、运输条件不同的货物，不得用同一张托运单托运。托运人、承运人修改运单时，须签字盖章。

②本托运单一式两联：第一联作为受理存根，第二联作为托运回执。

（三）实施步骤

制造企业办理入库的流程如表4-5-8-1所示。

表 4-5-8-1　制造企业办理入库的流程

编号	活动名称	角色	活动描述及操作指导
1	运输车辆到达，收到物流的运单	仓管员（兼原料质检）	1. 接收供应商发来的材料，附有物流运单和实物； 2. 接收运输费发票与工贸企业发票； 3. 记录运输费发票金额并准备支付运输费； 4. 将运输费发票与工贸企业发票交给采购员
2	物料验收并办理入库	仓管员（兼原料质检）	1. 根据发货单和质量检验标准进行质量、数量、包装等检测； 2. 根据检验结果填写物料检验单，并签字确认； 3. 检验无误，在发货单上签字收货； 4. 在 VBSE 系统中办理采购入库
3	填写采购入库单	仓管员（兼原料质检）	1. 根据物料检验单填写采购入库单（一式三联）； 2. 将采购入库单提交给仓储经理； 3. 将审核后的入库单自留一份，另外两联交采购部和财务部（其中一份的采购入库单发送给采购员）
4	登记采购合同执行情况表	采购员	1. 接收仓管员发送的采购入库单、运输费发票、工贸企业发票； 2. 登记采购合同执行情况表； 3. 记录工贸企业发票金额并准备支付工贸企业货款； 4. 将运输费发票，工贸企业发票（发票联和抵扣联）和对应的采购入库单的财务联送交财务
5	登记库存台账	仓管员	1. 接收采购入库单； 2. 根据入库单登记库存台账
6	填制记账凭证	成本会计	1. 根据发票记账联填制记账凭证，将发票记账联和销售出库单粘贴到记账凭证后面作为附件； 2. 将记账凭证交财务经理审核
7	审核记账凭证	财务经理	1. 接收成本会计交给的记账凭证，进行审核； 2. 审核无误后，在记账凭证上签字或盖章； 3. 交还成本会计登记数量金额明细账
8	登记数量金额明细账	成本会计	根据记账凭证后所附的销售出库单填写数量金额明细账
9	登记科目明细账	财务会计	1. 根据记账凭证登记科目明细账； 2. 记账后在记账凭证上签字或盖章
10	登记总账	财务经理	1. 根据记账凭证登记科目总账； 2. 记账后在记账凭证上签字或盖章

（四）线上操作

为完成"到货并办理入库"任务，制造商仓管员和采购人员及财务人员进入系统，选择"到货并办理入库"任务，根据任务流程图完成流程操作，如图 4-5-8-2、图 4-5-8-3 所示。

图 4-5-8-2　办理入库的流程

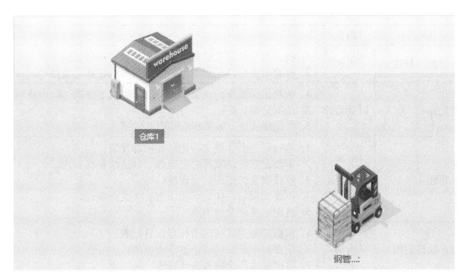

图 4-5-8-3　仓管员办理入库线上操作界面

（五）线下填单

制造企业采购部采购员进入系统，选择"MCG13 向物流企业下达运输订单"任务，根据制造企业与物流企业签订好的物流合同，办理货物入库，填写采购入库单，通知仓管员填写库存台账，并将信息录入 VBSE 系统。此外，会计人员线下填写记账凭证、明细账、总账等。

项目九　收到运输费发票并支付

一、项目描述

仓管员根据运输费发票，填写付款申请单后交仓储经理审批，审批后交财务部办理付款手续。

二、学习目标

通过对本项目的学习，学生应对制造企业收到运输发票并支付的流程有基础的认识。

三、相关知识

（一）任务导入

2019 年 1 月 25 日，制造企业根据 2019 年 1 月 5 日与工贸签订的购销合同，收到运输发票。

数据描述：业务数据给出的发票金额也是具体的数（物流费为货物总价格的 5%）

（二）实施步骤

制造企业收到运输费发票并支付的流程如表 4-5-9-1 所示。

表 4-5-9-1　制造企业收到运输费发票并支付的流程

编号	活动名称	角色	活动描述及操作指导
1	填写运输费付款申请	仓管员	依据运输发票金额填写付款申请表
2	审核付款申请单	仓储经理	1. 收到仓管员提交的付款申请单； 2. 审核付款要求是否合理； 3. 确认合理后，签字并交还仓管员
3	审核付款申请单	财务部；经理	1. 收到仓储经理审核同意的付款单； 2. 根据运输费发票审核付款单的准确性和合理性； 3. 确认后在付款申请单上签字

表4-5-9-1(续)

编号	活动名称	角色	活动描述及操作指导
4	办理网银付款（转账）	出纳	1. 收到仓管员转交的财务经理和仓储经理批复的付款申请单； 2. 检查财务经理是否签字，确认后对照付款申请办理网银付款
5	填制记账凭证	财务会计	1. 接收出纳提交的仓储经理、财务经理签字的付款申请单； 2. 编制记账凭证； 3. 将记账凭证、发票提交给财务经理
6	审核记账凭证	财务经理	1. 接收财务会计提交的记账凭证和发票； 2. 审核记账凭证填写的准确性、合法性和真实性； 3. 审核资金的使用的合理性； 4. 审核无误后，在记账凭证上签字或盖章； 5. 将记账凭证交给出纳
7	登记银行存款日记账	出纳	1. 根据记账凭证登记银行存款日记账； 2. 记账后在记账凭证上签字或盖章； 3. 将记账凭证交财务会计登账
8	登记科目明细账	财务会计	1. 接收出纳交给的记账凭证； 2. 根据记账凭证登记科目明细账； 3. 记账后在记账凭证上签字或盖章
9	登记总账	财务经理	1. 接收财务会计交给的记账凭证； 2. 根据记账凭证登记科目总账； 3. 记账后在记账凭证上签字或盖章

（三）线上操作

为完成"收到运输费发票并支付"任务，制造企业仓储部仓管员进入系统，选择"收到运输费发票并支付"任务，根据任务流程图完成流程操作。依据流程页面所列任务，依次完成任务，如图4-5-9-1所示。

图 4-5-9-1　收到运输费发票并支付的流程

（四）线下填单

制造企业采购员进入系统，选择"MCG14 收到运输费发票并支付"任务，根据收到的发票，填写付款申请书，并请部门经理审核无误后，提交到财务部门进一步审核，无误后付款，财务人员填写好相关单据和账务记录。

项目十　收到工贸企业发票并支付

一、项目描述

采购员根据工贸企业发票，填写付款申请单后交采购经理审批，审批后交财务部办理付款手续。

二、学习目标

通过对本项目的学习，学生应对制造企业收到工贸企业发票并支付的流程有基础的认识。

三、相关知识

（一）任务导入

2019 年 1 月 25 日，制造企业收到工贸企业提供的原材料采购发票，发票总金额为 3 502 272.00 元。本次课程开设几家工贸企业，则需收到几张原材料采购发票，每张发票的金额为 3 502 272.00/T 元（其中 T 表示本次课程开设工贸企业的数量），即原材料采购费用总金额不变，根据工贸企业开设组数，平分原材料采购费用。原材料采购的相关信息如图 4-5-10-1 所示。

存货编码	存货名称	数量	单位	含税单价	发货日期	交货日期	付款日期
B0001	钢管	9600/T	根	121.80	1月5日	1月25日	1月25日
B0003	坐垫	4800/T	个	92.80	1月5日	1月25日	1月25日
B0005	车篷	4800/T	个	164.72	1月5日	1月25日	1月25日
B0006	车轮	19200/T	个	31.32	1月5日	1月25日	1月25日
B0007	经济童车包装套件	4800/T	个	103.24	1月5日	1月25日	1月25日

图 4-5-10-1 原材料采购的相关信息

（二）实施步骤

制造企业收到工贸企业发票并支付的流程如表 4-5-10-1 所示。

表 4-5-10-1 制造企业收到工贸企业发票并支付的流程

编号	活动名称	角色	活动描述及操作指导
1	根据工贸企业开具的发票填写付款申请表	采购员	根据工贸企业的发票信息，在系统中录入付款申请表
2	审核付款申请表	采购经理	1. 收到采购员提交的付款申请表； 2. 审核付款申要求是否合理； 3. 确认合理后，签字并交还采购员
3	审核付款申请表	财务经理	1. 收到采购经理审核同意的付款申请表； 2. 根据工贸企业发票审核付款申请表的准确性和合理性； 3. 确认后在申请付款表上签字
4	办理网银付款（转账）	出纳	1. 收到采购员转交的财务经理和采购经理批复的申请付款表； 2. 检查财务经理是否签字，确认后对照付款申请办理网银付款
5	填制记账凭证	财务会计	1. 接收出纳提交的采购经理、财务经理签字的付款申请表； 2. 编制记账凭证； 3. 将记账凭证、发票提交给财务经理
6	审核记账凭证	财务经理	1. 接收财务会计提交的记账凭证和发票； 2. 审核记账凭证填写的准确性、合法性和真实性； 3. 审核资金的使用的合理性； 4. 审核无误后，在记账凭证上签字或盖章； 5. 将记账凭证交给出纳登记银行存款日记账
7	登记银行存款日记账	出纳	1. 根据记账凭证登记银行存款日记账； 2. 记账后在记账凭证上签字或盖章； 3. 将记账凭证交财务会计登记明细账
8	登记科目明细账	财务会计	1. 接收出纳交给的记账凭证； 2. 在记账凭证上签字或盖章； 3. 根据记账凭证登记科目明细账； 4. 将科目明细表发送给成本会计
9	登记总账	财务经理	1. 接收财务会计交给的记账凭证； 2. 根据记账凭证登记科目总账； 3. 记账后在记账凭证上签字或盖章

（三）线上操作

为完成"收到工贸企业发票并支付"任务，制造企业仓管员进入系统，选择"收到工贸企业发票并支付"任务，根据任务流程图（图4-5-10-2）完成流程操作。

图 4-5-10-2　收到工贸企业发票并支付流程

（四）线下填单

制造企业采购员进入系统，选择"MCG15 收到工贸企业发票并支付"任务，根据收到的发票，填写付款申请书，并请部门经理审核无误后，提交到财务部门进一步审核，无误后付款，财务人员填写好相关单据和账务记录。

项目十一　与经销商签订购销合同

一、项目描述

营销部为开展商业活动，保护公司利益，与经销商签订购销合同。

二、学习目标

通过对本项目的学习，学生应对制造企业与经销商签订购销合同的流程有基础的认识。

三、相关知识

（一）任务导入

2019 年 1 月 5 日，根据营销部的销售计划，制造企业与经销商签订购销合同，详细数据资料如图 4-5-11-1 所示。

制造业与每家经销商签订购销合同数量如下(注：D代表经销商开课组数，本次课程数据以四家经销商为例)□
每家制造企业供应量= 4800　　　　　D= 4
向每家经销商的销售数量= 每家制造企业供应量/D

存货编码	存货名称	数量	单位	含税单价	金额	到货日期	付款日期
P0001	经济型童车	1200	辆	1010.32	1212384.00	1月25日	1月25日

图 4-5-11-1　购销合同详细数据

（二）知识储备

（1）购销合同。购销合同是企业（供方）与分销方，经过双方谈判协商一致同意而签订的"供需关系"的法律性文件，合同双方都应遵守和履行其中的条款，它是双方联系的共同语言基础。签订合同的双方都有各自的经济目的，购销合同是经济合同，双方受《中华人民共和国经济合同法》保护和承担相应的责任。

（2）购销合同的条款构成了购销合同的内容，应当在力求具体明确，便于执行，在避免不必要纠纷的前提下，具备以下主要条款：

①商品的品种、规格和数量；

②商品的质量和包装；

③商品的价格和结算方式；

④交货期限、地点和发送方式；

⑤商品验收办法；

⑥违约责任；

⑦合同的变更和解除条件。

（3）签订原则。

①合同必须合法，也就是必须遵照国家的法律、法令、方针和政策签订合同，其内容和手续应符合有关合同管理的具体条例和实施细则的规定；

②签订合同必须坚持平等互利、充分协商的原则；

③签订合同必须坚持等价、有偿的原则；

④当事人应当以自己的名义签订经济合同。委托别人代签，必须要有委托证明；

⑤购销合同应当采用书面的形式。

（三）实施步骤

与经销商签订购销合同的流程如表4-5-11-1所示。

表4-5-11-1 与经销商签订购销合同的流程

编号	活动名称	角色	活动描述
1	收到经销商购销合同	销售专员	1. 销售专员收到经销商的购销合同； 2. 与经销商达成共识
2	填写合同会签单	销售专员	1. 填写合同会签单； 2. 将购销合同和合同会签单送交营销经理审核
3	合同会签单签字	营销经理	1. 接收销售专员交给的购销合同及合同会签单； 2. 审核购销合同内容填写的准确性和合理性； 3. 在合同会签单上签字确认
4	合同会签单签字	财务经理	1. 接收营销经理交给的购销合同及合同会签单； 2. 审核购销合同内容填写的准确性和合理性； 3. 在合同会签单上签字确认
5	合同会签单签字	总经理	1. 接收财务经理交给的购销合同及合同会签单； 2. 审核购销合同内容填写的准确性和合理性； 3. 在合同会签单上签字确认
6	购销合同盖章	行政助理	接到审核通过的合同会签单，在购销合同上盖章
7	合同存档	行政助理	1. 行政助理将合同会签单与其中一份盖章的购销合同一起进行归档； 2. 行政助理将另一份盖完章的购销合同交给销售专员送交合同当事人
8	7. 购销合同登记	销售专员	1. 销售专员将盖章的购销合同登记，交给合同当事人； 2. 更新采购合同执行情况表

（四）线上操作

为完成"与经销商签订购销合同"任务，制造企业仓储部仓管员进入系统，选择"与经销商签订购销合同"任务，根据任务流程（图4-5-11-2）完成流程操作。

图 4-5-11-2　与经销商签订购销合同流程

（五）线下填单

制造企业采购部采购员进入系统，选择"DCG2 与经销商签订购销合同"任务，线下填写相关单据，与工贸企业签订购销合同。采购合同注意事项如下：

（1）将两份盖章后的合同送至客户，请对方审核、签字盖章；

（2）确定对方公司合同专用章、法人章和骑缝章准确使用；

（3）销售合同一式两份，其中一份由客户留存；

（4）另一份带回企业，待登记完销售订单明细后，送行政助理处归档。

项目十二　确认经销商的采购订单

一、项目描述

营销部为规范开展商业活动，保证企业的经营利益，便于跟踪了解市场信息，将经销商的采购订单存档保存。

二、学习目标

通过对本项目的学习，学生应对制造企业确认经销商录入的采购订单的流程有基础的认识。

三、相关知识

（一）任务导入

2019 年 1 月 5 日，制造企业确认经销商录入的采购订单。数据资料如图 4-5-12-1 所示。

经销商与每家制造企业签订采购订单数量如下(注：D代表经销商开课组数，本次课程数据以四家经销商为例)匚

基数 = 4800　　　　　　　D = 4

数量 = 基数/D

存货编码	存货名称	数量	单位	含税单价	金额	到货日期	付款日期
P0001	经济型童车	1200	辆	1010.32	1212384.00	1月25日	1月25日

图 4-5-12-1　经销商与制造企业签订的采购订单相关数据

（二）实施步骤

确认经销商的采购订单的流程如表 4-5-12-1 所示。

表 4-5-12-1　确认经销商的采购订单的流程

编号	活动名称	角色	活动描述及操作指导
1	在系统中确认经销商的采购订单	销售专员	1. 根据制造企业与经销商签订好的销售合同，在系统中确认经销商的采购订单； 2. 根据系统的采购订单信息填写销售订单

（三）线上操作

为完成"确认经销商的采购订单"任务，制造企业销售专员进入系统，选择"确认经销商的采购订单"任务，根据任务流程图完成流程操作，如图4-5-12-2所示。

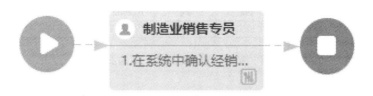

图4-5-12-2　确认经销商的采购订单流程

（四）线下填单

制造企业销售专员进入系统，选择"DCG4确认经销商的采购订单"任务，根据制造企业与经销商签订好的销售合同，在系统中确认经销商的采购订单（见图4-5-12-3），根据系统的采购订单信息填写线下销售订单。

图4-5-12-3　经销商的采购订单

项目十三　下达发货通知给经销商

一、项目描述

销售专员填写发货单，交营销经理审核批准后通知经销商。

二、学习目标

通过对本项目的学习，学生应对制造企业下达发货通知给经销商的流程有基础的认识。

三、相关知识

（一）任务导入

2019年1月5日，制造企业下达发货通知给经销商，数据资料如图4-5-13-1所示。

经销商与每家制造企业签订采购合同数量如下(注：D代表经销商开课组数，参考答案以四家经销商为例，D=4)

　　　　每家制造企业供应量= 4800　　　　　　　　D= 4

　　　　向每家制造企业采购数量= 每家制造企业供应量/D

制造业下达发货通知，每张订单如下。（注：经销商开课组若为4组数，则发货通知单为4张）

存货编码	存货名称	数量	单位	含税单价	金额	到货日期
P0001	经济型童车	1200	辆	1010.32	1212384.00	1月25日

图 4-5-13-1　制造企业向经销商下达的发货通知

（二）实施步骤

制造企业下达发货通知给经销商的流程如表 4-5-13-1 所示。

表 4-5-13-1　下达发货通知给经销商的流程

编号	活动名称	角色	活动描述及操作指导
1	填写发货单	销售专员	1. 填写发货单； 2. 将发货单送交营销经理审核
2	审核发货单	营销经理	1. 接收销售专员交给的发货单并审核发货单； 2. 将发货单发送给销售专员
3	分发发货单	销售专员	1. 接收营销经理交给的发货单； 2. 将仓储留存联、客户留存联、财务留存联一并送至仓储部

（三）线上操作

为完成"下达发货通知给经销商"任务，制造企业销售专员进入系统，选择"下达发货通知给经销商"任务，根据任务流程图完成流程操作，如图 4-5-13-2 所示。

图 4-5-13-2　下达发货通知给经销商流程

（四）线下填单

制造商营销部销售专员进入系统，选择"DCG5 下达发货通知给经销商"任务。销售专员填写发货单并将发货通知单（见图 4-5-13-3）送交营销经理审核，审核无误后的发货单交仓储部。

发 货 通 知 单

单据编号	FT2019010011				
销售订单编号	SO190001	客户名称	恒润商贸有限公司	计划交货日	20190105
计划发货日	2019/1/5	发货仓库	普通仓库	发货地址	北京市海淀区北清路6号
发货联系人		联系人部门	营销部		

存货名称	规格	数量	单位	备注	
经济型童车		1200	辆		

制单人	刘思羽		制单日期	20190105	

图 4-5-13-3　发货通知单

项目十四　给经销商办理出库并开发票

一、项目描述

仓储部办理经销商货品出库，并由销售专员申请开具发票后，进行相关账务处理。

二、学习目标

通过对本项目的学习，学生应对制造企业给经销商办理出库并开发票的流程有基础的认识。

三、相关知识

（一）任务导入

2019 年 1 月 5 日，根据与经销商在 2019 年 1 月 5 日签订的购销合同，制造企业向对应的经销商进行经济型童车的发货。制造企业将发货单（第四联）给到对应的经销商之后，发货单其余联次给到对应的部门，经销商收到发货单之后，联系物流企业去制造企业进行取货。

物流企业接到经销商的运输订单，在 2019 年 1 月 5 日到制造企业进行取货，将公路货物运单（第二联）交给制造企业仓管员，自己留存公路货物运单（第一联）。仓管员根据发货单填制销售出库单，将销售出库单（第二联：销售部；第三联：财务部）对应联次交给对应部门。财务部根据销售出库单开具销售发票，由物流企业带给经销商。

制造企业在 2019 年 1 月 5 日签订合同，销售共计 4 800 辆经济型童车给经销商。制造企业需要与每家经销商都签订购销合同，那么，与根据经销商签订的购销合同，销售经济型童车数量为 4 800/D 辆（其中 D 表示本次课程开设经销商的数量），即总销售童车数量不变，根据经销商开设组数，平分销售经济型童车数量。

（二）实施步骤

制造企业为经销商办理出库并开具发票的流程如表 4-5-14-1 所示。

表 4-5-14-1　制造企业为经销商办理出库并开具发票的流程

编号	活动名称	角色	活动描述及操作指导
1	接受物流运单并填制产品出库单	仓管员	1. 接受物流运单，根据发货单填制产品的销售出库单； 2. 提交至仓储经理审批
2	审核产品出库单	仓储经理	1. 仓储经理收到仓管员开具的产品销售出库单； 2. 审核填写是否正确； 3. 确认无误，签字并交还仓管员去办理出库手续； 4. 在系统中办理出库
3	登记库存台账	仓管员	1. 接收仓储经理审核批准的产品销售出库单，将仓储部留存联留存备案； 2. 将发货单的客户留存联、营销部留存联、财务留存联和销售出库单的其他两联传至销售专员
4	销售发运并申请开票	销售专员	1. 根据仓管员送至发货单的客户留存联、营销部留存联、财务留存联和销售出库单其他两联，核对出库数量无误后分别签字确认，将销售出库单销售部留存联留存； 2. 将签字确认的发货单客户留存联交给物流企业带至客户处； 3. 根据发货单财务留存联、销售出库单财务留存联填写开票申请单，将发货单财务留存联、销售出库单财务留存联和开票申请单一并交至财务部出纳处，由出纳开具增值税专用发票

表4-5-14-1（续）

编号	活动名称	角色	活动描述及操作指导
5	开具发票	出纳	1. 根据销售专员提交的开票申请单、发货单财务留存联、销售出库单财务留存联开具增值税专用发票； 2. 销售专员在发票领用表登记并签字； 3. 将开具好的增值税专用发票的发票联、抵扣联交给销售专员； 4. 将发货单财务留存联、销售出库单财务留存联、增值税专用发票的记账联送至财务会计
6	发票送给客户	销售专员	销售专员将增值税专用发票的发票联、抵扣联及发货单的客户留存联一并交给物流企业，由物流企业送客户处
7	填制记账凭证	财务会计	1. 根据开具的发票、销售出库单填制记账凭证； 2. 将记账凭证交给财务经理审核
8	审核记账凭证	财务经理	1. 接收财务会计交给的记账凭证，进行审核； 2. 审核无误后，在记账凭证上签字或盖章； 3. 交财务会计登记科目明细账
9	登记明细账	财务会计	1. 接收财务经理交给的记账凭证并审核； 2. 在记账凭证上签字或盖章； 3. 根据审核后的记账凭证登记科目明细账
10	登记总账	财务经理	1. 接收财务会计交给的记账凭证； 2. 根据记账凭证登记科目总账； 3. 记账后在记账凭证上签字或盖章

（三）线上操作

为完成"给经销商办理出库并开发票"任务，制造企业销售专员进入系统，选择"给经销商办理出库并开发票"任务，根据任务流程图完成流程操作，如图4-5-14-1所示。

图4-5-14-1　给经销商办理出库并开发票流程

（四）线下填单

制造企业仓储员进入系统，选择"DCG10给经销商办理出库并开发票"任务。仓储员接受物流运单，根据发货单填制产品的销售出库单，并提交至仓储经理审批，确认无误，签字并交还仓管员办理出库手续，仓储员填写库存台账。财务人员做相关处理。相关线下单据如图4-5-14-2、图4-5-14-3所示。

库存台账

物料名称：经济童车　　　　　规格　　　　　最高库存
物料编号：P0001　　　　　　存放仓库：普通仓库　　最低库存　　　计量单位：辆

2019年		凭证号数	摘要	入库		出库		结存	
月	日			数量	单价	数量	单价	数量	单价
1	5		上期结转					5400	756.82
1	5		销售出库			1200		4200	
1	5		销售出库			1200		3000	
1	5		销售出库			1200		1800	
1	5		销售出库			1200		600	

图 4-5-14-2　库存台账

记账凭证

摘要	总账科目	明细科目	借方金额	贷方金额	√
销售出库并开发票（恒润商贸1）	应收账款	恒润商贸1	1212384.00		
	主营业务收入			1045158.62	
	应交税费	应交增值税（销项税额）		167225.38	
合计			¥1,212,384.00	¥1,212,384.00	

记账凭证
2019年1月5日　　　　记字　第011号
附件1张

财务主管　　记账　　出纳　　审核　　制单

图 4-5-14-3　记账凭证

项目十五　收到经销商货款的银行进账单

一、项目描述

出纳去银行取回经销商货款的电汇凭单，并交到财务部，依据公司流程进行账务处理。

二、学习目标

通过对本项目的学习，学生应对收到经销商货款银行回单后的处理流程有基础的认识。

三、相关知识

（一）任务导入

2019年1月25日，制造企业收到经销商支付货款的银行回单（第三联）。制造企业在2019年1月5日与经销商签订合同，销售共计4 800辆经济型童车给经销商。制造企业需要与每家经销商都签订购销合同，系统中制造企业与每家经销商签订的购销合同销售经济型童车数量为4 800/D 辆（其中 D 表示本次课程开设经销商的数量），即总销售童车数量不变，根据经销商开设组数，各经销商平分销售经济型童车数量，如图4-5-15-1所示。

存货编码	存货名称	数量	单位	含税单价	发货日期	交货日期	付款日期
P0001	经济型童车	4800/D	辆	1010.32	1月5日	1月25日	1月25日

图 4-5-15-1　购销合同约定的详细数据

以开设四组经销商为例，发票金额为 4 800/4×1 010.32。

以开设四组经销商为例，发票金额为 4 800/4×1 010.32，银行回单如图 4-5-15-2 所示。

ICBC 中国工商银行　　业务回单（付款）

入账日期： 2019-01-25	回单编号：10283783257
付款人户名： 恒润商贸有限公司	
付款人账号： 4563512600681022350	
付款人开户行/发报行： 中国工商银行北京分行	
收款人户名： 好佳童车制造有限公司	
收款人账号： 0100229999333823	
收款人开户行 中国工商银行北京分行	
币种： 人民币	金额（小写）：¥1212384.00
金额（大写）： 壹佰贰拾壹万贰仟叁佰捌拾肆元整	凭证号码：
凭证种类：	
业务（产品）种类： 销售收入	摘要： 销售收入
附言：	
支付交易序号： 13069481	报文种类： 00100 汇兑报文
委托日期： 2019/1/25	业务种类： 转账
收款人地址：	
付款人地址：	

打印次数： 1 次　机打回单注意重复　打印日期：2019-01-25　打印柜员：9527

图 4-5-15-2　银行回单

（二）实施步骤

制造企业收到经销商货款的银行进账单的流程如表 4-5-15-1 所示。

表 4-5-15-1　制造企业收到经销商货款的银行进账单的流程

编号	活动名称	角色	活动描述及操作指导
1	查询网银	出纳	1. 接收采购商的付款通知； 2. 查询网银，确认已收到货款； 3. 到银行打印此款项回单
2	打印业务回单	银行柜员	1. 根据出纳提供的信息，查询转账记录并打印； 2. 将打印好的业务回单交给出纳
3	编制记账凭证	财务会计	1. 接收出纳送来的银行进账单； 2. 编制记账凭证； 3. 将银行进账单粘贴到记账凭证后； 4. 将记账凭证交财务经理审核
4	审核记账凭证	财务经理	1. 接收财务会计送来的记账凭证； 2. 审核记账凭证的附件是否齐全、正确； 3. 审核记账凭证的编制是否正确； 4. 审核无误后，在记账凭证上签字或盖章； 5. 交出纳登记银行存款日记账
5	登记银行日记账	出纳	1. 根据审核后的记账凭证登记银行存款日记账； 2. 记账后在记账凭证上签字或盖章； 3. 交财务会计登记明细账
6	登记科目明细账	财务会计	1. 接收出纳送来的记账凭证； 2. 在记账凭证上签字或盖章； 3. 根据审核后的记账凭证登记科目明细账
7	登记总账	财务经理	1. 接收财务会计交给的记账凭证； 2. 在记账凭证上签字或盖章； 3. 根据记账凭证登记科目总账

（三）线上操作

为完成"收到经销商货款银行回单"任务，制造企业财务部出纳人员进入系统，选择"收到经销商货款银行回单"任务，根据任务流程图完成流程操作，如图4-5-15-3所示。

图 4-5-15-3　收到经销商货款银行回单流程

（六）线下填单

制造企业出纳人员按照业务流程一步一步完成业务操作，并做好相关线下单据处理。相关线下单据如图4-5-15-4所示。

记账凭证

记账凭证

2019年1月25日　　　　记字　　第027号

摘要	总账科目	明细账科目	借方金额	贷方金额	√	
收到货款	银行存款	工行存款	4849536.00			附
	应收账款	恒润商贸1		1212384.00		件
	应收账款	恒润商贸2		1212384.00		4
	应收账款	恒润商贸3		1212384.00		
	应收账款	恒润商贸4		1212384.00		张
合计			¥4,849,536.00	¥4,849,536.00		

财务主管　　　记账　　　　出纳　　　　审核　　　　制单

图 4-5-15-4　记账凭证

模块五

物流企业

任务一　经营规则

项目一　企业组织结构

一、项目描述

企业组织结构是企业运营的组织基础，是我们熟悉一家企业应该最先了解的内容。

二、学习目标

学生通过学习物流企业的组织结构，并在模拟运营中对其进行更深入的理解，再通过学习更复杂企业的组织结构模式，从而更容易掌握企业组织结构的含义以及其对企业的意义。

三、相关知识

企业组织结构是指为了实现组织的目标，在组织理论指导下，设计形成的组织内部各个部门、各个层次之间固定的排列方式，即组织内部的构成方式。组织结构是一个组织是否能够实现内部高效运转、是否能够取得良好绩效的先决条件。组织结构通常表现为一个组织的人力资源、职权、职责、工作内容、目标、工作关系等要素的组合形式，是组织在"软层面"的基本形态，其本质是实现某一组织的各种目标的一种手段。

本次实习的物流企业组织结构如图 5-1-1-1 所示。该物流企业分为 1 个管理层次，2 个部门。总经理可以对企管部、业务部下达命令或指挥。各职能部门经理对本部门下属有指挥权，对其他部门有业务指导但权没有指挥权。

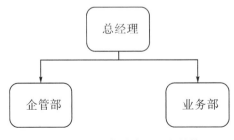

图 5-1-1-1　物流企业组织结构

项目二　人力资源管理的规则

一、项目描述

人力资源是指在一定时期内，组织中的人所拥有的能够被企业所用且对企业价值创造起贡献作用的教育、能力、技能、经验、体力等的总称。企业资源包括人力资源、物力资源、财力资源、信息资源、时间资源等。其中人力资源是一切资源中最宝贵的资源，是第一资源，熟悉人力资源管理的规则至关重要。

二、学习目标

学生通过学习对人力资源管理在物流企业中的应用，能够熟悉人力资源管理的规则的内容。

三、相关知识

（一）人员配置情况

物流企业岗位人员配置表见表 5-1-2-1。

表 5-1-2-1　物流企业岗位人员配置

部门	岗位名称	在编人数	直接上级
企业管理部	物流总经理	1	—
业务部	物流业务经理	1	物流总经理

（二）考勤规则

每天的实训开始后，学生必须登录 VBSE 系统点击"签到"按钮进行考勤签到。

VBSE 实训中对实际业务进行了抽象，一个实际工作日完成一个月的工作内容，每月工作任务集中在 2 个虚拟工作日。

计算出勤天数时，实训学生因病、事休假一个实际工作日的按 2 个工作日计算，休假类型按照实际情况来确定，如学生 A 因病没有参加当天的课程，则他的实际出勤天数 = 当月应出勤天数 - 3 天，休假类型为病假。其中应出勤天数为当月实际工作日天数。

项目三　办公用品管理规则

一、项目描述

办公用品管理规则存在的意义在于加强企业办公用品管理，节约成本、提高效率、规范流程、明确责任，促进形成绿色环保、勤俭节约的办公方式。

二、学习目标

通过学习，学生应了解企业办公用品管理规则的具体要求，并能够在模拟中予以应用。

三、相关知识

办公用品管理规则是针对企事业单位办公用品的计划、采购、分发和保管及销毁的一项制度。它是为了规范办公用品的管理和流程，减少铺张浪费，节约成本，提高办公效率。办公用品管理制度中的办公用品通常包括书写工具系列、纸本系列、文具系列、名片与图文系列、办公生活用品系列、套餐系列、IT耗材系列。规则的实施主体一般是企业的行政部或者是办公室。

服务公司出售 VBSE 实训所需的各项办公用品，如表单、胶棒、曲别针等。买卖双方可对结算方式进行协商，可以选择当场结清价款，也可以自行约定结算时间，如月结（每月统一结账）。办公用品价款可采用现金或支票进行结算。服务公司提供的办公用品项目及价格见表 5-1-3-1。

表 5-1-3-1　服务公司商品价目

序号	商品名称	单价
1	表单	10 元/份
2	胶棒	20 元/支
3	印泥	30 元/盒
4	长尾夹	10 元/个
5	曲别针	5 元/个
6	复写纸	10 元/页
7	A4 白纸	5 元/张

企业办公用品管理由业务员承担，业务员在每月月初收集、统计办公用品采购需求，统一购买、按需发放。

行政主管依照员工使用需求发放办公用品并做好领用记录。

项目四　运输规则

一、项目描述

现代物流在地区经济发展中起着越来越重要的作用，运输规则作为物流运转的基础也日趋成熟。

二、学习目标

学生能够掌握物流企业的运输规则明细。

三、相关知识

运输功能是企业借助运输工具，通过一定的线路，实现货物的空间移动，克服生产和需要的空间分离，创造空间效用的活动。物流企业运输功能的实现依赖于提前制定的运输规则。

物流企业与其他企业签订的运输合同年限为1年，费用结算以运单为依据（详见合同），合同执行如出现争议，合同双方可提交至工商局进行协调。物流费为货款金额的5%。

物流企业车辆信息如表 5-1-4-1 所示。

表 5-1-4-1　物流企业车辆信息

车型	最大载重/T	最大容积/m³	车厢尺寸	数量/辆
短途运输车	4	13	4m×1.8m×1.8m	40
短途运输车	8	40	7m×2.4m×2.5m	20
40 尺柜牵引车	20	75	12.5m×2.5m×2.5m	20

注：本实训中车辆维护与保养每月费用为 60 000 元。

物流运输只针对工贸企业与制造企业之间的购销业务、制造企业与经销商间的购销业务，其他类型组织的物流运输通过物流企业；物流费用的支付由购货方支付。

项目五　财务规则

一、项目描述

财务规则是指导企业组织财务活动和处理财务关系的行为规范。为进一步加强公司的财务工作，发挥财务公司经营管理和提高经济效益中的作用，熟悉财务规则至关重要。

二、学习目标

学生能够熟练掌握财务业务过程中的主要规则。

三、相关知识

财务业务规则主要包括会计核算制度、会计管理制度，预算管理方法、筹资规则、投资规则、账簿设置与会计核算程序等方面的主要规则，各公司必须按照本规则的各项规定组织会计核算，进行会计管理。

物流企业的此部分操作被简化，物流企业总经理不会接收到专门财务类工作任务，但是在结算上会涉及会计核算制度。

在实务中，企业有多种结算方式，其中常见的有采用现金结算、转账结算和电汇等几种方式。在VBSE系统中，我们模拟了现实商业环境，原则上日常经济活动低于2 000元的结算业务建议使用现金结算，超过2 000元的使用转账支票结算。

项目六　税务规则

一、项目描述

税收是国家向社会提供公共产品，满足社会共同需要的保障。任何企业和个人都有义务依照税务规则及时缴纳税款。

二、学习目标

学生能够熟练掌握税务规则基本知识。

三、相关知识

税务规则亦称"税制原则"，是指导一国税制建立、发展和制定税收政策的准则或规范。任何国家的税收制度和税收政策都要奠定在一定的税务原则基础上。

（一）税种类型

物流企业从事生产经营活动，涉及国家或地方的多个税种，包括企业所得税、城市维护建设税、房产税、车船使用税、土地使用税、印花税、土地增值税、教育费附加、个人所得税。

（二）日常纳税申报及缴纳税款

在税收征收期内，按照物流企业的经营情况，填制各类税收申报表，携带相关会计报表，到税务部门办理纳税申报业务，得到税务部门开出的税收缴款书，并到银行缴纳税款。依据税务部门规定，每月初进行上月的纳税申报及缴纳。如遇特殊情况，可以向税务部门申请延期纳税申报。

项目七　会计核算规则

一、项目描述

会计核算规则是进行会计核算的指导思想和衡量会计工作成败的标准。鉴于其对于会计核算的重要性，本书特意将本部分内容从财务规则中提取出来单独讲述。

二、学习目标

学生能够熟练掌握会计核算规则基本知识。

三、相关知识

会计核算的一般原则有13条，可以归纳为3类：第一类是衡量会计质量的一般原则，第二类是确认和计量的一般原则，第三类是起修正作用的一般原则。

物流企业会计核算贯穿企业整个物流活动的全过程。企业的物流活动包括运输、储存、装卸、搬运、包装、流通加工和配送等多个环节，这就决定了物流企业会计核算也分为多个对应环节。

（一）运输环节的核算

运输是指用特定的设备和工具，将物品从一个地点向另一个地点运送的物流活动。运输是物流企业的主体，在现行物流企业中占有主体地位。对运输环节的核算包括运输收入的确认和计量；运输费用的计算和确定；运输成本的汇集、分配和结转；运输营运收入应交税金的结算和缴纳，以及运输利润的计算。

（二）储存环节的核算

储存是指保护、管理、储藏物品的物流活动。储存是物流活动的另一重要环节，它具有物资保护、调节供需、调配运能、实现配送、节约物资等功能。对储存环节的会计核算包括储存收入的确认和计量；储存成本和费用的汇集和结转；储存物资损耗的处理和分摊，以及储存业务利润的计算。

（三）装卸、搬运环节的核算

装卸是物品在指定地点以人力或机械装入运输设备或卸下运输设备的活动。搬运是指在同一场所，对物品进行水平移动为主的物流作业。在实际操作中，装卸和搬运是密不可分的，两者是伴随在一起发生的。在物流过程中，装卸活动是不断出现和反复进行的，它出现的频率高于其他各项物流活动，且每次装卸活动都要花费很长时间，所以装卸速度往往成为决定物流速度的关键。装卸活动所消耗的人力也很多，所以装卸费用在物流成本中所占的比重也较高。

（四）包装环节的核算

包装是指为了在流通过程中保护商品、方便运输、促进销售，按照一定的技术方法而采用容器、材料及辅助物的总体名称。在社会再生产过程中，包装处于生产过程的末尾和物流过程的开头，既是生产的终点，又是物流活动的起点。包装环节的会计核算只是对包装环节中的材料成本、人工费用、设计技术费用进行计算、归集和分配。

（五）流通加工环节的核算

流通加工是指物品在生产地到使用地的过程中，根据需要施加包装、切割、计量、分拣、刷标志、栓标签、组装等简单作业的总称。流通加工是国民经济中重要的加工形式，在商品流转过程中进行简单的、必要的加工能够有效地完善流通。因此，流通加工也是现代物流中的重要利润来源。流通加工环节的会计核算，既要确认和记录流通加工中的业务收入，又要归集、计算和结转加工成本，计算和缴纳相关税金以及最终核算出加工环节的营业利润。

（六）配送环节的核算

配送是指物流企业按照用户订单或配送协议进行配货，通过科学统筹规划，选择经济合理的运输路线与运输方式，在用户指定的时间内，将符合要求的货物送达指定地点的一种方式。在配送环节，会计核算的内容包括配送营业收入的核算；配送过程中运输费用、分拣费用、配装费用、加工费用的归集、分配和结转；配送环节营业利润的核算。

任务二　重点业务详解

项目一　业务流程介绍

一、项目描述

在 VBSE 实训过程中，学生应清楚地了解自己当前应该完成的任务有哪些。本次任务中，学生可以查看物流企业在不同实训阶段的实训任务包括什么，使其在工作中合理安排时间，完成预期工作计划。在任务实施过程中，熟悉不同阶段所对应的具体任务，知晓相应的责任人，并为出色地完成各项任务而努力应是全体学生的奋斗目标。

二、相关知识

表 5-2-1-1 给出了 VBSE 系统中物流企业工作任务的进程信息。

表 5-2-1-1　物流企业工作任务进程信息

阶段	任务	责任人
团队组建	实习动员	全体学生
	系统操作培训	全体学生
	培训测试	全体学生
	CEO 候选人报名	全体学生
	CEO 候选人竞选演讲	全体学生
团队组建	投票选举 CEO	全体学生
	了解各组织岗位招聘需求	全体学生
	现场招聘团队组建	全体学生
	员工上岗	全体学生
上岗交接	查看办公用品清单	全体学生
	分发办公用品	物流企业总经理、物流业务经理
	了解物流企业各岗位职责	物流企业总经理、物流业务经理
	熟悉物流企业规则	物流企业总经理、物流业务经理
	物流总经理工作交接	物流企业总经理
	物流业务经理工作交接	物流业务经理
	第一次阶段考核	全体学生
经营准备	商标制作及注册	物流企业总经理
	与制造企业签订运输合同	物流企业总经理、物流业务经理
	与经销商签订运输合同	物流企业总经理、物流业务经理

表5-2-1-1(续)

阶段	任务	责任人
月初经营	企业年度报告公示	物流企业总经理
	受理经销商的运输订单	物流业务经理
	去制造企业取货并开发票	物流企业总经理、物流业务经理
	装车发货给经销商	物流业务经理
	受理制造企业运输订单	物流业务经理
	去工贸企业取货并开发票	物流企业总经理、物流业务经理
	装车发货给制造企业	物流业务经理
月末经营	送货到制造企业	物流业务经理
	收到制造企业运费业务回单	物流企业总经理
	送货到经销商	物流业务经理
	收到经销商运费业务回单	物流企业总经理
	第二次阶段考核	全体学生

项目二　分发办公用品

一、项目描述

企业办公用品管理由行政部门承担，各企业行政管理人员依照员工使用需求发放办公用品并做好领用记录。行政部门每月月初收集、统计办公用品采购需求，统一购买、按需发放。

物流企业组织结构相对简单，办公人员和办公用品使用品种较少，而且模拟实训中只涉及初次领用办公用品，所以流程也相对简单。

二、任务导入

隆飞物流有限公司需要将已有办公用品分发至对应公司成员，办公用品项目及数量如表 5-2-1-2 所示。

表 5-2-1-2　物流企业办公用品

序号	证章名称	标准用量（1 家企业）
1	印泥	1
2	单据	1

三、相关知识

服务公司出售 VBSE 实训所需的各项办公用品，如表单、胶棒、曲别针等。买卖双方可对结算方式进行协商，既可以选择当场结清价款，也可以自行约定结算时间，如月结（每月统一结账）。办公用品价款可采用现金或支票进行结算。企业日常采购的办公用品由行政助理携带少量现金即可。

（一）办公用品领用要求

（1）部门采购时，要做到价钱合理、质量保证、手续完善、发票真实合法。

（2）保管人员保管物品时，要认真负责、杜绝损失和浪费，账实要清楚无误。

（3）如因使用保管不当而导致人为损坏，则由直接责任人赔偿；如将办公用品不慎丢失，则由领用人做书面说明，部门负责人签字认可后，企业酌情进行处理。

（二）办公用品领用制度

（1）各部门要控制和合理使用办公用品，杜绝浪费。

（2）各组织各部门应按核定的办公用品定额标准，严格把好领用关。

（3）凡调出或离职人员在办理离职或交接手续时，应将所领用的办公用品如数归还。有缺失的应照价进行赔偿。

（4）办公用品由人事行政部门统一保管，并指定保管人，实习结束后应如数完好交回。

（三）分发办公用品的流程

分发办公用品的流程如图 5-2-2-1 所示。

图 5-2-2-1　分发办公用品的流程

四、业务步骤

办公用品由物流企业总经理保管，物流企业总经理和物流业务经理在填写办公用品领用登记表后分别领取各自所需的办公用品。

项目三　了解物流企业各岗位的职责

一、项目描述

岗位责任制是指根据企业各个工作岗位的工作性质和业务特点，明确规定其职责、权限，并按照规定的工作标准进行考核及奖惩而建立起来的制度。

实行岗位责任制，有助于办公室工作的科学化、制度化。建立和健全岗位责任制，必须明确任务和人员编制，然后才有可能以任务定岗位，以岗位定人员，将责任落实到人而非职务，使各岗位人员各尽其职，达到事事有人负责的目标。

二、相关知识

（一）物流总经理的工作职责

（1）负责根据企业发展目标，制定企业物流发展战略。

（2）负责构建合适的物流组织机构，组建合适的经营团队。

（3）负责主持建立各项物流制度，监督、检查各项规章制度的执行情况。

（4）负责研究、设计、改善物流管理的各项工作流程。

（5）负责下达年度计划指标，并组织各部门实施，监督、检查各计划目标的执行情况。

（6）负责指导和部署业务、物流、仓储、运输和配送等各部门的工作，协调各部门工作。

（7）负责组织制定企业物流成本控制的流程和管理办法。

（8）负责向各部门下达成本控制目标，并监督、检查执行情况。

（9）负责组织处理各部门运营过程中出现的重大突发事件。

（二）物流业务经理工作职责

（1）负责公司业务范畴内的市场开发工作。

（2）负责在公司授权范围内进行业务洽谈，为客户宣讲公司服务，提升客户的认可度。

（3）负责独立完成报价、谈判、签订合同。

（4）负责物流行业信息收集、分析和市场调研。

（5）负责定期对客户进行电话回访，了解客户对公司服务的意见及建议，详细记录客户对公司的意见和建议并及时反馈。

（6）负责制定所管地区的市场推广年度、月度、周工作计划，报上级批准后组织实施。

（7）负责控制本部门各种费用预算。

（8）负责根据市场的需求变化，向上级提出合理化建议和意见。

三、业务步骤

物流企业总经理和物流业务经理根据业务资料中"物流企业各岗位职责"，了解各自的工作职责，如表 5-2-3-1 所示。

表 5-2-3-1　了解物流企业岗位职责

序号	操作步骤	角色	操作内容
1	了解物流企业总经理岗位职责	物流企业总经理	阅读并了解岗位职责
2	了解物流业务经理岗位职责	物流业务经理	阅读并了解岗位职责

项目四　物流企业的工作交接

一、项目描述

新上岗的总经理接手公司工作，要明确自己的岗位职责，研读交接资料，熟悉公司的组织结构，对现有的财务状况、已确定的经营规划及实施方案要全面掌握，对经营管理目标负责。

新上岗的业务经理接手公司具体业务、市场分析工作，要明确自己的岗位职责，研读交接资料，通过对市场信息的搜集、分析，理解行业政策，在维系原客户的基础上不断发掘新客户，对业务业绩目标负责。

二、相关知识

（一）物流总经理工作交接内容

（1）客户详细信息。

（2）本企业信息。

（3）车辆信息。

（4）运输费用结算信息。

（5）人员信息。

（6）银行存款信息。

（7）承运存货档案。

（二）物流业务经理工作交接的内容

（1）客户详细信息。

（2）本企业信息。

（3）车辆信息。

（4）运输费用结算信息。

（5）承运存货档案。

三、业务步骤

物流总经理根据"数据——总经理工作交接（物流）"材料，了解物流总经理工作交接任务，并完成工作交接。物流业务经理根据"数据——业务经理工作交接（物流）"材料，了解物流业务经理工作交接任务，并完成工作交接，如表5-2-4-1所示。

表 5-2-4-1　物流企业工作交接

序号	操作步骤	角色	操作内容
1	物流企业总经理的工作交接	物流企业总经理	读懂工作交接文档
2	物流业务经理的工作交接	物流业务经理	读懂工作交接文档

项目五　商标制作及注册

一、项目描述

企业在经营准备过程中，需要由总经理协同相关部门设计出符合企业文化，彰显企业特点的商标。

二、相关知识

（一）关于企业商标

企业商标是企业重要的无形资产之一，是企业文化的代表。商标在企业形象传递的过程中，应用广泛、出现频率高，是重中之重。企业强大的综合实力、完善的管理系统、优质的产品和服务，都被归纳于商标中，并通过展示和宣传被大众接受并喜爱。

（二）企业商标设计原因

① 商标可以帮助企业树立鲜明的形象，并于展示时高度统一，在实际应用中快捷、方便。

② 成功的商标设计可以彰显企业特别的身份，通过商标展示，企业宣传能够达成事半功倍的效果。

③ 不同企业的商标可以区别于其他企业，是自己独享的文化。

（3）商标设计中应注意的问题

① 商标设计应简明扼要，主体突出，有感染力。

② 商标设计要有美感，要充分注意颜色、形状搭配的协调性，要给观者以"美好""舒适"的感觉。

③ 商标设计要健康、积极，商标在使用过程中，可以进行调整，要在维护稳定的同时，与时俱进，做出必要调整。

④ 标志印制要清晰，辨识度要高。

（三）商标制作及注册流程

商标制作及注册的流程如图5-2-5-1所示。

图 5-2-5-1　商标制作及注册的流程

三、业务步骤

物流企业总经理将企业设计的商标提交至工商局进行审核，审核通过后，工商局予以公示并备案。

项目六　与制造企业签订运输合同

一、项目描述

承接商品货物在制造企业和供应商之间的流转运输是物流企业的主营业务。物流企业与制造企业经过谈判协商一致，签订运输合同，合同双方都应遵守和履行合同条款内容。签订合同的双方都有各自的经济目的，双方受《中华人民共和国合同法》保护，也需承担相应责任。

二、相关知识

（一）货物运输合同填写说明

（1）合同中应明确合同双方的权利和义务，如承运期限、运输方式、运费、违约处理等内容。

（2）合同双方签字盖章后，合同生效。

（3）合同一式两份。

（二）合同会签单填写说明

（1）单据编号：自拟定，以4位长度流水号，如：0001。

（2）送签部门：哪个部门准备签合同，就是哪个部门的名称。

（3）签约人：合同签约人，负责签订合同的人员。

（4）承办人：负责合同会签事务，合同回收的人员。

（5）合同名称：签订合同时的名称，如：×××购销合同。

（6）对方单位：与之签订合同的企业名称。

（7）合同主要内容：简要写上这个合同约定的是什么事。

（8）争议解决：在合同签订时，遇到争议时的解决方法。

（9）归档情况：这份合同归档的说明，如已归档或未归档等。

三、业务步骤

物流企业与制造企业签订运输合同的流程，主要由物流业务经理具体实施操作，物流企业总经理负责审批、签字，具体操作如图5-2-6-1和表5-2-6-1所示。

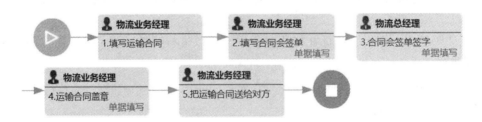

图5-2-6-1　物流企业与制造企业签订运输合同的流程

表 5-2-6-1　与制造企业签订运输合同的流程

序号	操作步骤	角色	操作内容
1	填写运输合同	物流业务经理	1. 寻找合适的制造企业进行合作，沟通运输合同细节内容； 2. 填写运输合同，一式两份
2	填写合同会签单	物流业务经理	1. 填写合同会签单； 2. 将运输合同和合同会签单提交给物流总经理审核
3	审批运输合同	物流企业总经理	1. 接收物流业务经理送来的运输合同及合同会签单； 2. 审核运输合同； 3. 在合同会签单上签字； 4. 在运输合同上签字； 5. 签完交给物流业务经理
4	合同盖章	物流业务经理	1. 从物流总经理处接收运输合同及合同会签单； 2. 给合同盖章
5	把运输合同送给对方	物流业务经理	1. 将两份运输合同送给制造企业（甲方）； 2. 甲方签字、盖章后物流业务经理拿回一份存档

项目七　与经销商签订运输合同

一、项目描述

承接商品货物在制造企业和其经销商之间的流转运输也是物流企业的主营业务。物流企业与经销商经过谈判协商一致，签订运输合同，合同双方都应遵守和履行合同的条款内容。签订合同的双方都有各自的经济目的，双方受《中华人民共和国合同法》保护，也需承担相应的责任。

二、业务步骤

同与制造企业签订运输合同一样，在与经销商签订运输合同时，主要由物流业务经理具体实施操作，物流企业总经理负责审批、签字，如表 5-2-7-1 所示。

表 5-2-7-1　与经销商签订运输合同

序号	操作步骤	角色	操作内容
1	填写运输合同	物流业务经理	1. 寻找合适的经销商进行合作，沟通运输合同细节内容； 2. 填写运输合同，一式两份
2	填写合同会签单	物流业务经理	1. 填写合同会签单； 2. 将运输合同和合同会签单提交给物流企业总经理审核
3	审批运输合同	物流企业总经理	1. 接收物流业务经理送来的运输合同及合同会签单； 2. 审核运输合同的准确性和合理性； 3. 在合同会签单上签字； 4. 在运输合同上签字； 5. 签完交给物流业务经理
4	合同盖章	物流业务经理	1. 从物流企业总经理处接收运输合同及合同会签单； 2. 物流业务经理给合同盖章
5	把运输合同送给对方	物流业务经理	1. 将两份运输合同送给经销商（甲方）； 2. 甲方签字、盖章后物流业务经理拿回一份存档

项目八　企业年度报告公示

一、项目描述

企业年度报告公示制度意在扩大社会监督，促进社会共治，激发各类市场主体创造活力，增强经济发展的内生动力。企业有义务在规定时限内完成企业年度报告的公示。

二、相关知识

新出台的《注册资本登记制度改革方案》提出，企业年检制度改为企业年度报告公示制度。企业应当按年度在规定的期限内，通过全国企业信用信息公示系统向工商机关报送年度报告，并向社会公示，任何单位和个人均可查询。

企业年报的主要内容包括公司股东（发起人）缴纳出资情况、资产状况等，企业对年度报告的真实性、合法性负责，工商机关可以对企业年度报告公示内容进行抽查。经检查发现企业年度报告隐瞒真实情况、弄虚作假的，工商机关将依法予以处罚，并将企业法定代表人、负责人等信息通报公安、财政、海关、税务等有关部门，使其"一处违法，处处受限"。

对未按规定期限公示年度报告的企业，工商机关会将其载入经营异常名录。企业在之后 3 年内履行了年度报告公示义务的，可以申请恢复正常记载状态；超过 3 年未履行的，工商机关将其永久列入严重违法企业"黑名单"。

三、业务步骤

物流企业总经理填写完本企业年报后，将其提交至工商局进行审核，审核通过后，工商局予以公示并备案，具体流程如图 5-2-8-1 所示。

图 5-2-8-1　企业年度报告的公示流程

项目九　受理制造企业运输订单

一、项目描述

运输订单受理是运输作业必不可少的作业环节，也是一般运输作业的第一个作业环节，由此可见运输业务受理作业的重要性。运输订单受理一般由客服人员来操作，客服人员通过受理业务来对货品信息、运输方式、客户要求等诸多信息进行采集、整理，并将它们传递至调度部门，以便于后续作业环节的展开。在 VBSE 系统中，运输订单的受理业务全部由物流业务经理完成。

二、任务导入

2017 年 1 月 5 日，物流企业受理制造企业下达的运输订单。

制造企业向物流企业下达的运输订单，每张运输订单数据如表 5-2-9-1 所示。（T 代表工贸企业开课组数，参考数据中以四组工贸企业为例）

表 5-2-9-1　制造企业运输订单信息

序号	产品	数量	单位
1	钢管	9 600/T	根
2	坐垫	4 800/T	个
3	车篷	4 800/T	个
4	车轮	19 200/T	个
5	包装套件	4 800/T	个

三、相关知识

（一）整车货物运输受理的方法

（1）登门受理。登门受理即由运输部门派专门人员去客户单位办理承托手续。

（2）下产地受理。下产地受理是指在农产品上市时节，运输部门下产地联系运输事宜。

（3）现场受理。现场受理是指在省、市、地区召开物资订货、展销、交流会议期间，物流企业在会场设立的临时托运或服务点，现场办理托运。

（4）驻点受理。驻点受理是指针对生产量大、货物集中，对口供应，以及货物集散的车站码头、港口、矿山、油田、基建工地等单位，运输部门可设点或巡回办理托运。

（5）异地受理。异地受理是指企业单位在外地的整车货物，运输部门根据具体情况，可在本地运输部门办理托运、要车等手续。

（6）电话、传真、信函、网上托运。经运输部门认可，本地或外地的货主单位可用电话、传真、信函、网上托运等方式联系运输部门，运输部门的业务人员受理登记，代填托运单。

（7）签订运输合同。签订运输合同是指根据承托双方的运输合同或协议，办理货物运输。

（8）站台受理。站台受理是指货物托运单位派人直接到运输部门办理托运。

（二）零担货物受理的方法

（1）随时受理制度。这种受理制度对于零担托运地日期无具体规定，只要在车站经营范围内，发货人将货物送到车站即可办理承运，为货主提供了很大的方便。

（2）预先审批制。这种制度对于加强零担货物运输的计划性，提高零担货物运输的组织水平具有一定作用。

（3）日历承运制。这种制度要求车站在基本掌握零担货物流量和流向规律的前提下，认真编制承运日期表，事先向货主公布，发货人则按规定日期来车站办理托运手续。

（三）认识物流调度

（1）物流调度主要是指在物流过程中，物流企业根据待发货物的重量、去向、规格、加急程度等对所属的车辆和人员进行合理的安排和调度。

（2）物流企业良好的物流调度可以迅速将客户托付的货物及时并完好地送达到收货方。

（四）物流调度的工作内容

调度工作内容由计划、监督（控制）和统计与分析三大部分构成。

（1）科学、有计划地组织运输活动。合理安排配送车辆，保证配送工作的有序进行；优化配送线路，保证配送任务按期完成的前提下实现最小的运力投入。

（2）监督、领导运输工具的安全运行。不断了解和分析计划执行过程中各配送因素的变动情况，及时协调各环节的工作，并提出作业调整措施。

（3）及时了解配送任务的执行情况，进行配送活动的统计与分析工作。据此提出改进工作的意见和措施，从而提高运输工具的工作效率和营运效果，保证完成和超额完成运输计划。

模块五　物流企业

（五）物流调度工作原则

车辆运行计划在组织执行过程中常常会遇到一些难以预料的问题，如客户需求发生变化、装卸机械发生故障、车辆运行途中发生技术障碍、临时性路桥阻塞等。针对以上情况，调度部门需要有针对性地加以分析和解决，随时掌握货物状况、车况、路况、气候变化、驾驶员状况、行车安全等，确保运行作业计划顺利进行。车辆运行调度工作应贯彻以下原则：

（1）坚持从全局出发，局部服从全局的原则。

（2）安全第一、质量第一原则。

（3）计划性原则。

（4）合理性原则。

（六）物流调度的特点

一般车辆调度具有以下四个方面的特点。

（1）计划性。计划性是调度工作的基础和依据。事先划分好配送区域，配送车辆按照已经划分好的区域线路执行每日的配送工作。

（2）机动性。机动性就是必须加强运输信息的反馈，及时了解运输状况，机动灵活地处理各种问题，准确及时地发布调度命令，保证运输计划的完成。当遇到门店要货量不均或要货属性（体积/重量等）差异大等情况时，对原划分好的相邻区域可以进行微调。

（3）预防性。运输过程中的影响因素多，情况变化快，因此，调度人员应对生产中可能产生的问题有所准备。这包括两个方面：一是采取预防措施，消除影响配送的不良因素，如车辆的定期检查与保养等；二是事先准备，制订有效的应急措施。当发生车辆故障或其他突发事件时，物流部应有备用车辆替补完成当日的配送任务工作。

（4）及时性。调度工作的时间尤其重要，无论工时的利用、配送环节的衔接，还是装卸效率的提高、运输时间的缩短，都体现着时间的观念。因此，调度部门发现问题要迅速，反馈信息要及时，解决问题要果断。

四、业务步骤

物流业务经理通过接收、确认制造企业运输订单，并规划车辆调度来完成运输订单受理工作。受理企业运输订单的流程见图 5-2-9-1，受理制造企业运输订单的操作见表 5-2-9-2。

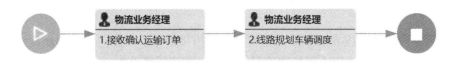

图 5-2-9-1　受理制造企业运输订单流程

表 5-2-9-2　受理制造企业运输订单的操作

序号	操作步骤	角色	操作内容
1	接收确认运输订单	物流业务经理	1. 接收来自制造企业的运输订单； 2. 依据与制造企业签订的物流运输合同，审核订单并签字
2	线路规划车辆调度	物流业务经理	依照当前车辆信息对受理运输订单进行车辆调度及线路规划

项目十 去工贸企业取货并开具发票

一、项目描述

取货作业是现代物流企业运输作业中比较常见的作业环节。取货作业属于集货作业中的一部分，但其强调的是根据运输计划将一批货物或多批货物合理取回的过程，往往在经济地理范围内进行，比如城区范围内。但即便是城市内的取货，像配送一样，也涉及运输线路的优化和合理配载的问题。

在受理制造企业运输订单后，物流业务经理安排发车取货的同时开具增值税专用发票。

二、任务导入

2017 年 1 月 5 日，物流企业去工贸企业取货并开具发票。

制造企业向物流企业下达运输订单，每张运输订单数据如表 5-2-10-1 所示。（T 代表工贸企业开课组数，参考数据中以四组工贸企业为例）

表 5-2-10-1　工贸企业运输订单信息

序号	产品类别	数量	单位
1	钢管	9 600/T	根
2	坐垫	4 800/T	个
3	车篷	4 800/T	个
4	车轮	19 200/T	个
5	包装套件	4 800/T	个

三、相关知识

（一）取货业务的内容

（1）接受取货指令并安排车辆。接受取货指令后需进行以下工作：对车辆及人力资源进行调度；根据运单进行运单分析结果安排车辆和司机和取货相关人员；确定取货费用，安排取货时间；准备取货装车，并做好发车前的检查。司机接到调度指令后，即刻准备取货车辆，进行发车前检查。检查内容主要包括车辆的清洁、装车的辅助材料的准备、随车雨布的配备等。

（2）货运员跟车取货。货运员带齐单据，与司机会合跟车取货，达到取货地点，点验托运货物，请托运人确认运单信息并签字。货物验收无误后装车。

（二）增值税专用发票的样式

增值税专用发票一式三联，分别为记账联、抵扣联、发票联。

（三）增值税专用发票填写方式

（1）购货单位基本信息。实训中根据仿真企业实习中的客户或供应商基本信息表填写此部分内容。

（2）密码区。密码区是一种密文，包含七个方面的数据：发票代码、发票号码、开票日期、销货方纳税人识别号和购货方纳税人识别号、金额、税率、税额等信息，实训中此部分的内容可以不填。

（3）开票日期。真实记录发票的开具日期，实训中以系统日期为准。

（4）合计。货款或服务数量、价款合计信息记录，注意大小写书写要规范。

（5）货物或劳务的名称、规格型号、单位、数量、单价（不含税）、金额（不含税货款或服务金额）、税率、税额。此部分依照实际经济业务内容填写，一张增值税发票上可以开具不同种类货物或劳

模块五　物流企业

务内容。

（6）销货单位。实训中根据仿真企业实习中客户或供应商的基本信息表填写此部分内容。

（7）开票人。此部分为开票单位经办人信息。

（8）备注。此部分填写发票项目中未记录但又存在的重要信息，如果不存在可以不填，在此处加盖单位发票章即可。

（四）增值税专用发票填写示例

图 5-2-10-1 为增值税专用发票填写示例。

图 5-2-10-1　增值税专用发票填写示例

（五）增值税专用发票使用范围

增值税专用发票是国家税务机关统一定制，对使用范围有明确的规定与限制。增值税专用发票只限于增值税的一般纳税人领购使用，增值税的小规模纳税人和非增值税纳税人不得领购使用。关于增值税专用发票的其他信息可查询《增值税专用发票的使用规定》。

（六）运单填写说明

填在一张货物托运单内的货物必须是属于同一托运人。对于拼装分卸货物，应将拼装或分卸情况在托运单记事栏内注明。易腐蚀货物、易碎货物、易溢漏液体、危险货物与普通货物，以及性质相抵触、运输条件不同的货物，不得用同一张托运单托运。托运人、承运人修改运单时，须签字盖章。

本托运单一式两联：第一联作为受理存根，第二联作为托运回执。

四、业务步骤

在物流企业总经理的授权下，物流业务经理完成去工贸企业取货并为制造企业开具增值税专用发票，相关流程及操作内容如表 5-2-10-2 所示。

表 5-2-10-2　去工贸企业取货并开发票

序号	操作步骤	角色	操作内容
1	下达取货命令	物流企业总经理	1. 接收物流业务经理上报的工贸企业的运输订单； 2. 对运输订单的信息进行审查； 3. 将取货命令下达给物流业务经理
2	填制运单	物流业务经理	1. 收到工贸企业下达的取货命令； 2. 根据运输订单信息填制运单
3	填制增值税专用发票	物流业务经理	依据税务规则填制增值税专用发票
4	发车取货	物流业务经理	带齐单据，随车取货

项目十一　装车发货给制造企业

一、任务描述

物流企业在工贸企业取货并装车，然后将货物运送至制造企业。

二、任务导入

2017 年 1 月 5 日，物流企业去工贸企业取货并装运。

三、相关知识

（一）包装管理

按照《中华人民共和国物流术语国家标准》中的定义，包装是指为在流通过程中保护商品、方便运输、促进销售，企业按照一定技术方法而采用的容器、材料及辅助物等的总体名称，也指为了达到上述目的而采用容器、材料和辅助物的过程中施加一定技术方法等的操作活动。简言之，包装是包装物及包装操作的总称。

一般来说，商品包装的作用主要有四个方面，一是保护商品，二是促进销售，三是方便物流，四是方便消费。从物流方面来看，包装的作用，主要可以从其对运输、装卸搬运以及保管等方面来进行分析。

（二）商品包装的种类

（1）按形态划分，商品包装可以分为个装、内装和外装。

（2）按功能划分，商品包装可以分为工业包装和商业包装。

（3）按运输工具的不同划分，商品包装可分为铁路货物包装、卡车货物包装、船舶货物包装、航空货物包装等。

（4）按包装方法划分，商品包装可分为防湿包装、防锈包装、缓冲包装、收缩包装、真空包装等。

（5）按包装材料划分，商品包装可分为纸箱包装、木箱包装、纸袋包装、玻璃瓶包装、塑料袋包装（软包装）等。

（6）按包装商品种类划分，商品包装可分为食品包装、药品包装、蔬菜包装、机械包装、危险品包装等。

（7）按包装使用次数划分，商品包装可分为一次性使用包装和重复使用包装。

（三）装卸搬运管理

装卸搬运管理是指在一定的地域范围内进行的以改变货物存放状态和空间为主要内容和目的的物流活动，具体包括装上、卸下、移送、拣选、分类、堆垛、入库、出库等活动。

装卸是指物品在指定地点以人力或机械装入运输设备或卸下，是对物品进行垂直移动为主的物流作业。

搬运是指在同一场所内，对物品进行水平移动为主的物流作业。

装卸搬运的途径包括起重机、输送机、高位拣选式铲车、巷道堆垛起重机。

（四）装卸搬运的作用

（1）装卸搬运直接影响物流质量。装卸搬运是物流过程中造成货物破损、散失、损耗、混合等损失的主要环节。

（2）装卸搬运直接影响物流效率。物流效率表现为运输效率和仓储效率，两者都与装卸搬运直接相关。

（3）装卸搬运直接影响物流安全。装卸搬运过程中容易发生货物损失、设备损坏、人员伤亡等事故。

（4）装卸搬运直接影响物流成本。装卸搬运需要配备足够的人员和设备。

（五）装卸搬运的原则

（1）降低装卸搬运作业次数的原则。

（2）移动距离（时间）最小化原则。

（3）提高装卸搬运的灵活性原则。

（4）单元化原则。

（5）机械化原则。

（6）尽可能省力的原则。

（7）界面衔接的原则。

（8）系统化原则。

（六）装车发运概述

装车发运是运输作业中必不可少的作业环节之一。运输现场的装卸搬运及监装作业占据了装车发运的主要时间，因此合理、高效和以最低成本装车作业是关键。装车发运的另一个关键点在于发运前交接手续的办理，双方应以相关单据为依据，明确划分和界定运输各方的责任和义务。货运员与司机共同监督指挥装车，装车完毕后封车；货物装车完毕后，执行货物的发车出运即货物发运出站。

四、业务步骤

装车发给制造企业的整个过程由物流业务经理负责，物流业务经理需要做好点验收和确认，以保证装车和送货过程的顺利进行。如果物流企业有专职货运员，物流总经理可以委托其完成装车、发货的所有工作，物流业务经理则要做好相关的监督工作。装车发货给制造企业流程如图 5-2-11-1 所示，装车发货给制造企业的操作内容如表 5-2-11-1 所示。

图 5-2-11-1　装车发货给制造企业流程

表 5-2-11-1　装车发货给制造企业的操作内容

序号	操作步骤	角色	操作内容
1	点验托运货物	物流业务经理	与工贸企业进行货物交接，依照运单信息清点、检验托运货物
2	确认运单信息并签字	物流业务经理	请工贸企业确定运单信息并签字
3	装车作业	物流业务经理	安排并监督货物装车
4	送货作业	物流业务经理	运单签字后根据规划好的线路运输送货

注：本任务中所涉及的货物运单与上一任务"去工贸企业取货并开发票（物流）"中货物运单为同一运单。

项目十二　送货到制造企业

一、项目描述

物流企业在工贸企业完成取货后，装车发给制造企业，而本部分任务是针对货物送达制造企业前、后的工作处理。

二、相关知识

（一）配送概述

配送是物流活动中一种非单一的业务形式，它与商流、物流、资金流紧密结合，并且主要包括了商流活动、物流活动和资金流活动，可以说它是包括了物流活动中大多数必要因素的一种业务形式。从物流活动来讲，配送几乎包括了所有的物流功能要素，它是物流的一个缩影或在某小范围中物流全部活动的体现。

（二）配送要素

（1）备货。备货是配送的准备工作或基础工作，备货工作包括筹集货源、订货或购货、集货、进货及有关的质量检查、结算、交接等。配送的优势之一，就是可以集中用户的需求进行一定规模的备货。备货是决定配送成败的初期工作，如果备货成本太高，会大大降低配送的效益。

（2）储备。配送中的储存，有储备及暂存两种形态。配送储备是按一定时期的配送经营要求，形成的对配送的资源保证。这种类型的储备数量较大，储备结构也较完善，视货源及到货情况，可以有计划地确定周转储备及保险储备结构及数量。配送的储备保证有时在配送中心附近单独设库解决。

（3）暂存。另一种储存形态是暂存，它是指在具体执行日配送时，按分拣配货要求，在理货场地所做的少量储存准备。由于总体储存效益取决于储存总量，所以，这部分暂存数量只会对工作方便与否造成影响，而不会影响储存的总效益，因而暂存货物在数量上控制并不严格。

（4）分拣及配货。分拣及配货是配送不同于其他物流形式的有特点的功能要素，也是配送成败的一项重要支持性工作。分拣及配货是完善送货、支持送货的准备性工作，是不同配送企业在送货时进行竞争和提高自身经济效益的必然延伸，所以，也可以说它是送货向高级形式发展的必然要求。有了分拣及配货的支持，企业就会大大提高送货服务水平。所以，分拣及配货是决定整个配送系统水平的关键要素。

（5）配装。在单个用户配送数量不能达到车辆的有效载运负荷时，就存在如何集中不同用户的配送货物，进行搭配装载以充分利用运能、运力的问题，这就需要配装。和一般送货不同之处在于，通过配装送货可以大大提高送货水平及降低送货成本，所以，配装也是配送系统中有现代特点的功能要素，也是现代配送不同于以往送货的重要区别之处。

（6）配送运输。配送运输属于运输中的末端运输、支线运输，其和一般运输形态主要区别在于：配送运输是较短距离、较小规模、额度较高的运输形式，一般使用汽车做运输工具。与干线运输的另一个区别是，配送运输的路线选择问题是一般干线运输所没有的，干线运输的干线是唯一的运输线，而配送运输由于配送用户多，一般城市交通路线又较复杂，如何组合成最佳路线，如何使配装和路线有效搭配等，是配送运输的特点，也是难度较大的工作。

（7）送达服务。配好的货运输到用户还不算配送工作的完结，这是因为送达货物和用户接货往往还会出现不协调，因此，要圆满地实现运到之货的移交，并有效地、方便地处理相关手续并完成结算，还应讲究卸货地点、卸货方式等。送达服务也是配送独具的特性。

（8）配送加工。在配送中，配送加工这一功能要素不具有普遍性，但是往往是有重要作用的功能要素。主要原因是配送加工可以大大提高用户的满意程度。配送加工是流通加工的一种，但配送加工有它不同于一般流通加工的特点，即配送加工一般只取决于用户要求，其加工的目的较为单一。

（三）配送形式

（1）按配送商品种类与数量，配送形式可划分为多品种、少批量配送，少品种、大批量配送，成套配送等。

（2）按配送时间及数量，配送形式可划分为定时配送、定量配送、定时定量配送、定时定量定点配送、即时配送等。

（3）按配送地点与组织者，配送形式可划分为配送中心配送，配送点配送，仓库配送，商店配送，生产企业配送。

（4）按配送的服务对象，配送形式可划分为企业对企业的配送，企业内部配送，企业对消费者的配送。

（5）其他配送形式。如共同型配送，一体化配送，高频率、小批量配送。

（四）配送目标

（1）效益最高；

（2）成本最低；

（3）路程最短；

（4）准时性；

（5）运力充分利用；

（6）劳动消耗最低。

三、业务步骤

商品送到制造企业的整个过程由物流业务经理负责，物流业务经理需要做好检查和交接工作。

物流企业送货到制造企业的流程如图 5-2-12-1 所示，送货到制造企业的操作内容如表 5-2-12-1 所示。

图 5-2-12-1　送货到制造企业的流程

表 5-2-12-1　送货到制造企业的操作内容

序号	操作步骤	角色	操作内容
1	车辆到达，卸车前检查	物流业务经理	车辆到达制造企业，卸车前检查车辆
2	安排卸货，货物交接	物流业务经理	安排装卸工卸货，与制造企业进行货物交接，请制造企业清点货物数量，检查货物质量，合格后制造企业在运单上签字确认留存
3	将增值税专用发票交给制造企业	物流业务经理	将增值税专用发票交给制造企业

项目十三　收到制造企业运费业务回单

一、项目描述

银行回单表示银行收到个人或企业要处理的票据的证明，银行回单是个人或单位在银行办理业务的一个有效凭证。

二、任务导入

2017 年 1 月 25 日，物流企业收到制造企业运费的银行回单。

三、业务步骤

物流总经理可以通过网银系统收取、查看运费业务银行回单，流程如图 5-2-13-1 所示。

图 5-2-13-1　收到制造企业运费业务的银行回单流程

项目十四　受理经销商的运输订单

一、项目描述

运输订单受理是运输作业必不可少的作业环节，也是一般运输作业的第一个环节。由此可见运输业务受理作业的重要性。运输订单受理一般由物流企业的客服人员来操作，客服人员通过受理业务来采集、整理货品信息、运输方式、客户要求等诸多信息并将这些信息传递至调度部门，以便于后续作业环节的展开。在 VBSE 系统中，运输订单受理业务全部由物流业务经理完成。

二、任务导入

2017 年 1 月 5 日，物流企业受理经销商下达的运输订单。

经销商与每家制造企业签订采购订单数量如表 5-2-14-1 所示（注：D 代表经销商开课组数，参考数据以四家经销商为例）

每家制造企业采购数量＝每家制造企业供应量/D

每家制造企业供应量＝4 800　　　　　　　　D＝4

表 5-2-14-1　经销商运输订单信息

存货编码	存货名称	数量	单位	含税单价	金额	到货日期
P0001	经济型童车	1 200	辆	1 010.32	1 212 384.00	1 月 25 日

三、业务步骤

物流业务经理通过接收、确认经销商运输订单，并规划车辆调度来完成运输订单受理工作。物流业务经理受理经销商运输订单的流程如图 5-2-14-1 所示，受理经销商的运输订单的操作内容如表 5-2-14-2 所示。

图 5-2-14-1　受理经销商的运输订单的流程

表 5-2-14-2　受理经销商运输订单的操作内容

序号	操作步骤	角色	操作内容
1	接收确认运输订单	物流业务经理	1. 接收来自经销商的运输订单； 2. 依据与经销商签订的物流运输合同审核确认订单并签字
2	线路规划车辆调度	物流业务经理	依照当前车辆信息对受理运输订单进行车辆调度及线路规划

项目十五　去制造企业取货并开具发票

一、任务描述

取货作业是现代物流企业运输作业中比较常见的作业环节。取货作业属于集货作业中的一部分，但其主要强调的是根据运输计划将一批货物或多批货物合理取回的过程，往往在经济地理范围内进行，比如城区范围内。但即便是城市内的取货，像配送一样，也涉及运输线路优化和合理配载的问题。

在受理经销商运输订单后，物流业务经理安排发车取货的同时开具增值税专用发票。

二、任务导入

2017 年 1 月 5 日，物流企业去制造企业取货并开具发票，业务数据如表 5-2-15-1 所示。

经销商与每家制造企业签订采购订单数量如下：（注：D 代表经销商开课组数，参考数据以四家经销商为例，运费发票总金额为运输货物总价的 5%）

金额＝数量×单价　　　　　　　　　　　　运费＝金额×5%

基数＝4 800　　　　　　　　D＝4　　　　　　数量＝基数/D

表 5-2-15-1　经销商运输订单信息

存货编码	存货名称	数量	单位	金额/元	运费/元	付款日期	备注
P0001	经济型童车	1 200	辆	1 212 384.00	60 619.20	1 月 25 日	

三、业务步骤

在物流企业总经理的授权下，物流业务经理完成去制造企业取货流程并为经销商开具增值税专用发票，相关流程及操作内容如表 5-2-15-2 所示。

表 5-2-15-2　去制造企业取货并开发票

序号	操作步骤	角色	操作内容
1	下达取货命令	物流企业总经理	1. 收物流业务经理上报的制造企业的运输订单； 2. 对运输订单的信息进行审查； 3. 将取货命令下达给物流业务经理
2	填制运单	物流业务经理	1. 收到制造企业下达的取货命令； 2. 根据运输订单信息填制运单
3	填制增值税专用发票	物流业务经理	依据税务规则填制增值税专用发票
4	发车取货	物流业务经理	带齐单据，随车取货

项目十六　装车给经销商发货

一、项目描述

物流企业在制造企业取货并装车，然后运送至经销商。

二、任务导入

2017 年 1 月 5 日，物流企业去制造企业取货。

经销商与每家制造企业签订采购订单数量如表 5-2-16-1 所示。（注：D 代表经销商开课组数，参考数据以四家经销商为例）

金额＝数量×单价　　　　　运费＝金额×5%

基数＝4 800　　　　　D＝4　　　　　数量＝基数/D

表 5-2-16-1　经销商运输订单信息

存货编码	存货名称	数量	单位	单价/元/辆	金额/元	运费/元	付款日期
P0001	经济型童车	1 200	辆	1 010.32	1 212 384.00	60 619.20	1 月 25 日

三、业务步骤

装车发给经销商的整个过程由物流业务经理负责，物流业务经理需要做好点验和确认，以保证装车和送货过程的顺利进行。如果物流企业有专职货运员，物流总经理可以委托其完成装车、发货的所有工作，物流业务经理则要做好相关的监督工作。物流企业装车发货给经销商的流程如表 5-2-16-2 所示。

表 5-2-16-2　装车发货给经销商

序号	操作步骤	角色	操作内容
1	点验托运货物	物流业务经理	与制造企业进行货物交接，依照运单信息清点、检验托运货物
2	确认运单信息并签字	物流业务经理	请制造企业确定运单信息并签字
3	装车作业	物流业务经理	安排并监督货物装车
4	送货作业	物流业务经理	运单签字后，根据规划好的线路运输送货

注：本任务中所涉及的货物运单与上一任务"去制造企业取货并开发票（物流）"中货物运单为同一运单。

项目十七　送货到经销商

一、项目描述

物流企业在制造企业完成取货后，装车发给经销商，而本部分任务是针对货物送达制造企业前后的工作处理。

二、业务步骤

物流企业送货到经销商的流程如图 5-2-17-1 所示。

图 5-2-17-1　物流企业送货到经销商的流程

商品送到经销商的整个过程由物流业务经理负责，物流业务经理需要做好检查和交接工作，具体操作内容如表 5-2-17-1 所示。

表 5-2-17-1　送货到经销商的操作内容

序号	操作步骤	角色	操作内容
1	车辆到达，卸车前检查	物流业务经理	车辆到达经销商，卸车前检查车辆
2	安排卸货，货物交接	物流业务经理	安排装卸工卸货，与经销商货物交接，请制造企业清点货物数量，检查货物质量，合格后经销商在运单签字确认并留存
3	将增值税专用发票交经销商	物流业务经理	将增值税专用发票交给经销商

项目十八　收到经销商运费业务回单

一、项目描述

银行回单表示银行收到个人或企业要处理的票据的证明，银行回单是个人或单位在银行办理业务的一个有效凭证。

二、任务导入

2017 年 1 月 25 日，物流企业收到经销商支付运费的银行回单。

经销商与每家制造企业签订采购订单数量如表 5-2-18-1 所示：（注：D 代表经销商开课组数，参考数据以四家经销商为例，运费发票总金额为运输货物总价的 5%）

金额 = 数量×单价　　　　运费 = 金额×5%

基数 = 4 800　　　　　　　D = 4　　　　　　　数量 = 基数/D

表 5-2-18-1　经销商运输订单信息

存货编码	存货名称	数量	单位	单价/元/国内	金额/元	运费/元	付款日期
P0001	经济型童车	1 200	辆	1 010.32	1 212 384.00	60 619.20	1 月 25 日

三、业务步骤

物流企业总经理可以在银行柜台领取、查看运费银行回单，流程如图 5-2-18-1 所示。

图 2-20　收到经销商运费业务回单的流程

知识拓展：

经典物流案例分析

附录

附录一　办公用品领用登记表样例

表 5-3-1-1 为办公用品领用登记表样例：

表 5-3-1-1　办公用品领用登记表样例

办公用品领用登记表						
序号	物品名称	单位	数量	领用部门	领用人	领用时间
1						
2						

附录二　物流企业与制造企业签订货物运输合同填写样例

图 5-3-2-1 为物流企业与制造企业签订货物运输合同填写样例。

货物运输合同

甲方（托运人）：好佳童车厂

乙方（承运人）：隆飞物流有限公司

甲、乙双方经过协商，根据合同法有关规定，订立货物运输合同，条款如下：

一、货物运输期限从 2017 年 01 月 05 日起到 2018 年 01 月 05 日止。

二、货物运输期限内，甲方委托乙方运输货物，运输方式为公路运输，具体货物收货人等事项，由甲、乙双方另签运单确定，所签运单作为本协议的附件与本协议具有同等的法律效力。

三、甲方须按照国家规定的标准对货物进行包装，没有统一规定包装标准的，应根据保证货物运输的原则进行包装，甲方货物包装不符合上述要求，乙方应向甲方提出，甲方不予更正的，乙方可拒绝起运。

四、乙方须按照运单的要求，在约定的期限内，将货物运到甲方指定的地点，交给甲方指定的收货人。

五、甲方支付给乙方的运输费用由运单确定，乙方将货物交给甲方指定的收货人及开具全额运输费用发票之日起 10 日内甲方支付全部运输费用。

六、乙方在将货物交给收货人时，同时应协助收货人亲笔签收货物以作为完成运输义务的证明。如乙方联系不上收货人时，应及时通知甲方，甲方有责任协助乙方及时通知收货人提货。

七、甲方交付乙方承运的货物乙方对此应予以高度重视，避免暴晒、雨淋，确保包装及内容物均完好按期运达指定地。运输过程中如发生货物灭失、短少、损坏、变质、污染等问题，乙方应确认数量并按照甲方购进或卖出时价格全额赔偿。

八、因发生自然灾害等不可抗力造成货物无法按期运达目的地时，乙方应将情况及时通知甲方并取得相关证明，以便甲方与客户协调；非因自然灾害等不可抗力造成货物无法按时到达，乙方须在最短时间内运至甲方指定的收货地点并交给收货人，且赔偿逾期承运给甲方造成的全部经济损失。

九、本协议未尽事宜，由双方协商解决，协商不成，可向甲方住所地法院提起诉讼。

十、本协议一式两份，双方各持一份，双方签字盖章后生效。

托运人签字盖章：　　　　　　　　　　承运人签字盖章：

托运人：好佳童车厂　　　　　　　　　承运人：隆飞物流有限公司

法定代表人：梁天　　　　　　　　　　法定代表人：李靖

地址：北京市海淀区北清路 6 号　　　　地址：武汉市盘龙城济开发区卓尔企业社区 38 楼

传真：010-62437783　　　　　　　　　传真：010-64667658

开户行：中国工商银行　　　　　　　　开户行：中国工商银行

账户：0100229999333823　　　　　　　账户：0100229999000099019

签署日期：2017-01-05

图 5-3-2-1　物流企业与制造企业签订货物运输合同填写样例

附录三　合同会签单填写样例

表 5-3-3-1 为合同会签单填写样例：

表 5-3-3-1　合同会签单填写样例

合同会签单				
单据编号：0201				日期：2017 年 10 月 8 日
送签部门	采购部	签约人：李斌	承办人：付海生	电话：0311-83024777
				E-mail：BJHJFHS@126.COM
合同名称	钢管采购合同		对方单位：河北钢铁厂	
合同主要内容	采购物品名称、规格、数量及价格，质量标准、验收方法、付款方式、交货地点、供货时间，包装与运输等说明		合同金额（大写）： 贰佰柒拾伍万壹仟捌佰肆拾元整	
业务部门审批意见	已审阅合同，同意签约。 部门经理：李斌			日期：2017.10.8
财务部审批意见	财务经理：			日期：
总经理审批意见	总经理： （注：付款金额 1 万以上的由总经理审批）			日期：
争议解决	合同内包括了可预见的争议解决方法，对于不可预见的争议，双方协商解决；如有异议，可申请"北京市昌平区仲裁委员会"仲裁，仲裁方案为最终裁决			
归档情况	与合同一起归档，存在行政助理处			

附录四 与经销商签订货物运输合同填写样例

图 5-3-4-1 为与经销商签订货物运输合同填写样例。

货物运输合同

甲方（托运人）：<u>恒润商贸有限公司</u>

乙方（承运人）：<u>隆飞物流有限公司</u>

甲、乙双方经过协商，根据合同法有关规定，订立货物运输合同，条款如下：

一、货物运输期限从 <u>2017</u> 年 <u>01</u> 月 <u>05</u> 日起到 <u>2018</u> 年 <u>01</u> 月 <u>05</u> 日为<u>止</u>。

二、货物运输期限内，甲方委托乙方运输货物，运输方式为<u>公路运输</u>，具体货物收货人等事项，由甲、乙双方另签运单确定，所签运单作为本协议的附件与本协议具有同等的法律效力。

三、甲方须按照国家规定的标准对货物进行包装，没有统一规定包装标准的，应根据保证货物运输的原则进行包装，甲方货物包装不符合上述要求，乙方应向甲方提出，甲方不予更正的，乙方可拒绝起运。

四、乙方须按照运单的要求，在约定的期限内，将货物运到甲方指定的地点，交给甲方指定的收货人。

五、甲方支付给乙方的运输费用由<u>运单</u>确定，乙方将货物交给甲方指定的收货人及开具全额运输费用发票之日起 <u>5</u> 日内甲方支付全部运输费用。

六、乙方在将货物交给收货人时，同时应协助收货人亲笔签收货物以作为完成运输义务的证明。如乙方联系不上收货人时，应及时通知甲方，甲方有责任协助乙方及时通知收货人提货。

七、甲方交付乙方承运的货物乙方对此应予以高度重视，避免暴晒、雨淋，确保包装及内容物均完好按期运达指定地。运输过程中如发生货物灭失、短少、损坏、变质、污染等问题，乙方应确认数量并按照甲方购进或卖出时价格全额赔偿。

八、因发生自然灾害等不可抗力造成货物无法按期运达目的地时，乙方应将情况及时通知甲方并取得相关证明，以便甲方不客户协调；非因自然灾害等不可抗力造成货物无法按时到达，乙方须在最短时间内运至甲方指定的收货地点并交给收货人，且赔偿逾期承运给甲方造成的全部经济损失。

九、本协议未尽事宜，由双方协商解决，协商不成，可向甲方住所地法院提起诉讼。

十、本协议一式两份，双方各持一份，双方签字盖章后生效。

托运人签字盖章：

托运人：<u>恒润商贸有限公司</u>

法定代表人：<u>关雅寒</u>

地址：<u>北京市海淀区北白颐路 73 号</u>

传真：<u>010-82602222</u>

开户行：<u>中国工商银行北京分行</u>

账户：<u>9558800123456789</u>

承运人签字盖章：

承运人：<u>隆飞物流有限公司</u>

法定代表人：<u>李靖</u>

地址：<u>卓尔大街 38 号</u>

传真：<u>010-64667658</u>

开户行：<u>中国工商银行北京分行</u>

账户：<u>0100229999000099019</u>

签署日期：2017-01-05

图 5-3-4-1 与经销商签订货物运输合同填写样例

附录五　受理制造企业运输订单样例

样例（图5-3-5-1）以好佳童车厂与丰达工贸有限公司为例，实际应为本次开课各组织名称。若本次开课开设4家工贸企业，则答案应为受理每家制造企业与4家工贸企业的运输订单。

运输订单									
运输订攀号：ysdd2017010001								装货地址	广州市越秀区沿江中路1471
托运人	好佳童车厂	地址	北京市海淀区北清路6号	电话	010-6243-7783	邮编	100094		
收货人	好佳盍车厂	地址	北京市海淀区北清路6号	电话	010-6243-7783	邮编	100094	卸货地点	北京市海淀区北清路6号
取货时间	20170105	到货时间	20170105	是否取送	取货送货（可选取货，送货）	签单返两	运单客户单据（可选运单，客户单据）	需果车种	半挂式货车
序号	货品名称	单位	休积（立方米）	重量（公斤）	数量	备注	费用		
1	钢管	根			2400		运费		43,473.60
2	坐垫	个			1200		杂费		
3	车篷	个			1200		保险费		
4	车轮	个			4800				
5	包装套件	个			1200				
合计							运杂费合计		43,473.60
•结算方式	托运人现结　托运人月结　收货人现结　收货人月结　第三方付费（可						预收款	付费账号	0100229999000099019

*制单人　　*受理日期20170105　　*受理单位　隆飞物流有限责任公司

图5-3-5-1　受理制造企业运输订单样例

附录六　去工贸企业取货运单填写及对应增值税专用发票开具样例

本次展示以好佳童车厂与丰达工贸有限公司为例。若本次开课开设10家制造企业，则应为收到10份制造企业运费业务回单，样例如图5-3-6-1所示。

运输订单									
运输订单号：ysdd2017010001								装货地址	广州市越秀区沿江中路147号
托运人	好佳童车厂	地址	北京市海淀区北清路6号	电话	010-6243-7783	邮编	100094		
收货人	好佳童车厂	地址	北京市海淀区北浦路6号	电话	010-6243-7783	邮编	100094	卸货地点	北京市海淀区北清路6号
取货时间	20170105	到货时间	20170105	是否取送	取货送货（可选取货，送货）	签单返回	运单客户单据（可选运单，客户单据）	需要车种	半挂式货车
序号	货品名称	单位	体积（立方米）	重量（公斤）	数量	备注	费用		
1	钢管	根			2400		运费		43473.6
2	坐垫	个			1200		杂费		
3	车篷	个			1200		保险费		
4	车轮	个			4800				
5	包装套件	个			1200				
合计							运杂费合计		43473.6
*结算方式	托运人现结　托运人月结　收货人现结　收货人月结　第三方付费（可选）						预收款	付费账号	0100229999000099019

*制单人　　*受理日期　20170105　　*受理单位　隆飞物流有限责任公司

图5-3-6-1　货物运单样例

附录七　制造企业支付运费的银行业务回单样例

制造企业支付运费的银行业务回单样例如图 5-3-7-1 所示。

银行业务回单

中国工商银行
INDUSTRIAL AND COMMERCIAL BANK OF CHINA

回执单编号：2017010001

日期：	20170125	业务类型：	转账支付		流水号：	1
付款人信息			收款人信息			
户名：	好佳童车厂		户名：	隆飞物流有限公司		
付款账号：	0100229999333823		收款账号：	0100229999000099019		
开户行：	中国工商银行北京分行		开户行：	中国工商银行		
金额：		仟 拾肆万叁仟肆佰柒拾叁元陆角零 分			￥43473.6	
摘要：	支付材料款					

经办人：银行柜员　第 1 打印　　　　　　　　打印日期：20170125

提示：　　　　已在银行柜台领回业务回单的单位，请注意核对，勿重复记账使用。

注：银行业务回单的数量依据开课组数而定，如制造企业开课组数为 10 家，收款的金额应为 869 472.00×10＝8 694 720.00；以下凭证也应依据银行业务回单逐笔登记，账簿登记应为 10 家总金额。

图 5-3-7-1　制造企业运费银行回单样例

附录八　受理经销商运输订单样例

以制造企业好佳童车厂与经销商恒润商贸有限公司为例（图 5-3-8-1），操作中以实际情况填写。若当次开课开设 10 家制造企业，则答案为依据 10 家制造企业的发货通知单录入对 10 家制造企业的运输订单，运输订单依次为运输订单 1，运输订单 2，运输订单 3，运输订单 4……运输订单 10。

运输订单

运输订单号：ysdd2017010011

托运人	恒润商贸有限公司	地址	北京市海淀区白颐路73号	电话	010-82602222	邮编	100094	装货地址	北京市海淀区北清路5号
收货人	恒润商贸有限公司	地址	北京市海淀区白颐路74号	电话	010-82602222	邮编	100081	卸货地点	北京市海淀区白颐路73号
取货时间	20170105	到货时间	20170105	是否取送	取货 送货（可选取货，送货）	签单返回	运单 客户单据（可选运单，客户单据）	需要车种	半挂式货车

序号	货品名称	单位	体积（立方米）	重量（公斤）	数量	备注	费用		
1	经济型童车	辆		1200			运费		60619.20
2							杂费		
3							保险费		
4									
5									
合计							运杂费合计		60619.20
*结算方式	托运人现结 托运人月结 收货人现结 收货人月结 第三方付费（可选）				预收款			付费账号	9558800123456789
*制单人			*受理日期	20170105			*受理单位	隆飞物流有限责任公司	

图 5-3-8-1　经销商运输订单样例

模块六

外围组织

任务一　招投标

项目一　规则

一、项目描述

本环节将向学生详细介绍招投标企业的各项规则。

二、学习目标

通过对本项目的学习，学生应该了解招投标企业在整个商业环境中的角色及地位，理解招投标企业在模拟商业环境中的"游戏规则"。

三、相关知识

（一）人力资源规则

人力资源的科学管理是围绕人力资源的取得、开发、保持和利用等方面进行的计划、组织、指挥、控制和协调的活动。人力资源是企业经营活动的基本要素。科学、合理的人力资源规则能够保证公司的员工配置、工资标准及核算、员工招聘与培训等工作有条不紊地进行，为公司的经营活动协调、有序、高效进行提供保障。

（1）人员配置情况。

本次模拟实训中招投标企业岗位及人员设置（见表6-1-1-1）：

表6-1-1-1　招投标企业岗位及人员设置

岗位名称	在编人数	直接上级
总经理	1	—

本次模拟实训中招投标企业只有一个岗位——总经理，只需要一名学生担任。

（2）考勤规则。

每天的实训开始后，学生必须登录VBSE系统点击"签到"按钮进行考勤。由于招投标是"一人企业"，所以仅由系统进行考勤，不再进行企业内部考勤。招投标总经理的线下考勤由指导教师指定专人负责。招投标企业不涉及发放薪酬的业务，对招投标总经理线上、线下的考勤仅作为实训成绩的评分依据之一。

考勤管理办法：每月有 2 个虚拟工作日（每月的 5 日以及每月的 25 日），员工出勤天数＝当月虚拟工作日出勤天数/当月虚拟工作日总天数×21.75，员工缺勤天数＝21.75-员工出勤天数。

（二）办公用品采购规则

由于招投标是"一人企业"，因此 VBSE 系统中简化了招投标的业务，并没有专门的"领用办公品"的任务。但是为了最大化模拟现实商业环境，同时使整个模拟环境更加公平，招投标企业总经理所需的办公用品还是需要在综合服务公司进行购买，再按双方协定的方法进行支付并在 VBSE 系统上进行相应账户处理。

（三）销售规则

招投标企业的收入主要来源于完成招标或投标业务后所取得的合同约定的手续费。因此，招投标企业的销售规则就是招投标企业与业主双方签订的合同上所规定的关于后续交易依据、费用结算方式等规定。在签订合同前，招投标企业要和业主双方进行多轮洽谈，最终签订纸质合同，如果在签订过程中出现争议，如招标企业认为招投标企业所要求的手续费过度高于市场价格，无法继续协商，则可提交至工商局进行协调。

（1）收费标准。

招投标企业收费标准的制定可以通过两种方法进行：

①按月披露经过工商局批准的收费标准；

②对每笔招投标业务分别协商制定收费标准。

建议对常规、普遍的招投标业务采用月披露收费标准的方式，对于大额、加急等特殊的招投标业务则采用双方协商制定收费标准的方法。

招投标企业在制定收费标准时可以参考如表 6-1-1-2 所示的行业标准，并可以依据所处的市场环境（企业数量、竞争情况等）自行进行调整。

表 6-1-1-2　招标代理服务收费标准

中标金额	货物招标/%	服务招标/%	工程招标/%
100 万元以下	1.5	1.5	1.0
100 万~500 万元	1.1	0.8	0.7
500 万~1 000 万元	0.8	0.45	0.55
1 000 万~5 000 万元	0.5	0.25	0.35
5 000 万~1 亿元	0.25	0.1	0.2
1 亿~5 亿元	0.05	0.05	0.05
5 亿~10 亿元	0.035	0.035	0.035
10 亿~50 亿元	0.008	0.008	0.008
50 亿~100 亿元	0.006	0.006	0.006
100 亿元以上	0.004	0.004	0.004

注：招标代理服务收费按差额定率累进法计算。例如，某工程招标代理业务中标金额为 6 000 万元，计算招标代理服务收费额的计算如下所示：

100 万元×1.00%＝1（万元）

（500-100）万元×0.70%＝2.8（万元）

（1 000-500）万元×0.55%＝2.75（万元）

（5 000-1 000）万元×0.35%＝14（万元）

（6 000-5 000）万元×0.20%＝2（万元）

合计收费＝1+2.8+2.75+14+2＝22.55（万元）

为方便学生计算，VBSE 实训系统中的招标服务费被设定为每单 5 000 元。学生可根据在 VBSE 商业系统中的具体运营情况进行相应调整，特别是在自主经营阶段。

（四）财务规则

VBSE 系统中所涉及的财务业务规则主要包括会计核算制度、会计管理制度，预算管理方法、筹资规则、投资规则、账簿设置与会计核算程序等方面的主要规则，各公司必须按照本规则的各项规定组织会计核算，进行会计管理。

招投标企业同样简化了此部分的操作，担任招投标企业总经理的学生不会接收到专门财务类工作任务，但是在结算上会涉及会计核算制度：

在实务中，企业有多种结算方式，其中常见的有采用现金结算、转账结算和电汇等几种方式。在 VBSE 系统中，我们模拟现实商业环境，原则上日常经济活动低于 2 000 元的结算业务使用现金（新道币）结算，超过 2 000 元的使用转账支票结算。

【拓展知识】

银行支票分为现金支票和转账支票。现金支票用于提取现金，转账支票用于同一票据交换区内的结算。异地付款一般采用电汇方式。

（五）税务规则

招投标企业从事中介服务，涉及国家或地方的多个税种，包括增值税、城市建设维护税、教育费附加、个人所得税。VBSE 系统同样简化了招投标企业纳税环节的工作，担任招投标企业总经理的学生只会在准备阶段收到"税务登记"的任务。

知识拓展：

招投标企业业务所涉及的税种的税率

项目二　业务

一、项目描述

本环节将向学生详细介绍招投标企业的业务流程及重点业务。

二、学习目标

通过对本项目的学习，学生应能掌握招投标企业的重点业务的流程及操作关键点。

三、相关知识

（一）业务流程介绍

招投标企业的主要业务如表 6-1-2-1 所示。

表 6-1-2-1 招投标企业的主要业务

阶段	任务	备注
团队组建	应聘	包括自我展示及面试环节
上岗交接	熟悉招投标企业规则	
	了解招投标企业岗位职责	
	学习公司注册流程	公司成立六部曲
	名称预先核准申请	
	企业设立登记	
	银行开户申请	
	税务登记	
	社保登记	
	第一次阶段考核	由系统考核招投标总经理对岗位的认知情况
经营准备	BZB1 签订招标委托代理合同	
	BZB2 制作招标文件	
	BZB3 发布招标公告	
	BZB4 投标资格预审	（任务起始于制造企业销售专员）
月初经营	BZB5 出售招标文件	
	BZB7 组织开标会	
	BZB9 定标并发出中标订单	
月末经营	BZB13 结算招标服务费	
	第二次阶段考核	

注：①BZB 系列任务中，BZB6 为制作投标文件、BZB8 为参加开标会、BZB10 为给招标客户发货、BZB11 为给招标客户办理出库、BZB12 为收到招标客户贷款为制造企业任务。②固定经营阶段，招投标企业的 BZB 系列任务是虚拟客户发起的招标业务，制造企业参与竞标。在自主经营阶段，工贸企业、商贸公司、制造企业都可以参与到招投标中。

（二）重点业务详解

（1）BZB1 签订招投标委托代理合同。

任务概述：与委托方签订招投标委托代理合同。

任务步骤：具体操作步骤如表 6-1-2-2 所示。

表 6-1-2-2 签订委托代理合同的流程

操作步骤	角色	操作内容	备注
签订委托代理合同	招投标企业总经理	签订"委托招标代理合同"，因委托方是虚拟企业，所以"委托招标代理合同"由招投标总经理一人代签（委托方为湖北强盛商贸有限公司，开户行为：中国工商银行，账号为4563512600681022353）	1. 招投标总经理要事先编制"委托招标代理合同"，可参考"教学资源"所提供样例或查阅相关资料，编制完成后，经授课老师审定后方可使用； 2. 该业务是线下操作，在系统中不用进行特别操作，线下签订好合同后，在线上点击"完成"任务

（2）BZB2 制作招标文件。

任务概述：招投标总经理编制招标文件。

任务步骤：具体操作步骤如表 6-1-2-3 所示。

表 6-1-2-3 制作招标文件的流程

操作步骤	角色	操作内容	备注
制作招标文件	招投标企业总经理	招投标总经理编制招标文件	1. 建议阅读"教学资源"中的招标文件编制方法的讲解PPT 及 word 模板； 2. 该业务是线下操作，招标文件制作完毕后，在线上点击"完成"任务

（3）BZB3 发布招标公告。

任务概述：招投标总经理发布招标公告。

任务步骤：具体操作步骤如表 6-1-2-4 所示。

表 6-1-2-4 发布招标公告的流程

操作步骤	角色	操作内容	备注
1. 编制招标公告	招投标总经理	招投标企业总经编制招标公告	1. 建议阅读该任务"教学资源"中招标公告讲解 PPT，参考"教学资源"中的招标公告样例进行编制；
2. 发布招标公告	招投标总经理	1. 打印编制完成的招标公告；2. 将招标公告贴到公告板中，并通知企业到公告板处查看	2. 该业务是线下操作，在系统中不用做特别处理，线下完成任务后，在线上点击"完成"即可

（4）BZB4 投标资格预审。

业务概述：招投标企业总经理审核制造企业销售专员提交的投标资格文件。

任务步骤：具体操作步骤如表 6-1-2-5 所示。

表 6-1-2-5 审核投标资格文件的流程

操作步骤	角色	操作内容	备注
1. 编制投标资格文件	制造企业销售专员	制造企业销售专员按要求编制本企业投标资格预审文件	1. 可参考"教学资源"中所提供的资格预审文件模板以及资格证书模板；
2. 审核投标资格文件	招投标总经理	审核各个制造企业提交的投标资格文件，向资质达标的企业发放资质证书	2. 该业务主要是线下操作，在系统中不用做特别处理，线下操作结束后，线上点击"完成"即可

温馨提示：在该任务开始执行前，建议招投标企业总经理组织一场面对制造企业、商贸企业和工贸企业相关岗位的培训，向相关岗位同学介绍招投标的流程，指导解说相关文件的填写与编制等。

（5）BZB5 出售招标文件。

业务概述：招投标企业出售招标文件。

任务步骤：具体操作步骤如表 6-1-2-6 所示。

表 6-1-2-6 出售招标文件的流程

操作步骤	角色	操作内容	备注
出售招标文件	招投标总经理	1. 收到企业购买申请的需求；2. 将招标文件线下销售给企业销售员（注意：招标文件不收费）	该业务主要是线下操作，线下步骤结束后，在线上点击"完成"即可

（6）BZB7 组织开标会。

业务概述：招投标企业总经理组织开标会。

任务步骤：具体操作步骤如表 6-1-2-7 所示。

表 6-1-2-7 组织开标会的流程

操作步骤	角色	操作内容	备注
组织开标会	招投标企业总经理	1. 招投标企业经理组织已投标的企业人员进行投标讲演；2. 请 4~5 位评委对招标情况进行评审	1. 招投标企业总经理首先要确认、熟悉开标会的整个会议流程，可参考标准开标会议流程，根据模拟商业环境进行修改。之后要对各个投标企业参与讲演的岗位员工进行讲演标培训，并对各企业的讲演内容要在质量上进行把控。2. 开标会评委的相关信息要在会前保密，评委的选择要保证与参加开标会的企业无关联关系。3. 对评委进行相应培训，评委在会议过程中要有必要记录。4. 该业务主要是线下操作，在系统中不用做特别处理，线下签订好合同后，在线上点击"完成"即可

温馨提示：按照关联度排名，开标会评委的选择建议顺序如下（邀请难度也是按照如下顺序）：

①特邀嘉宾（有相关专业知识背景的、没有参与此次跨专业实践课程的老师、同学）；

②同一时段参与跨专业实训课程，但是没有在同一 VBSE 系统中的同学（VBSE 系统班级不同的同学）；

③跨专业实践课程的指导教师；

④外围工作人员（综合服务企业、物流企业、税务局、工商局、社保局、银行等）；

⑤没有参与此次开标会的其余企业，包括上、下游企业以及同类型企业。

（7）BZB9 定标并发出中标订单。

业务概述：招投标企业总经理组织评委进行评分，根据评分结果定标，并发出中标订单。

任务步骤：具体操作步骤如表 6-1-2-8 所示。

表 6-1-2-8　定标并发出中标订单的流程

操作步骤	角色	操作内容	备注
1. 招标评分	招投标 总经理	联合评标委员进行评分	1. 中标公告、中标通知书请参照"教学资源"中的样例进行编写； 2. 在评分之前，召开专门会议，确定评分方式及方法（可参考"教学资源"中提供的开标评分表样例）； 3. 中标结果要通知各投标企业并进行公示，如企业有异议，招投标总经理有义务进行解释； 4. 完成该任务，需在线上完成"业务操作"
2. 定标并发出中标订单		1. 根据评分确定中标企业，发放中标公告，向中标企业递送中标通知书； 2. 在系统中进行操作，将中标订单发放给目标企业	

（8）BZB13 结算招标服务费。

业务概述：结算招投标服务费。

任务步骤：具体操作步骤如表 6-1-2-9 所示。

表 6-1-2-9　结算招标代理费的流程

操作步骤	角色	操作内容	备注
结算招标代理费	招投标 总经理	结算招投标企业的服务费	完成该任务，需在线上完成"业务操作"后再点击"完成"按钮

项目三　相关资料

一、项目描述

本环节将向学生介绍招投标企业总经理的职责以及开标会的会议程序。

二、学习目标

通过对本项目的学习，学生应该掌握招投标企业的总经理职责，了解招投标企业开标会的会议程序。

三、相关知识

（一）岗位职责——招投标企业总经理

（1）负责审查每个招标项目申请、招标计划、招标方案（招标文件、资格预审文件、标底、招标方式、评标办法）等相关材料；

（2）负责监督投标资格的审查、开标、评标过程；

（3）组织招投标项目的合同签订工作。广泛收集信息，做好招标调研工作。接收投标单位及有关方面对招投标工作的投诉，并及时向监督委员会汇报。

（4）负责拟定并完善招投标管理办法及招投标工作流程，负责采购项目的招投标工作，根据计划安排招标时间，编写招标文件、整理投标单位资料、发放招标文件、组织考察、询标、编写《评标结果报告》、发放中标通知书。

（二）开标会会议程序

（1）招标人签收投标人递交的投标文件；

（2）投标人出席开标会的代表签到；

（3）开标会主持人宣布开标会开始；

（4）开标会主持人介绍主要与会人员；

（5）开标会主持人宣读开标会纪律；

（6）核对投标人授权代表的相关资料；

（7）招标人领导讲话；

（8）主持人介绍投标人确认；

（9）主持人宣布投标文件截止收取和实际送达时间；

（10）代表共同检查各投标文件的密封情况；

（11）主持人宣布开标和唱标次序；

（12）唱标人依据唱标顺序依次开标并唱标；

（13）开标会记录签字确认；

（14）公布标底；

（15）送封闭评标区封存；

（16）主持人宣布开标会结束。

知识拓展：

十大不规范招投标案例

任务二　连锁企业

项目一　规则

一、项目描述

本环节将向学生详细介绍连锁企业的各项规则。

二、学习目标

通过对本项目的学习，学生应该了解连锁企业在整个商业环境中的地位及角色，理解连锁企业在模拟商业环境中的"游戏规则"。

三、相关知识

（一）人力资源规则

（1）人员配置情况。

连锁企业有三个部门：企管部负责主持企业日常经营管理工作、处理企业重大突发事件；业务部（门店）负责销售商品的补货入库、销售出库和保管；仓储部负责企业所需商品的采购入库、配送出库和保管。这三个部门共设四个岗位，如表 6-2-1-1 所示。

表 6-2-1-1　连锁企业岗位及人员设置

岗位名称	在编人数	直接上级
（企管部）总经理	1	—
（零售部）店长（东区、西区）	2	总经理
（仓储部）仓储经理	1	总经理

（2）考勤规则。

每天的实训开始后，学生必须登录 VBSE 系统点击"签到"按钮进行考勤签到。除了系统考勤外，连锁企业要进行线下内部考勤，由总经理负责。在团队组建完成后，需按照课程指导老师的要求制作考勤表，每次上课由总经理对企业员工进行考勤。总经理的考勤由指导教师指派专人负责，企业员工进行监督。连锁企业的业务中不包括企业的薪酬计算与发放，因此连锁企业的线上、线下考勤仅作为学生实训成绩的评分依据之一。

考勤管理办法：每月有 2 个虚拟工作日（每月 5 日以及每月 25 日），员工出勤天数＝当月虚拟工作日出勤天数/当月虚拟工作日总天数×21.75，员工缺勤天数＝21.75－员工出勤天数。

（二）办公用品采购规则

VBSE 系统简化了连锁企业的业务，没有专门设置"领用办公品"的任务。但是为了最大化模拟现实商业环境，同时使整个模拟环境更加公平，连锁企业各员工所需的办公用品还是需要指定员工负责，并向综合服务公司采购，并按双方约定的方法进行支付并在 VBSE 系统上进行相应账户处理。

（三）销售规则

连锁企业的收入来源为东区、西区两个门店向虚拟客户销售童车的收入。

在固定经营期，系统会给连锁门店派发四张相同的订单，订单数据如表 6-2-1-2 所示。

表 6-2-1-2　连锁企业固定经营期销售订单

日期	货品名称	数量/辆	含税单价/元/辆	应收金额/元
2017.1.5	经济型童车	100	1 250	125 000

在自主经营阶段，虚拟客户的订单数量会增加且需求更加多样化，根据市场具体情况，指导老师可以人工添加订单。

下面介绍一下门店补货规则。对于一个销售企业来说，成熟的货品管理机制可以减少货品流失，并提高补货质量，令货品的出入得以平衡。而有效的存货管理就在于对出数与入数的有效管理。门店补货基本上属于连锁企业内部的业务流程范畴。

为了不影响门店的正常销售业务，避免出现销售断货的情况，门店要根据自己的销售情况和销售计划及时向仓储部提出补货申请。补货业务的要点如下：①店长每天查看商品库存和销售情况。②设置门店的最小、最大库存量。③一次进货量约为 30 天的销售数量。④店长根据最小库存量，即订货点法填制补货申请单。⑤总部物流部配送员在规定时间内根据申请单要求，组织送货到门店。

门店补货量计算公式：

- 计划补货量=平均每天销售量×（补货周期+交货期+安全库存天数）+最小陈列量-最后库存量-在途补货量
- 月销售量=平均每天销售量×订货周期
- 配送交货期库存量=平均每天销售量×交货期
- 安全库存量=平均每天销售量×安全库存天数
- 最小陈列数量 = 货架容量×最小库存系数
- 补货点=送货天数×每天销售量+安全库存+最小陈列数量

注：在 VBSE 系统中，连锁门店的货架容量、最小陈列量是固定的，分别为 40、20，最小陈列系数为 0.5。

（四）采购规则

连锁门店采购商品主要从童车制造企业采购，采购品种主要有三种：TC0111 经济型童车、TC0112 舒适型童车、TC0113 豪华型童车，采购价格由连锁门店和制造企业自行协商并在合同中进行约定。

采购流程：

（1）连锁总经理通过分析、考量仓储中心库存净需求（仓储中心补货申请表）、市场供求形势、采购提前期、安全库存以及采购批量等因素，编制采购计划表。

（2）与童车制造企业签订合同，确定未来一段时间里即将采购的商品品种、预计数量和约定价格等内容。

（3）每月月末，根据库存情况与童车制造企业签订纸质采购合同。

（4）童车制造企业根据约定的时间向连锁企业发货，连锁仓储经理验收入库。

（5）结算货款。结算的时间及金额依据双方签订的合同，其中运费的具体细节也要由双方进行约定并在采购合同中体现。

（五）仓储规则

连锁企业一共有 3 个仓库：仓储中心库即仓储部（仓库编码 ZBCK01）、东区门店库（AZCK02）、西区门店库（DDCK03），其中两个门店仓库和店面是一体的，不单独设立仓管员。

仓储中心的补货申请是采购部门进行采购业务的重要依据，因此仓储部门科学、及时的补货申请是连锁企业顺利经营的保障。

（六）财务、税务规则

连锁企业的财务事务由会计师事务所代理。

项目二　业务

一、项目描述

本环节将向学生详细介绍连锁企业的业务流程及重点业务。

二、学习目标

通过对本项目的学习，学生应该掌握重点业务的流程及操作关键点。

三、相关知识

（一）主要业务流程介绍

连锁企业的主要业务流程如表 6-2-2-1 所示。

表 6-2-2-1　连锁企业的主要业务流程

阶段	任务	备注
团队组建	应聘连锁企业总经理	包括自我展示、面试环节
	招聘员工	包括投简历、面试环节
上岗交接	熟悉连锁企业规则	仔细阅读任务中"教学资源"中相关资料（word 文件）
	了解总部、门店各岗位职责	
	总经理工作交接	仔细阅读任务中"教学资源"中相关资料（word 文件），了解企业、岗位情况
	仓储经理工作交接	仔细阅读任务中"教学资源"中相关资料（word 文件），了解企业、岗位情况；填写库存台账
	店长工作交接	仔细阅读任务中"教学资源"中相关资料（word 文件），了解企业、岗位情况；填写库存台账
	第一次阶段考核	由系统考核连锁企业总经理及各岗位员工理对岗位认知的情况
经营准备	ZJ90074 商标制作及注册	
	门店借备用金	
	门店销售收款	
	门店零售日结	
	门店上缴营业款	
	门店向总部申请补货	
月初经营	总部申请补货分析	
	向东区门店下达配送通知	
	向西区门店下达配送通知	
	仓储中心配送出库	
	门店到货签收	
	仓储中心补货申请	
	总部编制采购计划	
	ZJ90077 企业年度报告公示	
月末经营	与制造企业签订购销合同	
	录入采购订单	
	采购入库	
	向制造企业支付货款	
	第二阶段考核	

（二）重点业务详解

（1）门店借备用金。

业务概述：连锁企业的门店会有很多零售业务，为了方便收银，每个门店都需要向企业总部相关部门借备用金。

业务步骤：业务角色操作流程如图 6-2-2-1 所示，操作内容如表 6-2-2-2 所示。

图 6-2-2-1　门店借备用金的业务角色操作流程

表6-2-2-2　门店借备用金的操作内容

操作步骤	角色	操作内容	备注
1. 填写借款单	连锁店长	1. 去仓储经理处领取借款单； 2. 填写借款单，借款500元作为找零备用金	1. 借款单的填写可参照"教学资源"中的教学PPT； 2. 该任务每个环节都需要进行单据填写，每个岗位工作人员完成自己的填写部分后，点击"完成"，将任务传递至下一个岗位
2. 审核借款单	仓储经理	1. 审核借款单填写的准确性； 2. 审核借款业务的真实性； 3. 审核无误，签字	
3. 支付现金	连锁总经理	1. 接收已审核过的借款单； 2. 支付现金500元给借款人	

（2）门店销售收款。

业务概述：连锁门店日常销售童车，收取销售款项。

业务步骤：业务角色操作流程如图6-2-2-2所示，操作内容如表6-2-2-3所示。

图6-2-2-2　门店销售收款的业务角色操作流程

表6-2-2-3　门店销售收款的操作内容

操作步骤	角色	操作内容	备注
1. 选中零售订单	连锁店长	在VBSE系统中选中零售订单	1. 由于连锁企业的顾客是虚拟客户，因此由连锁店长在系统中选择订单来替代现实中顾客下发订单； 2. 需在"业务操作"中完成该步骤需要完成的具体操作步骤，之后再点击"完成"将任务传递给下一个岗位
2. 零售门店出库		在VBSE系统中操作货物出库	
3. 零售收款		连锁店长核对金额，完成收款	
4. 开小票		1. 连锁店长开小票，一式三联； 2. 认真核对商品名称、型号、数量和金额； 3. 连锁门店留一联，其他两联，一联给财务，一联给顾客	由于连锁企业的顾客是虚拟顾客，所以三联票据中的其中一联交给服务公司代为收取，另一联交给代为记账的会计师事务所
5. 开发票	连锁总经理	依据小票开销售发票	
6. 把货物交给顾客	连锁店长	把货物交给顾客	事实上，在货物已在第二步骤已被发出，这一步仅是为了契合现实流程，因而在系统上不用进行任何操作，直接点击"完成"，使任务进入下一个环节即可
7. 登记库存台账		依据的销售小票，登记库存台账	库存台账的登记规则可阅读该任务"教学资源"中的教学PPT

（3）门店零售日结。

业务概述：每一天对外营业结束后，连锁门店要将现金、商品和小票进行对账，这是内部管控的重要步骤，三者核对无误后方可进行下一步工作流程。

业务步骤：门店零售日结的角色操作流程如图6-2-2-3所示，操作内容如表6-2-2-4所示。

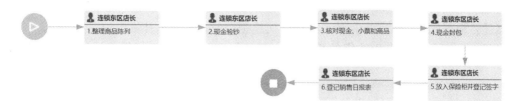

图 6-2-2-3　门店零售日结的角色操作流程

表 6-2-2-4　门店零售日结的操作内容

操作步骤	角色	操作内容	备注
1. 整理商品陈列	连锁店长	在营业结束前 30 分钟开始整理门店商品陈列	该任务是为了使学生熟悉现实中连锁门店结束对外营业后的工作内容。由于环境条件有限，这些具体操作内容无法在实践课中实现，因此学生在通过流程图、教学资源中的相关参考资料了解该任务相关工作流程、内容后即可点击"完成"
2. 现金验钞		进行现金验钞	
3. 核对现金、小票和商品		核对现金、小票和商品	
4. 现金封包		核对无误后对现金进行封包，店长签字	
5. 放入保险柜并登记签字		将现金总额放入保险柜，并在保险柜检查登记本上记录和签字	
6. 登记销售日报表		闭店前，连锁店长登记当日的销售日报表	

（4）门店上缴营业额。

业务概述：将上一天的营业款上缴连锁企业总部，并与总部进行对账核算。

业务步骤：门店上缴营业额的角色操作流程如图 6-2-2-4 所示，操作内容如表 6-2-2-5 所示。

图 6-2-2-4　门店上缴营业额的角色操作流程

表 6-2-2-5　门店上缴营业额的操作内容

操作步骤	角色	操作内容	备注
上缴营业款	连锁店长	在 VBSE 系统中上缴上一天的营业款给连锁总部	需在"业务操作"中完成该步骤需要完成的具体操作步骤，之后再点击"完成"将任务传递给下一个岗位
报送销售日报表和销售流水小票		向总部报送销售日报表和销售流水小票	无线上操作，线下传递完成后在线上直接点击"完成"
归集门店营业款	连锁总经理	归集门店营业款	需在"业务操作"中完成该步骤需要完成的具体操作步骤，之后再点击"完成"将任务传递给下一个岗位
核对各门店营业收入		核对各门店营业收入	该业务主要是线下进行操作，在系统中不用做特别处理，线下完成核对、核算后，在线上点击"完成"即可
核对门店明细核算		核对门店明细核算，包括配货数量、销售数量、存货数量、售价金额	
登记门店核算明细表		登记门店核算明细表	

（5）门店向总部申请补货。

业务概述：根据销售情况和库存情况，门店向连锁企业总部提出补货申请。

业务步骤：门店向总部申请补货的角色操作流程如图 6-2-2-5 所示，操作内容如表 6-2-2-6 所示。

图 6-2-2-5 门店向总部申请补货的角色操作流程

表 6-2-2-6 门店向总部申请补货的操作内容

操作步骤	角色	操作内容	备注
1. 填制补货申请单	连锁店长	连锁店长根据日均销售量、库存下限、在途数量、补货周期及安全库存等因素在 VBSE 系统中填写补货申请单	1. 补货数量的计算方法请阅读销售规则——门店补货规则 2. 需在"业务操作"中完成该步骤需要完成的具体操作步骤，之后再点击"完成"将任务传递给下一个岗位
2. 确认补货申请单	连锁仓储经理	1. 审核补货申请单内容填写的准确性和合理性 2. 在 VBSE 系统中确认补货申请	需在"业务操作"中完成该步骤需要完成的具体操作步骤，之后再点击"完成"将任务传递给下一个岗位
3. 补货分类		根据补货申请对补货情况进行分类（紧急、正常）	该业务主要是线下进行操作，系统中不用做特别处理，线下完成分类后，在线上点击"完成"即可

（6）总部分析门店请货情况。

业务概述：请货分析的目的是连锁总部通过监控各门店，及时了解经营状况，最快获悉市场动向和顾客需求，合理调配库存、加快资金周转；根据各店请货情况和仓储中心的库存情况，生成采购信息，降低库存量，减少资金占用量。

业务步骤：总部分析门店请货情况的角色操作流程如图 6-2-2-6 所示，操作内容如表 6-2-2-7 所示。

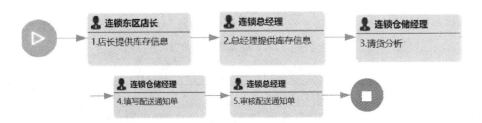

图 6-2-2-6 总部分析门店请货情况的角色操作流程

表 6-2-2-7 总部分析门店请货情况的操作内容

操作步骤	角色	操作内容	备注
1. 店长提供库存信息	连锁店长	提供门店库存结存信息	根据连锁门店登记的库存台账提取相关信息
2. 总经理提供库存信息	连锁总经理	汇总门店库存结存信息，提供仓储配送中心库存结存信息	

表6-2-2-7(续)

操作步骤	角色	操作内容	备注
3. 请货分析	仓储经理	针对各分店的请货量、请货品种及请货状态来分析哪些商品畅销、哪些商品滞销，查看商品数量能否满足请货需求。首先应该满足"紧急"请货商品；其次分析制定配送方案（包括配送中心配送方案和供应商配货方案。）	该业务主要是线下操作，通过已知数据和分析，制作出配货方案后在线上点击"完成"即可
4. 填写配送通知单	连锁总经理	根据配送方案填写配送通知单	配送通知单的填写可参考"教学资源"中相关资料
5. 审核配送通知单		审核配送通知单，签字确认	

（7）向连锁门店下达配送通知。

业务概述：总部通过请货分析等相关信息统筹生成配送通知单，并下达给仓储配送中心及门店，或者将需采购商品信息发送给采购员向供应商采购，并指定送货地点。

业务步骤：向两个连锁门店下达配送通知的业务流程基本一致，在此以向东区连锁门店下达配送通知为例，向连锁门店下达配送通知的角色操作流程如图 6-2-2-7 所示，操作内容如表 6-2-2-8 所示。

图 6-2-2-7　向连锁门店下达配送通知的角色操作流程

表 6-2-2-8　向连锁门店下达配送通知的操作内容

操作步骤	角色	操作内容	备注
1. 下达配送通知单	仓储经理	将已被总经理审核通过的配送通知单下达给门店店长	
2. 接收并确认配送通知单	连锁店长	1. 门店店长接收配送通知单 2. 与补货申请单进行核对，配送内容准确无误，签字确认	该业务主要是线下操作，完成相应步骤后，在线上点击"完成"即可
3. 门店准备接货		准备按配送通知单接货	

（8）仓储中心配送。

业务概述：仓储配送中心按照配送通知单的要求进行拣货，整理好要配送的货物后，首先进行复核，再办理配送出库。

业务步骤：仓储中心配送的角色操作流程如图 6-2-2-8 所示，操作内容如表 6-2-2-9 所示。

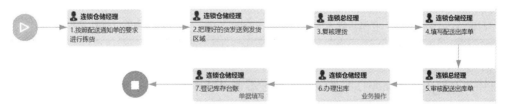

图 6-2-2-8　仓储中心配送的角色操作流程

表 6-2-2-9　仓储中心配送的操作内容

操作步骤	角色	操作内容	备注
1. 按照配送通知单的要求进行拣货	连锁仓储经理	按照配送通知单的要求进行拣货	1. 配送通知单要已经过连锁总经理审核，门店店长签确认 2. 该业务是线下操作，完成相应步骤后，在线上点击"完成"即可
2. 把理好的货发送到发货区域	连锁仓储经理	把理好的货发送到发货区域	
3. 复核理货	连锁总经理	按照配送方案的要求对理好的货进行复核	
4. 填写配送出库单	连锁仓储经理	1. 填写配送出库单； 2. 然后送交总经理审核	
5. 审核配送出库单	连锁总经理	审核配送出库单的准确性和合理性，在出库单上签字	
6. 办理出库	连锁仓储经理	在 VBSE 系统中办理配送出库	在"业务操作"中完成制定操作，再点击"完成"将任务传递
7. 登记库存台账	连锁仓储经理	仓储经理根据出库单登记库存台账	

（9）门店到货签收。

业务概述：门店到货签收，并办理入库。

业务步骤：两个连锁门店到货签收的流程是一样的，在此以东区连锁门店为例。连锁门店到货签收流程的角色操作流程如图 6-2-2-9 所示，操作内容如表 6-2-2-10 所示。

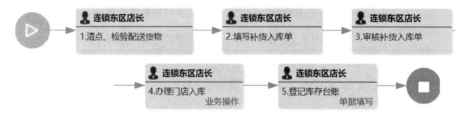

图 6-2-2-9　连锁门店到货签收流程的角色操作流程

表 6-2-2-10　连锁门店到货签收流程的操作内容

操作步骤	角色	操作内容	备注
1. 清点、检验配送货物	连锁东区店长	根据配送通知单清点、检验配送的货物	该业务主要是线下操作，完成相应步骤后，在线上点击"完成"即可
2. 填写补货入库单		填写补货入库单	
3. 审核补货入库单		审核补货入库单的准确性和合理性，在入库单上签字	
4. 办理门店入库		在 VBSE 系统中办理门店入库	注意需在"业务操作"中完成制定操作，再点击"完成"将任务传递
5. 登记库存台账		根据补货入库单登记库存台账	

（10）仓储中心补货申请。

业务概述：仓储中心依据库存商品最小库存量编制补货申请表，提交给采购部门，作为采购计划的参考。

业务步骤：仓储中心补货申请流程的角色操作流程如图 6-2-2-10 所示，操作内容如表 6-2-2-11 所示。

图 6-2-2-10 仓储中心补货申请的角色操作流程

表 6-2-2-11 仓储中心补货申请流程的操作内容

操作步骤	角色	操作内容	备注
1. 填制仓储中心补货申请表	仓储经理	依据库存下限、在途数量、采购周期及安全库存等因素填写补货申请表	该业务主要是线下操作，完成相应步骤后，在线上点击"完成"即可
2. 审核仓储中心补货申请表	连锁总经理	1. 审核补货申请表内容填写的准确性和合理性； 2. 在补货申请表上签字确认	

（11）连锁总部编制采购计划。

业务概述：连锁总部根据门店的销售情况、请货分析、仓储中心补货计划、仓储中心库存及在途信息编制采购计划。

业务步骤：连锁总部编制采购计划的角色操作流程如图 6-2-2-11 所示，操作内容如表 6-2-2-12 所示。

图 6-2-2-11 连锁总部编制采购计划的角色操作流程

表 6-2-2-12 连锁总部编制采购计划的操作内容

操作步骤	角色	操作内容	备注
1. 编制采购计划	连锁总经理	1. 编制采购计划； 2. 初步填制采购计划表； 3. 根据供应商的折扣等相关信息调整计划	1. 在现实业务中，编制采购计划是在合理利用供应环境机会、并综合考虑运输成本、存货成本、订货成本等因素，将销售计划、请货分析、仓储中心补货计划转变为采购计划，确定发出订单的时机和订购数量的过程。VBSE 系统主要模拟将仓储中心补货计划转变为采购计划； 2. 该业务主要是线下操作，完成相应步骤后，在线上点击"完成"即可
2. 分发采购计划	仓储经理	分发采购计划表（一式两份：仓储部、业务部各一份）	

（12）与制造企业签订购销合同。

业务概述：与制造企业签订购销合同。

业务步骤：与制造企业签订购销合同流程的角色操作流程如图 6-2-2-12 所示，操作内容如表 6-2-2-13 所示。

图 6-2-2-12 与制造企业签订购销合同流程的角色操作流程

表 6-2-2-13　与制造企业签订购销合同的操作内容

操作步骤	角色	操作内容	备注
1. 填写购销合同，填制合同会签单	连锁仓储经理	1. 连锁仓储经理填写的购销合同，填写合同会签单； 2. 仓储经理将购销合同和合同会签单送交总经理审核	该任务需要填制四种文件：合同会签单、购销合同、采购合同执行情况表、合同管理表，填写标标准及样例可在教学资源中的相关讲解 PPT 中找到
2. 审核购销合同和合同会签单	连锁总经理	1. 审核购销合同的条款、期限、付款信息等是否符合公司要求； 2. 在合同会签单上签字、盖章	
3. 合同存档		1. 更新合同管理表——购销合同； 2. 将盖章的合同交给制造企业营销专员； 3. 连锁总经理将合同会签单与一份制造企业盖章的购销合同一起进行归档	
4. 购销合同登记		连锁总经理更新购销合同执行情况表	

（13）录入采购订单。

业务概述：录入与制造企业的采购订单。

业务步骤：录入采购订单流程的角色操作流程如图 6-2-2-13 所示，操作内容如表 6-2-2-14 所示。

图 6-2-2-13　录入采购订单流程的角色操作流程

表 6-2-2-14　录入采购订单流程的操作内容

操作步骤	角色	操作内容	备注
在系统中录入采购订单	连锁仓储经理	根据连锁企业与制造企业签订好的购销合同，将采购订单信息录入 VBSE 系统	在"业务操作"中完录入操作，再点击"完成"任务

（14）采购入库。

业务概述：接到制造企业的货物，办理入库。

业务步骤：采购入库流程的角色操作流程如图 6-2-2-14 所示，操作内容如表 6-2-2-15 所示。

图 6-2-2-14　采购入库流程的角色操作流程

表 6-2-2-15 采购入库的操作内容

操作步骤	角色	操作内容	备注
1. 依据采购订单填写采购入库单	仓储经理	仓储经理依照确认的采购订单填写采购入库单	"教学资源"中有入库单的填写讲解以及采购入库业务的讲解
2. 审核采购入库单	连锁总经理	审核采购入库单	
3. VBSE系统办理入库	仓储经理	依据采购订单、采购入库单在VBSE系统中办理货物入库	在"业务操作"中完录入操作,再点击"完成"任务
4. 登记库存台账		将采购入库单(存根联)的信息登记到库存台账中	
5. 更新采购情况执行表	连锁总经理	根据入库信息更新采购合同执行情况表	

(15)向制造企业支付货款。

业务概述:接到制造企业开具的销售增值税专用发票,依据增值税发票信息提交付款申请并付款。

业务步骤:向制造企业支付货款流程的角色操作流程如图 6-2-2-15 所示,操作内容如表 6-2-2-16 所示。

图 6-2-2-15 向制造企业支付货款的角色操作流程

表 6-2-2-16 向制造企业支付货款的操作内容

操作步骤	角色	操作内容	备注
1. 收到制造企业开具的增值税专用发票	仓储经理	1. 收到制造企业开具的增值税发票; 2. 在系统中录入付款申请表; 3. 将发票和付款申请表提交给总经理审核	在"单据填写"及"业务操作"中完成相应操作,再点击"完成"任务
2. 审核付款申请单	连锁总经理	收到连锁仓储经理提交的发票和付款申请表,审核两者信息是否一致,付款要求是否合理,确认后签字	
3. 办理网银付款(转账)		对照付款申请表在系统中办理网银付款	

项目三 相关资料

一、项目描述

本部分将向学生详细介绍连锁企业关键岗位的职责并向学生展示连锁企业重点业务所需单据及表格。

二、学习目标

通过对本部分内容的学习,学生应该了解连锁企业关键岗位职责,熟悉连锁企业在日常经营中所需单据及表格。

三、相关知识

(一)岗位职责

总经理:

（1）组织制订企业年度经营计划，经董事长办公会议批准后负责组织实施。

（2）拟订企业内部管理机构设置方案。

（3）拟订企业基本管理制度和制定公司的具体规章制度。

（4）主持企业经营班子日常各项经营管理工作。

（5）负责召集主持总经理办公会议，检查、督促和协调各部门的工作进展。

（6）提请聘任或者解聘公司各部门经理。

（7）签署日常行政、业务文件。

（8）负责处理公司的重大突发事件。

仓储经理：

（1）负责仓库相关操作规范的制定，并在实施中的指导与监督。

（2）负责仓库租赁费用的核定工作。

（3）负责公司及网点仓库的安全检查工作。

（4）负责处理各仓库的突发性事件，并在最短时间内做出正确的处理方案。

（5）负责处理仓库内各种漏装、缺损、旧损等不良品的处理工作，积极与采购一起向上游供应商联系，及时解决。

（6）负责协调好物资的仓储摆放位置，负责做好自提货物的客户服务、核对工作。

（7）负责仓储货物的装车核实、卸货清点登记和台账管理，保证仓储货物的防火、防盗工作。

店长：

（1）落实上级安排的销售任务和计划，控制店内资源的损耗。

（2）负责本店客户需求分析，上架产品品类、品相的管理，库存分析及配备。

（3）分析店铺经营状况，了解周边竞争对手经营状况，做好记录并上报。

（4）听取顾客的意见及批评，保证服务质量，处理店面客户投诉。

（5）做好销售数据的记录、统计，定期上报公司。

（6）维持店内的清洁卫生，保证整个连锁店内物品摆放合理有序。

（7）指导并监督店内产品的摆放，保证产品的摆放应按公司统一标准，确保所展示产品以最佳展示效果展示。

（8）确保店内现金、收款等安全，加强店面的防火、防盗、防工伤、安全保卫的工作。

（二）补货申请单

补货申请单如图 6-2-3-1 所示。

补货申请单

单据编号		清货时间		预到货时间			
门店编码		门店名称					
申请人		清货状态		正常	紧急		
序号	商品编码	商品名称	数量	规格	单位	备注	
1							
审核人			填表人				

图 6-2-3-1　补货申请单

（三）配送通知单

配送通知单如图 6-2-3-2 所示。

配送通知单

单据编号 PSTZ201701050001				配送日期：	20170105 预到店日期 20170125				
门店编码 AZMD	门店名称：	东区门店		发货仓库：总部仓储中心 物流公司：					
序号	商品编码	商品名称	规格	单位	数量	配送单价	配送金额	成本单价	备注
1	JJTC0111	经济型童车		辆	400				
审核人				填制人					

图 6-2-3-2　配送通知单

（四）配送出库单

配送出库单如图 6-2-3-3 所示。

配送出库单

单据编号：PSCK201701050001				2017年1月5日			
提货人：		物流公司：		送货通知单号：PSTZ201701050001		车号：	
门店编码：AZMD		门店名称：	东区门店	发货仓库：	总部仓储中心		
序号	商品编码	商品名称	规格型号	单位	出库数量	货位	备注
1	JJTC0111	经济型童车		辆	400		
审权人		保管员			制单人		

图 6-2-3-3　配送出库单

（五）补货入库单

补货入库单如图 6-2-3-4 所示。

补货入库单

单据编号：PSCK201701050001						2017年1月5日		
送货人：		物流公司：		配送出库单号：PSTZ201701050001				车号：
门店编码：AZMD		门店名称：	东区门店			配送仓库：	东区门店仓库	
序号	商品编码	商品名称	规格型号	单位	入库数量	货位	备注	
1	JJTC0111	经济型童车		辆	400			
审权人					制单人			

图 6-2-3-4　补货入库单

（六）采购计划表

采购计划表如图 6-2-3-5 所示。

___2017___年___1___季度采购计划表

制表部门：采购部　　　　　　　　　　　　　　　　　　　　　　　填表日期：　2017　年　1　月　25　日

序号	物料名称	规格型号	单位	1月	2月	3月	4月	5月	6月	7月	8月	9月	10月	11月	12月	1月	2月	3月
1	经济型童车		辆	3000														

采购部门经理：　　　　　　　　　　　　　　总经理：

图 6-2-3-5　采购计划表

（七）入库单

入库单如图 6-2-3-6 所示。

<h1 style="text-align:center">入库单</h1>

制单日期：2017-1-25　　　　　　　　　　仓　　库：普通仓库
供应商名称：好佳童车制造有限公司　　　　货主单位：百联集团有限公司
单据编号：CGRK201701001　　　　　　　采购订单号：CGRK201701001

序号	品名	规格型号	单位	入库时间	数量	备注
1	经济型童车		辆	2017-01-25	300	
2						
3						
4						
5						
合计					300	

第一联：仓储联

仓储部经理：陈寒丘　　　　　　　　仓管员：

图 6-2-3-6　入库单

知识拓展：

"零售之王"——沃尔玛

扫一扫

任务三　综合服务公司

项目一　规则

一、项目描述

本环节将向学生详细介绍综合服务公司的各项规则。

二、学习目标

通过对本项目的学习，学生应该了解综合服务公司在整个商业环境中的地位及角色，理解综合服务公司在模拟商业环境中的"游戏规则"。

三、相关知识

（一）人力资源规则

（1）人员配置情况。

综合服务公司有两个岗位，需要两名学生担任，如表 6-3-1-1 所示。

表 6-3-1-1　综合服务公司岗位及人员设置

岗位名称	在编人数	直接上级
总经理	1	—
业务员	1	总经理

（2）考勤规则。

每天的实训开始后，学生必须登录 VBSE 系统点击"签到"按钮进行考勤签到。除了系统考勤外，综合服务公司要进行线下内部考勤，线下内部考勤由总经理负责。在团队组建完成后，按照课程指导老师的要求制作考勤表，每次上课由总经理对员工进行考勤，综合服务公司总经理的线下考勤由指导教师指定专人负责。招投标企业不涉及发放薪酬的业务，对于招投标总经理线上、线下的考勤仅作为实训成绩的评分依据之一。

考勤管理办法：每月有 2 个虚拟工作日（每月 5 日以及每月 25 日），员工出勤天数=当月虚拟工作日出勤天数/当月虚拟工作日总天数×21.75，员工缺勤天数=21.75-员工出勤天数。

（二）办公用品发放及领用规则

（1）办公用品发放规则。

在 VBSE 系统中，综合服务公司只有在模拟实践最开始的上岗交接阶段才会接收到"分发办公用品"的任务。但是，办公用品的采购与领用是每个企业的日常业务，所以在之后的各阶段，综合服务公司仍然要承担起办公用品的出售和分发业务，并做好相关记录，不受系统上任务的限制。

企业办公用品管理一般是由行政主管负责。综合服务公司要事先确定每月固定出售办公用品的时间并提前告知所有企业，便于各个企业行政主管每月月初收集、统计办公用品采购需求后，在规定的时间向综合服务公司统一采买。

对于办公用品的销售价格，综合服务公司可参照表 6-3-1-2，结合所处模拟商业环境的实际情况（如企业数量、指导老师要求填制线上单据或是线下单据等）来制定价目表，制定好后交由指导老师进行审核，审核通过后予以公示，一经公示，整个实训期间不得更改。

表 6-3-1-2　服务公司商品价目

序号	商品名称	单价
1	表单	10 元/份
2	胶棒	100 元/支
3	印泥	100 元/盒
4	长尾夹	10 元/个
5	曲别针	5 元/个
6	复写纸	10 元/页
7	A4 白纸	5 元/张
8	部门印章	免费

注：①部门印章是每个部门专属的，有且仅有一个，因此不进行出售，各个企业在第一次采购时进行领取便可。②对办公用品进行定价销售的目的除了模拟现实商业环境之外，还有一个重要的目的是避免实训学生浪费相应资源，从而能认真、细致地完成工作，减少工作失误。

（2）办公用品领用规则。

综合服务公司的日常工作也需要使用办公用品，因此综合服务公司自己也需要采购、领用办公用品，由综合服务公司业务员负责。购买领用的规则与其他企业相同，但是，在自己向自己购买时，需要请第三方（建议为课程指导教师）在场进行监督并在相关单据上签字。综合服务公司要通过支票转出到工商银行或某位虚拟客户账户（由课程指导教师提前确定）完成交易，也可选择直接将现金（新道币）交付给银行完成交易。

（三）销售规则

在 VBSE 商业环境中，综合服务公司类似于角色扮演游戏中的非玩家角色一样的存在。一些由于虚拟环境有限而无法"1∶1"模拟的现实业务，就都交由综合服务公司来实现，因此综合服务公司的经营范围不仅包括提供服务，也涉及销售货物（仓库、设备、厂房等）。综合服务公司的这些经营业务是为了完善我们的虚拟商业环境，并不是以营利为目的。综合服务公司提供相应服务的服务费、销售相应货物的销售费用都是系统给定的，并且没有购进成本。

（四）财务规则

在 VBSE 系统中所涉及的财务业务规则主要包括会计核算制度、会计管理制度，预算管理方法、筹资规则、投资规则、账簿设置与会计核算程序等方面的主要规则，各公司必须按照本规则的各项规定组织会计核算，进行会计管理。

在 VBSE 系统中，综合服务公司是一个纯"服务性"组织的存在，并不以营利为目的，且对于在此次实训中，担任了综合服务公司相关岗位的学生的实践成绩也不以服务公司的业绩作为考核依据，因此，VBSE 系统对综合服务公司的财务类操作进行了删减，担任综合服务公司总经理和业务员岗位的学生不会接收到财务类的工作任务。

（五）税务规则

综合服务公司的业务属于服务业，在实务中涉及国家或地方多个税种，包括增值税、城市建设维护税、教育费附加、个人所得税等。与财务类任务相同，在 VBSE 系统中同样除去了综合服务公司纳税环节的工作。

项目二 业务

一、项目描述

本环节将向学生详细介绍综合服务公司的业务流程及重点业务。

二、学习目标

通过对本项目的学习，学生应掌握重点业务的流程及操作关键点。

三、相关知识

（一）业务流程介绍

综合服务公司的业务流程如表 6-3-2-1 所示。

表 6-3-2-1　综合服务公司的业务流程

阶段	任务	备注
团队组建	应聘总经理	包括自我展示及面试环节
	招聘业务员	包括投简历、面试环节
上岗交接	查看办公用品清单	
	分发办公用品	
	学习公司注册流程	
	第一次阶段考核	由系统考核招投标对岗位的认知情况

表6-3-2-1（续）

阶段	任务	备注
经营准备	ZJ90067 商标制作与注册	与工商局的共同任务
	MRZ1 申请和办理 ISO9000 认证（制造企业）	由制造企业发起，在综合服务公司处进行 ISO9000 认证，在支付环节有银行参与
	MRZ2 收到 ISO9000 认证发票（制造企业）	
	MRZ3 支付 ISO9000 认证费（制造企业）	
	DYX1 申请和办理市场开发（经销商）	由经销商发起，在综合服务公司处开发市场、投放广告、竞选订单，在支付环节有银行参与
	DYX2 收到市场开发费发票（经销商）	
	DYX3 支付市场开发费（经销商）	
	DYX4 申请和办理广告投放（经销商）	
	DYX5 收到广告费发票（经销商）	
	DYX6 支付广告投放费用（经销商）	
月初经营	ZJ90072 企业年度报告公示	
	DYX8 组织经销商竞单	
月末经营	MSD1 报送车间电费并收到服务公司发票（制造企业）	制造企业向综合服务公司报送并支付电费，支付环节有银行参与
	MSD2 支付车间电费（制造企业）	
	第二阶段考核	
自主经营阶段补充任务	MJD1 申请和办理市场开发（制造企业）	在该任务中，综合服务公司的任务与经销商的系列任务相同
	MJD4 申请和办理广告投放（制造企业）	
	MJD6 支付广告投放费用（制造企业）	
	MJD10 组织制造企业竞单	
	MCC1 办理 3C 认证（制造企业）	该任务中，综合服务公司的任务与制造企业申请 IOS9000 认证系列任务相似
	MCC3 回收 3C 认证款	
	MYF1 办理产品研发（制造企业）	由制造企业发起，与制造企业的共同任务
	MJL1 购买设备（制造企业）	制造企业由于发展需求，在综合服务公司购买设备
	MJL3 回收设备销售款	
	MCF1 购买厂房（制造企业）	制造企业由于发展需求，在综合服务公司购买厂房
	MCF3 回收厂房销售款	
	MCK1 购买仓库（制造企业）	制造企业由于发展需求，在综合服务公司购买仓库
	MCK3 回收仓库销售款	
	TCK1 购买仓库（工贸企业）	工贸企业由于发展需求，在综合服务公司购买仓库
	TCK3 回收仓库销售款	
	MGR1 招聘生产工人（制造企业）	为了扩大产能，制造企业通过综合服务公司招聘生产工人
	MCS1 出售设备（制造企业）	制造企业由于资金需求或者转型要求，向综合服务公司销售设备
	MCS2 支付设备回购款	

（二）重点业务详解

（1）MRZ1 办理 ISO9000 认证（制造企业）。

任务概述：为制造企业办理 ISO9000 认证业务（制造企业只有办理了 ISO9000 的资质认证才可新产品的生产）。

业务步骤：具体操作流程如图 6-3-2-1 所示，操作内容如表 6-3-2-2 所示。

图 6-3-2-1　制造企业办理 ISO9000 认证的角色操作流程

表 6-3-2-2　制造企业办理 ISO9000 认证的操作内容

操作步骤	角色	操作内容	备注
5. 收到 ISO9000 申请单	综合服务公司业务员	1. 有制造企业相应岗位员工来办理 ISO9000 申请，经销商业务员要提交 ISO9000 申请单 2. 接收 ISO9000 申请单	接收申请单后，要进行审核，确保申请单填写正确。根据指导老师要求，若同时采用线上线下单据，服务公司要将线下单据进行妥善保存
6. 办理 ISO9000 认证	综合服务公司业务员	为申请企业办理 ISO9000 认证	在系统"业务操作"中进行相应操作，再三确认为制造企业开启 ISO9000 认证后，再点击"完成"任务。该步骤对于制造企业的生产进度非常重要，因此业务员一定要保证正确、完成操作

注：该任务为制造企业发起，由制造企业与综合服务公司共同完成的任务。此处仅介绍属于综合服务公司的第 5、6 步骤，前 4 个由制造企业完成的步骤请翻阅相应章节，下文业务也只列举综合服务公司参与的步骤。

知识拓展：

ISO9000 认证与 3C 认证的相关知识

（2）MRZ2 收到 ISO9000 认证发票（制造企业）。

任务概述：任务由制造企业发起，综合服务公司只参与为办理 ISO9000 认证的制造企业开具发票。

业务步骤：具体操作步骤如图 6-3-2-2 所示，操作内容如表 6-3-2-3 所示。

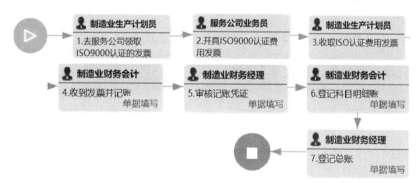

图 6-3-2-2　制造企业收到 ISO9000 认证发票的角色操作流程

表 6-3-2-3　制造企业收到 ISO9000 认证发票的操作内容

操作步骤	角色	操作内容	备注
2. 开具 ISO9000 认证费用发票	综合服务公司业务员	根据认证服务收费金额为经销商开具增值税专用发票。（一式三联，自己留下记账联）	此步骤为线下操作，开具了增值税专用发票后，在系统上直接点击"完成"，将任务传递

注：该任务为制造企业发起，由制造企业与综合服务公司共同完成的任务。在此仅介绍属于综合服务公司的第 2 步，其余制造企业完成的步骤请翻阅相应章节。

模块六　外围组织

（3）MRZ3 支付 ISO9000 认证费（制造企业）。

任务概述：向办理 ISO9000 认证企业收取认证费。

业务步骤：具体操作流程如图 6-3-2-3 所示，操作内容如表 6-3-2-4 所示。

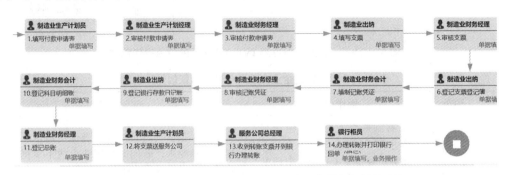

图 6-3-2-3 制造企业支付 ISO9000 认证费的角色操作流程

表 6-3-2-4 综合服务公司向办理 ISO9000 认证企业收取认证费的操作内容

操作步骤	角色	操作内容	备注
13. 收到转账支票并到银行办理转账	综合服务公司总经理	1. 向办理 ISO 认证的企业催收认证费； 2. 拿到申请企业开具的支票； 3. 根据转账支票填写进账单； 4. 携带转账支票与进账单到银行办理转账	此步骤为线下操作，将支票与服务公司业务员所开具的增值税专用发票进行核对后，填写进账单，然后携带转账支票去工商银行办理转账，之后在系统上直接点击"完成"，将任务传递

注：该任务为制造企业发起，由制造企业、综合服务公司与工商银行共同完成。此处仅介绍属于综合服务公司的第 13 步，其余由制造企业或工商银行完成的步骤请翻阅相应章节。

（4）DYX1 申请和办理市场开发（经销商）。

任务概述：为经销商办理市场开发业务。

商贸企业的销售对象是虚拟市场中的虚拟客户，在 VBSE 系统中有五个虚拟市场：东部、南部、西部、北部、中部，其中东部、南部、西部、北部四个地区由商贸企业经营，中部地区只能由制造企业经营。虚拟市场的订单需要先到综合服务公司办理开发市场业务，再投入广告费，这样服务公司才能根据投放金额派发订单。在固定经营阶段，系统只开放北部市场，其他市场在自主经营阶段可以根据需要自行开发。

一次市场开发在一年内有效。

业务步骤：操作步骤如图 6-3-2-4 所示，操作内容如表 6-3-2-5 所示。

图 6-3-2-4 经销商申请和办理市场开发业务的角色操作流程

表 6-3-2-5 综合服务公司办理市场开发业务的操作内容

操作步骤	角色	操作内容	备注
5. 办理市场开发业务	综合服务公司业务员	1. 经销商营销经理携带市场开发申请单到综合服务公司办理开发市场业务； 2. 接受市场开发申请单，根据对方要求办理市场开发业务	1. 接收申请单后，要进行审核，确保申请单填写正确； 2. 在系统"业务操作"中进行相应操作，确认成功为经销商开发市场后，再点击"完成"，将任务传递到下一环节

注：该任务为经销商发起，由经销商与综合服务公司共同完成。此处仅介绍属于综合服务公司的第 5 步，其余由经销商完成的步骤请翻阅相应章节。

（5）DYX2 收到市场开发费发票（经销商）。

任务概述：为办理市场开发的经销商开具发票。

业务步骤：角色操作流程如图 6-3-2-5 所示，操作内容如表 6-3-2-6 所示。

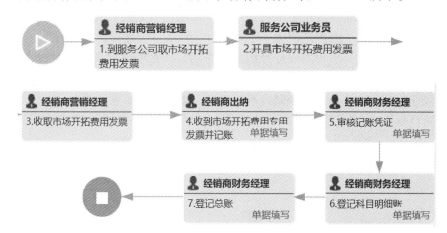

图 6-3-2-5　经销商收到市场开发费发票的角色操作流程

表 6-3-2-6　综合服务公司开具市场开发费用发票流程的操作内容

操作步骤	角色	操作内容	备注
2. 开具市场开发费用发票	综合服务公司业务员	根据市场开发服务收费标准，为经销商开具增值税专用发票。（一式三联，自己留下记账联）	此步骤为线下操作，开具了增值税专用发票后，在系统上直接点击"完成"，将任务传递

注：该任务为经销商发起，由经销商与综合服务公司共同完成。此处仅介绍属于综合服务公司的第 2 步，其余由经销商完成的步骤请翻阅相应章节。

（6）DYX3 支付市场开发费（经销商）。

任务概述：向办理市场开发的经销商收取市场开发费。

业务步骤：角色操作流程如图 6-3-2-6 所示，操作内容如表 6-3-2-7 所示。

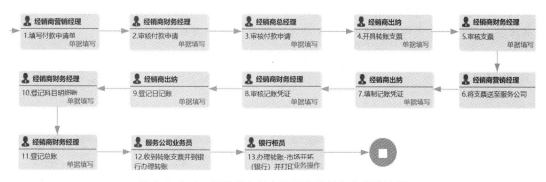

图 6-3-2-6　经销商支付市场开发费的角色操作流程

表 6-3-2-7　综合服务公司向经销商收取市场开发费流程的操作内容

操作步骤	角色	操作内容	备注
12. 收到转账支票并到银行办理转账	综合服务公司业务员	1. 向办理市场开发的经销商催收市场开发费；2. 拿到申请企业开具的支票；3. 根据转账支票填写进账单；4. 携带转账支票与进账单到银行进行转账	此步骤为线下操作，将支票与服务公司业务员所开具的增值税专用发票进行核对后，填写进账单，然后携带转账支票去工商银行办理转账，之后在系统上直接点击"完成"，将任务传递

注：该任务为经销商发起，由经销商、综合服务公司与工商银行共同完成。此处仅介绍属于综合服务公司的第 12 步，其余由经销商或工商银行完成的步骤请翻阅相应章节。

（7）DYX4 申请和办理广告投放（经销商）。

任务概述：为经销商办理广告投放业务。

在商贸公司经营的东、南、西、北四个虚拟市场以及制造企业经营的中部虚拟市场，有着大量虚拟客户投放的产品订单，相关企业开发了市场获得进入市场的资格后，要通过在综合服务公司投放广告来竞选订单。广告投放一次，有限期限为一个虚拟日，转下一个虚拟日期则需要重新投放广告费。

综合服务公司要在第一次广告投放业务开展前，需制定详细的竞单规则，经过课程指导教师许可后公示，一经公示不得轻易更改竞单规则。

注：在固定经营阶段，广告费投放金额为系统固定，旨在熟悉业务操作。

业务步骤：角色操作流程如图 6-3-2-7 所示，操作内容如表 6-3-2-8 所示。

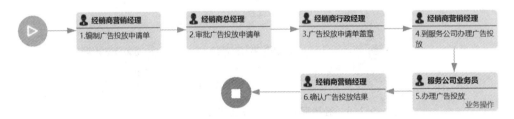

图 6-3-2-7　经销商申请和办理广告投放的角色操作流程

表 6-3-2-8　综合服务公司为经销商办理广告投放业务的操作内容

操作步骤	角色	操作内容	备注
5. 办理广告投放业务	综合服务公司业务员	1. 经销商营销经理携带广告投放申请单到综合服务公司办理投放广告； 2. 接收投放广告申请单，按照竞单流程在 VBSE 系统上进行操作	1. 接收申请单后，要进行审核，确保申请单填写正确； 2. 按照竞单流程，在系统"业务操作"中进行相应操作，点击"完成"，将任务传递

注：该任务为经销商发起，由经销商与综合服务公司共同完成。此处仅介绍属于综合服务公司的第 5 步，其余由经销商完成的步骤请翻阅相应章节。

（8）DYX5 收到广告费发票（经销商）。

任务概述：为投放广告的经销商开具发票。

业务步骤：角色操作流程如图 6-3-2-8 所示，操作内容如表 6-3-2-9 所示。

图 6-3-2-8　经销商收到广告费发票的处理的角色操作流程

表 6-3-2-9　综合服务公司开具广告费用发票的操作内容

操作步骤	角色	操作内容	备注
2. 开具广告费用发票	综合服务公司业务员	为经销商开具增值税专用发票（一式三联，自己留下记账联）	此步骤为线下操作，开具了增值税专用发票后，在系统上直接点击"完成"，将任务传递

注：该任务为经销商发起，由经销商与综合服务公司共同完成。此处仅介绍属于综合服务公司的第 2 步，其余由经销商完成的步骤请翻阅相应章节。

（9）DYX6 支付广告投放费用（经销商）。

任务概述：向投放广告的经销商收取广告投放费。

业务步骤：角色操作流程如图 6-3-2-9 所示，操作内容如表 6-3-2-10 所示。

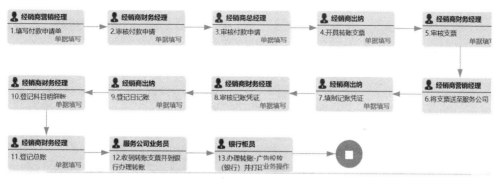

图 6-3-2-9　经销商支付广告投放费用的角色操作流程

表 6-3-2-10　经销商支付广告投放费用的操作内容

操作步骤	角色	操作内容	备注
12. 收到转账支票并到银行办理转账	综合服务公司业务员	1. 向投放广告的企业催收广告投放费； 2. 拿到投放企业开具的支票； 3. 根据转账支票填写进账单； 4. 携带转账支票与进账单到银行进行转账	此步骤为线下操作，将支票与服务公司业务员所开具的增值税专用发票进行核对后，填写进账单，然后携带转账支票去工商银行办理转账，之后在系统上直接点击"完成"，将任务传递

注：该任务为经销商发起，由经销商、综合服务公司与工商银行共同完成。此处仅介绍属于综合服务公司的第12步，其余由制造企业或工商银行完成的步骤请翻阅相应章节。

（10）DYX8 组织经销商竞单。

任务概述：组织经销商进行竞单。

业务步骤：角色操作流程如图 6-3-2-10 所示，操作内容如表 6-3-2-11 所示。

图 6-3-2-10　组织经销商竞单的角色操作流程

表 6-3-2-11　组织经销商竞单流程的操作内容

操作步骤	角色	操作内容	备注
1. 通知经销商竞单	综合服务公司总经理	让服务公司业务员去通知已投放广告的企业到服务公司进行竞单	在通知竞单前，综合服务公司业务员要将广告投放费用一次性输入系统中，并记录递交申请书的顺序
2. 为经销商办理选单	综合服务公司总经理	1. 选择一个区域； 2. 按该区域中各公司投放广告金额的大小顺序依次选单； 3. 收到企业选单命令后，在 VBSE 上选择对应企业，再选择对应的订单，将订单派发给该企业	1. 选单顺序、数量按照事先确定的竞单规则中的方法进行确定； 2. 经销商进行选单的同时，综合服务公司总经理就在系统上同步将订单派发给相关企业

（11）MSD1 报送车间电费并收到服务公司发票（制造企业）。

任务概述：核对各企业车间的水电费，并为企业开具发票。

业务步骤：角色操作流程如图 6-3-2-11 所示，操作内容如表 6-3-2-12 所示。

图 6-3-2-11　制造企业报送车间电费的角色操作流程

表 6-3-2-12　综合服务公司为制造企业开具水电费发票的操作内容

操作步骤	角色	操作内容	备注
2. 查看水电费单	综合服务公司业务员	1. 收到企业提交的"水电费付款单",核准单据; 2. 通知企业找综合服务公司总经理领取发票	1. 综合服务公司需要掌握电费的计算规则,以便于核对制造企业所缴纳电费是否正确; 2. 此步骤为线下操作,发票开具并转交后,在系统上点击"完成",将任务传递
3. 开具发票	综合服务公司总经理	1. 与业务员确定服务金额; 2. 根据金额为经销商开具发票(一式三联,记账联自己保存)	

注:该任务是制造企业发起的,由制造企业与综合服务公司共同完成。此处仅介绍属于综合服务公司的第 2、3 步,其余由制造企业完成的步骤请翻阅相应章节。

（12）MSD2 支付车间水电费（制造企业）。

任务概述:按月收取各企业的水电费。

任务步骤:角色操作流程如图 6-3-2-12 所示,操作内容如表 6-3-2-13 所示。

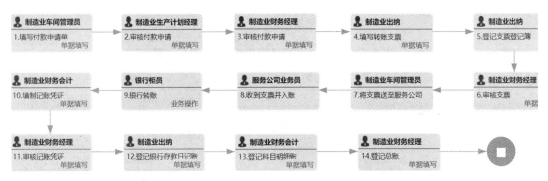

图 6-3-2-12　制造企业支付车间水电费的角色操作流程

表 6-3-2-13　综合服务公司按月收取各企业水电费的操作内容

操作步骤	角色	操作内容	备注
8. 收到支票并入账	综合服务公司业务员	1. 向制造企业催缴水电费; 2. 取得制造企业开具的支票; 3. 根据转账支票填写进账单; 4. 携带转账支票与进账单到银行进行转账	此步骤为线下操作,将支票转交给银行工作人员后,在系统上点击"完成",将任务传递

注:该任务是制造企业发起的,由制造企业、综合服务公司与工商银行共同完成。此处仅介绍属于综合服务公司的第 8 步,其余由制造企业或工商银行完成的步骤请翻阅相应章节。

（13）MCF1 购买厂房（制造企业）。

任务概述：根据企业发展需求，制造企业向综合服务企业购买厂房。

任务步骤：制造企业购买厂房流程的角色操作流程如图 6-3-2-13 所示，操作内容如表 6-3-2-14 所示。

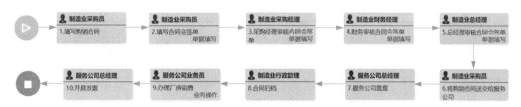

图 6-3-2-13　制造企业购买厂房的角色操作流程

表 6-3-2-14　制造企业购买厂房流程的操作内容

操作步骤	角色	操作内容	备注
7. 服务公司盖章	综合服务公司总经理	1. 收到制造企业购买厂房的购销合同； 2. 审核合同内容，签字盖章	此步骤为线下操作，认真审核合同，签字盖章后，在系统上点击"完成"，将任务传递
9. 办理厂房销售	综合服务公司业务员	根据合同条例，向购买企业销售厂房	在"业务操作"中完成销售操作，点击"完成"传递任务
10. 开具发票	综合服务公司总经理	开具发票（一式三联），记账联自己保存	此步骤为线下操作，发票开具后，在系统上点击"完成"，结束任务

注：①该任务为制造企业发起，由制造企业与综合服务公司共同完成。此处仅介绍属于综合服务公司的第 7、9、10 步，其余由制造企业或工商银行完成的步骤请翻阅相应章节。②由于企业发展需求，制造企业在综合服务公司还可以购买设备、仓库，工贸企业在综合服务公司可以购买仓库。在这些购买业务的流程中，综合服务公司的业务步骤同上。

（14）MCF3 回收厂房销售款。

任务概述：回收销售给企业的厂房销售款。

任务步骤：回收厂房销售款流程的角色操作步骤如图 6-3-2-14 所示，操作内容如表 6-3-2-15 所示。

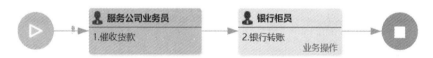

图 6-3-2-14　回收厂房销售款流程的角色操作步骤

表 6-3-2-15　回收厂房销售款流程的操作内容

操作步骤	角色	操作内容	备注
1. 催收货款	综合服务公司业务员	1. 向购买厂房的企业催收货款； 2. 收到企业递交的转账支票； 3. 依据购销合同审核支票的金额； 4. 填写进账单，连同支票一起送交银行进行转账	此步骤为线下操作，将相关材料转交给银行后，在系统上点击"完成"，将任务传递
2. 银行转账	银行柜员	1. 收到企业提交的支票与进账单； 2. 审核支票的正确性； 3. 根据进账单进行转账	在"业务操作"中完成转账操作，点击"完成"结束任务

注：在制造企业在综合服务公司支付购买设备、仓库的款项，工贸企业支付购买仓库款项业务中，综合服务公司的业务步骤同上。

项目三　相关资料

一、项目描述

本环节将向学生介绍综合服务公司的经营范围、广告投放竞单流程及服务费增值税专用发票记账联的样票。

二、学习目标

通过对本项目的学习，学生应掌握综合服务公司的经营范围，了解广告投放竞单的流程并以此为基础设计合适自己所在的虚拟商业环境的广告投放竞单规则，熟悉服务费增值税专用发票的填写。

三、相关知识

（一）综合服务公司经营范围

（1）销售发放日常办公用品；

（2）办理 ISO9000 认证；

（3）办理 CCC 认证；

（4）提供产品开发服务；

（5）提供市场开发、广告投放服务；

（6）收取制造企业电费；

（7）销售及回购厂房、仓库以及生产设备；

（8）提供代理招聘生产工人服务。

（二）增值税专用发票记账联（图 6-3-3-1）

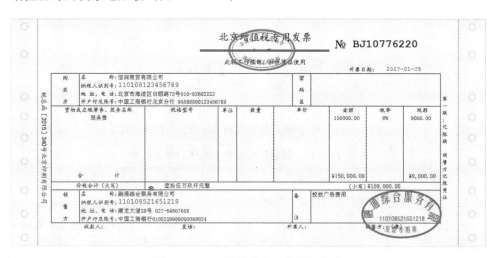

图 6-3-3-1　增值税专用发票记账联

（三）广告投放竞单流程及规则——以经销商为例（仅供参考，可根据实际模拟市场情况进行更改）

> *竞单流程：
> ①11:00前各个经销商经过内部会议决定广告投放的市场及投放的金额，填写广告投放申请单。
> ②11:00~11:10将广告投放申请单（纸质）交至综合服务公司业务员处，综合服务公司业务员按照接受顺序排列所接受的申请单。
> ③1:10综合服务公司业务员按所接收的申请单在系统上输入相关数据，请各个经销商企业代表在综合服务公司按竞单结果进行选单，选单过程由综合服务公司总经理负责。
> *竞单规则：
> ①广告费的投放金额以10万元起，以万元为单位递增；
> ②选择订单顺序按照在该市场投放广告金额的大小进行排序，金额相同的两家企业则按照向综合服务公司业务员递交广告投放申请单的先后顺序进行排序，每个企业按所计算出的标准一次性选择自己的订单。
> ③每个企业可以选择的数量＝订单总数
> 或每个企业可选择的订单总金额＝订单总金额。

任务四　税务局

税务局在 VBSE 商业环境中属于服务型组织，它的存在是为了使制造企业、经销商、商贸公司等 VBSE 系统中的核心企业更方便模拟现实商业环境中报税缴税的过程，对相关企业增值税、个人所得税、企业所得税等税种的核算、申报缴纳进行监督管控。

项目一　规则

一、项目描述

本环节将向学生详细介绍税务局的各项规则。

二、学习目标

通过对本项目的学习，学生应该了解税务局在整个商业环境中的地位及角色，理解税务局在模拟商业环境中的"游戏规则"。

三、相关知识

（一）人力资源规则

（1）人员配置情况。

税务局只有一个岗位——税务专员，只需要一名学生担任，如表 6-3-4-1 所示。

表 6-3-4-1　税务局岗位及人员设置

岗位名称	在编人数	直接上级
税务专员	1	—

（2）考勤规则。

每天的实训开始后，学生必须登录 VBSE 系统点击"签到"按钮进行考勤签到。由于税务局只有税务专员一名工作人员，所以仅由系统进行考勤，不再进行部门内部考勤。税务专员的线下考勤情况由课程指导老师指定专人负责。税务专员是公务员，VBSE 系统没有相关公务员的薪酬计算与发放的相关任务，因此税务专员的线上、线下考勤仅作为实训成绩的评分依据之一。

考勤管理办法：每月有 2 个虚拟工作日（每月 5 日以及每月 25 日），员工出勤天数 = 当月虚拟工作日出勤天数/当月虚拟工作日总天数×21.75，员工缺勤天数 = 21.75−员工出勤天数。

（二）办公用品采购规则

VBSE 系统删减了税务局"领用办公品"的业务，但是为了最大化模拟现实商业环境，同时使整个模拟环境更加公平，税务专员在实训过程中所需的办公用品还是需要向综合服务公司进行购买，并按规定进行结算。

（三）税务规则

除了要对相关企业报税纳税进行监督管控之外，税务专员还需承担税法知识普及的任务。税务专员要根据课程指导教师的要求，在整个实训期内举办至少 2 次专题讲座，向实训同学讲解各种税种的核算、申报和缴纳。因此，税务专员必须首先掌握好相关的税法知识，并熟悉 VBSE 系统上的各种税务规则，其中最主要的是个人所得税和企业增值税的规则。

【拓展知识】

企业在税收征收期内，需要按照企业的经营情况，根据财务报表数据完成以下任意一项操作：①在税务局的官方系统中填制各税申报表，完成申报纳税程序，根据结果缴纳税款；②填制各种申报表，并将申报表相关会计报表一起携带至税务局，在税务部门办理纳税申报业务。得到税务部门开出的税收缴款书后，到银行缴纳税款。依据税务部门规定，每月月初进行上月的纳税申报及缴纳。如遇特殊情况，可以向税务部门申请延期纳税申报。

项目二　业务

一、项目描述

本环节将向学生详细介绍税务局的业务流程及重点业务。

二、学习目标

通过对本项目的学习，学生应该掌握重点业务的流程及操作关键点。

三、相关知识

（一）业务流程介绍

税务局业务流程介绍如表 6-4-2-1 所示。

表 6-4-2-1　税务局业务流程介绍

阶段	任务	备注
团队组建	应聘	包括自我展示及面试环节
上岗交接	查看办公用品清单	
	学习公司注册流程	
	ZJ90051 税务知识讲解	学习相关文件，查阅相关资料，制作 PPT，向同学们讲解普及相关知识
	税务登记（招投标）	新公司注册五部曲之一
	第一次阶段考核	由系统考核税务专员对岗位的认知情况

表6-4-2-1(续)

阶段	任务	备注
经营准备	ZJ90052 税务检查制度和奖惩机制的制定	学习相关文件，搜索相关资料，编制税务检查制度和奖惩机制，经指导老师审核后予以公示并严格遵守
	MGS1 申报个人所得税（制造企业）	
	MZZ1 申报企业增值税（制造企业）	
	DGS1 申报个人所得税（经销商）	
	DZZ1 申报企业增值税（经销商）	
	DSS1 签订税务同城委托收款协议（经销商）	
	TGS1 申报个人所得税（工贸企业）	
	TZZ1 申报企业增值税（工贸企业）	
	TSS1 签订税务同城委托收款协议（工贸企业）	
月初经营	ZJ90053 税务稽查	
月末经营	MZZ3 认证增值税抵扣联（制造企业）	
	DZZ3 认证增值税抵扣联（经销商）	
	TZZ3 认证增值税抵扣联（工贸企业）	
	第二次阶段考核	

（二）重点业务详解

（1）税务登记（招投标）。

任务概述：为招投标企业办理税务报到，完成税务登记。

税务报到是2017年"五证合一"后，新公司注册流程的最后一步，前四步分别是：①在工商局办理名称预先核准登记；②在工商局办理工商登记设立；③在公安局篆刻公司印章；④在银行开户。

业务步骤：招投标企业办理税务登记流程的角色操作流程如图6-4-2-1所示，操作内容如表6-4-2-2所示。

图6-4-2-1 招投标企业办理税务登记的角色操作流程

表6-4-2-2 招投标企业办理税务登记的操作内容

操作步骤	角色	操作内容	备注
1. 签订税收代扣协议	招投标总经理	到银行领取"同城委托收款协议"并填写	该业务主要是线下操作，在系统中不用进行特别操作，线下签订好合同后，在线上点击完成任务即可
2. 审核代扣协议	银行柜员	收到招投标企业填写的"同城委托收款协议"，审核签字	
3. 填写税务登记	招投标总经理	填写"税务登记表"并提交税务局进行审核	
4. 审核登记表	税务专员	审核企业提交的"税务登记表"，为其办理税务登记	审核文件后，需在"系统操作"中完成登记

（2）TSS1 签订税务同城（工贸企业）。

任务概述：与工贸企业签订授权划缴税款协议书。

业务步骤：与工贸企业签订授权划缴税款协议书的角色操作流程如图6-4-2-2所示，操作内容如表6-4-2-3所示。

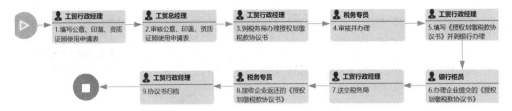

图 6-4-2-2　与工贸企业签订授权划缴税款协议书的角色操作流程

表 6-4-2-3　与工贸企业签订授权划缴税款协议书的操作内容

操作步骤	角色	操作内容	备注
1. 填写"公章、印鉴、资质证照使用申请表"	工贸企业行政经理	依照所需，填写"公章、印鉴、资质证照使用申请表"	1. 该业务全是线下操作，线下相应操作完成后，在线上点击"完成"传递任务 2. "公章、印鉴、资质证照使用登记表"属于企业内部表格，是内部控制的一环，旨在保证公司各类章、证的使用、借用规范
2. 审核"公章、印鉴、资质证照使用申请表"	工贸企业总经理	审核"公章、印鉴、资质证照使用申请表"	
3. 到税务局办理授权划缴税款协议书	工贸企业行政经理	携带所需章、证到税务局办理授权划缴税款	
4. 审核并办理	税务专员	审核申请企业相关资，双方签署"授权划缴税款协议书"	
5. 填写"授权划缴税款协议书"并到银行办理授权	工贸企业行政经理	携带"授权划缴税款协议书"到银行办理授权	
6. 办理企业提交的"授权划缴税款协议书"	银行柜员	银行收到"授权划缴税款协议书"，办理该业务	
7. 送交税务局	工贸企业行政经理	将"授权划缴税款协议书"送交税务局	
8. 接受企业返还的"授权划缴税款协议书"	税务专员	接收工贸企业返还的"授权划缴税款协议书"，并妥善保存	
9. 协议书归档	工贸企业行政经理	将"授权划缴税款协议书"归档保存	

（3）MGS1 个人所得税申报（制造企业）。

任务概述：审核制造企业提交的个人所得税申报信息。

个人所得税是以个人（自然人）取得的各项应税所得为征税对象所征收的一种税种。在我国，个人所得税采取源泉扣缴和自行申报两种征纳方法，VBSE 系统采用源泉扣缴的方法，即由企业为员工代扣代缴个人所得税。

业务步骤：制造企业个人所得税申报的角色操作流程如图 6-4-2-3 所示，操作内容如表 6-4-2-4 所示。

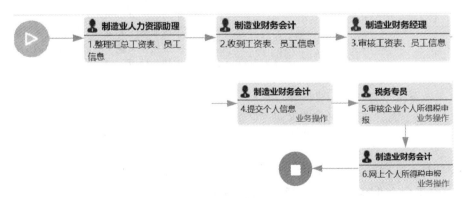

图 6-4-2-3　制造企业个人所得税申报的角色操作流程

表 6-4-2-4　制造企业个人所得税申报流程的操作内容

操作步骤	角色	操作内容	备注
1. 整理、提交个人所得税纳税申报资料	制造企业人力资源助理	1. 收集整理员工信息并据此编制员工工资表； 2. 将员工信息和工资表一同交给财务会计	1. 税务专员要通过培训来确保各企业相关岗位人员已掌握了个人所得税的计算方法和申报方法，包括相关表单的填写； 2. 该业务主要是线下操作，在系统中不用进行特别操作，线下完成后，点击"完成"传递任务
2. 收到工资表、员工信息	制造企业财务会计	收到相关资料，确认个人所得税数额，提交财务经理审核	
3. 审核工资表、员工信息	制造企业财务经理	审核个人所得税数额	
4. 网上提交员工信息	制造企业财务会计	在 VBSE 系统中根据确认的金额进行个人所得税申报	
5. 审核企业提交的申报资料	税务专员	在 VBSE 系统中审核企业提交的个人所得税申报	VBSE 系统中的税务申报系统是一个子系统，不能进行"回退"等操作，在进行"线上操作"时，一定要再三确认准确性后再点击"提交"或"申报"，在税务申报系统中完成操作后，再点击"完成"任务
6. 网上个人所得税申报	制造企业财务会计	1. 在 VBSE 系统中下载"扣缴个人所得税报告表模板"并按规定填写（模板格式不能有任何变更） 2. 将填好的模板导入系统中，点击申报，申报成功后若与税务签订了委托银行扣款的协议（"授权划缴税款协议书"），系统将自行扣缴个人所得税	

注：工贸企业、经销商的个人所得税申报业务中，税务专员的操作步骤同上。

（4）MZZ1 申报企业增值税（制造企业）。

任务概述：审核制造企业提交的企业增值税申报。

增值税是对在中华人民共和国境内销售货物，提供加工、修理修配劳务，销售服务、无形资产或者不动产，以及进口货物的单位和个人就其实现的增值额作为征税对象而征收的一种税。增值税纳税申报方式有四种：到税务机关申报、采取数据电文方式申报、邮寄申报和网上申报。现在最常用的就是通过互联网在国税增值税申报系统中进行增值税申报，VBSE 系统模拟的就是该种申报方法。

业务步骤：制造企业申报企业增值税的角色操作流程如图 6-4-2-4 所示，操作内容如表 6-4-2-5 所示。

图 6-4-2-4　制造企业申报企业增值税的角色操作流程

表 6-4-2-5　制造企业申报企业增值税的操作内容

操作步骤	角色	操作内容	备注
1. 填写增值税纳税申报表	制造企业财务经理	准备上一期的进项税和销项税，分别汇总并整理，在 VBSE 系统中进行相应处理	1. 税务专员要通过培训来确保各企业相关岗位人员掌握了增值税的计算和申报方法，包括相关表单的填写； 2. VBSE 系统中的税务申报系统是一个子系统，不能进行"回退"等操作，在进行"线上操作"时，一定要再三确认信息的准确性后再点击"提交"或"申报"，在税务申报系统中完成操作后，再点击"完成"任务
2. 网上增值税纳税申报		在 VBSE 系统中根据确认的金额进行增值税纳税申报	
3. 审核企业增值税申报	税务专员	在 VBSE 系统中审核企业提交的增值税申报	

注：工贸企业、经销商的企业增值税申报业务中，税务专员的操作步骤同上。

（5）TZZ3 认证增值税抵扣联（工贸企业）。

任务概述：工贸企业的财务经理将公司的增值税抵扣联收集后，到税务部门进行认证，获得盖章认证的结果通知书后，与抵扣联一并进行装订。

业务步骤：工贸企业到税务局办理增值税抵扣认证的角色操作流程如图 6-4-2-5 所示，操作内容如表 6-4-2-6 所示。

图 6-4-2-5　工贸企业到税务局办理增值税抵扣认证的角色操作流程

表 6-4-2-6　工贸企业到税务局办理增值税抵扣认证的操作内容

操作步骤	角色	操作内容	备注
1. 收集抵扣联	财务经理	统一收集齐抵扣联	1. 税务专员要通过培训来确保各企业相关岗位人员掌握了增值税的计算和申报方法，包括相关表单的填写； 2. VBSE 系统中的税务申报系统是一个子系统，不能进行"回退"等操作，在进行"线上操作"时，一定要再三确认信息的准确性后再点击"提交"或"申报"，在税务申报系统中完成操作后，再点击"完成"任务
2. 到税务局进行抵扣认证	财务经理	将增值税抵扣联送至税务局，进行抵扣认证	
3. 审核企业提交的进项税抵扣联	税务专员	对企业提交的进项税抵扣联进行审核，通过后打印认证结果通知书，交给企业办事人员	
4. 抵扣联装订归档	财务经理	将从税务局取得的认证结果通知书与抵扣联装订，归档备查	

注：工贸企业、经销商的企业增值税申报业务中，税务专员的操作步骤同上。

项目三　相关资料

一、项目描述

本环节将向学生介绍增值税及个人所得税的相关规定，展示授权划缴税款协议书的样本。

二、学习目标

通过对本项目的学习，学生应掌握增值税及个人所得税的相关基础规定，认识授权划缴税款协议书。

三、相关知识

（一）增值税相关规定

自 2019 年 4 月 1 日起，增值税的缴纳适用增值税最新税率，如表 6-4-3-1 所示。

表 6-4-3-1　增值税税率

征税范围	新税率/%	旧税率/%
增值税一般纳税人销售或者和进口除适用 10% 税率和零税率以外的货物，提供加工、修理修配劳务和有形动产租赁服务	13	16
销售或进口：农产品（含粮食），自来水，热水，冷气，暖气，石油液化气，天然气，沼气，居民用煤炭制品，食用植物油，食用盐，农机，饲料，农膜，农药，化肥，二甲醚，图书，报纸，杂志，电子出版物，音像制品 提供：交通运输服务；邮政服务；基础电信服务；建筑服务；不动产租赁服务；销售不动产；转让土地使用权	9	10
提供：增值电信服务；金融服务；现代服务（租赁服务除外）；生活服务	6	6

计税方法：

一般计税方法：应纳税额＝当期销项税额－当期进项税额＝当期销售额×适用税率－当期进项税额

简易计税方法：应纳税额＝销售额×征收率（5%或3%）

纳税申报：

2019年5月1日起，一般纳税人申报增值税时，需要填报《增值税纳税申报表（一般纳税人适用）》《增值税纳税申报表附列资料（一）》《增值税纳税申报表附列资料（二）》《增值税纳税申报表附列资料（三）》《增值税纳税申报表附列资料（四）》《增值税减免税申报明细表》。

（二）个人所得税相关规定

2018年8月31日，第十三届全国人大常委会第五次会议表决通过了关于修改个人所得税法的决定，决定自2019年1月1日起施行，"起征点"提高至每月5 000元等的部分减税政策，从2018年10月1日起先行实施。

下列各项个人所得（如表6-4-3-2至表6-4-3-3所示），应当缴纳个人所得税：工资、薪金所得；劳务报酬所得；稿酬所得；特许权使用费所得；经营所得；利息、股息、红利所得；财产租赁所得；财产转让所得；偶然所得。

表6-4-3-2　个人所得税税率表表一（综合所得适用）

级数	全年应纳税所得额	税率/%
1	不超过36 000元的	3
2	超过36 000元至144 000元的部分	10
3	超过144 000元至300 000元的部分	20
4	超过300 000元至420 000元的部分	25
5	超过420 000元至660 000元的部分	30
6	超过660 000元至960 000元的部分	35
7	超过960 000元的部分	45

注：①本表所称全年应纳税所得额是指居民个人取得综合所得以每一纳税年度收入额减除费用六万元以及专项扣除、专项附加扣除和依法确定的其他扣除后的余额。

②专项附加扣除是指个人所得税法规定的子女教育、继续教育、大病医疗、住房贷款利息、住房租金和赡养老人等六项专项附加扣除。是落实新修订的个人所得税法的配套措施之一。

③非居民个人取得工资、薪金所得，劳务报酬所得，稿酬所得和特许权使用费所得，依照本表按月换算后计算应纳税额。

表6-4-3-3　个人所得税税率表表二（经营所得适用）

级数	全年应纳税所得额	税率/%
1	不超过30 000元的	5
2	超过30 000元至90 000元的部分	10
3	超过90 000元至300 000元的部分	20
4	超过300 000元至500 000元的部分	30
5	超过500 000元的部分	35

注：本表所称全年应纳税所得额是指以每一纳税年度的收入总额减除成本、费用以及损失后的余额。

（三）授权划缴税款协议书（样例）

授权划缴税款协议书

协议编号：TCSK20151234

甲方（纳税人）：丰达工贸有限公司

地址：广州市越秀区沿江中路147号　　联系电话：020-66612336

乙方（国税机关）：税务局广州天河区税务所

地址：广州天河区新光路78号　　联系电话：022-56781234

根据《中华人民共和国税收征收管理法》及《中华人民共和国税收征收管理法实施细则》《中华人民共和国合同法》《中华人民共和国电子签名法》以及《财政部 国家税务总局 中国人民银行关于印

发〈财税库银税收收入电子缴库横向联网管理办法〉的通知》等法律、法规，为方便纳税人缴税，本着"平等自愿，协商一致"的原则，甲方和乙方就授权划缴税款事项达成如下协议：

一、协议事项

甲方自行选择在银行开立结算账户，该账户作为唯一的缴税账户，甲方授权乙方通过开户银行从该结算账户直接划缴甲方向乙方办理申报纳税等相关涉税事项产生的各项税（费）、滞纳金及罚款等应纳税（费）并缴入国库。

二、甲方的权利与义务

（一）甲方委托乙方划缴税（费）款有关账户信息如下：

开户银行名称：中国工商银行广州市支行

开户银行行号：0100229999000099017

清算银行名称：中国工商银行广州市支行

应算银行行号（12位）：010022099017

纳税人名称（全称）：丰达工贸有限公司

纳税人国税税务登记证号：110100101029089

国税征收机关名称：税务局广州天河区税务所

国税征收机关代码（11位）：56789012345

纳税人缴税账户账号：010022099017

甲方保证以上内容填写真实准确，并承担因内容填写错误而产生的相关责任。

（二）甲方保证在银行开设的缴税账户名称和账号与报送乙方的账户名称和账号完全一致。

（三）甲方应保证缴税账户可正常使用并且账户中可用存款余额不少于发出的申报缴款金额。若甲方账户内存款余额不足或账户冻结等情况造成乙方划款不成功时，由此产生的滞纳金及其他法律责任由甲方承担。

（四）甲方指定的缴税账户信息发生变更时，应在发生纳税义务的前7个工作日内到乙方办理变更手续并重新签定协议书。若因甲方没有及时到乙方办理变更手续，造成乙方划缴税（费）款失败或无法在税（费）款法定限缴期内划缴的，由甲方承担由此产生的责任，乙方将按《中华人民共和国税收征管管理法》和其他法律法规的有关规定处理。

（五）甲方有权决定终止授权划缴税款协议书，到乙方办理相关终止手续后，即终止执行本协议。

三、乙方的权利与义务

（一）乙方收到甲方因办理申报纳税等相关涉税事项产生的应纳税（费）款电子信息时至当日结账止，按规定由开户银行直接从本协议书指定的结算账户划缴各项税（费）、滞纳金及罚款，因乙方无正当理由造成未及时划缴的，乙方应承担相应责任。正当理由包含：甲方存款余额不足，甲方账号被国家司法机关或行政机关冻结，不可抗力、非人为系统故障，因开户银行责任未入时划缴，甲方申报纳税时间超过国库营业时间等正当理由。

（二）乙方应严格按甲方办理申报纳税等相关涉税事项产生的应纳税（费）款电子信息划缴税款。乙方未接到甲方办理申报纳税等相关涉税事项产生的应纳税（费）款电子信息而对甲方账户进行划款，或未按确认后的甲方办理申报纳税等相关涉税事项产生的应纳税（费）款电子信息对甲方账户进行划款，或对甲方的非本协议指定账户进行划款，均应承担相应的法律责任。

（三）乙方划转税（费）款成功后，甲方可以按有关规定向乙方申请开具完税凭证。

（四）在乙方信息系统无法正常运行的特殊情况出现时，乙方应当在当天及时告知甲方，必要时应通知甲方采取其他方式缴款。

（五）乙方应本着为纳税人服务的原则，积极协调、妥善处理好划缴税款过程中遇到的问题。

四、法律责任及其他事项

（一）因不可抗力因素造成的不能继续履行或完全履行本协议的，任何一方均不承担相关法律责任。

（二）如遇国家政策调整，应根据有关文件规定执行。

（三）双方在履行本协议过程中，如发生争议，应协商解决。协商不成的，任何一方均可依法申请复议、仲裁或提起诉讼。

（四）本协议自签订之日起具有法律效力。本协议一式叁份，双方各执壹份，另壹份由甲方报开户银行备案。

甲方（印章）：丰达工贸有限公司　　　　　　乙方（印章）：税务局广州天河区税务所

2017 年 1 月 5 日　　　　　　　　　　　　2017 年 1 月 5 日

注意：协议编号统一为 13 位数字，前七位为国税征收机关代码前七位，后 6 位为国税机关自行编制的流水号。

知识拓展：

中华人民共和国增值税暂行条例

任务五　工商局

工商局是系统中工商行政管理局的简称，在 VBSE 商业环境中属于服务型组织，它在 VBSE 系统中承担市场监督管理、企业登记注册、依法规范和维护各类市场经营秩序、依法查处不正当竞争、商业贿赂等经济违法行为的职责。

项目一　规则

一、项目描述

本环节将向学生详细介工商局的各项规则。

二、学习目标

通过对本项目的学习，学生应该了解工商局在整个商业环境中的地位及角色，理解工商局在模拟商业环境中的"游戏规则"。

三、相关知识

（一）人力资源规则

（1）人员配置情况。

工商局只有一个岗位——工商专员，只需要一名学生担任，如表 6-5-1-1 所示。

表 6-5-1-1　工商局岗位及人员设置

岗位名称	在编人数	直接上级
工商专员	1	—

（2）考勤规则。

每天的实训开始后，学生必须登录 VBSE 系统点击"签到"按钮进行考勤签到。由于工商局只有工商专员一名工作人员，所以仅由系统进行考勤，不再进行部门内部考勤。工商专员的线下考勤情况由课程指导老师指定专人负责。工商专员是公务员，VBSE 系统没有相关公务员的薪酬计算与发放的相关任务，因此工商专员的线上、线下考勤仅作为实训成绩的评分依据之一。

考勤管理办法：每月有 2 个虚拟工作日（每月 5 日以及每月 25 日），员工出勤天数 = 当月虚拟工作日出勤天数/当月虚拟工作日总天数×21.75，员工缺勤天数 = 21.75-员工出勤天数。

（二）办公用品采购规则

VBSE 系统删减了工商局"领用办公品"的业务，但是为了最大化模拟现实商业环境，同时使整个模拟环境更加公平，工商专员在实训过程中所需的办公用品还是需要在综合服务公司进行购买，并按规定进行结算。

（三）职责

在 VBSE 系统中，工商局有三大职责：一是为注册新企业，如招投标企业办理名称预先核准以及设立登记；二是编制虚拟商业社会行政管理制度并据此制度定期对各企业进行行政管理检查；三是处理商业纠纷，维持市场秩序。

项目二 业务

一、项目描述

本环节将向学生详细介绍工商局的业务流程及重点业务。

二、学习目标

通过对本项目的学习，学生应掌握工商局的重点业务的流程及操作关键点。

三、相关知识

（一）业务流程介绍

工商局的业务介绍如表 6-5-2-1 所示。

表 6-5-2-1 工商局的业务流程介绍

阶段	任务	备注
团队组建	应聘	包括自我展示及面试环节
上岗交接	查看办公用品清单	
	学习公司注册流程	
	ZJ90061 虚拟商业社会行政管理制度编制	学习相关文件，查阅相关资料，编制此次实践课程所需的"工商行政管理暂行规定"，指导老师审核无误后，召开专门会议向所有企业讲解规定
	名称预先核准申请（招投标企业）	企业注册五部曲中第一部曲和第二部曲
	企业设立登记（招投标企业）	
	第一次阶段考核	由系统考核工商专员对岗位的认知情况
经营准备 月初经营 月末经营	ZJ90062 行政管理检查（该任务在每个经营阶段都要进行）	依照编制"工商行政管理暂行规定"对此次实践中各个企业进行行政管理检查。检查范围包括但不限于企业设立登记、交易行为、合同管理、商标注册、广告投放等方面。
	第二次阶段考核	

（二）重点业务详解

（1）名称预先核准申请（招投标企业）。

任务概述：核准招投标企业办理企业名称申请。

【拓展知识】新公司注册五部曲：①在工商局办理名称预先核准登记；②在工商局办理工商登记设立；③在公安局篆刻公司印章；④在银行开户；⑤税务报到。

业务步骤：招投标企业名称核准申请的角色操作流程如图 6-5-2-1 所示，操作内容如表 6-5-2-2 所示。

图 6-5-2-1　招投标企业名称核准申请的角色操作流程

表 6-5-2-2　招投标企业名称核准申请流程的操作内容

操作步骤	角色	操作内容	备注
1. 企业取名	招投标企业总经理	申办人应提前准备好 3~5 个公司名称，公司名称要符合规范，具体格式例如：某地（地区名）+某某（企业名）+贸易（行业名）+有限公司（类型）	在 VBSE 系统中，公司的名称已经给定，在"业务操作"中进行操作
2. 填写企业名称预先核准申请表		填写"名称预先核准申请书"	1. 该业务主要是线下操作，线下操作完成后同步在线上点击"完成" 2. 对于相关申请书的填写，工商专员要事先进行培训
3. 到工商局审核申请书		将"名称预先核准申请书"递交工商局	
4. 审核申请书	工商专员	接收企业递交的"名称预先核准申请书"，审核后发放"企业名称预先核准通知书"	

（2）企业设立登记（招投标企业）。

任务概述：为招投标企业办理工商登记设立。

业务步骤：招投标企业办理工商登记设立的角色操作流程如图 6-5-2-2 所示，操作内容如表 6-5-2-3 所示。

图 6-5-2-2　招投标企业办理工商登记设立流程的角色操作步骤

表 6-5-2-3　招投标企业办理工商登记设立流程的操作内容

操作步骤	角色	操作内容	备注
1. 填写企业设立登记	招投标企业总经理	填写"企业设立登记申请表"	1. 该业务主要是线下操作，在系统中不用进行特别操作，线下操作完成后同步在线上点击"完成"； 2. 对于相关申请书的填写，工商专员要事先进行培训
2. 到工商局办理审核		携带"房屋租赁合同""房产证复印件"（实训中未提供，可不带）、"公司章程""企业名称核准通知书"到工商局进行企业设立登记	
3. 工商局审核设立登记	工商专员	1. 接收相关文件，审核； 2. 办理设立登记，发放营业执照	在"业务操作"中办理设立登记业务

项目三　相关资料

一、项目描述

本环节将向学生介绍国家市场监督管理总局的职责以及《中华人民共和国公司登记管理条例》中关于设立登记的相关规定。

二、学习目标

通过对本项目的学习，学生应了解国家市场监督管理总局的职责以及《中华人民共和国公司登记管理条例》中关于设立登记的相关规定。

三、相关知识

（一）国家市场监督管理总局的职责

（1）负责市场综合监督管理。起草市场监督管理有关法律法规草案，制定有关规章、政策、标准，组织实施质量强国战略、食品安全战略和标准化战略，拟订并组织实施有关规划，规范和维护市场秩序，营造诚实守信、公平竞争的市场环境。

（2）负责市场主体统一登记注册。指导各类企业、农民专业合作社和从事经营活动的单位、个体工商户以及外国（地区）企业常驻代表机构等市场主体的登记注册工作。建立市场主体信息公示和共享机制，依法公示和共享有关信息，加强信用监管，推动市场主体信用体系建设。

（3）负责组织和指导市场监管综合执法工作。指导地方市场监管综合执法队伍整合和建设，推动实行统一的市场监管。组织查处重大违法案件。规范市场监管行政执法行为。

（4）负责反垄断统一执法。统筹推进竞争政策实施，指导实施公平竞争审查制度。依法对经营者集中行为进行反垄断审查，负责垄断协议、滥用市场支配地位和滥用行政权力排除、限制竞争等反垄断执法工作。指导企业在国外的反垄断应诉工作。承担国务院反垄断委员会日常工作。

（5）负责监督管理市场秩序。依法监督管理市场交易、网络商品交易及有关服务的行为。组织指导查处价格收费违法违规、不正当竞争、违法直销、传销、侵犯商标专利知识产权和制售假冒伪劣行为。指导广告业发展，监督管理广告活动。指导查处无照生产经营和相关无证生产经营行为。指导中国消费者协会开展消费维权工作。

（6）负责宏观质量管理。拟订并实施质量发展的制度措施。统筹国家质量基础设施建设与应用，会同有关部门组织实施重大工程设备质量监理制度，组织重大质量事故调查，建立并统一实施缺陷产品召回制度，监督管理产品防伪工作。

（7）负责产品质量安全监督管理。管理产品质量安全风险监控、国家监督抽查工作。建立并组织实施质量分级制度、质量安全追溯制度。指导工业产品生产许可管理。负责纤维质量监督工作。

（8）负责特种设备安全监督管理。综合管理特种设备安全监察、监督工作，监督检查高耗能特种设备节能标准和锅炉环境保护标准的执行情况。

（9）负责食品安全监督管理综合协调。组织制定食品安全重大政策并组织实施。负责食品安全应急体系建设，组织指导重大食品安全事件应急处置和调查处理工作。建立健全食品安全重要信息直报制度。承担国务院食品安全委员会日常工作。

（10）负责食品安全监督管理。建立覆盖食品生产、流通、消费全过程的监督检查制度和隐患排查治理机制并组织实施，防范区域性、系统性食品安全风险。推动建立食品生产经营者落实主体责任的机制，健全食品安全追溯体系。组织开展食品安全监督抽检、风险监测、核查处置和风险预警、风险交流工作。组织实施特殊食品注册、备案和监督管理。

（11）负责统一管理计量工作。推行法定计量单位和国家计量制度，管理计量器具及量值传递和比对工作。规范、监督商品量和市场计量行为。

（12）负责统一管理标准化工作。依法承担强制性国家标准的立项、编号、对外通报和授权批准发布工作。制定推荐性国家标准。依法协调指导和监督行业标准、地方标准、团体标准制定工作。组织开展标准化国际合作和参与制定、采用国际标准工作。

（13）负责统一管理检验检测工作。推进检验检测机构改革，规范检验检测市场，完善检验检测体系，指导协调检验检测行业发展。

（14）负责统一管理、监督和综合协调全国认证认可工作。建立并组织实施国家统一的认证认可和合格评定监督管理制度。

（15）负责市场监督管理科技和信息化建设、新闻宣传、国际交流与合作。按规定承担技术性贸易措施有关工作。

（16）管理国家药品监督管理局、国家知识产权局。

（17）完成党中央、国务院交办的其他任务。

（二）《中华人民共和国公司登记管理条例》中关于公司设立登记的有关规定

第四章 设立登记

第十七条 设立公司应当申请名称预先核准。

法律、行政法规或者国务院决定规定设立公司必须报经批准，或者公司经营范围中属于法律、行政法规或者国务院决定规定在登记前须经批准的项目的，应当在报送批准前办理公司名称预先核准，并以公司登记机关核准的公司名称报送批准。

第十八条 设立有限责任公司，应当由全体股东指定的代表或者共同委托的代理人向公司登记机关申请名称预先核准；设立股份有限公司，应当由全体发起人指定的代表或者共同委托的代理人向公司登记机关申请名称预先核准。

申请名称预先核准，应当提交下列文件：

（一）有限责任公司的全体股东或者股份有限公司的全体发起人签署的公司名称预先核准申请书；

（二）全体股东或者发起人指定代表或者共同委托代理人的证明；

（三）国家工商行政管理总局规定要求提交的其他文件。

第十九条 预先核准的公司名称保留期为 6 个月。预先核准的公司名称在保留期内，不得用于从事经营活动，不得转让。

第二十条 设立有限责任公司，应当由全体股东指定的代表或者共同委托的代理人向公司登记机关申请设立登记。设立国有独资公司，应当由国务院或者地方人民政府授权的本级人民政府国有资产监督管理机构作为申请人，申请设立登记。法律、行政法规或者国务院决定规定设立有限责任公司必须报经批准的，应当自批准之日起 90 日内向公司登记机关申请设立登记；逾期申请设立登记的，申请人应当报批准机关确认原批准文件的效力或者另行报批。

申请设立有限责任公司，应当向公司登记机关提交下列文件：

（一）公司法定代表人签署的设立登记申请书；

（二）全体股东指定代表或者共同委托代理人的证明；

（三）公司章程；

（四）股东的主体资格证明或者自然人身份证明；

（五）载明公司董事、监事、经理的姓名、住所的文件以及有关委派、选举或者聘用的证明；

（六）公司法定代表人任职文件和身份证明；

（七）企业名称预先核准通知书；

（八）公司住所证明；

（九）国家工商行政管理总局规定要求提交的其他文件。

法律、行政法规或者国务院决定规定设立有限责任公司必须报经批准的，还应当提交有关批准文件。

第二十一条 设立股份有限公司，应当由董事会向公司登记机关申请设立登记。以募集方式设立股份有限公司的，应当于创立大会结束后 30 日内向公司登记机关申请设立登记。

申请设立股份有限公司，应当向公司登记机关提交下列文件：

（一）公司法定代表人签署的设立登记申请书；

（二）董事会指定代表或者共同委托代理人的证明；

（三）公司章程；

（四）发起人的主体资格证明或者自然人身份证明；

（五）载明公司董事、监事、经理姓名、住所的文件以及有关委派、选举或者聘用的证明；

（六）公司法定代表人任职文件和身份证明；

（七）企业名称预先核准通知书；

（八）公司住所证明；

（九）国家工商行政管理总局规定要求提交的其他文件。

以募集方式设立股份有限公司的，还应当提交创立大会的会议记录以及依法设立的验资机构出具的验资证明；以募集方式设立股份有限公司公开发行股票的，还应当提交国务院证券监督管理机构的核准文件。

法律、行政法规或者国务院决定规定设立股份有限公司必须报经批准的，还应当提交有关批准文件。

第二十二条　公司申请登记的经营范围中属于法律、行政法规或者国务院决定规定在登记前须经批准的项目的，应当在申请登记前报经国家有关部门批准，并向公司登记机关提交有关批准文件。

第二十三条　公司章程有违反法律、行政法规的内容的，公司登记机关有权要求公司做相应修改。

第二十四条　公司住所证明是指能够证明公司对其住所享有使用权的文件。

第二十五条　依法设立的公司，由公司登记机关发给《企业法人营业执照》。公司营业执照签发日期为公司成立日期。公司凭公司登记机关核发的《企业法人营业执照》刻制印章，开立银行账户，申请纳税登记。

任务六　工商银行

在 VBSE 系统中，为所有企业和组织提供金融服务的是中国工商银行北京分行营业部。

项目一　规则

一、项目描述

本环节将向学生详细介绍 VBSE 系统中工商银行的各项规则。

二、学习目标

通过对本项目的学习，学生应了解工商银行在整个商业环境中的地位及角色，理解工商银行在模拟商业环境中的"游戏规则"。

三、相关知识

（一）人力资源规则

（1）人员配置情况。

工商银行只有一个岗位——银行柜员，只需要一名学生担任，如表 6-6-1-1 所示。

表 6-6-1-1　工商银行岗位及人员设置

岗位名称	在编人数	直接上级
银行柜员	1	—

（2）考勤规则。

每天的实训开始后，学生必须登录 VBSE 系统点击"签到"按钮进行考勤签到。由于工商银行只有银行柜员一名工作人员，所以由系统自动进行考勤，不再进行部门内部考勤。银行柜员的线下考勤情况由课程指导老师指定专人负责。VBSE 系统没有对银行柜员的薪酬计算与发放的相关任务，因此银行柜员的线上、线下考勤仅作为实训成绩的评分依据之一。

考勤管理办法：每月有 2 个虚拟工作日（每月 5 日以及每月 25 日），员工出勤天数 = 当月虚拟工作日出勤天数/当月虚拟工作日总天数×21.75，员工缺勤天数 = 21.75 - 员工出勤天数。

（二）办公用品采购规则

VBSE 系统删减了工商银行"领用办公品"的业务，但是为了最大化地模拟现实商业环境，同时使整个模拟环境更加公平，银行柜员在实训过程中所需的办公用品还是需要向综合服务公司进行购买，并按规定进行结算。

（三）职责

在 VBSE 实训中，银行主要有以下四大职责：一是为新设立的企业（如招投标企业）办理开户，为企业员工开办个人账户；二是与各个企业签署各种代扣、代缴、代收协议；三是负责各个企业之间，以及企业与虚拟市场之间的结算业务；四是为各企业提供贷款服务。

项目二　业务

一、项目描述

本环节将向学生详细介绍工商银行的业务流程及其重点业务。

二、学习目标

通过对本项目的学习，学生应该掌握重点业务的流程及操作关键点。

三、相关知识

（一）业务流程介绍

工商银行业务流程介绍如表 6-6-2-1 所示。

表 6-6-2-1　工商银行业务流程介绍

阶段	任务	备注
团队组建	应聘	包括自我展示及面试环节
上岗交接	查看办公用品清单	
	学习公司注册流程	
	收集各企业基本账户和银行预留签章	所收集的信息包括但不限于企业银行基本账户、公章、财务专用章、法人章
	银行开户申请（招投标企业）	
	社保登记（招投标企业）	为招投标企业、银行以及人社局共同的任务
	第一次阶段考核	由系统考核银行柜员对岗位的认知情况

表6-6-2-1(续)

阶段	任务	备注
经营准备	MKK1 批量办理个人银行卡（制造企业） DKK1 批量办理个人银行卡（经销商） TKK1 批量办理个人银行卡（工贸企业）	只有为企业所有员工办理了个人银行卡，企业的后续如发放薪酬等业务才能顺利完成
	MXC2 发放薪酬（制造企业） DXC2 发放薪酬（经销商） TXC2 发放薪酬（工贸企业）	该任务的关键点在于制造企业人力资源助理/经销商行政助理/工贸企业行政助理在 VBSE 系统上薪资录盘的准确性。在相应任务开始前，银行柜员有必要召集各企业相关岗位员工，提前讲解薪资计算、录盘的关键点
	MGZ1 签订代发工资协议（制造企业） DGZ1 签订代发工资协议（经销商） TGZ1 签订代发工资协议（工贸企业）	1. 与现实商业环境相同，VBSE 系统中员工的工资是由银行代发，即由银行直接转到企业员工的个人账户上，因此，在经营准备阶段，企业要去银行签订代发工资协议； 2. 与现实商业环境相同，VBSE 系统中的企业为员工所缴纳的社保公积金以及相关税金是由银行代相关部门（社保局、税务局）收取，因此，在经营准备阶段，企业要去相关部门（社保局、税务局）办理委托银行代收合同书，再提交银行申请办理代收业务； 3. 签订协议要使用到企业相关章、证，因此，企业要填写"公章、印鉴、资质证照使用申请表"
	MSB1 签订社保公积金同城委托收款协议（制造企业） DSB1 签订社保公积金同城委托收款协议（经销商） TSB1 签订社保公积金同城委托收款协议（工贸企业）	
	MSS1 签订税务同城委托收款协议（制造企业） DSS1 签订税务同城委托收款协议（经销商） TSS1 签订税务同城委托收款协议（工贸企业）	
	所有支付、结算类业务	
月初经营	MWX1 扣缴五险一金（制造企业） DWX1 扣缴五险一金（经销商） TWX1 扣缴无限一金（工贸企业）	由企业相关岗位员工（制造企业出纳/经销商出纳/工贸财务经理）发起此任务。银行柜员在"系统操作"中代扣社会保险和公积金，打印扣款回单交还企业，便于企业填制记账凭证、登记总账
	MGS2 缴纳个人所得税（制造企业） DGS2 缴纳个人所得税（制造企业） TGS2 缴纳个人所得税（工贸企业）	已经签订过"税务同城委托收款协议"的企业，在税务缴纳系统界面申报相关税种成功后，系统会自动从企业基本账户上扣除需缴纳的税额； 银行柜员在此类任务中所需完成的操作是在"业务操作"中打印各企业的缴税凭证，返还给各企业相关岗位的员工，便于其填制记账凭证、登记总账
	MZZ2 缴纳企业增值税（制造企业） DZZ2 缴纳企业增值税（经销商） TZZ2 缴纳企业增值税（工贸企业）	
	所有支付、结算类业务	
	签订抵押贷款合同并放款	银行柜员要事先编制好抵押贷款合同，按照市场标准，确定不同贷款期各自的贷款利率，经指导老师审核后予以公示； 放款后银行柜员要定期对贷款企业的还款能力进行评估，根据评估结果采取后续措施
月末经营	所有支付、结算类业务	
	第二次阶段考核	

（二）重点业务详解

（1）银行开户申请（招投标企业）。

任务概述：为招投标企业开设基本账户。

业务步骤：银行开户申请的角色操作流程如图 6-6-2-1 所示，操作内容如表 6-6-2-2 所示。

图 6-6-2-1　银行开户申请的角色操作流程

表 6-6-2-2　银行开户申请流程的操作内容

操作步骤	角色	操作内容	备注
1. 填写银行开户申请	招投标总经理	1. 到银行领取"银行结算账户申请书"并填写； 2. 填写后，将申请书与营业执照、法人身份证、经办人身份证交给银行柜员进行审核	1. 银行柜员通过查阅相关资料，在事前编制"银行结算账户申请书"，并指导相关岗位员工填写该申请书的要点； 2. 该业务主要是线下操作，线下操作完成后同步在线上点击"完成"，传递任务
2. 审核开户申请	银行柜员	收到企业填写的"银行结算账户申请书"，审核相关文件后，在 VBSE 系统上为企业开设基本账户	在"业务操作"中进行操作后，再点击"完成"任务

项目三　相关资料

一、项目描述

本环节将向学生介展示工商银行集中支付的流程及企业信息统计表样表。

二、学习目标

通过对本项目的学习，学生应该了解工商银行集中支付的流程，认识企业信息统计表。

三、相关知识

（一）工商银行集中支付流程

工商银行集中支付的流程如图 6-6-3-1 所示。

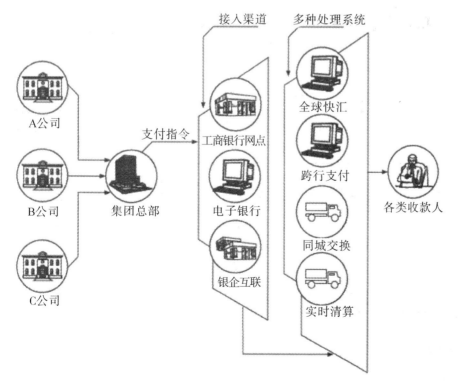

图 6-6-3-1　工商银行集中支付的流程（来源：工商银行官网）

模块六　外围组织

（二）企业信息统计表（样表）

企业信息统计表（样表）如表 6-6-3-1 所示。

表 6-6-3-1　企业信息统计表（样表）

序号	组织名称	基本账户	银行预留签章		
			公章	财务专用章	法人章

任务七　人社局

人社局是 VBSE 系统中××市人力资源和社会保障局的简称，是统筹机关企事业单位人员管理和统筹城乡就业和社会保障政策的机构。在 VBSE 系统中，人社局主要负责征收、稽查企业社保公积金的缴纳以及就业指导。

【拓展知识】

2018 年 7 月 20 日，中共中央办公厅、国务院办公厅印发了《国税地税征管体制改革方案》，明确指出自 2019 年 1 月 1 日起基本养老保险费、基本医疗保险费、失业保险费、工伤保险费、生育保险费等各项社会保险费交由税务部门统一征收。社保费征收体制改革正式开始。2019 年 4 月 4 日，国务院办公厅印发《降低社会保险费率综合方案》，明确企业职工养老保险和企业职工其他险种缴费，原则上暂按现行征收体制继续征收，稳定缴费方式，"成熟一省、移交一省"；机关事业单位社保费和城乡居民社保费征管职责如期划转。

注：本教材对于人社局相关内容讲解是基于 VBSE 综合实践教学平台 3.1 版本。

项目一　规则

一、项目描述

本环节将向学生详细介绍人社局的各项规则。

二、学习目标

通过对本项目的学习，学生应该了解人社局在整个商业环境中的地位及角色，理解人社局在模拟商业环境中的"游戏规则"。

三、相关知识

（一）人力资源规则

（1）人员配置情况。

人社局只有一个岗位——社保公积金专员，只需要一名学生担任，如表 6-7-1-1 所示。

表 6-7-1-1　人社局岗位及人员设置

岗位名称	在编人数	直接上级
社保公积金专员	1	—

（2）考勤规则。

每天的实训开始后，学生必须登录 VBSE 系统点击"签到"按钮进行考勤签到。由于人社局只有社保公积金专员一名工作人员，所以由系统自动进行考勤，部门内部考勤不再另外进行。社保公积金专员的线下考勤情况由课程指导老师指定专人负责。VBSE 系统没有对社保公积金专员的薪酬计算与发放的相关任务，因此社保公积金专员的线上、线下考勤仅作为实训成绩的评分依据之一。

考勤管理办法：每月有 2 个虚拟工作日（每月 5 日以及每月 25 日），员工出勤天数＝当月虚拟工作日出勤天数/当月虚拟工作日总天数×21.75，员工缺勤天数＝21.75－员工出勤天数。

（二）办公用品采购规则

VBSE 系统删减了人社局"领用办公品"的业务，但是为了最大化模拟现实商业环境，同时使整个模拟环境更加公平，社保公积金专员在实训过程中所需的办公用品还是需要在综合服务公司进行购买，并按规定进行结算。

（三）职责

在 VBSE 实训中，人社局有三大职责，一是为新设立的企业（如招投标企业）办理社保登记；二是编制虚拟商业社会社会保障制度，并据此监督稽查各企业社保公积金的缴纳情况；三是对参加实训同学进行就业指导。

项目二　业务

一、项目描述

本环节将向学生详细介绍人社局业务的流程及其重点业务。

二、学习目标

通过对本项目的学习，学生应掌握重点业务的流程及操作关键点。

三、相关知识

（一）业务流程介绍

人社局业务流程介绍如表 6-7-2-1 所示。

表 6-7-2-1　人社局业务流程介绍

阶段	任务	备注
团队组建	应聘	包括自我展示及面试环节
上岗交接	查看办公用品清单	
	学习公司注册流程	
	ZJ90091 虚拟商业社会社会保障制度编制	学习相关文件，查阅相关资料，编制此次实践课程所需的社会保障制度，制度编制完成经指导老师审核后，进行公示
	社保登记（招投标企业）	
	第一次阶段考核	由系统考核社保公积金专员对岗位的认知情况

表6-7-2-1(续)

阶段	任务	备注
经营准备	ZJ90092 下达社保稽查通知书	企业通常将社保公积金的缴纳委托给银行代为收取，因此企业要与银行签订委托收款协议。在此类业务中，人社局要收取企业与银行签订完成的委托收款协议
	MSB1 签订社保公积金同城委托收款协议（制造企业） DSB1 签订社保公积金同城委托收款协议（经销商） TSB1 签订社保公积金同城委托收款协议（工贸企业）	
月初经营	ZJ90093 社保稽查	
	ZJ90094 行政处罚	
月末经营	第二次阶段考核	根据指导教师课程安排，协助指导教师组织就业指导讲座
	ZJ90098 就业指导——职业规划	
	ZJ90099 就业指导——简历制作	
	ZJ90100 就业指导——面试技巧	

（二）重点业务详解——社保登记（招投标企业）

任务概述：社保公积金专员为招投标企业办理社保登记。

社会保险登记是社会保险费征缴的前提和基础，也是整个社会保险制度得以建立的基础。

业务步骤：招投标企业社保登记流程的角色操作流程如图 6-7-2-1 所示，操作内容如表 6-7-2-2 所示。

图 6-7-2-1　招投标企业社保登记的角色操作流程

表 6-7-2-2　招投标企业社保登记流程的操作内容

操作步骤	角色	操作内容	备注
1. 签订社保委托银行代收合同	招投标总经理	到银行领取"社保委托银行代收合同"并填写	社保公积金专员要查阅相关资料，编制"社会保险单位信息登记表"，并向各企业讲解填写的方法
2. 审核委托银行代收合同	银行柜员	接收"社保委托银行代收合同"，审核通过后签章	
3. 填写"社会保险单位信息登记表"	招投标总经理	1. 填写"社会保险单位信息登记表"； 2. 将登记表及相关证件递交给人社局	
4. 审核"社会保险单位信息登记表"并办理社保登记	社保公积金专员	1. 审核递交的"社会保险单位信息登记表"以及企业营业执照等相关证件； 2. 审核通过后，在 VBSE 系统上进行社保登记	

项目三　相关资料

一、项目描述

本环节将以贵阳市人力资源和社会保障局为例，介绍人社局的职责。

二、学习目标

通过对本项目的学习，学生应能初步了解贵阳市人力资源和社会保障局的职责。

三、相关知识

贵阳市人力资源和社会保障局职责如下所示：

（一）贯彻执行国家、省人力资源和社会保障事业发展划、政策；研究起草人力资源和社会保障工作的地方性法规、规章草案；拟定全市人力资源和社会保障事业发展规划和政策，并组织实施和监督检查。

（二）负责促进就业工作，拟定统筹城乡的就业发展规划和政策，完善公共就业服务体系，落实就业援助制度；做好引导和鼓励高校毕业生面向基层就业工作；完善职业资格制度，统筹建立面向城乡劳动者的职业培训制度；会同有关部门拟定高校技能人才、农村实用人才的培养和激励政策。

（三）拟定人力资源市场发展规划和人力资源流动政策，建立统一规范的人力资源市场，促进人力资源合理流动、有效配置。

（四）负责事业单位有关人员调配和特殊人员安置工作。

（五）综合管理政府奖励、表彰工作；承办市人民政府有关干部任免事项。

（六）统筹建立覆盖城乡的社会保障体系。拟订并组织实施城乡社会保险及其补充保险的政策；拟订社会保险关系转续政策；统筹拟订机关企事业单位和其他社会组织、社会成员的基本养老保险政策；会同有关部门拟订社会保险及其补充保险基金管理和监督制度；编制全市社会保险基金预决算草案；做好社会保险基金监督管理工作。

（七）负责就业、失业、社会保险基金预测预警和信息引导，拟订应对预案，实施预防、调节和控制，保持就业形势稳定和社会保险基金总体收支平衡。

（八）贯彻执行国家、省关于企事业单位人员工资、福利和退休退职政策，完善企事业单位人员工资正常增长和支付保障机制；拟订企业职工工资收入的调控政策，完善最低工资制度和工资支付保障机制；负责机关、事业单位工勤人员技术等级考评工作。

（九）会同有关部门指导事业单位人事制度改革；拟订事业单位人员和机关工勤人员管理办法；拟订专业技术人员继续教育规划并组织实施；牵头推进深化职称制度改革工作；负责高层次人才选拔、引进和培养工作；拟订引进留学人员的办法和措施。

（十）会同有关部门拟订农民工工作政策，推动农民工相关政策的落实，称调解决重点难点问题，维护农民工合法权益。

（十一）统筹实施劳动人事争议仲裁制度；完善劳动关系协调机制；督促落实消除非法使用童工政策和女工、未成年工的特殊劳动保护政策；组织实施劳动监察，协调劳动者维权工作，依法查处重大案件。

（十二）负责统筹实施工伤保险支付、定点医疗机构费用结算结算审核等管理办法。

（十三）负责有关人力资源和社会保障工作的对外交流与合作事宜，按规定承担外国人来筑有关工作。

（十四）受理涉及人力资源和社会保障的信访事项，会同有关部门协调处理有关人力资源和社会保障方面的重大信访事件和突发事件。

（十五）结合部门职责，做好军民融合、扶贫开发等相关工作；加大科技投入，提高科技创新能力，为推进创新驱动发展提供保障；负责本部门、本行业领域的安全生产和消防安全工作；按规定做好大数据发展应用和政务数据资源管理相关工作，依法促进部门政务数据资源规范管理、共享和开发。

（十六）承办市委、市人民政府和上级业务部门交办的其他事项。

知识拓展：

　　五险一金基础讲解

模块六　外围组织